물과 인권
국제 사회의 물 논의와 국내 도입의 이슈

물과 인권
- 국제 사회의 물 논의와 국내 도입의 이슈
(저널 물 정책·경제 특별호)

초판 1쇄 발행   2012년 12월 15일
초판 2쇄 발행   2013년 04월 01일

지은이/ 권형둔 고문현 서철원 김정인 김성수 김홍균
       류권홍 조성규 김창수 김종원 민경진 최한주
펴낸이/ 김명진
기획/ 한국수자원공사 K-water연구원
편집기획/ 이건범
교정교열/ 정종희
디자인/ 환크리에이티브 컴퍼니
인쇄 및 제본/ 지에스테크

펴낸곳/ 도서출판 피어나
출판등록/ 2012년 11월 01일 제2012-000357호
주소/ 121-731 서울시 마포구 토정로37길 46, 303호(도화동, 정우빌딩)
전화/ 02-702-5084
전송/ 02-6082-8855

ISBN 978-89-98408-01-5 93300
값 30,000원

* 이 책 내용의 전부 또는 일부를 재사용하려면
  반드시 저작권자와 도서출판 피어나 측의 동의를 먼저 받아야 합니다.

물과 인권

국제 사회의 물 논의와 국내 도입의 이슈

도서출판 **피어나**

물 문제에 새로이 접근하며

　인간의 생존에 필수 불가결한 요소인 깨끗하고 안전한 물에 대한 인류의 꿈과 염원은 인류사와 맥을 같이해 왔다. 물은 인간뿐만 아니라 지구상에 존재하는 모든 생물체의 근원이며, 외계를 향하여 위성을 발사하는 때에도 위성이 향하는 행성에 물이 존재하는가의 여부는 언제나 초미의 관심사이다.

　인간을 비롯하여 모든 생명의 근원인 물을 둘러싼 법적 관계는 종래 물을 경제적으로 이용하는 이른바 수리권을 중심으로 논의되어 왔다. 민법의 공유 하천 용수권과 하천법에 의거한 하천이나 하천수의 사용 허가를 통해 발생하는 권리는 관습법상 또는 법률상의 권리인데, 이러한 수리권은 오늘날 기후 변화와 그로 인한 수자원의 불안정성 시대를 살아가는 우리에게 물에 대해 인간이 가질 수 있는 권리의 성격과 내용을 지극히 부분적으로만 설명할 수 있을 뿐이다.

　그런데 최근에 전 지구적으로 진행되고 있는 기후 변화 때문에 홍수와 가뭄이 빈발하고 수자원에 대한 불안정성이 심화되면서 국제 사회는 인간이 물에 대하여 가지는 권리를 일종의 보편적 인권으로서 주목하기 시작하였다. 2010년 7월 28일 유엔총회 결의의 후속조치로 2010년 9월 30일 유엔 인권이사회(Human Rights Council)는 물 인권에 대한 결의를 채택하였다. 동 결의는 물에 대한 권리를 여타의 인권을 실현하는 수단으로 승인하고, 그 권리가 적당한 생활수준을 누릴 권리로부터 파생되며, 도달 가능한 최고 수준의 신체적·정신적 건강을 향유할 권리 및 생명·인간 존엄에 대한 권리와 불가분적으로 연계되어 있음을 확인하였다.

이 책은 1부에서 국제적으로 확산되고 있는 물 인권에 대한 국제 사회의 움직임과 입법적 동향을 분석하고 평가하는 연구 성과를 담았다. 각 분야의 전문가들이 세부 주제로서 유럽연합의 물 인권에 대한 헌법적 보장, 물과 관련한 국제적 논의의 동향 및 유엔총회 물 인권 결의, 물 인권의 국제법적 성격과 국내 재판에서의 의미, 물 인권의 국제적 동향과 미래 방향 등에 대하여 서술하고 있다.

국제 사회에 던져진 물 인권이라는 화두는 이를 국내법적으로 어떻게 규범화하고 그 법적 구속력을 실현할 것인가 하는 문제를 우리에게 제기하고 있다. 특히 최근 우리 사회가 계층 간의 갈등 심화와 양극화를 경험하면서 국가는 사회적 약자들에게 물 인권 내지 물 기본권을 보장해야 하는 중차대한 책무를 안게 되었다. 생존에 필수 불가결한 위생적인 물을 모든 국민에게 공급하기 위해서는 기존의 수리권과의 관계 설정은 물론 물 관리에 대한 효율성을 제고하기 위한 체계와 방안은 무엇인지, 헌법적으로 물에 대한 기본권을 인정할 것인지, 인정한다면 그 내용과 기준은 무엇인지, 물 인권의 실현 주체로서 국가는 물론 자치 단체는 어떠한 역할을 수행할 것인지, 물 인권 실현을 위한 재원은 어떻게 확보할 것인지 등등의 과제를 적극적으로 고민해야 한다.

그래서 이 책의 2부에서는 이 분야의 전문가들이 물 기본권에 관한 연구, 물 인권과 통합 수자원 관리 법제, 물 인권과 수리권 등 물 인권 도입에 따른 법리적 이슈를, 3부에서는 물 인권과 지방자치, 물 인권과 물 관리 거버넌스, 물 복지와 물 값, 물 인권과 인프라 투자 등 실행상의 이슈에 대해 심도 있는 연구를 수행하였다. 아마도 이 책은 '물 인권 또는 물에 대한 권리'라는 주제와 관련하여 국내는 물론이고 국제적으로도 선행 연구를 찾기 드물게 종합적이고 체계적으로 접근한 연구 성과를 담고 있을 것이다.

이 책은 서로 다른 학문적 배경을 가진 여러 저자들의 공동 노력의 결실이다. 물에 대한 인류의 여망과 꿈을 실현하는 데에 작지만 실천적인 방안들을 제시하리라는 점에 보람을 느끼며, 더불어 앞으로도 편저자들이 좀 더 세부적이고 실천 가능한 방안을 찾을 수 있기를 희망한다.

2012년 11월

편저자들의 뜻을 담아
김성수 씀

차례

물 문제에 새로이 접근하며 ····· 4

1부. 국제 사회의 물 인권 논의

01. 유럽연합의 물 인권에 대한 헌법적 보장 · 권형둔 ····· 12
02. 물과 관련한 국제적 논의의 동향 및
    유엔총회 물 인권 결의 · 고문현 ····· 62
03. 물 인권:
    국제적인 법적 성격과 국내 재판에서의 의미 · 서철원 ····· 110
04. 물 인권의 국제적 동향과 미래 방향 · 김정인 ····· 164

2부. 물 인권 도입의 주요 이슈: 법리

05. 물 기본권에 관한 연구 · 김성수 ······ 214
06. 물 인권과 통합 수자원 관리 법제 · 김홍균 ······ 250
07. 물 인권과 수리권 · 류권홍 ······ 298

3부. 물 인권 도입의 주요 이슈: 실행

08. 물 인권과 지방자치 · 조성규 ······ 370
09. 물 인권과 물 관리 거버넌스 · 김창수 ······ 434
10. 물 복지와 물 값 · 김종원 ······ 502
11. 물 인권과 인프라 투자 · 민경진·최한주 ······ 542

필자 약력 ······ 572

# 1부. 국제 사회의 물 인권 논의

01.
유럽연합의 물 인권에 대한 헌법적 보장

권형둔

제1장 서론

제2장 물 인권 보장에 대한 유럽연합의 기본적 관념
    1. 유럽의 수문 환경과 물 위기
    2. 물 위기 극복을 위한 유럽연합의 전략

제3장 유럽연합에서 물 인권 보장에 대한 기본 원칙
    1. 국제법의 구성 요소로서 물 인권
    2. 유럽인권협약과 유럽사회헌장에서의 물 인권
    3. 유럽 물 인권의 구체적 내용

제4장 물에 대한 유럽연합의 헌법적 임무
    1. 유럽연합의 헌법 질서와 물 규정의 기본 원리
    2. 물에 대한 유럽연합헌법의 실질적 임무와 기본 원리

제5장 유럽연합 국가에서 물 인권에 대한 생존 배려 모델
    1. 각국의 물 민영화 모델
    2. 경영 효율성과 경쟁을 위한 민영화의 헌법적 한계

제6장 결론

제1장 서론

오늘날 산업 사회의 발전은 수자원에 대한 수요의 증가와 함께 깨끗한 물의 급격한 감소를 초래하였다. 세계 30개국에 걸쳐 약 10억 명이 물 부족에 시달리고 있고, 물이 부족하거나 더러워서 1년에 죽는 사람들의 숫자는 5백만 명에 달하고 있다는 통계에서 드러나듯이,[1] 현재 지구촌에서 가장 중요성을 가지고 있는 자원의 하나는 물이다. 따라서 생명 활동과 직접적으로 연결된 물을 어떻게 관리하고 개선하고 확보할 것인가에 대한 문제는 세계 각국이 직면하여 해결해야 할 가장 중요한 문제가 되었다.

깨끗하고 위생적인 물을 마실 인간의 권리는 국가가 보장 책임을 지는 헌법상의 기본적 인권으로서 민주주의적 통제가 필요한 영역이기도 하다. 물 인권의 문제는 유럽연합(EU)을 비롯해 국제적으로 헌법상의 문제가 된 지 오래이다. 그러나 국제적으로 모든 인류에게 보장되어야 할 보편적 인권의 하나인 물 인권 연구가 아직까지 국내에서는 본격적으로 진행되지 않고 있다.

해마다 홍수 및 수질 오염으로 피해가 증가하고 있는 때에 올바른 수리 정책을 집행하기 위해서 규제 중심 법인 현행 하천법의 몇 개 조항만으로는 부족하다. 따라서 수리권 설정, 허가, 등록, 기준과 절차, 수리권 취소, 분쟁 해결 등을 규정하고 수리 정책을 체계적으로 이행하기 위한 물 관련법의 정비가 필요하며, 이의 시급한 전제는 물 기본

---

[1] 유엔환경계획(United Nations Environment Programme, UNEP)의 "UNEP 2008 Annual Report" 참조. 이에 대해 <http://www.unep.org>도 참조.

법의 제정이라 할 수 있다. 따라서 물 인권에 대한 연구는 물 기본법의 제정을 헌법적 차원에서 검토할 때 반드시 필요한 논리적 구성 부분이다. 인권으로서의 물은 점차적으로 세계 각국에서 자체적인 권리로 인정받고 있으며, 유럽연합헌법에서도 물에 대한 권리를 구체적으로 인정하고 있기 때문이다.

본 연구에서는 일찍이 법 제도의 완비와 함께 수자원 관리 전략을 마련하여 유럽을 하나의 국가로 묶는 통합 구상을 실행하고 있는 유럽연합의 물 인권에 대한 연구를 대상으로 한다. 유럽연합의 경우 일찍이 통합적 수자원 관리 전략으로 모든 유럽 국가를 하나로 묶는 법제의 마련에 힘써 왔다. 유럽연합 국가에서는 일찍부터 물 공급을 공공성의 성격이 가장 두드러진 서비스 영역으로 보고 있으며, 공공 서비스의 민영화와 관련해서도 산업성과 공공성을 잘 조화시킨 법 제도를 운영하고 있다. 한·유럽 간 자유무역협정의 체결로 유럽연합 국가와 교류가 증대되고 있는 시점에 유럽연합의 통합적 수자원 관리 전략과 물 인권에 대한 연구는 필요하다고 할 것이다.

실제로 물 문제에 대해서 경제적 시장 논리로만 접근하는 데는 일정한 한계가 있다. 오늘날 유럽의 일부 국가에서는 국가의 독점적인 관할에 속해 왔던 물 관리를 민영화하고 있다. 그러나 이러한 민영화는 경제적 논리도 있지만 기본적으로는 물의 효율적 이용에 바탕을 두고 있다. 더욱이 물과 같은 전통적 생존 배려 영역을 국가가 아닌 민간에 이양하는 것이 헌법상 허용되는지 그리고 그 한계는 무엇인지에 대한 논의도 일어나고 있다.

인류가 직면하고 있는 물 위기에 지혜롭게 대처하기 위해서는 국제

법적 시각과 함께 물 기본권과 같은 헌법적 문제들에 대한 구체적 검토도 필요하기 때문이다. 특히 물과 같이 인간 생존에 관련된 중요한 대상은 헌법적 차원에서 기본적이고 체계적인 논리 구조를 완성할 필요가 있다.

본 연구는 유럽에서 물 인권을 존중하고 보호하며 실현하여야 할 국가적 의무로 인정해 나가고 있는 시점에, 이에 대한 비교 연구를 통하여 국내 수리법제를 체계적으로 정비하는 데 이론적 틀을 제공하는 것을 목적으로 한다. 나아가 우리나라에서 물 인권에 대한 헌법적, 법적 윤곽의 구체화에 기여하고자 한다.

제2장 물 인권 보장에 대한 유럽연합의 기본적 관념

1. 유럽의 수문 환경과 물 위기

세계의 강수량 분포에서 유럽 지역이 차지하고 있는 비율을 살펴 보면, 유럽은 다른 대륙에 비해 상대적으로 충분한 물 공급이 가능하다. 유럽의 연중 평균 강수량은 790mm이며 이에 비해 증발량은 507mm 이다. 그럼에도 유럽은 현재 만성적인 물 부족에 시달리고 있으며, 2004년도에 유엔경제사회위원회는 유럽 인구의 31%가 심각한 물 부족 현상을 겪게 될 것이라고 분석한 바 있다.[2] 상대적으로 많은 강수량

---

[2] UN Economic and Social Council/Ecomomic Commission for Europe, *Water and Sanitation in the UNECE Region*, 2004, ECE/AC. 25/2004/5, S. 2.

과 적은 증발량에도 불구하고 유럽에서는 지역적으로 물 부족 현상으로 많은 고통을 겪고 있다.[3]

포르투갈은 농업용수가 절대적으로 부족하며, 스페인에서는 하천수에 지나치게 의존함으로써 물 공급의 안전성 문제가 발생하고 있다. 네덜란드에서는 지하수의 격감으로 여러 지역에서 환경 시스템을 파괴하는 현상이 일어나고 있다.[4] 이러한 경향은 여행자들이 휴가를 보내면서 사용하는 엄청난 물의 양 때문에 점점 악화될 것으로 보고 있다. 주로 지중해 연안에 위치해 있는 국가들이 이에 해당하며 관광객 수의 증가로 물 부족과 이와 연관된 환경 문제가 급증하고 있다.[5]

2025년까지 해마다 6억5천5백만여 명의 여행자들이 휴가를 지중해 연안에서 보낼 것으로 분석되고 있으며, 실질적 방문자 수는 이보다 배가될 것으로 전망하고 있다. 예측이 현실화될 경우 지중해 연안 지역의 수많은 습지도 파괴될 것이라는 우려가 있다. 프랑스, 그리스, 이탈리아, 스페인 등은 이미 국토에 있는 습지의 반 이상이 관광객들의 증가로 파괴되어 버렸다. 골프장이나 수영장에서 사용하는 엄청난 양의 물은 자연 관개로는 부족하기 때문에 농업용수가 이를 대체함으로

3_ 유럽뿐만 아니라 지구적 물 위기는 21세기 이래로 공공연한 사실이다. 지구촌 물 위기의 특별함은 사용 가능한 물의 불평등한 배분에서 볼 수 있다. 이에 더하여 충분치 못한 물 관리, 잘못된 수자원의 관개, 과도한 물 사용 등이 물 위기를 야기한다. 이들은 지역적으로 담수 자원의 부족, 삶에 필수적인 물에 대한 접근의 문제와 분배 정의의 문제를 초래하고 있다. 특히 개발도상국의 사회적 취약 계층은 물의 공평한 사용 기회가 배제되어 있다. 대략 12억 인구(세계 인구의 20%)가 마실 물에 대한 안전한 접근의 기회를 가지지 못하고 있고, 24억의 인구가 위생적 물 시설에 접근하지 못하고 있다.
4_ 유럽의 물 공급에 대한 자세한 내용으로 Die Länderberichte, in: F. N. Correia & R. A. Kraemer, *Institutionen der Wasserwirtschaft in Europa-Länderberichte*, 1997.
5_ L. De Stefano/WWF, *Freshwater and Tourism in the Mediterranean*, 2004.

써 농업의 황폐화를 야기하고 있다.[6]

일부 관광 지역에서는 하루 1인당 물 소비량이 여름에 850리터까지 이르고 있어, 127리터에 불과한 독일과 비교할 때 엄청난 차이를 보이고 있다. 문제는 부족한 물을 대체하기 위해서 사용하는 지하수 자원의 고갈이다. 과다한 지하수 사용으로 수위가 낮아지고 이와 연결되어 있는 습지대가 파괴되기 때문이다. 습지가 사라지면서 지중해 연안의 기각류와 마도요 같은 조류들의 생존이 심각한 위협을 받고 있다. 또한 해안 지역에서는 담수와 바닷물의 경계가 변화됨으로써 염분을 함유한 바닷물이 육지 깊숙이 침투해 들어와 담수에 섞이게 된다. 지하수와 해수가 물길이 서로 접하여 있음에도 불구하고 다른 농도 때문에 균형을 유지하면서 섞이지 않는 것이 보통임을 고려할 때, 이는 비정상적 현상이다.[7]

지중해 연안 국가에서는 물 공급 문제뿐만 아니라 하수 처리의 경우에도 많은 문제점이 발생한다. 정수하지 않은 폐수가 지중해로 유입되고 있으며, 관광객의 수가 늘어나면서 이미 수량 관리의 지속적 해결이 유럽 차원의 문제가 되어 버렸다.

대규모의 인공 관개 시설을 증축하고 있는 남유럽의 국가에서도 문제가 심각하다. 대단위 올리브 재배를 하고 있는 스페인은 해마다 유럽으로부터 22억5천만 유로의 보조금을 받고 있다. 스페인, 그리스, 포르투갈에 대한 보조금 정책은 새로운 올리브 경작지를 확보하기 위해

---

[6] 물 부족 국가의 하나인 키프로스에서는 관광객들을 위해 8개의 새로운 골프장을 건설하는 계획을 하고 있다. 1개의 골프장이 필요로 하는 물은 1년에 1백만㎥의 담수이다. 이는 1만2천 명의 소도시 사람들의 1년 소비량에 해당된다고 한다.

[7] L. De Stefano/WWF, *Freshwater and Tourism in the Mediterranean*, 2004, S. 5 ff. 해수는 담수보다 무겁기 때문에 받침돌처럼 담수 아래로 스며들게 된다.

오히려 숲과 자연 상태의 평야를 파괴하는 결과를 낳고 있다. 이는 단순히 파충류나 조류, 곤충 등의 생활 터전을 빼앗고 지표면 침식을 일으키는 데에 그치지 않고, 대규모의 관개 시설을 필요로 하는 단작을 초래해서 물의 수요를 증가시킨다. 이러한 방식의 농업 형태는 상시적으로 물 부족 현상을 불러일으킨다.[8] 물 부족에 대한 논의는 유럽연합에서 기후 변화와 함께 지속적으로 제기되는 문제이다.[9] 독일의 경우에도 이러한 기후 변화로 통일 이후에 물 부족에 대한 주제가 심각하게 논의되고 있다. 독일 전체적으로는 아직까지 물 부족에 대한 관심이 부족하나, 지역적으로 발생하는 물 부족 현상은 더 이상 독일이 안전지대가 아니라는 사실을 깨닫게 해주었다.[10]

8_ WWF, "Olivenöl ist ungesund für Südeuropa", <http://www.wwf.de>.
9_ 유럽의 평균 기온은 과거에 비해 0.8도 상승하였다. 또한 북유럽의 강수량은 10-40% 늘어난 반면에 남유럽에서는 20% 정도 감소하고 있다. 유럽의 기온은 10년 주기로 0.1에서 0.4도 평균적으로 상승하고 있다는 결과가 발표되고 있다. 전체적으로는 남유럽이 기후 변화로 인해 지역적으로 사막화의 진행, 물 부족, 숲의 파괴와 같은 부정적 결과가 초래되고 있음을 보여주고 있다. 이에 대해 M. L. Parry(Hrsg.), *Assessment of Potential Effects and Adaptions for Climate Changes in Europe*, Summary and Conclusions, The Europe Acacia Project, Jackson Environment Institute, University of East Anglia, Norwich, UK, 2000.
10_ 독일의 물 부족은 동유럽의 강수량이 독일보다 낮기 때문에 발생하였다. 독일의 슈프리 강을 비롯한 유역별 강 수위는 기후 변화로 현저하게 낮아졌으며, 베를린 기술대학교의 연구결과에 따르면 독일도 미래에는 물 사용에 대한 갈등으로 많은 분쟁을 겪게 될 것이라고 예고하고 있다.

2. 물 위기 극복을 위한 유럽연합의 전략

1) 유럽연합 물 기본 지침의 제정

유럽연합의 환경 정책은 2단계의 과정을 거쳐서 진행되었다. 첫 단계는 유럽공동체법에 환경 보호에 대한 명시적 규정이 없는 상태에서 공동체법의 일반 규정을 확대 해석하여 환경 정책을 수립했던 시기이다. 두 번째 단계는 1986년 단일유럽의정서가 환경에 대하여 명시적으로 언급한 후에 채택된 환경 정책을 의미한다. 단일의정서가 채택됨에 따라 환경 보호에 대한 공동체의 권한에 관한 문제가 명확하게 해결되었다. 즉, 단일의정서는 공동체 환경 정책을 마련하는 것이 유럽연합의 중요한 임무임을 명시적으로 선언하였으며, 유럽연합의 입법 기관들이 법안을 마련하는 데 환경 보호를 고려하도록 강제했다는 것에 그 의미가 있다.

이러한 과정을 거쳐서 유럽연합이 물 부족 현상을 극복하고 수자원을 보호하기 위해 공동체 차원의 물 정책을 법안으로 만든 것이 유럽연합 물 기본 지침이다.[11] 물 기본 지침은 자연 재해에 대처하고 환경을 보호하기 위한 수자원 관리 전략으로서, 모든 국가를 하나로 묶는 통합적인 구상이다.

물 기본 지침의 중요한 내용으로는 유역 관리(제3조), 목표 조정(제4조), 지표수(제8조), 지하수(제8조), 조치의 조정(제11조), 연계 조치(제10조), 하천 유역 관리 계획(제13조), 공공 참여(제14조), 법률 정

11_ 유럽연합 물 기본 지침(Wasserrahmenrichtlinie der Europäischen Gemeinschaft)은 2000년 9월에 제정되었다.

리(제22조), 정당한 가격(제9조), 중요 오염 물질(제16조), 지하수 오염 방지 등이 있다.

물 기본 지침의 제정으로 유럽의 하천 보호 정책은 새로운 전기를 맞이하게 되었으며, 동시에 회원국들도 커다란 도전에 직면하게 되었다. 유럽의 각국은 생태학적, 화학적, 양적으로 양호한 상태의 수질을 유지할 목적으로 법 개정 작업에 들어갔다. 유럽연합은 회원국들의 공적 영역에 대한 민영화에 대해서는 중립을 지키고 있지만, 시장 경제 원칙의 적용을 배제하는 예외적 경우에는 경쟁 조건의 개선과 같은 특별한 정당화를 요구하고 있다.[12]

2) 물 산업의 민영화 전략

유럽연합이 물 부족을 해결하기 위하여 채택한 전략은 유럽연합 물 기본 지침의 제정과 더불어 물 시장 민영화이다. 즉, 공공 서비스로만 생각하던 물 공급과 폐수 처리 산업을 민영화하여 희귀한 물 자원을 효율적으로 사용하자는 것이다. 이는 공공 부분의 민영화로 얻어진 효율성이 오히려 환경 보전에 기여할 수 있다는 논리이다.

물 산업의 경우에도 그동안 지방자치단체가 운영해 왔던 영역을 민영화하는 논의가 적극적으로 진행되고 있으며, 일부 국가에서는 국가의 독점적인 관할에 속해 왔던 물 관리를 실질적으로 민영화하고 있다. 민영화는 상당히 불확정적 개념이고 다른 표현에 비하여 명확한 범위의 한정이 어렵다. 그러나 일반적으로는 공공 기관이 관할하고 있

12_ Thomas Oppermann, *Europarecht*, 3. Aufl., § 13 Rdn.

는 임무가 민간으로 이양됨에 따라 법적 주체가 사인으로 변하는 것을 의미한다.[13]

협의의 의미의 민영화는 지금까지 국가 또는 지방자치단체가 이행해 온 임무를 제도적으로 민간이 법적 주체가 되도록 이전하는 것을 의미한다.

물 공급 민영화는 지방자치단체가 독자적으로 또는 지방자치단체 간 결성한 목적 조합이 관리하는 물 공급을 독립적인 민간 주체로 이전하는 것이다. 이때 지방자치단체는 그들의 임무 책임으로부터 자유로워진다. 그러나 지방사치단체가 자신의 임무를 민간 기업에 완전히 위임을 했을지라도 입법자가 자치 행정의 의무적 임무인 물 공급과 폐수 처리를 지정하지 않는 한 완전한 의미의 민영화는 이루어졌다고 볼 수 없다. 유럽에서 완전한 의미의 민영화를 실행하고 있는 나라는 영국이 유일하다. 그 밖의 나라에서는 물 공급 네트워크와 하수도 시설을 민영화하는 경우에 입법자는 이러한 형태의 민영화에 개입할 수 있다. 민간에서 다른 민간으로의 교체는 소비자의 이익을 최우선적으로 고려하기 위해서 다른 물 공급업자도 경쟁에 참여할 수 있어야 한다.[14] 현재 유럽에서 실행되고 있는 물 민영화는 실질적 민영화, 형식적 민영

13_ Bauer, "Privatisierung von Verwaltungsaufgaben", VVDStRL 54(1995), S. 251; Burgi, *Funktionaler Privatisierung und Verwaltungshilfe*, 1999, S. 48 ff.

14_ 연방과 지방의 카르텔방지행정청은 GWB(Gesetz gegen Wettbewerbsbeschränkungen) 의 제6차 개정법과 함께 수리의 감독에 대한 새로운 법규를 제정하였다. 이는 공동의 결정으로 카르텔법상의 가계(Haushaltskunden)의 물가격 남용 통제를 위한 지침이 공공에 공고되었다. 이에는 1998년 말까지 재판과 행정 실무 상태가 제시되었다. 추천(Empfehlung)은 물 가격에 대한 통제의 강화에 기반하고 있다. 이 안에는 시장의 남용 또는 면제에 대한 원칙과 마찬가지로 GWB 제103조 제5항 제2호에 따른 비교 개념에 대한 기본 원칙도 요약되어 있다.

화, 그리고 기능적 민영화로 구분되고 있으며, 입법자는 이러한 민영화 방식에 대부분 관여하게 된다.

첫째, 실질적 민영화는 공적 주체가 가지고 있는 임무 책임을 민간 주체의 책임으로 완전히 이전하는 것을 의미한다. 이 경우 공적 과제는 사경제 주체의 이익 추구의 대상으로 변하며 더 이상 공법의 적용이 배제된다. 이러한 민영화 형태를 취하고 있는 국가에는 영국이 있다.

둘째, 형식적 민영화는 조직 민영화를 의미하며 기초 자치 단체가 사법상의 주식 자본이나 회사 자본을 관리한다.[15] 형식적 민영화는 민영화 이후에도 연방법과 자치 단체 조례의 생존 배려 규정을 준수해야 하기 때문에 행정청의 임무에 대한 책임, 소유권성, 국가 참여의 비율은 변화하지 않는다.

셋째, 기능적 민영화는 민간에 의한 임무 실행과 국가 임무를 분리함으로써 지방자치단체는 보충적인 임무 실행 책임과 보증 책임을 가지고, 사인은 지방자치단체의 임무를 위임받아 실행하는 것을 의미한다. 기능적 민영화는 공적 임무 그 자체를 사인에게 이전하는 것이 아니라, 행정 보조자로서 임무 수행을 대행시키는 형식이다.[16]

그러나 현실에서는 정형화된 3가지 민영화 외에 다양한 형태의 민영화가 행하여진다. 대표적인 방식은 민관 협력(Public-Private Partnership, PPP) 모델이 있다.[17] 민관 협력의 명확한 법적 정의는 없지만 대

15_ 권형둔, "물 공급 민영화와 자치단체의 공적 책임", 《법과정책연구》 제9집 제2호(한국법정책학회, 2009. 12.), 11면.
16_ Torsten Schmidt, "Liberalisierung und Regulierung der Wasserversorgung", *LKV*, 2008, S. 193.
17_ 이에 대한 상세한 내용으로 정남철, "민관협력(PPP)에 의한 공적과제수행의 법적 쟁점", 《공법연구》 제37집 제2호, 한국공법학회, 2008. 12., 341면 이하 참조.

체로 "공행정과 사경제 주체 간의 협력적 작업의 다양한 가능성"으로 이해된다.[18] 공공과 민간의 파트너십은 연방 차원에서 그리고 부분적으로는 유럽 차원에서 이미 지배적인 민관 협력의 형태가 되었다. 이 경우 민간 자본이나 외자를 가지고 민간이 다수의 상이한 공적 임무를 실현하게 된다.

물 민영화에 대한 민관 협력의 방식은 독립적 행정 보조로서 경영 관리 모델, 특허 모델, 민관 공동 협력 모델이 있다. 이러한 기능적 물 민영화의 형태로서 민관 협력의 방식은 주로 독립적이지 않은 행정 보조의 영역에서 발생한다.[19] 그 가운데 경영 관리 모델은 경영 관리자가 임무 실행을 위임받았다 하더라도 임무 실행에 대한 궁극적인 책임은 지방자치단체가 보유하는 모델이다. 물 사용에 대한 공법 관계와 그러한 공법 관계를 근거로 한 계약상의 지시 권한이 법적으로 지방자치단체에 있기 때문이다. 경영 모델은 행정 개념상 그 효과에 있어 독립적 행정 보조의 범주와 공민영 개념에 의해 일반적으로 이해되는 기능적 민영화의 일례라 볼 수 있다. 특허 모델은 민간이 물 공급이나 그 시설을 지방자치단체의 보조적 지위에서가 아니라 자신의 고유한 영업의 일환으로 경영하기 때문에 법적 귀속의 문제점이 있다.[20] 기본적으로는 지방자치단체의 물 공급 또는 하수 처리 임무를 사인인 제3자에게 이양함으로써 특허에 해당한다. 지방자치단체는 기업과의 계약 내

18_ Bausback. "Public Private Partnerships im deutschen Öffentlichen Recht und im Europarecht", *DÖV*, 2006, S. 901 ff.

19_ 이에 대한 설명으로는 권형둔, "사회국가적 생존배려와 물 산업 민영화의 헌법적 한계", 《중앙법학》 제13집 제4호, 2011, 7면 이하 참조.

20_ Bohne & Heinbuch, "Die Dienstleistungskonzession als Privatisierungsmodell in der kommunalen Abwasserbeseitigung", *NVwZ*, 2006, S. 489 ff.

용에 공적 임무 책임을 관철시키기 위하여 노력하지만, 진정한 사인에 대한 특허는 실질적인 민영화를 가져오기 때문에 비판을 받기도 한다. 마지막으로 민관 공동 협력 모델은 공공 재산 관리자로서의 공적 주체와 민간이 공동으로 참여하는 회사이다. 이러한 형태의 회사의 헌법적 문제는 사법의 적용과 기본권으로 보호되는 임의의 재량 행위와 국가의 기본권 구속성 및 자의 금지의 원칙 사이의 딜레마로 발생한다.[21] 결국 민관 협력의 제도화된 형태의 내용이 문제가 되지만, 국가가 기업에 대해 감독 또는 감시 행정을 통하여 적절한 영향력을 행사하도록 하고 있다. 민관 공동 협력 모델은 해당 기업이 공적 임무 요건을 충족하기 때문에 민영화에 해당한다.

제3장 유럽연합에서 물 인권 보장에 대한 기본 원칙

1. 국제법의 구성 요소로서 물 인권

여러 측면에서 물은 다양한 존재 의미가 부여된다. 특히 식품과 건강 식품으로서 물의 기능은 중요하다. 다양한 문화 영역에서 종교적 의미가 부여되기도 한다.

인간이 소비하는 식료품의 생산은 농업을 통하여 결정되는데, 이에 충분한 강우량은 필수적이다. 현재 세계적으로 지구촌 경작 면적의 6

21_ Schachtschneider, *Staatsunternehmen und Privatrecht*, 1986, S. 176 f.

분의 1이 관개로 이루어지며 이는 세계 수확량의 3분의 1을 차지한다. 물과 인간의 건강의 연관은 영양 보존을 위한 물의 특성에도 있다. 1993년에서 1995년까지 해마다 세계적으로 어류가 평균 91.2톤은 바다에서, 17.2톤은 담수호에서 잡혔다. 개발도상국에서는 국민 대다수의 단백질 공급원이 되는 물고기 식량이 중요한 역할을 한다. 깨끗하고 충분한 식수 공급과 위생적으로 문제가 없는 폐수 처리는 인간의 건강 유지에 중요한 조건이 된다. 그러나 세계보건기구(World Health Organization, WHO)는 오늘날 지구촌 사람들의 반 정도가 물이 원인이 되어 발생한 병원체에 노출되어 있다고 한다.[22]

따라서 국민에 대한 지속적인 물 공급 서비스는 하수 처리와 함께 물 위기 극복을 위한 국제적 전략을 마련하는 데 중요한 의미를 가진다. 그러한 점에서 1966년 복수의 인권 협약인 유엔사회협약과 시민협약은 그 의미가 깊다. 이전에 유엔인권선언이 있었지만 공적 물 공급과 하수 처리를 인권 차원에서 다루게 된 것은 1990년대 국제 공동체법에서 비롯되었다. 물이 신자유주의 사상의 적용 대상이 됨에 따라 그로 인한 부정적 영향을 제거하기 위하여 물 인권과 자유 무역 사이의 국제법적 관계에 대한 토론[23]이 함께 이루어지고 있는 것이다.

그리고 물 인권에 대한 토론의 결과 2002년 11월 26일에 유엔의 경제·사회·문화적 권리위원회(Committee on Economic, Social and Cultural Rights, CESCR/ECOSOC)가 일반논평 제15호를 통과시키

---

[22]_ D. Baumgart, "Mangelware Wasser", in: Hochschule für Angewandte Wissenschaften (Hrsg.), *Welt : Wasser. Wasserwelt*, 2004, S. 46 ff.
[23]_ Ernst-Ulrich Petersmann, "Human Rights and the Law of the World Trade Organization", *JWT* 37, 2003, S. 241 ff.

게 되고, 이로써 1966년 12월 19일의 유엔사회조약[24]의 제11조의 식량에 대한 권리와 제12조의 건강권은 생명력을 부여받게 된다. 그리고 일반논평은 인간이 존엄한 삶을 누릴 수 있기 위해서는 필수적으로 물 인권을 도입하도록 강조하였다. 이는 다른 인권이 강제적으로 실현될 수 있도록 법적인 강제력을 가지고 있다. 따라서 물은 세계 각국에 한정된 환경 자원으로서 공적 재화로 고찰되고, 환경법과 사회법의 형성에 기본 원칙으로 작용하게 된다. 물은 인간이 기본적으로 필요로 하는 것이 되고 이에 대한 권리는 강제적이고 인과 관계가 존재하게 된다. 그리고 물에 대한 '기본적 필요성'의 인식은 국제적 물 정책에 있어서 법적으로 의미 없는 것으로부터 인권으로 자리매김하게 된다.[25]

국제적으로는 '물 인권' 개념을 도출할 때 일반논평 제15호(General Comment No. 15)가 그 규범적 근거가 된 것이다.[26] 조약 체결국들은 모든 인권에 내재되어 있는 세 가지 단계에 따라 구체적 의무가 발생하게 된다.[27]

24_ BGBl, 1973 II S. 1569.
25_ 일반논평 제15호는 가장 기본적인 생존의 조건에 대하여 이야기 하고 있다. UN Dok. E/C. 12/2002/11 v. 26. 11. 2002, *The legal base of the right to water*, Abs. 3.
26_ K. Nowrot & Y. Wardin, "Liberalisierung der Wasserversorgung in der WTO-Rechtsordnung, Die Wirklichung eines Menschenrechts auf Wasser als Aufgaben einer transnationalen Verantwortungsgemeinschaft", in: C. Tietje, G. Kraft & R. Sethe (Hrsg.), *Beiträge zum Transnationalen Wirtschaftsrecht*, 2003, Heft 14, S. 2 ff.
27_ 제1단계는 존중의 영역(Respektierungsebene)으로 개인에게 보장된 모든 인권의 특성이 표현된다. 국가는 본질적 부분에서 자유권적 또는 사회적 권리를 침해해서는 아니 된다. 제2단계는 보호의 영역으로 법 규범의 제정을 통하여 자유권, 평등권, 사회권의 요구를 보호하기 위하여 국가의 형성 의무가 요구된다. 제3단계는 수행, 실행, 준비 단계이며 국가에 의한 교육 훈련 조치와 진흥 의무로부터 실질적인 서비스 준비를 위한 충분한 급부가 요구된다. 이들은 존속을 보장하는 최소 조건의 보장, 기초적인 생존 조건과 연관되어 있기 때

일반논평 제15호에 의해 '물 인권' 개념이 구체화됨으로써 지구적 물 위기와 함께 유엔, 유럽연합이사회, 그리고 유럽사법재판소 판결에서도 '물 인권'이 명시적으로 언급되기 시작했다. 물 인권은 환경 보호, 사전 배려 원칙, 지속성 원칙, 그리고 인권 보호와 밀접하게 연관된다. 그리고 물 공급과 하수 처리는 법적으로 환경 서비스 영역에 해당할 수 있지만 인권의 현실화를 위한 급부 서비스로서의 의미, 즉 생존 배려 서비스로 인식된다.

2. 유럽인권협약과 유럽사회헌장에서의 물 인권

세계인권선언의 영향을 받아 1953년 11월 유럽인권협약이 국제법상의 조약으로 발효되었다. 협약의 발효로 지역적 보호 시스템으로 변형된 인권이 유럽에서도 효과적인 통제 장치로 기능하기 시작하였다. 하지만 물에 대한 인권은 1966년 유엔시민협약 및 사회협약과 마찬가지로 유럽법이나 협약에서 명시적으로 규율되지 않았다.[28] 다만 유럽인권협약은 인간의 생존 보호를 위한 기본적 규정들을 포함하고 있으며, 회원국들은 시민들과의 관계에서 보호 의무를 진다.[29] 유럽인권법원은 국가로부터의 위협이 아닌 외부로부터의 위협에 대한 국

문이다. E. Riedel, in: J. Meyer (Hrsg.), *GRC*, 2. Aufl., 2006, Vor Kap. IV, Rn. 3. 사회 국가의 원리는 생존을 보장하는 최소 조건의 보장을 위한 국가의 의무를 보장한다.

28_ 유럽인권협약에서 의미하는 유럽은 유럽연합의 지리적 경계를 넘어선다. 2004년 7월 22일에는 유럽인권협약을 비준한 유럽연합상임위원회의 45개 회원국들의 경계를 포함하고 있다.

29_ J. A. Frowein, in: Ders./W. Peukert (Hrsg.), *Europäische Menschenrechts-konvention*, 2. Aufl., 1996, Art. 2 Rn. 1 ff.

가의 보호 의무를 인정하면서 협약에 있는 기본적 권리의 방어권적 성격을 보완한다. 이 경우 국가의 적극적 보호 의무는 조약상 권리의 개별적 보장으로 발전하게 된다. 침해받거나 위협받는 보호 대상자는 그들과 관련된 기본권의 보호 의무를 주장하기 위하여 국가에 대한 주관적 권리를 인정받게 된다.[30]

유럽인권법원의 보호 의무에 관한 대상 판결은 유럽인권협약 제8조와 관련이 있다. 법원은 환경의 영향, 비행기 소음, 동식물에 영향을 미치는 과도한 환경오염 지역에 있는 주거인을 국가가 보호하도록 하였다.[31] 보호 의무에는 유해 물질에 오염된 지하수나 폐수에 오염된 식수도 해당된다. 그런 점에서 협약의 당사국들은 침해를 중지하는 의무뿐만 아니라 제3자에 의한 위협적 침해를 방어하기 위한 국가적 보호 의무와 같이 적극적 행위를 할 의무도 지게 된다.[32]

이후 2001년 10월 17일에 유럽연합이사회가 통과시킨 회원국들에 대한 권고안에 따라 처음으로 '수자원에 대한 유럽 헌장'(European Charter on Water Resources, 이하 '유럽물헌장'으로 함)이 제정된다.[33] 1968년 5월 6일의 '유럽의 물 기본 헌장'(European Water

---

30_ J. Suerbaum, "Die Schutzpflichtdimension der Gemeinschaftsgrundrechte", *EuR*, 2003, S. 390, 404 f.

31_ EGMR, Urt. v. 09.12.1994, EuGRZ 1995, S. 530(Lopez Ostra/Spanien)−Geruchs− belästigungen; EGMR III. Sektion v. 02.10.2001, Beschwerde Nr. 36022/97 Nr. 95 ff. (Hatton u.a./Vereinigtes Königreich)−Fluglärm.

32_ 이러한 보호 의무는 공공의 보건 위생 영역에 존재한다. 이에 대해 J. Meyer−Ladewig, "Konvention zum Schutz der Menschenrechte und Grundfreiheiten", *Handkommentar*, 2003, Art. 2 Rn. 7; EGMR v. 22.03.2001, NJW, 2001, S. 3035.

33_ Council of Europe/Committee of Ministers, "Recommendation Rec(2001) 14 of the Committee of Ministers to member states on the European Charter on Water Resources", v. 17.10.2001.

Charter)을 대체하고 있고 명시적으로 '유럽연합 물 기본 지침'(EU-WRRL 2000/60 EG)에 따라 제정된 유럽물헌장[34]은 회원국들을 사실상 정치적으로 구속하는 물 협약이다.

유럽물헌장 권고안이 유럽연합이사회에서 전원 일치의 합의로 통과된다고 하더라도 합의적 권고는 회원국들을 직접적으로 구속하는 효력은 없다. 그러한 결정은 정치적으로 회원국들을 구속하는 비구속적 합의의 성격을 가지고 있다. 그럼에도 불구하고 유럽물헌장은 유럽인권협약 제2조와 제8조의 권리의 해석을 통해 물 인권 도출에 관련된다.

유럽인권법원도 '수자원에 대한 유럽 헌장'과 관련하여 유럽인권협약 제2조와 제8조를 통해 경우에 따라서 물 인권의 도출이 가능하다고 보고 있다. 유럽연합헌법은 제6조 제2항에 따라 유럽인권협약상의 기본권이 유럽연합 공동체법에 일반적 기본 원칙으로 작용하며 회원국들의 헌법에서도 존중되어야 한다고 본다. 유럽연합헌법 기본권헌장 제52조 제3항과 제53조에서 설명하는 바와 같이 유럽인권협약에 의해 보호되는 자유와 권리는 기본권적 최소 기준으로서 존중된다.

유럽물헌장은 지구적 물 위기에 직면하여 건강과 위생의 관점에서 만족할 만한 질의 물에 대한 최소한의 권리를 규정함으로써 물에 대한 인권을 명확하게 인식하고 있다.[35] 그리고 1992년의 리우선언에 따라 현재와 후세대를 위해 필요한 수자원 보존을 위해 지속적이고 통합

34_ 헌장은 명시적으로 유럽연합 물 기본 지침의 기본 원리의 다수를 포함하고 있다.
35_ 유럽물헌장에는 유엔인권협약 제25조에 규정되어 있는 물에 대한 권리, 유엔사회협약 제11조가 보장하는 적절한 수준의 생활 기준에 대한 권리가 직접적으로 관련된다. 그리고 물에 대한 인권에 관한 일반논평(General Comment No.15)에 의해 구체화된다.

된 물 관리를 요구하고 있다. 공공의 이익을 위해 합리적으로 물을 사용해야 하며 수자원 정책과 수법은 습지와 물과 관련된 환경 시스템을 보호하도록 해야 한다고 하였다.[36]

유럽물헌장은 국가와 사인 간에 물에 대한 민관 협력 모델의 이행 방식도 포함하고 있다. 물에 대한 협력적 관리는 통합적·환경적인 하천수 관리를 위한 이행 방식에 적합하다고 보며, 지역 계획, 사회 평등, 환경적 이성에 기반을 둔 환경 목표를 설정하도록 요구하고 있다.[37] 절약이야말로 이성적으로 물을 사용하는 최선의 방법으로서 물 소비를 최소화하도록 하고 있으며, 수자원 정책과 수법을 위한 입법적·환경적 도구는 사전 배려 원칙과 원인자 원칙을 준수하도록 한다. 또한 식수의 중요성 때문에 지하수를 특별히 보호하도록 강조하면서 이를 정기적으로 감시하도록 한다. 유럽물헌장의 규정을 준수하면서 민간에게 제한적으로 물을 배분하도록 하고 있으며 지속적으로 감독하도록 한다.

---

[36] 2. 물은 공정하고 합리적으로 공익을 위해 사용되어야 한다. 3. 물 정책과 물법은 수중 환경 시스템과 습지를 보호해야 한다. Council of Europe/Committee of Ministers, "Recommendation Rec(2001) 14 of the Committee of Ministers to member states on the European Charter on Water Resources", v. 17.10.2001.

[37] 6. 관과 민 파트너는 지표수, 지면수, 그리고 전체로서 환경을 존중하고 지역적 계획을 계산하고, 사회적으로 동등하고 경제적으로 합리적인 관계되는 물의 통합적 관리를 도입해야 한다. 이에 대해 Council of Europe/Committee of Ministers, "Recommendation Rec(2001) 14 of the Committee of Ministers to member states on the European Charter on Water Resources", v. 17.10.2001.

3. 유럽 물 인권의 구체적 내용

물 인권에 대한 국제법적 논의는 정치적이면서도 법적인 특성이 있다. 법적 관심은 유엔인권협약에 따른 유엔사회협약의 물 인권의 규범적 내용인 제11조, 제12조에 기인한다. 그리고 이를 구체화하고 있는 2002년의 일반논평 제15호(General Comment No. 15)의 해석도 중요하다. 일반논평은 1990년대 이래로 완결된 논평과 마찬가지로 독자적인 인권 보호 수단으로 발전해왔다.[38] 이는 개별적 규율의 내용을 구체화하고 있으며, 인권을 보장하고 실현하기 위한 법적 근거로서 적용된다. 일반논평 제15호에 포함되어 있는 유엔사회협약 제11조와 제12조에 대한 법적 분석은 이로부터 발생하는 국가 의무 및 비례 의무와 마찬가지로 다양한 유엔 조직들을 구속하고 있다. 일반논평이 구체화하고 있는 '물 인권'은 경제적 측면도 있지만 사회적·생태적·지속성의 관점에 우선순위가 있다고 보았다. 따라서 '물'은 자연 자원이자 사회적 재화이며 경제적 재화로 고찰되어서는 아니 된다.

유럽연합도 물 인권에 대한 국제법적 관습을 승인하고 있다. 존재하는 물에 대한 권리와 생존권의 결합은 생존에 대한 인권의 구체화로서 물 인권을 고려할 것을 요구하고 있다. 유럽인권법원은 유엔사회협약 체결국들에 협약상의 권리 보장을 위한 기본 의무가 발생하며, 이를 충족하지 못한 경우 강제적인 의무 침해가 발생한다고 본다. 유럽에서 물 인권의 핵심 내용은 인간의 기본적 필요성을 충족하기 위하

38_ B. Simma, "The Examination of State Reports: International Covenant on Economic, Social and Cultural Rights", in: E. Klein (Hrsg.), *The Monitoring System of Human Rights Treaty Obligations*, 1998, S. 31, 37 ff.

여 필수적인 최소한의 물의 양을 국가가 보장할 의무가 있다는 것이다. 구체적인 물 인권의 내용은 다음과 같다.

첫째, 질병 예방을 포함하여 인간 존재 유지를 위한 물에 대한 접근의 보장(양적으로 충분하고 질적으로 적절하고 안전한 물을 개개인과 가정이 사용할 수 있도록 필요 최소한의 물의 양 보장).

둘째, 물 공급 시설이나 제공을 비롯한 물 접근권의 차별로부터 자유로운 보장(특히 사회적으로 경시되기 쉬운 사람이나 단체에 대한 물의 보장).

셋째, 물 공급 시설과 급부에 대한 물리적 접근의 보장(양적으로 충분하고 질적으로 안전하고 동시에 사용할 수 있는 물을 공급하고, 적절한 거리에서 개개인의 가정에 가까운 곳에 위치한 충분한 물 공급 시설을 제공하는 것).

넷째, 모든 물 공급 시설과 서비스에 물리적으로 접근하는 경우 개인의 안전성 보장.

다섯째, 사용 가능한 물 공급 시설과 급부에 모든 사람들의 정당하고 동등한 참여의 보장.

여섯째, 국가의 수자원 전략과 이에 상응하는 행위 계획에 대한 법률 제정.

일곱째, 물 공급의 진행에 대하여 전체 국민의 동의와 참여를 전제로 하며, 이에 대한 규칙적 심사.

여덟째, 물 인권의 실현을 위한 의무 준수의 감시.

아홉째, 적절한 정수 시설에 안정적인 접근의 보장을 통하여 물로부터 발생하는 병원체로부터 보호, 치료, 통제 조치를 할 것.

이러한 물 인권 보장에 대하여 유럽연합 국가는 물 인권 실현을 위한 포괄적 보장 의무를 진다. 그리고 환경 자원이자 인간 존재에 필수적인 물을 시장 법칙에 따라 상업화하는 것은 물 인권과 일치하지 않는다고 보고 있다.[39]

제4장 물에 대한 유럽연합의 헌법적 임무

유럽연합의 물 인권에 대한 기본적 관념은 유럽연합의 헌법 질서의 형성에 연관되어 있다. 유럽에서 물은 민주주의의 '이원적 모델', 공공복리 개념, 보충성의 원칙, 비례 원칙, 환경적 차원의 공동 책임, 실질적인 물 임무 계획과 관련하여 사회 국가적 생존 배려와 경쟁의 관점에서 설명되고 있다.

경쟁의 관점에서 논의의 핵심적 주제는 민영화이다. 유럽에서 민영화는 물 영역에서도 공공 부문 개방과 관련하여 빼놓을 수 없는 주제이다. 민영화는 오늘날 국가 임무 책임에서 헌법적 한계에 대한 연구를 전제로 한다. 일반적 물 공급과 위생 서비스와 같은 필수적인 기초 서비스를 민영화하는 것이 국제적 공공복리와 조화되는지 많은 국제법적 의문을 자아내고 있다. 오늘날 자유 무역주의와 긴장 관계에 있는 인권과 환경 보호 이익의 보장 책임에 대하여 개별 국가가 아니라 초국가적 공동체를 새로운 수신자로 놓을 수 있는지 규명할 필요가 있다.[40]

39_ BVerfGE 66, 39, 64; 96, 68, 86.
40_ K. Nowrot & Y. Wardin, "Liberalisierung der Wasserversorgung in der WTO-Rechtsordnung—Die Verwirklichung des Menschenrechts auf Wasser als Aufgabe

1. 유럽연합의 헌법 질서와 물 규정의 기본 원리

1) 유럽의 헌법 질서와 물 공급의 절차법적 보장

2004년에 예고된 유럽헌법조약은 2005년 5월 29일 프랑스와 2005년 6월 1일 네덜란드의 국민 투표에 의해 좌절되고, 이를 대체하는 리사본조약이 2009년 12월 1일에 발효되었다. 리사본개혁조약은 공식적으로는 헌법으로 명시되지 않았지만 일반적으로는 사실상의 헌법으로 인식되고 있다.

유럽헌법을 이해하기 위해서는 유럽의 입헌주의 국면에서 회원국들이 준비했던 조약들인 마스트리히트조약, 암스테르담조약, 니자조약의 이해가 중요하다. 니자조약에서 선언한 기본권헌장은 유럽이 하나의 국가로 나아가기 위한 과정에서 그 절정이 된다. 2004년 유럽헌법은 유럽을 더 이상 순수한 경제 공동체가 아니라 헌법을 공유하는 가치 공동체와 고유의 정체성을 가진 정치적·사회적 공동체로 인식하고 있다.[41] 그 기본 가치는 인간 존엄, 자유, 민주주의, 법치 국가의 존중과 소수자의 인격권을 포함한 인권의 존중이다. 이러한 가치는 유럽연합헌법 I-3조에 유럽의 지속적 발전, 경쟁력 있는 사회적 시장 경제, 환경 보호와 질적 개선, 사회적 정의 등의 원리로 함께 규정되어 있다.

---

einer transnationalen Verantwortungsgemeinschaft", in: C. Tietje, G. Kraft & R. Sethe(Hrsg.), *Beiträge zum Transnationalen Wirtschaftsrecht*, Heft 14-2003, S. 48. 전통적인 국가의 임무인 보장의 이해에 세계화 시대에 조건적 감소화된 변화에 대한 국가의 조정 능력이 필요한지 의문이 있다.

41_ C. Calliess & M. Ruffert, "Vom Vertrag zur EU-VerfV?", *EuGRZ*, 2004, S. 542, 544.

그리고 유럽헌법조약이 좌절되면서 이러한 보편적인 가치는 리사본 조약과 함께 발효한 유럽연합기본권헌장에 담겨져 있다. 즉, 불가분의 보편적인 인간 존엄, 자유, 평등, 연대의 가치가 이미 전문에서 설명한 유럽연합기본권헌장의 규정을 통하여 승계되고 있다. 기본권헌장은 조약의 부분이 아니라 모든 국가들에 동등하게 적용됨으로써 구속력을 가진다.[42]

기본권헌장 전문은 '인간의 존엄성 존중'만을 규정하는 것이 아니라 유럽헌법에 '연대성' 개념을 도입하고 있다. 이는 기본권헌장 제1조의 인간 존엄성 존중과 함께, 다른 기본권의 근본 규범[43]으로서 존재하는 기본권헌장 제27조에서 제38조까지의 사회적 기본권을 통하여 상세하게 규정된다. 인간 존엄은 특히 제IV장의 사회적 권리 헌장의 해석에 중요한 의미를 가지게 된다.[44]

위생적인 물 공급 서비스에 대해서는 기본권헌장 제34조에 규정되어 있다. 제1항에 따르면 유럽연합은 방어적 기본권의 성격을 띠고 있는 사회적 안전과 급부 서비스에 대한 접근권을 인정하고 존중해야 한다. 또한 제3항에 따르면 유럽연합은 사회적 보조에 대한 권리를 인정하고 주목해야 하는 것과 마찬가지로 사회적 배제와 빈곤에 대한 투쟁을 강조하고 있다. 이와 함께 인간 존엄의 존재를 보장하기 위해 충분한 수단이 부족한 경우에 최소한의 존재 보장을 할 것을 목표로 하

42_ 이에 대하여 영국과 폴란드는 예외가 된다.
43_ M. Borowsky, in: J. Meyer (Hrsg.), *GRC*, 2. Aufl. 2006, Art. 1 Rn. 6 ff., 27f., 32f.; S. Rixen, in: *F. S. M.* Heselhaus & C. Nowak, *Hdb*. "EU-Grundrechte", 2006, §9 Rn. 7, 24, 28ff.
44_ M. Borowsky, in: J. Meyer (Hrsg.), *GRC*, 2. Aufl. 2006, Art. 1 Rn. 28.

고 있다. 사회적 보조에 대한 권리는 물과 같이 인간 존재에 필수적인 사회적 구제 급부와 사회적 배려 조치에 대하여 관계된다.[45]

기본권헌장 제1조와 제34조 제3항은 물 인권은 1인당 하루 20리터의 식수가 포함될 때 최소한도로 보장된다고 규정하고 있다. 기본권헌장 제36조는 새로운 권리를 규정하고 있지 않지만 일반적 이익에 근거한 물 서비스 급부에 대한 접근권을 확인하고 있으며 이에 대한 회원국들의 객관법적 의무를 포함하고 있다.

기본권헌장 제20조의 평등 원칙과 제21조의 차별 금지 원칙은 어떠한 경우에도 존중되어야 하는 기본 원칙이다. 따라서 물 공급에 대한 일반의 서비스 접근권을 평등권과 연결하여 제36조가 적용되고 있다. 이는 개인의 직접적 서비스 접근권이 보장되지 않았던 자원이나 물 공급에 대해 적용하게 된 것이다.[46]

현대의 도시화된 산업 사회에서 인간은 오염된 표면 해양수로 인해 건강을 해치지 않고 과밀 지역의 중심부에 존재하지 않는 우물을 통해서 일일 물 수요를 충당할 수 없기 때문에 국가적 또는 초국가적 사회 기반 시설에 의존하게 된다.[47] 그러한 점에서 국가의 책임이 존재

45_ E. Riedel, in: J. Meyer (Hrsg.), *GRC*, 2. Aufl. 2006, Art. 34 Rn. 21.; T. Kingreen, in: C. Calliess & M. Ruffert (Hrsg.), *EUV/EGV*, 3. Aufl., 2007, Art. 34 GRCh Rn. 2, 14 (Soziale Fürsorge).

46_ 다수설에 따르면 이에 대한 좋은 근거가 있다. 즉 Urteil des EuGH v. 27.06.2006, Rs. C-540/03 (EP/Rat), NVwZ 2006, 1033. 본 판결에서 유럽연합법원(EuGH)은 처음으로 기본권헌장을 근거로 제시하고 있으며, 회원국들의 자기 구속의 효력에 대한 관계에서 증거로 인용하고 있다. 리사본조약이 발효됨에 따라 GRC(Grundrechtscharta) 규정과 GRC 제53조에 따라 물 인권이 유엔사회협약 제11조, 제12조가 유럽연합의 개별 조직들과 회원국들에 대하여 유럽법 적용과 관련하여 관련된다.

47_ K. Lischitzki, "Die öffentliche Bereitstellungsverantwortung für soziale und medizinische Dienste und Einrichtungen und ihre Konkretisierung im KHG", *SGB XI*,

한다는 점을 유럽연합헌법과 기본권헌장은 명확히 하고 있는 것이다.

이와 함께 유럽연합사무조약(Vertrag über die Arbeitsweise der Europäischen Union, 이하 사무조약)은 물 공급의 절차적 보장을 상세하게 규정하고 있는 조약이다.[48] 사무조약 제192조 제1항과 제2항에 따르면 물 공급에 대한 유럽연합의 구체적 법적 조치의 근거는 노동 조약의 환경적 권한에 해당한다. 유럽연합의회와 이사회는 입법 절차를 준수하면서 회원국들에 사무조약에서 언급하고 있는 목적을 달성하기 위한 조치를 취하여야 한다. 주로 환경의 유지·보호·질적 개선, 인간의 건강 보호, 자원 보호, 국제 환경 보호의 장려, 기후 변화에 대한 대처 등이 여기에 해당한다. 사무조약이 언급하고 있는 목표는 공동체의 법을 구속한다. 현재의 목표는 2002년의 환경행동계획(Umweltaktionsprogramm von 2002)에서 구체화되고 있는데 높은 보호 수준의 원칙, 사전 예방 원칙, 사전 배려 원칙 등에 따라 물 공급이 보장되어야 한다.[49]

그리고 대량의 물 관리는 특별한 권한 규범으로 사무조약 제192조 제2항에 따라 이루어지며 대량의 수자원 관리와 이러한 자원의 처분에 대해 유럽공동체가 직·간접적으로 조치를 취하도록 하고 있다. 이러한 규정은 앞에서 말한 니자조약에 의해 공동체의 법에 변화를 가져왔으며 유럽공동체는 지면 사용, 공간 질서, 물 사용의 양에 관하여

SGB VIII und im BSHG, 2004.

48_ 유럽연합의 설립을 위한 기본 조약의 하나이다. 이 조약은 법적으로 유럽의 정치 체제의 최우선적인 근거 법규가 되기 때문에 형식적으로는 국제법의 성격을 띠고 있지만 유럽의 헌법이라 하기도 한다.

49_ 유럽연합사무조약 제191조 제2항. 유럽공동체법 제174조 제2항.

회원국들을 제한할 수 있는 권한을 가지게 된다.[50] 따라서 사무조약은 물의 사용과 관련된 모든 조치를 포괄적으로 포함하고 있다. 하수 처리에 대해서도 이는 똑같이 적용된다.

유럽연합의 실질적 헌법의 기본 원리는 민주주의 원리, 통합의 원리, 환경 보호의 원리가 되며, 이에서 발전한 최고의 환경 보호 사상이 있다. 이는 유럽공동체법에서 사무조약에 이전되어 규정되고 있으며, 유럽연합법원의 판결에서도 객관적인 법률상의 심사 기준으로 인정된다.

2. 물에 대한 유럽연합헌법의 실질적 임무와 기본 원리

물 공급과 관련된 환경 급부 서비스는 다양한 임무나 목표와 관련된다. 주로 유럽공동체법 제2조에 규정되었던 유럽연합의 통합 프로그램과 유럽헌법 제3조의 규정이 그것이다.[51] 1992년의 마스트리히트조약에 따라 유럽공동체법 제3조 제1문에서 공동체의 환경 정책의 기본 목표가 규정되었다. 이어진 1997년의 개정조약에 따라 유럽공동체법은 제2조에서 환경 보호와 높은 수준의 환경 개선을 통한 경제적 삶의 지속적 발전을 장려하도록 하는 유럽연합의 임무를 수용하였다. 또한 제6조는 모든 환경 정책의 지속적 발전과 조치 및 진흥 정책을 포함한 환경 통합 조항을 보완하였다. 유럽연합의 물 환경 보호 정책은 고도의 보호 원칙, 지역적 차이의 원칙, 사전 배려 원칙 및 사전 예방 원칙, 지속성의 원칙, 소비자 보호 원칙, 생존 배려 원칙, 원산지 원칙

50_ W. Kahl, in: R. Streinz (Hrsg.), *EUV/EGV*, 2003, Art. 175 EG, Rn. 4.
51_ EuGH, Rs. 167/73 (Komm/Frankreich), Slg. 1974, S. 359 Rn. 17, 23.

등의 기본 원칙을 담고 있다.

1) 사전 예방 원칙

공동체 환경 정책의 중요한 원칙 중의 하나는 인간의 건강 보호 외에 사전 배려와 사전 예방의 원칙이 된다. 이러한 기본 원칙의 명확한 내용 또는 의미가 무엇인지에 대해서는 아직까지 설명되지 않았다. 다만 유럽공동체법 제174조, 암스테르담조약, 리사본조약과 이에 근거한 사무조약 191조에 유사 개념이 있다.

사전 예방 원칙은 환경 행위를 평가하여 볼 때 불확실한 인과 관계와 가능한 환경 침해로 인한 불확실성에 대하여 공동체의 행위를 합법적이고 의무적으로 비례의 원칙에 맞게 위험을 회피하는 것을 목표로 하도록 한다. 이러한 내용은 유럽연합법원의 판결에서도 찾아볼 수 있다.

유럽연합법원은 1998년 '광우병 사건'에서 인간의 건강에 대한 위험이 존재하는 경우에 불안전성을 제거하기 위한 공동체의 조치가 허용되어야 한다고 판결하였다. 그러한 상황에서는 각 기관이 보호 조치를 취할 수 있으며, 위험의 존재와 그 정도는 명백한 경우에 해당된다고 하였다.[52] 이러한 판결은 물을 비롯한 모든 환경 정책에서 사후적 해악 제거라는 기준을 포기하고 사전 예방의 원칙이 전제된다는 것을 의미하고 있다.

더욱이 유럽연합법원은 사전 예방 원칙이 공동체법의 일반적 법 원

52_ EuGH, Rs. C-180/96, (UK/Komm), Slg. 1998, I-2265, Rn. 99.

칙으로서 환경 정책의 범위 외에도 적용된다고 판시하였다.[53] 물론 사전 예방의 원칙의 내용과 범위는 특히 결정적으로 설명되지는 않았으며 단지 환경 보호를 위해 적용하고 있다. 유럽공동체조약도 정의를 내리지 않았다.

이러한 경향은 리사본조약에서도 변하지 않았다. 사전 배려 원칙의 구체화는 지속성(Nachhaltigkeit) 원칙에서 드러난다. 지속성 원칙에 따르면 환경 보호는 후세대의 삶의 질과 기준을 안전하게 보장하기 위하여 이용된다.

2) 지속성 원칙

유럽공동체조약 제2조에는 지속성 원칙과 임무 규정의 관련성이 규정되어 있다. 전문 내용으로는 내부 시장의 실현, 환경 보호의 강화, 경제적·사회적 발전의 강화 등을 통해 지속적 발전의 원칙을 선언하고 있다. 유럽연합헌법조약 제3조 제3항은 유럽공동체조약 제2조와는 달리 경제적 삶의 지속적 발전이 아니라 유럽의 지속적 발전을 규정하고 있다. 이에 근거하여 사무조약 제191조는 사전 예방 원칙을 규정하고 있는데 이는 환경 보호를 위한 사전적 예방 조치를 요구하고 있는 것이다. 이는 위험을 사전에 감소시킴으로써 환경적 위해 요소가 인간의 삶에 위험을 발생시키지 않도록 계획적 예방 조치를 취할 것을 의미한다.[54] 이에 따라 지속성 원칙은 명시적으로 제1차 법으로 규정되기에 이르렀

53_ C. Calliess, in: Ders./M. Ruffert, *EUV/EGV*, 3. Aufl., 2007, Art. 174 Rn. 25.
54_ J. Caspar, in: H.-J. Koch (Hrsg.), *Umweltrecht*, 2. Aufl., 2007,

다. 유럽공동체법은 환경 보호가 독립된 비중을 차지함으로써 유럽공동체에 다른 목표 규정과 동등한 지위를 얻게 되었음을 밝히고 있고, 이로써 환경 보호는 공동체의 본질적인 목표가 되었다.[55]

유럽공동체법에 따른 공동체의 임무는 리사본조약에 의해 유럽연합헌법 제3조에 편입되었다. 유럽연합헌법은 공동체법과 마찬가지로 환경 보호와 환경의 질적 개선, 지속적 유럽의 발전, 사회적 시장 경제의 실현을 목표로 하고 있다. 물 영역에서 환경 급부 서비스는 매개체가 되는 물과 필수적으로 연결되어 있다. 따라서 급부 대상만이 아니라 급부와 연관되는 모든 일련의 과정이 이러한 목표 실현에 기여해야 하며 물 서비스의 일체는 환경 보호의 기본 원칙과 연관되어 있다.

3) 생존 배려

공공 부분에 대한 생존 배려는 유럽에서 오랜 기간에 걸쳐 논의의 대상이 되어 왔다. 공공복리에 기반하고 있는 공적 서비스는 모든 사람에게 기본적인 필수적 재화를 보장하도록 한다. 공적 급부 서비스가 공기업, 또는 특허를 받은 민간 기업에 의해 이루어지는 경우 모두가 사용할 수 있는 필수적인 재화의 공급이 보장되어야 한다.

따라서 경쟁에 반대되는 생존 배려는 경쟁 규정과 갈등 관계에 놓이게 된다. 경제적 자유화를 목표로 하고 있는 유럽의 경제 공동체를 설립하는 단계에 이르기까지 갈등 관계가 소급될 수밖에 없다. 초기에는

55_ C. Calliess, in: Ders./M. Ruffert (Hrsg.), *EUV/EGV*, 3. Aufl., 2007, Art. 174 EGV Rn. 5. 공동체의 본질적인 목표로서 환경 보호를 처음으로 언급한 것은 유럽연합사법재판소이다. 이에 대해 EuGH, Rs. 240/83 ("ADBHU"), Slg. 1985, S. 531, Rn. 13, 15.

공적 서비스 개념의 목표를 위험하게 하는 자유 경쟁을 타협으로 해결하였다. 그리고 회원국들은 공기업의 민영화를 강요하지 않았다. 그러나 최근에는 회원국들의 생존 배려 서비스와 관련하여 다양한 차원에서 갈등이 발생하고 있다. 발생 갈등은 다양한 차원에서 관련된다. 그 하나는 회원국들의 상이한 경제 헌법 개념이며, 다른 하나는 회원국들의 주권성과 고유의 생존 배려 급부의 정의에 관한 논쟁이다.

사무조약 제119조 제1항은 자유로운 경쟁을 통한 자유 시장 경제의 원칙을 천명하고 있다. 그럼에도 물과 같은 보편적 서비스는 예외 규정의 적용을 받는다. 그러나 위원회는 점차적으로 물의 산업적 성격을 강조하기에 이르렀다.

"위원회는 경우에 따라서 물 영역에서 경쟁 조건을 개선하여 공급 기업과 폐수 기업이 서비스를 구매할 때 좋은 가격으로 더 커다란 선택을 할 수 있도록 하는 것이 임무이다. 물 영역에서 소비자들은 산업과 영업, 그리고 커다란 물 공급 기업에 기초해야 한다." 따라서 2004년 2월 25일 '내부 시장에서 급부 서비스에 관한 지침'의 초안을 통하여 생존 배려 개념은 보완되었다. 그로부터 위원회는 실질적인 급부 서비스 개념을 도출하였다. 이는 유럽이사회가 리사본에서 도출하였던 경제 개혁 과정의 부분으로 이해되었다.[56]

내부시장지침의 초안은 물 공급과 물 시설은 독립적인 평가를 받게 되고 회원국들은 자유화를 통해 급부 서비스를 장려하는 대신에 급부 서비스의 질을 보장하게 된다. 특히 지침은 제17조에서 특정 영역에 대하여 원산지 원칙의 예외를 보장하고 있다. 여기에 물 공급 서비

56_ KOM(2004) 2 endg./2, S. 3.

스가 포함된다. 예를 들어 프랑스에서는 거주지에 정주하고 있는 물 기업들이 독일에 물 공급을 하는 경우 독일의 식수 법령이 정하고 있는 엄격한 기준을 충족시켜야 하는 등 그에 따라 제한된 범위에서 물을 공급하게 된다.[57]

따라서 물 공급과 관련하여 수많은 정치적 논란이 있었지만 물 공급은 완전한 예외로 배제되지 않고 최소한 생존 배려 영역으로 남게 된다. 그 때문에 물 시설은 물 공급 회사와 마찬가지로 거주의 자유에서 국가 규정의 수많은 금지 규정에 따르게 된다. 따라서 물 민영화 이후에도 물은 단순한 거래 대상으로서 존재하는 평범한 상품이 아니라 지구촌의 모든 식생의 전제가 되기 때문에 중요한 요소가 된다. 어떠한 형태의 물 공급이나 식수 공급은 일반인의 이익을 도모하는 데 목적을 둔 공적 임무에 해당한다. 식수와 공업용수가 일시적이고 부차적으로가 아닌 지속적으로 공급될 경우에 이는 공적 물 공급이 된다고 할 수 있다.

제5장 유럽연합 국가에서 물 인권에 대한 생존 배려 모델

물에 대한 유럽연합의 기본 원칙을 개별 국가에서 실행하고 있는 다양한 수리적 생존 배려 모델이 있다. 독일의 기능적 민영화 모델, 영국과

---

[57]_ Abl, EG v. 5. 12. 1998 Nr. L 330/32, ber. ABl. EG v. 30.11.1999 Nr. L 305/33.

웨일스의 민영화 모델, 프랑스의 자유화 모델, 네덜란드의 반민영화 모델, 벨기에 자치 지역의 기본 공급 모델이 그것이다. 아울러 대부분의 유럽 국가에서 취하고 있는 물 민영화의 헌법적 한계도 살펴보기로 한다.

1. 각국의 물 민영화 모델

1) 독일의 기능적 민영화 모델

독일의 물 민영화는 통일 이후 계속되고 있는 천문학적인 동독 지역 재건 비용으로 인한 재정 부담 때문이다. 정부 재정의 불균형적인 지출은 주 정부의 재정 파산을 초래하였으며, 이러한 재정의 어려움을 극복하기 위하여 많은 기초 자치 단체들은 물 공급에 민영화 방안을 검토하게 되었다. 그러나 이러한 물 공급의 완전한 민영화는 생존 배려에 대한 국가 책임이라는 헌법상의 문제점을 불러일으켰다.

따라서 독일의 물 민영화는 기능적 민영화에 의해 이루어지고 있다. 기능적 민영화는 민간에 의한 임무 실행과 국가 임무를 분리하는 사상에 기인하고 있다. 행정 임무의 이양은 구조적으로 불가능하다. 기능적 민영화에 따라 자치 단체는 보충적인 임무 실행 책임과 보증 의무를 가지는 반면에 사인은 임무가 아닌 지방자치단체의 실행을 위임받게 된다. 실질적으로 기능적 민영화는 조직 고권과 형태를 선택하는 자유에서 배제되어 있기 때문에 법적인 근거가 필요하지 않다. 조례는 자치 단체의 임무 실행 책임을 조건으로 급부 행

위의 민영화를 허용한다.[58]

따라서 독일의 기능적 민영화 모델에서는 민영화 이후에도 민간이 자치 단체 주민들에게 저렴한 물 가격뿐만 아니라 수질, 공급 등급, 사용료에 대해서도 '기존의 국가 관리 상태와 동일한 정도'로 물을 공급할 때에만 합법적이다. 물론 최소한의 형식적 민영화와 같이 각각의 민영화는 포기할 수 없는 식수 공급에 대한 기초 자치 단체의 책임을 완화시킨다. 그럼에도 불구하고 설비의 민영화 이후에도 기초 자치 단체는 물 공급 보증 책임을 지며 보충적으로 설비 책임에 대한 권한을 가진다.

2) 영국과 웨일스의 민영화 모델

영국과 웨일스의 물 민영화는 1989년의 수자원법(Water Act 1989)을 통하여 시장 경제에 입각하여 완전한 구조 변혁을 한 실질적인 민영화에 해당한다. 이후로 영국과 웨일스는 물 인프라와 경영이 민간의 손에 넘어가게 되었다. 그와 함께 영국과 웨일스는 유럽에서 민영화에 대한 거의 유일한 특별한 지위를 가지게 되었다.

수자원법을 근거로 하여 1989년 영국에서는 10개의 공기업이 경영한 물 회사가 상장된 민간 회사로 완전히 넘어가게 된 것이다. 완전 민영화된 지역 물 공급 회사에는 12개의 작은 민간 물 전문 회사(Water-only Company)가 있다. 이 외에도 5만 개의 개별 물 회사가

58_ 이에 대한 상세한 내용은 권형둔, "물 공급 민영화와 자치단체의 공적 책임", 《법과 정책연구》 제9집 제2호, 한국법정책학회, 2009, 817면 이하 참조.

있으며, 중소 물 기업이 외국 기업에 경영권이 넘어간 경우도 있다.[59]

그리고 3개의 물 행정청이 규제 기관으로서의 역할을 수행하고 있는데 중심적인 기관은 물행정청(Office of Water Services, OFWAT)이다. 여기서는 주로 가격 규제, 경쟁 장려를 통한 소비자 이익의 보호를 주 임무로 하고 있다. 영국의 물 공급 시스템은 시장 경쟁을 통해 물 공급이 저렴하고 원활하게 이루어지는 것이며 물행정청은 이를 감시하는 역할을 한다. 이외에도 국가 유역의 하천수 보호를 위해 국가하천관리청(National Rivers Authority, NRA)이 중요한 역할을 수행하고 있으며, 소비자 보호를 위해 설립된 물행정청 고객관리위원회(OFWAT National Customer Council and OFWAT Customer Services Committees)가 있다.

그러나 영국/웨일스에서 물 민영화는 규제 완화를 통해 물 산업 구조를 변화시켜 소비자의 이익을 계획하였으나 실제로 이행되지는 않았다. 따라서 영국에서는 물 민영화는 자유화와 동시에 진행되지 못하였으며, 결과적으로 물 산업의 독점 구조가 민간에 의해 유지된다는 평가를 받는다. 따라서 영국에서 20여 년에 걸친 물 공급의 민영화는 전체적으로 부정적 평가를 받고 있다.[60] 이전의 공적 독점은 민간 독점으로 대체되었을 뿐이며 사회 경제적으로는 노동 시장의 축소를 가져왔다는 혹평을 받고 있다. 물의 질적 수준, 가격, 안전성도 다른 유럽 국가들과 비교할 때 높은 수준을 보장하지 못한다는 지적을 받고 있

---

[59] C. Scherrer, F. Beilecke, T. Fritz & L. Kohlmorgen, *Gemeinwirtschaftliche Auswirkungen einer Liberalisierung und Deregulierung oeffentlicher Dienstleistungen durch das GATS im Sektor Wasserversorgung*, 2004, S. 57.

[60] K. Bakker, *From public to private to ... mutual? Restructuring water supply governance in England and Wales and Vancouver*, 2003, S. 22 f.f.

다.[61] 그리고 사회의 저소득층에게는 여전히 물 가격이 높게 형성됨으로써 양극화를 부채질하고 있으며 인권으로서 시민이 가지는 물에 대한 권리를 박탈하게 되었다고 한다.

결과적으로 영국에서 민영화 초기에 기대했던 효율성 상승, 민간 자본을 통한 개선된 재정 확충, 경쟁의 강화를 통한 서비스 확대는 영국과 웨일스 민영화 모델에서는 확인되지 않았다.

3) 프랑스의 물 자유화 모델

프랑스에서 전파된 물 민영화, 특히 자유화 모델은 기본적으로 기능적 의미에서의 공적 서비스 사상에 기반을 두고 있다. 오래전부터 프랑스에서는 수리의 공적 서비스 임무를 민간 기업에 위임해 왔다. 물 공급과 마찬가지로 생활하수의 경우도 프랑스에서는 지역적 급부 서비스에 해당한다. 이는 역사적으로 3만6천 개의 기초 자치 단체의 책임 영역에 해당한다. 인구 밀도를 분석하여 볼 때 프랑스의 물 공급 회사는 상당히 많다. 재정적으로 취약한 기초 자치 단체의 독립성은 법률에 의해 제한된다. 물 구입과 하수 처리에 관련되는 법 규정들이 여기에 해당한다. 물법은 프랑스 환경법전에 규정되어 있다. 여기에는 식수의 공급과 분배, 식수의 질 등에 관한 법률이 있다. 식수의 질을 위해서는 유럽연합식수지침이 중요한 평가 기준이 된다.

프랑스에서 수리에 대한 결정은 기초 자치 단체가 아니라 중앙 정부, 특히 산업부, 사회부, 경제부를 통하여 이루어진다. 프랑스 환경부의

61_ UBA (Hrsg.), *Nachhaltige Wasserversogung*, 2001, S. 80.

영향은 비교적 적은 편이다. 지방자치단체는 중앙 정부의 직접적 통제를 받게 된다. 공적 물 공급의 수질 감시는 보건성의 임무 영역에 해당하고 기초 자치 단체의 임무는 단지 시설의 경영이나 관리이다.

수자원의 질은 전반적으로 만족스러운 것으로 평가되지만, 식수에 대해서는 지하수로부터 끌어올린 물의 57%가 오염되어 있다는 평가를 받고 있고, 이에 대한 대처가 시급하다는 평가를 받고 있다.[62] 민영화 과정에서 기업들이 정치인들에게 돈을 제공함으로써 발생한 1990년의 부패 스캔들은 물 기업에 대한 민주적 통제의 결여로 인한 것이었다. 따라서 정치인들은 물 공급 민영화가 이러한 문제를 야기하였다고 비판을 하기도 한다.

물 회사들은 높은 이익을 위해 소비자들에 비용을 떠넘기는 것을 목표로 하였으며, 이 때문에 충분한 시설 투자를 하지 못했다는 비판을 받고 있다. 또한 법률의 집행, 재정, 기술적 자문, 물 공급 서비스에 대한 감시 등이 기초 자치 단체에서 지방자치단체에 이르기까지 걸쳐 있어 통제 권한에 혼선을 초래하였다는 비판도 받고 있다. 3만6천8백 개의 기초 자치 단체가 극도로 분할되어 있어 물 가격을 통제할 수 없다는 문제점도 있다. 이에 대해 물 사업 허가와 기관의 축소를 내용으로 하여 물에 공공성이 더 많이 개입될 수 있도록 하는 개혁안이 제시되고 있으나 아직까지 가시적인 성과를 보이고 있지 않다.

62_ W. Schönbäck u.a., "Internationaler Vergleich der Siedlungswasserwirtschaft", Bd. 1: *Länderstudien*, hrsg. v. der Österreichischen Bundesarbeitskammer u. dem Österreichischen Städtebund, 2003, S. 351.

4) 네덜란드의 반민영화 모델

　네덜란드는 물 산업에 있어서 유럽의 다른 국가와는 완전히 반대의 방식을 채택하고 있는 대표적인 국가이다. 2004년 네덜란드 입법자는 물에 있어서 생존 배려 급부의 국유화에 대한 결정을 하였으며 구체적 방법으로는 민간 협력 모델(PPP)을 채택하였다. 그리고 물 공급 시설의 포괄적 민영화 금지를 법적으로 확정하였다. 네덜란드의 지형상의 위치 때문에 수리의 공공성을 위한 수자원 관리는 특별한 역할을 한다. 네덜란드는 라인 강의 접점 지역에 있는, 작지만 인구 밀도가 높은 국가라는 특징을 가지고 있다. 식수 공급을 위하여 필요로 하는 물의 3분의 2는 지표수로부터 나오고, 나머지 3분의 1은 지하수로부터 추출하고 있다. 따라서 일찍이 네덜란드는 수리를 국가적 임무 영역으로 보았다. 기초 자치 단체는 폐수 처리에 대하여 관할권이 있으며, 식수 공급은 도 단위 행정 구역의 공기업의 의무가 된다. 수리 임무를 위하여 중요한 법률들은 지표수오염방지법, 수리법, 지표면보호법, 지하수법, 식수공급법 등이 있으며, 4개의 행정청이 수리에 대하여 수평적으로 임무를 배분하고 있다.

　식수와 폐수 처리는 수질과 물 공급 안전성 보장과 관련하여 높은 수준을 유지하고 있다. 국민들 대다수는 공적 기관에 의한 물 공급을 받고 있으며, 하루 물 소비는 1인당 130리터에 달하고 있다. 물 가격은 세금이 지역마다 다르게 적용되며 다른 나라에 비하여 약간 높은 수준에 있다.

　네덜란드에서도 이미 1997년 이래로 물 산업의 자유화와 민영화에 대한 논의가 있었다. 그러나 2000년도에 네덜란드 정부는 물 공급에 경쟁을 배제하고, 여전히 공적 물 회사의 독점을 용인한다는 결정을 내렸다. 물 산업에 경쟁을 도입하면 수질과 안전성 보장이 동시에 위험하게 될 것이라는 두려움 때문이었다. 프랑스의 경우와 같이 민간 독점은 높은 가격이 유지되는 반면에 수질은 나빠질 것이라고 하여 인정하지 않았다.

2004년도에 네덜란드 의회는 이른바 식수공급법(Waterleidingswet)을 제정하고 수리에 있어서 공적 이익 개념을 유럽연합이 인정하도록 요구하였다. 지금까지 네덜란드 의회는 물 산업의 자유화 정책에 반대하고 있으며, 유럽연합은 경쟁의 일반적 지침을 통하여 압박을 가하고 있는 상황에 있다.

5) 벨기에의 기본 공급 모델

수리 영역에 생존 배려 모델은 벨기에의 자치주 플랑드르가 도입하고 있다. 플랑드르는 일반논평 제15호에서 의미하고 있는 '물 인권' 개념을 적극적으로 도입하면서 공적 물 공급은 지방자치단체의 책임 영역에 해당하는 것이라고 보았다. 1996년 이래로 '최소한의 가스, 물, 전기 공급에 대한 법'이라는 특별한 법령이 적용되고 있다. 2002년 5월 24일에는 새로운 '인간의 사용을 위한 물 법령'이 제정되었으며, 이를 근거로 주 정부는 물 공급 회사에 대하여 공공의 이익이라는 의무를 부과하였다. 물은 공공을 위한 재화이며 모든 인간은 '물 인권'을 근거로 물에 대한 권리를 청구할 수 있다고 하였다. 이러한 사상은 벨기에 헌법에 '식수에 대한 개인의 최소한의 권리' 개념을 규정하기에 이르렀다.

2. 경영 효율성과 경쟁을 위한 민영화의 헌법적 한계

물을 비롯하여 공적 과제의 대상이 되는 전기, 철도, 우편, 가스, 교육 및 의료와 같은 가치재 산업의 민영화에 대해서는 많은 비판이 쏟아지고 있다. 민간 주체가 공법상 조직 형태보다 우월하다는 것은 입증되지 않았다는 것이다. 이윤 극대를 추구하는 민간은 공공복리뿐만 아니라 새로운 투자에도 소홀할 수 있다는 것이다.

물 소비자에게 부담이 되는 약탈 사회(Beutegemeinschaft)[63]의 위험성을 끊임없이 경고하는 소리가 들린다. 효율성 차원에서 도입한 민영화 방식이 항상 그러한 것은 아니기 때문에 대부분의 유럽 국가는 헌법상의 기본 원리인 민주주의·법치주의·사회 국가적 원리에 의한 한계를 갖는다고 본다.

1) 법치 국가적 한계

효율성의 원리를 따르는 물 민영화의 경우에도 그 절차적 진행은 법치 국가 원리와 행정의 기본권 구속의 원리를 따라야 한다. 그러나 물 민영화를 추진한 사례들을 분석해 보면 대개 국가의 재정적 부담을 경감하기 위하여 정부 주도로 일방적으로 추진되었으며, 공공성 상실·가

63_ Jürgen Salzwedel, *Wasserversorgung und Abwasserbeseitigung zwischen Daseinvorsorge und Dienstleistung*, S. 63.

격 상승·실업 발생 등의 문제를 해결하기 위한 법적·사회적 합의 절차를 거치지 않은 채로 진행되었다. 민영화는 국가와 국민 간의 관계에 있어 국가의 기본권 보호 대상으로서 공적 급부 행위가 민영화됨으로써 기본권 보호에 있어 허점이 발생하게 된다. 국가는 법치 국가 원리에 따라 물 민영화로 국민의 생존 배려의 대상인 물에 대해 누리는 기본적 권리의 약화를 방지할 책무가 있다.[64] 물 민영화로 수반되는 물 가격에 대한 국가의 조정 및 통제 상실도 문제가 될 수 있다.

또한 법치 국가적 원리에 따라 국가, 지방자치단체, 그리고 민간 간의 물의 기능적 민영화에 따른 계약 관계를 명확히 함으로써 법적 안정성을 확보하여야 할 것이다. 민영화가 전래의 독점 체제 내에서 안정적인 물 공급과 폐수 처리, 그리고 가격 형성의 수인(受忍)을 보장할 수 있을지 법적으로 명확하지 않은 의사 형성 모델로는 권리 구제에 적합하지 않기 때문에 법치주의의 관점에서 문제가 있다는 것이다. 그러한 점에서 물 민영화는 법치 국가적 한계를 갖는다고 볼 수 있다.

2) 민주주의적 한계

물 민영화의 궁극적인 목표는 시장의 효율성이나 경쟁의 원리에 의한 생산성 증대에 있지만 민주주의 원리의 실현과도 연관성이 있다. 기본적으로 민주주의 원리는 정치적 민주주의로서 국민의 정치 참여에 의하여 자유·평등·정의라는 기본 가치를 실현시키려는 통치 형태이지만 최근에 이러한 정치적 민주주의는 경제 민주주의 등 다양한 사회

64_ 이원우, "공기업 민영화와 공공성 확보를 위한 제도개혁의 과제", 《공법연구》 제31집 제1호, 한국공법학회, 42면.

분야까지 확대되는 경향에 있다. 따라서 경제 민주화의 경우에도 민주적 과정의 결과인 사회적 합리성을 갖추어야 한다.[65] 이러한 경제 민주화 과정에 필수적인 합리성의 구현은 민주주의의 원리에 따라 지방자치단체의 물과 관련된 영업 활동은 선거로 구성된 대의 기관의 관리 책임으로 귀속된다.[66]

법 규범과 공기업의 조직 구조는 지방자치단체에 자치 행정과 임무 실행을 완수하는 것을 가능하게 한다. 민주주의 원리에 따른 조치의 의미와 관련하여 지방자치단체는 물 산업 민영화에 적극적으로 참여할 수 있는 공간을 확보해야 한다. 독일의 연방헌법재판소도 국가 임무를 실행하고 지시 권한을 갖는 결정 주체는 국가의 행정과는 달리 합법적이고 민주적 자치 행정의 범위 내에서 민주주의적 합법성을 필요로 한다고 판시한 바 있다.[67]

3) 사회 국가적 한계

깨끗한 물 공급에 대한 국가의 의무는 기본적으로 공적 과제를 수행한다는 측면에서 급부 행정의 영역이다. 이러한 민관 협력은 생존 배려에 근거하고 있으며 이러한 생존 배려는 사회 국가의 원리에 근거하고 있음은 이미 주지의 사실이다. 이러한 관점에서 볼 때 기능적 민

65_ 이에 대해 문병효, "최근 독일행정법의 변화와 시사점", 《고려법학》, 고려대학교 법학연구원, 2009, 246면.
66_ Scyulz, "Neue Entwicklungen im kommunalen Wirtschaftsrecht Bayerns", *BayVBl.*, 1996, S. 97 f.
67_ BVerfGE 83, 60 ff.

영화의 한 방식인 민관 협력(PPP)은 사회 국가적 한계를 가진다. 민간 주체의 경우 사적 자치의 원칙에 따라 단지 영업 이익만을 추구하고 공적 임무의 수행은 단지 공공 기관과의 계약에 의해서만 제한되기 때문이다.[68]

결국 국가나 공공 단체는 공적 과제의 수행을 질적인 기준에서 판단하지만, 민간 주체는 양적 기준에 따라 자신의 이익을 도모한다는 측면에서 한계가 있는 것이다.

따라서 공적 임무에 해당하는 사회 국가적 생존 배려가 물 민영화로 배제되어서는 아니 된다. 국가는 민영화의 유형에 따라 국민에 대한 물 급부를 보장하여야 한다. 민영화로 헌법이 부여한 공적 임무의 수행에 대한 국가의 책임이 부인될 수 없기 때문이다.[69] 따라서 공적 임무의 불완전한 표류를 방지해야 한다는 차원에서 물 민영화의 사회 국가적 한계가 있다고 볼 수 있다.

제6장 결론

최근에 유럽의 경우 깨끗한 물에 대한 인간의 권리는 사회 국가적 생존 배려라는 헌법적 권리로, 그 법적 내용은 환경법적, 인권적 측면에

68_ 문병효, "최근 독일행정법의 변화와 시사점", 《고려법학》, 고려대학교 법학연구원, 2009, 225면.
69_ 국가는 공정한 경쟁 질서의 확립, 소비자 보호 및 가격 규제를 통해 자신의 책임을 이행할 수 있다. 이에 대해 이원우, 앞의 글, 39면과 50면 참조.

서 논의가 이루어지고 있다.

유럽연합에서 물 인권이 지니는 의미는, 무엇보다도 안전하고 위생적인 식수에 대한 권리가 인간의 건강과 생명의 유지에 필수적인 것이며 이에 대한 차별받지 않는 접근을 보장하고 있다는 점이다. 각국 헌법 및 법원도 물 인권을 존중하고 보호하며 실현하여야 할 국가의 기본 의무로 승인하고 있는 추세이다. 따라서 국가가 충분하고 안전한 양질의 물을 공급할 수 있는 체계를 마련하는 조치는 필수적이라 할 수 있다.

현재 유럽에서도 물에 대한 시장 사유화와 민영화가 상당 국가에서 진행되고 있다. 공공 부문의 민영화는 1980년대 이후 경제협력개발기구(OECD) 국가에서 진행되어 온 세계적 추세이다. 실제로 민영화는 그 구성원에게 창의성을 발휘할 수 있도록 하기도 하며 국민 총생산을 높이는 데 기여하기도 한다. 반면에 규제 완화를 통한 효율성 확보라는 차원에서 민영화를 추진한다면 현대 사회에서 일어나고 있는 다양한 변화에 대처하는 적절한 방식이 아니라는 지적도 존재한다. 실제로 영국이나 프랑스의 예와 같이 민영화 이후의 성과를 보면 일부 긍정적 요소에도 불구하고 민영화의 목표인 효율성을 담보하지도 못하고 장기적으로는 부정적 결과를 초래하기도 한다.[70]

결국 물 인권 보장의 측면에서 경영 효율성과 경쟁을 위한 민영화는 헌법적 허용과는 별도로 헌법상 법치 국가적, 민주주의적, 사회 국가적 원리의 제한을 받게 된다.

세계적인 경제 위기로 양극화와 사회적 빈곤층이 확산되는 위기 상

70_ 이에 대해 Heonrich Epskamp & Jürgen Hoffmann, *Die öffentliche Dienste zwischen Deregulierungsdruck*, S. 231.

황에서 유럽연합의 물 인권에 대한 연구는 생명권과 환경권으로부터 물 인권을 도출하고 이의 법적 구속력을 인정하는 입법이 증가하고 있는 추세에 실질적인 헌법상 기본 원칙을 통해 국민에 대한 생존 배려라는 국가의 합리적 입법적 조치에 대한 근거 규정을 마련하는 데 기여할 수 있다.

참고 문헌

권형둔, "물 공급 민영화와 자치단체의 공적 책임", 《법과정책연구》 제9집 제2호, 한국법정책학회, 2009.

_____, "사회국가적 생존배려와 물 산업 민영화의 헌법적 한계", 《중앙법학》 제13집 제4호, 2011.

문병효, "최근 독일행정법의 변화와 시사점", 《고려법학》, 고려대학교 법학연구원, 2009.

이원우, "공기업 민영화와 공공성 확보를 위한 제도개혁의 과제", 《공법연구》 제31집 제1호, 2002.

정남철, "민관협력(PPP)에 의한 공적과제수행의 법적 쟁점", 《공법연구》 제37집 제2호, 한국공법학회, 2008.

Bakker, K., *From public to private to … mutual? Restructuring water supply governance in England and Wales and Vancouver*, 2003.

Bauer, "Privatisierung von Verwaltungsaufgaben", *VVDStRL* 54, 1995.

Baumgart, D., "Mangelware Wasser", in: Hochschule für Angewandte Wissenschaften (Hrsg.), *Welt : Wasser, Wasserwelt*, 2004.

Bausback, "Public Private Partnerships im deutschen Öffentlichen Recht und im Europarecht", *DÖV*, 2006.

Bohne & Heinbuch, "Die Dienstleistungskonzession als Privatisierungs-modell in der kommunalen Abwasserbeseitigung", *NVwZ*, 2006.

Borowsky, M., in: J. Meyer (Hrsg.), *GRC*, 2. Aufl., 2006.

Burgi, *Funktionaler Privatisierung und Verwaltungshilfe*, 1999.

Calliess. C. & M. Ruffert, "Vom Vertrag zur EU-VerfV?", *EuGRZ*, 2004.

De Stefano, L./WWF, *Freshwater and Tourism in the Mediterranean*, Juni 2004.

Die Länderberichte, in: F. N. Correia & R. A. Kraemer, *Institutionen der Wasserwirtschaft in Europa-Länderberichte*, 1997.

Frowein, J. A., in: Ders./W. Peukert (Hrsg.), Europäische Menschenrechtskonvention, 2. Aufl., 1996.

Laskowski, S. R., *Das Menschrecht auf Wasser*, 2010.

Lischitzki, K., "Die öffentliche Bereitstellungsverantwortung für soziale und medizinische Dienste und Einrichtungen und ihre Konkretisierung im KHG", *SGB XI, SGB VIII und im BSHG*, 2004.

Meyer-Ladewig, "Konvention zum Schutz der Menschenrechte und Grundfreiheiten", *Handkommentar*, 2003.

Nowrot & Y. Wardin, "Liberalisierung der Wasserversorgung in der WTO-Rechtsordnung, Die Wirklichung eines Menschenrechts auf Wasser als Aufgabems einer transnationalen Verantwortungsgemeinschaft", in: C. Tietje, G. Kraft & R. Sethe (Hrsg.), *Beiträge zum Transnationalen Wirtschaftsrecht*, 2003, Heft 14, S. 2 ff.

Oppermann, T., *Europarecht*, 3. Aufl., 2012.

Parry, M. L. (Hrsg.), "Assessment of Potential Effects and Adaptions for Climate Changes in Europe", Summary and Conclusions, The Europe Acacia Project, Jackson Environment Institute, University of East Anglia, Norwich, UK, 2000.

Petersmann, Ernst-Ulrich, "Human Rights and the Law of the World Trade Organization", *JWT* 37, 2003.

Schachtschneider, *Staatsunternehmen und Privatrecht*, 1986.

Scherrer, F. Beilecke, T. Fritz & L. Kohlmorgen, *Gemeinwirtschaftliche Auswirkungen einer Liberalisierung und Deregulierung oeffentlicher Dienstleistungen durch das GATS im Sektor Wasserversorgung*, 2004.

Schmidt, T., "Liberalisierung und Regulierung der Wasserversorgung", *LKV*, 2008.

Scyulz, "Neue Entwicklungen im kommunalen Wirtschaftsrecht Bayerns", *BayVBl*, 1996.

Simma, B., "The Examination of State Reports: International Covenant on Economic, Social and Cultural Rights", in: E. Klein (Hrsg.), *The Monitoring System of Human Rights Treaty Obligations*, 1998.

Suerbaum, "Die Schutzpflichtdimension der Gemeinschaftsgrundrechte", *EuR*, 2003.

02.
물과 관련한 국제적 논의의 동향 및
유엔총회 물 인권 결의

고문현

제1장 서론

제2장 물과 관련한 국제적 논의의 전개
 1. 환경·공중 보건 차원에서의 접근
 2. 물 이슈에 대한 국제적 논의 기반 조성
 3. 통합적 차원의 논의 본격화
 4. 평가 및 전망
 5. 우리 법제상 고려 사항

제3장 물과 위생에 대한 인권
 1. 유엔총회 결의문
 2. 인권으로서의 물과 위생
 3. 물, 위생 그리고 기타 인권

제4장 우리나라의 물 관련 법제
 1. 조직법적 관점
 2. 작용법에서의 법제 현황
 3. 법제적 관점에서의 보완 요소

제5장 결론

제1장 서론

인류 문명사가 강과 물에서 시작된 것과 마찬가지로 우리나라도 한강을 중심으로 국가의 흥망성쇠가 변화무상하였으며, 이는 오늘날에도 여전히 같은 모습으로 나타나고 있다.[1]

물은 제한된 자연 자원이자 생명과 건강에 기본적인 공공재[2]이다. 물에 대한 인권은 인간의 존엄성을 가지고 삶을 영위하는 데 필수 불가결하다. 그것은 다른 인권의 실현을 위한 선행 조건이다. 유엔 경제적·사회적·문화적 권리에 관한 위원회(Committee on Economic Social and Cultural Rights)는 선진국에서는 물론이고 개발도상국에서 광범위하게 벌어지는 물에 대한 권리의 부인에 끊임없이 맞서 왔다.[3]

---

[1] 김성수, "물기본권에 관한 연구", 《환경법연구》 제34권 1호, 한국환경법학회, 2012/4, 232면 참조.

[2] 물은 화학적으로 한 개의 산소 분자와 두 개의 수소 분자가 결합하여 만들어지는 물질인데, 순환성과 수송성을 특징으로 하는 공공재의 성격을 가지고 있다. 물은 자연적 조건에 따라 고체, 액체, 기체 등 다양한 상태로 존재할 수 있는바, 열에 의해 액체 상태에서 기체 상태로 변화하여 하늘로 상승하고 차가운 공기를 만나 구름을 형성하고 비가 되어 땅으로 다시 떨어지는 순환성을 가지고 있다. 물의 순환성은 계속적인 상태의 변화와 동시에 장소적 이동을 의미하고 70% 이상이 물로 구성되어 있는바, 물은 다양한 상태 변화와 공간 이동을 통해서 다양한 물질들을 실어 나르면서 지구 생태계에 영향을 미치는 수송성을 지니고 있다. 김덕주, "물문제에 관한 국제적 논의 동향 및 우리의 대응", 《주요국제문제분석》 No. 2010-03, 외교안보연구원, 2010/2/9, 1면.

[3] Economic and Social Council, "Substantive Issues Arising in the Implementation of the International Covenant on Economic, Social and Cultural Rights, General Comment No.15(2002), The Right to Water (arts. 11 and 12 of the International Covenant on Economic, Social and Cultural Rights)", Committee on Economic, Social and Cultural Rights' twenty-ninth session, Geneva, Committee on Economic, Social and Cultural Rights, 11-29 November 2002 Agenda item 3, E/C.12/2002/11. 20

"이제 안전한 음용수(safe drinking water)와 위생에 대한 접근권을 인권의 하나로서 고려할 때이며, 이것은 생명과 건강을 유지하기에 충분한 양의 안전한 마실 물(개인적이고 가정적인 용도[4]로 사용되는)에 대한 평등하고 차별받지 아니하는 접근권으로 정의된다. 국가는 이러한 개인적이고 가정적인 용도를 다른 용도보다 우선하여야 하며, 이와 같이 충분한 양의 물이 양질의 상태에 있게 하고, 모든 이들에게 공급될 수 있도록 하며, 한 개인의 집으로부터 합리적 거리 내에서 획득될 수 있도록 하기 위하여 조치를 취해야 한다."[5]

안전한 물에 대한 접근권은 인간의 기본적 수요이므로 기본적 인권이라고 한 코피 아난(Kofi Annan) 전 유엔 사무총장의 말[6]은 시사하는 바가 매우 크다고 하겠다.[7]

2010년 7월 28일 유엔총회에서 전 세계 약 9억 명이 깨끗한 물에 대한 접근권을 가지고 있지 않다는 점에 깊은 우려를 표명하면서 볼리비아와 33개국이 제안한 '깨끗한 물과 위생에 대한 접근권'을 인간다운 삶의 향유와 모든 인권에 필수적인 요소로 선언하기에 이르렀다.[8]

January 2003, 1면.

[4] 마시는 것, 개인적인 위생(personal sanitation), 옷을 세탁하는 것, 음식 준비와 개인적이고 가구(household)적인 위생(hygiene).

[5] Office of the UN High Commissioner for Human Rights on The Right to Water, September 2007 (http://en.wikipedia.org/wiki/Right_to_water 2012. 11. 11. 검색).

[6] "Access to safe water is a fundamental human need and therefore a basic human right."

[7] http://www.righttowater.info (2012. 5. 16. 검색).

[8] 64/292. "Human Right to Water and Sanitation". 표결 결과 찬성 122개국, 반대 0,

이 선언은 제2차 대전 이후 모든 형태의 폭력과 전쟁보다 오염된 물로부터 더 많은 사람들이 목숨을 잃었다는 점을 고려하면 역사적인 결의로서 매우 중요한 전환점이라 할 수 있다.[9]

여기에서는 물과 관련한 국제적 논의의 전개를 개관해 보고, 위에서 언급한 '물과 위생에 대한 인권(Human Right to Water and Sanitation)'[10]이라는 표제로 2010년 7월 28일 유엔총회에서 채택한

기권 41개국. 찬성국은 볼리비아, 브라질, 칠레, 북한, 이집트, 프랑스, 독일, 이탈리아, 말레이시아, 포르투갈, 남아프리카공화국, 스페인 등이고, 기권국은 호주, 그리스, 이스라엘, 일본, 네덜란드, 남한, 영국, 미국 등이다. 김성수 교수님은 물 기본권을 "모든 국민이 자신의 생존에 필수적인 최소한도의 위생적인 물을 사용할 수 있도록 국가에 요구하거나 국가 또는 제3자로부터 이에 대한 자유로운 이용을 방해받지 않을 권리"라고 정의하고 있다. 김성수, 같은 글. 237면.

9_ Mikhail Gorbachev, "The Right to Water", *New York Times*, July 16, 2010. http://www.nytimes.com/2010/07/17/opinion/17iht-edgorbachev.html (2012. 11. 11.검색). 옛 소련 대통령 미하일 고르바초프(Mikhail Gorbachev)는 위 칼럼에서 이 권리는 국제녹십자(Green Cross International)와 같은 시민 사회 조직에 의하여 10년 전에 처음으로 제안되었다고 한다. 국제녹십자는 지구 환경과 인류를 보호하기 위해 설립된 국제 비정부 환경 단체이다. 1970년대부터 전 지구적인 환경 파괴와 생물 자원 고갈, 환경 재해 같은 문제가 발생하자 이의 근본 원인에 대한 전문적 조사와 환경 보호를 위한 국제 장치를 마련하자는 목소리가 높아졌다. 결국 1990년 미하일 고르바초프가 국제환경포럼에서 결성을 제안했고 1992년 6월 브라질 리우데자네이루에서 열린 세계환경정상회담에서 회원국 전원의 만장일치로 결의되어 1993년 4월 20일 일본 교토에서 설립됐다. 초대 총장은 국제녹십자 결성을 제안한 고르바초프가 맡았다. 국제녹십자는 전쟁의 부상자를 돕기 위해 만든 적십자에서 따왔으며 환경 파괴로부터 지구를 지키자는 의미로 '녹색'을 도입해 녹십자로 이름 지어졌다. 본부는 스위스 제네바에 있으며 우리나라는 1994년 29번째 회원국으로 가입하였고, 2011년 현재 우리나라를 비롯한 31개국이 회원국으로 가입돼 있다. 기본적으로 비정부 단체이기 때문에 순수한 비정부 자원 봉사자를 중심으로 활동을 전개하며 각국 정부나 정치 단체, 종교 단체의 가치관에서 가능한 한 독립해 '인류에는 기회를, 지구에는 미래를'이라는 주제를 가지고 인류 전체의 시각으로 환경 문제에 접근한다.

10_ 2000년도 보건 통계 자료에 기초한 최근 분석에 의하면, 세계적으로 1,085,000-2,187,000건에 달하는 설사 질환 사망자가 "물과 공중 위생 및 개인 위생" 관련 위험 요소에서 비롯된 것으로 추정되며, 이 가운데 90%가 5세 이하 어린이라는 것을 알 수 있다. 이러한 사망 건수를 질병 부담의 측면에서 DALY로 환산해 보면, 37,923,000-76,340,000

결의(resolution)를 살펴본 후에 우리나라의 물 관련 법제의 현황과 그 개선 방안을 모색해 보고자 한다.

제2장 물과 관련한 국제적 논의의 전개

1. 환경·공중 보건 차원에서의 접근

1970년대 초에 선진국들은 이미 환경 문제가 전 지구적 차원의 문제임을 인식하고 환경 보호를 위한 국제적 협조 체제를 구축하고자 하였다.[11] 환경 문제에 관하여 유엔의 이름으로 열린 최초의 국제회의라 할 수 있는 1972년 6월 스웨덴 스톡홀름에서 개최된 유엔인간환경회의(UN Conference on the Human Environment)에서는 자연 환경을 보존하는 데 있어서 인류의 책임을 강조하였으며, 이를 계기로 유엔환경계획(UN Environment Programme, UNEP)이 설립되었다.[12] 이 회의에서는 수질 보호를 확실하게 하는 것과 대규모 수자원 개발 사업으로부터 환경을 보호할 것을 국제 사회에 권고하였으나, 동 회의는 전반적인 환경 문제에 관한 회의로서 수자원 문제가 폭넓게 다루어진

DALY에 달하며, 이는 선진국과 비교하여 개발도상국이 무려 240배까지 높은 수준이다. UNESCO, K-Water/베니뜨(주) 역,《사람과 생명을 위한 물(Water for People, Water for Life)》, UN 물 개발보고서 1》, 구미서관, 2010, 106면.
11_ 이상돈,《환경법》, 이진출판사, 1999, 23면.
12_ 이상돈, 같은 글; 박균성·함태성,《환경법》, 박영사, 2010, 6면; 정인섭,《신국제법강의》, 박영사, 2012, 628면.

물 관련 회의는 아니었다.

유엔 차원에서 물 이슈에 관한 최초의 국제회의는 1977년 아르헨티나 마르델플라타에서 개최된 유엔물회의(UN Conference on Water)이다. 동 회의에서는 다가오는 80년대의 10년(1981-1990)을 '국제 음용수 및 위생 10개년 계획(International Drinking Water and Sanitation Decade)의 해'로 선언하고 용수 공급 지역 확대를 통한 공공 보건 향상에 주력하였다.[13]

2. 물 이슈에 대한 국제적 논의 기반 조성

유엔세계환경개발위원회(World Commission on Environment and Development)는 1987년 "우리 공동의 미래"라는 보고서[일명 브룬트란트보고서(The Brundtland Report)]를 공표하여 이른바 '지속 가능한 개발(sustainable development)'을 이루기 위한 여러 가지 선행 조건을 제시하였다. 위 보고서는 물 관련 국제적 논의에도 적지 않은 영향을 미쳤다. 1990년 인도 뉴델리에서 개최된 '90년대 물과 위생에 관한 전 지구적 협의(Global Consultation on Safe Water and Sanitation for the 1990's)'에서는 스톡홀름회의의 성과를 확인하고 강조하면서 통합적(integrated) 개념을 등장시켰고, 어린이들을 위한 깨끗한 물의 공급과 모든 사람들에 대한 위생 시설의 공급 촉진을 언급하였다.

1992년은 물 관련 국제적 논의에 있어서 중요한 해로 기억되고 있

13_ 김덕주, 같은 글, 3면.

는데, 1월 아일랜드 더블린에서 열린 국제물환경회의(International Conference on Water and Environment)에서는 물의 희소성, 여성의 역할, 물의 경제적 가치, 수자원의 개발 관리에의 참여 등을 내용으로 하는 더블린선언(Dublin Statement on Waters and Sustainable Development)[14]이 채택되었다.

동 선언의 취지와 원칙은 1992년 6월 브라질 리우데자네이루에서 열린 유엔환경개발회의(UN Conference on Environment and Development, UNCED Earth Summit)의 리우선언(Rio Declaration on Environment and Development)과 의제인 아젠다21(Agenda 21) 중에서 맑은 물에 관한 내용인 제18장의 근간을 이루고 있으며, 같은 해 유엔총회에서는 3월 22일을 '세계 물의 날(World Water Day)'로 선포하는 등 물 이슈에 관한 국제적 논의의 기반이 조성되었다.

1994 네덜란드 노르트베이크에서 개최된 음용수 공급과 환경 위생에 관한 각료급 회의(Ministerial Conference on Drinking Water Supply and Environmental Sanitation)에서는 리우선언에 따른 실행계획(Action Plan)을 마련하였다. 리우선언과 그 실행계획은 유엔지속개발위원회(UN Commission on Sustainable Development, CSD)의 제2차 회의(1994년 5월)와 제6차 회의(1998년 4월), 그리고 1997년 6월 유엔총회 제19차 특별회의에서 지지되는 등 국제적으로 물 문제의 정치적인 입지를 확고히 구축하였다.[15]

14_ 물이 경제재라는 개념이 세계적으로 널리 보급되기 시작한 것은 1992년 더블린회의에서 주요 결의 사항의 하나로 채택된 이후라고 할 수 있다.

15_ 3개 회의에서는 수자원을 더욱 통합적으로 관리하는 방법을 개발하는 것과 가난한 사람과 국가들의 어려움에 더 많은 관심을 가지는 것에 대하여 국제 사회가 일치된 노력을 경주할 것을 요구하였다.

3. 통합적 차원의 논의 본격화

1) 세계물포럼(World Water Forum)과 제1차 회의

　세계물포럼은 세계 물 문제 해결을 논의하기 위해 1997년부터 3년마다 세계 물의 날(3월 22일)을 전후해 개최되는 국제회의이다. 양적인 부족, 오염 등 점점 많은 문제를 낳고 있는 물 문제의 심각성을 인식하고 이에 대한 대책을 논의하여 싱크탱크의 역할을 수행하기 위하여 각국 정부와 전문가, 국제 비정부 기구(NGO) 등이 모인 세계물위원회(World Water Council)에서 제창되어 1996년에 창설되었다. 물 관련으로는 지구촌 최대의 행사로, '세계수자원회의'라고도 불린다. 국가 수반 회의, 장관급 회의, 지역별 회의, 주제별 세션, 세계 물 엑스포 등 다양한 행사들이 펼쳐진다.[16] 제1차 세계물포럼은 1997년 모로코 마라케시에서 개최되었는데, 위 포럼에는 63개국 500여 명이 참석하였으며, 21세기의 물 문제와 그 심각성에 대한 국제적인 공감대를 형성하였다.

2) 제2차 세계물포럼

　2000년 네덜란드 헤이그에서 열린 제2차 세계물포럼에는 156개국 5,700여 명에 이르는 물 전문가와 이해관계자가 모여 다양한 분야와 지역에 대한 87개의 세션을 통해 공통 과제를 논의하였으며, 별도로

16_ http://terms.naver.com/entry.nhn?docId=645262 (2012/11/11 검색); 김덕주, 같은 글, 4-5면.

열린 21세기 물에 관한 세계 위원회(World Commission on Water for the 21st Century)에 제출된 '세계물비전(World Water Vison: Making Water Everybody's Business)'을 채택하였다.

위 포럼 기간 중 개최된 각료 회의에서는 물의 가치 부여, 현명한 거버넌스를 포함한 물 문제와 관련하여 국제 사회가 직면한 7가지의 난제들을 정리하고, 이를 해결하기 위한 실행 계획은 통합 수자원 관리에 의거하여 수행할 것을 권고하는 내용의 헤이그선언(Ministerial Declaration on Water Security in the 21st Century)을 채택하였다.

위 포럼에서는 세계의 물 문제에 대한 유엔 기관들의 관심과 능력을 공유하는 유엔 차원의 집단적인 노력의 일환으로 요청 국가의 물 문제를 진단하고 물 관리 능력을 강화시키는 데 도움을 주기 위하여 '세계 물 평가 프로그램(World Water Assessment Programme, WWAP)'을 발표하였다.

한편 리우선언 이후 일련의 국제회의와 논의를 통해 형성된 물 이슈에 관한 국제적 인식과 경향은 2000년 제55차 유엔총회에서 채택된 '유엔 새천년 정상 선언문(UN Millennium Declaration)'에도 적극적으로 반영되어 "2015년까지 안전한 식수에 접근하지 못하거나 공급받지 못하는 사람의 비율을 반으로 줄일 것"을 천명하였다.

위와 같은 내용은 선언문 제3항 '개발과 빈곤 퇴치(development and poverty eradication)'에 포함되어 있는바 국제 사회가 이루어야 하는 최우선 사항은 빈곤으로 고통받는 사람들을 줄이는 것이며 따라서 물 관리 정책도 동일한 맥락에서 이루어져야 한다는 기본 인식이 반영된 것이다.

리우회의의 의제21에 의하여 확인된 담수와 관련된 지속 가능한 목표를 재점검하고 이듬해 개최 예정인 지속가능개발세계정상회의 (World Summit on Sustainable Development, WSSD, Rio+10)에 대비하기 위하여 2001년 12월 독일 본에서 담수에 관한 국제회의 (International Conference on Freshwater)가 개최되었다. 이 회의에서는 물을 더욱 효과적으로 관리하고 지속 가능한 개발의 목표에 더욱 근접하기 위하여 물 관리의 5대 핵심 사항을 확인하였고, 이를 달성하기 위한 거버넌스, 재원 조달, 역량 제고와 정보 공유 등의 실행 분야를 우선적으로 실시할 것을 권고하였다.

리우회의 개최 후 10년째가 되는 2002년 남아프리카공화국 요하네스버그에서 지속가능발전세계정상회의가 개최되었는데, 동 회의에서는 "2015년까지 안전한 식수와 기본적인 위생 환경에의 지속적인 접근이 불가능한 인구 비율의 반감"을 새천년개발목표(Millennium Development Goals, MDGs)[17]의 세부 목표(target)로 명시하였다.

17_ 8대 목표는 ① 절대 빈곤 및 기아 퇴치 ② 보편적 초등 교육 실현 ③ 양성 평등의 촉진 및 여성에게 권한 부여 ④ 유아 사망률 감소 ⑤ 산모 건강의 향상 ⑥ HIV/AIDS, 말라리아 및 기타 질병의 퇴치 ⑦ 환경의 지속 가능성을 확실히 함 ⑧ 개발을 위한 글로벌 동반자 관계의 발전 등이다. 오병선 외 5인, 《인권의 해설》, 국가인권위원회, 2011, 261면, [표 3-3] 밀레니엄 개발목표와 인권기준.

8대 목표별 주요 지표는 ① 1일 소득 1달러 미만 인구 반감 ② 모든 아동에게 초등 교육 혜택 부여 ③ 모든 교육 수준에서 남녀 차별 철폐 ④ 5세 이하 아동 사망률 2/3 감소 ⑤ 산모 사망률 3/4 감소 ⑥ 말라리아와 AIDS 확산 저지 ⑦ 안전한 식수와 위생 환경 접근 불가능 인구 반감 ⑧ MDGs 달성을 위한 범지구적 파트너십 구축 등이다.

21개 세부 목표 중 물과 관련된 것으로 "⑭ 2015년까지 안전한 식수와 기본적인 위생 시설에 접근하지 못하는 인구 비율을 절반으로 줄인다."가 있다. http://ko.wikipedia.org/wiki/%EB%B0%80%EB%A0%88%EB%8B%88%EC%97%84_%EA%B0%9C%EB%B0%9C_%EB%AA%A9%ED%91%9C (2012. 11. 11. 검색).

3) 제3차 세계물포럼

'세계 물의 해(International Year of Fresh Water)'인 2003년[18]에는 그 동안 열린 두 번의 포럼 결과를 배경으로 다양하게 제안된 지구촌의 물 문제를 해결하기 위한 결의를 행동으로 옮기기 위해 제3차 세계물포럼이 일본 교토에서 개최되었다.

기존 포럼과는 차별화된 상향식(bottom-up) 방식을 채택한 동 포럼에는 세계 182개국에서 2만4천여 명이 참가하여 물과 관련된 33개 주제에 대한 351개 서브세션을 진행하였는바, 사실상 물과 관련된 모든 문제들에 대한 현황과 전망 그리고 비전을 구체화하기 위한 행동 및 실천 방안이 논의되었다.

4) 제4차 세계물포럼

2006년 멕시코 멕시코시티에서는 '글로벌 도전에 대한 지역 차원의 행동(Local Actions for a Global Challenge)'이라는 주제로 제4차 세

18_ 유엔에서는 2003년부터 지구적 물 문제를 해결하기 위해서 이와 관련한 주요 역할을 수행하고 있는 24개의 유엔 기구 및 비(非)유엔 파트너 기구들로 구성된 글로벌 네트워크인 '유엔워터(UN Water)'가 설립되어 범지구적 차원의 수자원 국제 협력의 중심 역할을 하고 있다. 유엔워터는 회원 기관들이 물과 위생에 관한 목표를 달성하도록 지원하는 허브의 역할을 수행하고 있는데, 지구적 차원과 지역적 차원에서 담수 현황과 추세를 모니터링하고 평가하는 역할을 우선적으로 하고 있다. 이에 따라 전 세계 수자원의 현황에 대해서는 '유엔 세계 물 보고서(UN World Water Development Report)'를, 수자원 공급과 위생 현황에 대해서는 '물 공급과 위생에 관한 공동 모니터링 프로그램(Joint Monitoring Programme for Water Supply and Sanitation, JMP)'을 통해 보고서를 제공하고 있다. 유엔워터 자체는 집행 기관이 아닌 조정 기관의 성격을 가지고 있는바, 개별국의 참여는 각 유엔 기구의 다양한 프로그램을 통해 이루어지고 있다. 김덕주, 같은 글, 7면.

계물포럼이 개최되었는바, 동 포럼에서는 세계적인 물 관련 문제 해결을 위해 보다 많은 개인, 비정부 기구, 지방 정부 등이 지역 차원의 행동을 즉시 개시할 것을 촉구하였다.

이러한 배경하에서 동 포럼 기간 중 아시아개발은행(Asian Development Bank, ADB), 유엔아시아태평양경제사회위원회(UN Economic and Social Commission for Asia and the Pacific, EXCAP), 유엔환경계획 등 국제기구와 우리나라를 포함한 아시아·태평양 지역 7개국 대표가 모여 지역의 다양성을 보전하면서 아태 지역 전체에 공통된 물 관련 문제를 발견하고 해결하는 것을 목적으로 아태물포럼(Asia-Pacific Water Forum, APWF) 발족을 선포하였다.

5) 제5차 세계물포럼

2009년 3월에는 터키 이스탄불에서 제5차 세계물포럼이 개최되었는데, 이 포럼은 '수자원 격차 극복(Bridging Divides for Water)'을 주제로 국제 사회와 지역, 선진국과 개발도상국, 공공 부문과 민간 부문 등 물 관련 이해 당사자들 간의 간격을 줄일 필요성과 방안에 관하여 논의를 전개하였다.[19]

깨끗한 물에 대한 접근성이 국가별·지역별·경제적 여건별로 큰 차이가 나는 현실을 직시하고 이를 극복하기 위한 국제적인 거버넌스, 각

19_ 동 포럼 기간 당시 우리나라 수석대표로 참가한 한승수 국무총리는 '물과 재해에 관한 고위급 전문가 패널 회의' 의장으로서 행한 기조연설을 활용하여 우리나라의 저탄소 녹색성장 비전 및 녹색 뉴딜 사업을 소개하는 등 세계 녹색 성장 주도 국가로서의 이미지를 제고하였으며, 2015년 제7차 세계물포럼 유치 추진 의사를 표명한 바가 있다.

국의 경험과 전략 등 수자원을 개발하고 공유하는 방법에 초점을 두었다.

6) 제6차 세계물포럼

2012년 3월에는 프랑스 마르세유에서 "해결을 위한 시간(Time for Solutions)"이라는 주제로 제6차 세계물포럼(The 6th World Water Forum)이 개최되었는바, 여기에서는 주요 물 문제를 해결하기 위한 전략적 방법이 주장되었다.[20]

2015년 제7차 세계물포럼(The 7th World Water Forum)은 대한민국의 대구 경북에서 개최될 예정이다.

4. 평가 및 전망

1) 물에 대한 인식 변화

물 문제가 국제 사회에 본격적으로 등장했던 1970년대에는 인간의 기본적 욕구를 해결하기 위한 원활한 용수 공급과 하수 처리가 중요한 주제였다. 따라서 국제 사회의 논의도 용수를 안전하게 공급하고, 하·폐수를 적절하게 처리하고, 위생적인 주거 생활을 영위하고, 적당한 양의 식량을 생산하는 등의 활동에 필요한 물을 어떻게 적절하게 관리하느냐 하는 문제에 집중하였다.

20_ http://www.solutionsforwater.org/ (2012/11/11 검색).

1980년대에는 용수 공급 확대를 통한 공공 보건 향상에 대한 회의감과 환경오염에 대한 우려가 확산되면서 물을 바라보는 국제적인 시각이 변화하기 시작하였고 논쟁의 범위가 급격히 확대되었다. 물은 단순히 공공 보건을 위한 부수적인 존재로서만 머물지 않게 되었고 수자원의 관리와 이용은 환경 보전과 지속 가능한 성장이라는 보다 광범위하고 근본적인 개념의 일부분으로 자리를 잡게 되었다.

1990년대에 접어들면서 세계화가 화두로 등장하고 전 지구적인 관점에서 물을 조망하기 시작하였다. 이러한 변화는 물 문제가 이제 어느 한정된 국가나 지역만의 문제가 아니고 세계적인 난제라는 자각에서 야기된 것이다.

2000년대에는 세계적으로 사용 가능한 수자원이 고갈되고 지역적인 물 부족이 심화되면서 세계적으로 물을 확보하기 위한 노력이 더욱 치열해졌으며 물이 부족한 지역에서는 맑은 물의 확보가 시급한 국가적 과제로 등장하였다.

이러한 인식의 변화에 따라 물의 역할과 기능은 환경적, 경제적, 사회적, 제도적 제반 여건을 동시에 포함하는 포괄적인 개념으로 확대되고 있다.

이제는 수자원을 관리한다는 것이 공급 시설을 건설하고 처리 시설을 확대하는 등의 단순한 공학적 문제가 아니고, 환경과 생태에 대한 적극적인 고려와 경제적 효율성에 대한 세심한 검토, 그리고 사회적인 약자에 대한 배려와 효과적인 관리를 위한 제도 확립 등 광범위한 학제 간의 복잡한 문제로 발전되었다.[21]

21_ 김덕주, 같은 글, 16-17면.

2) 물 가치의 재평가 및 상승

역사적으로 보면 물의 가치는 사회가 발전할수록 높아져 왔는바, 미래에도 지속적인 인구 증가가 예상되며 생활 방식의 변화로 인한 새로운 물의 수요가 증가할 것으로 예상되므로 물의 가치는 향후에도 지속적으로 증가할 것으로 예측된다.

물 사용의 변화는 주로 시대적 흐름에 기인하는데 향후 기후 변화에 따른 신재생 에너지 확대와 화석 연료를 대체하는 수단으로 수력 에너지에 대한 수요가 높아지는 등 물에 대한 가치는 높아질 수밖에 없다.

전 세계적으로 화석 연료 고갈에 따른 대안으로 바이오 연료를 선호하게 될 것이며 바이오 연료의 원료인 농작물 생산에 필요한 물의 확보가 필수 불가결하게 됨에 따라 결과적으로 농업용수가 에너지를 생산하기 위한 사업용수의 역할을 한다는 점에서 물의 새로운 가치가 창출될 것이다.

정보 기술(IT)·나노 기술(NT) 등 과학 기술의 발전은 물의 재사용, 해수 담수화, 해양 심층수 활용, 수온 차 활용, 수소 에너지 등 물의 새로운 용도로의 활용을 가능하게 한다.

물 순환 체계 전반에 걸쳐 물과 인간, 물과 산업, 그리고 물과 자연을 일체화하는 종합적 해결(total solution) 측면에서 물의 가치가 새롭게 평가될 것이다.

물은 더 이상 자유재, 공공재가 아닌 경제적 가치재이다. 1980년대 중반 이후 국가나 지방자치단체를 대신하여 전문 기업이 상하수도 서비스를 제공하기 시작하면서 형성된 물 시장은 현재 그 규모가 약 5,010억 달러에 달하는 것으로 추정되며 신성장 사업 발굴에 관심이 높은 기업, 금융 기관 및 각국 정부의 주목을 받고 있다.

상품이 생산되기까지 소비되는 물의 총량을 의미하는 가상수(virtual water) 개념을 도입하면, 물 부족 국가는 가상수 소비가 적은 제품을 수출하고 물이 풍부한 나라는 가상수 소비가 많은 제품을 수출함으로써 물의 재분배를 도모할 수 있을 뿐만 아니라 지속 가능한 물 이용을 위한 합리적 가치 측정을 모색할 수 있다.

물의 가치는 물이 새화나 서비스로서의 가치뿐만 아니라 물로 인해 발생하는 재해를 다스리기 위한 노력도 물의 피해를 저감시킨다는 측면에서 가치화할 수 있다. 즉, 물로 인한 피해라는 마이너스 요소를 재해 방지나 물의 안정적 흐름이라는 플러스 요소로 전환하는 것은 물의 가치가 부에서 정으로 전환되는 것으로 이에 대한 가치 부여 및 산정이 필요하다.[22]

3) 물 안보 개념의 발전

전통적인 의미의 물 안보라는 것은 인간 생활과 직결된 용수의 안전 및 안정적 공급을 보장하기 위한 일련의 모든 사항을 다루는 개념이다.

용수 공급과 관련된 기본적인 내용은 물론이고 이와 관련된 법안, 정책, 관리 체계, 관리 기관 및 관리 시스템 등과 같은 구조적·비구조

---

[22] 김덕주, 같은 글, 17-18면.

적 장치를 포괄적으로 포함하여 최종적인 소비자가 안전한 용수를 안정적으로 공급받을 수 있도록 고려해야 하는 모든 것들을 포함하는 것이다.

1990년대 들어 대부분의 자연 재해가 물의 순환과 수급 불균형에 관련되어 있다는 인식이 확산되면서 유엔의 많은 기구들이 물 안보의 개념을 상정하기 시작하였다. 이 시기까지는 물의 이용 가능량을 안정적으로 확보하고자 하는 의미의 물 안보 개념이 확산되었다.

물 부족 국가로 평가된 많은 나라에서는 생존과 발전에 필수 요소인 물의 안정적인 이용을 위해 수자원의 양적 확대가 범국가적인 현안이 되었다.

2001년 9·11 테러와 탄저균 등에 의한 생화학 테러의 공포는 기존의 자연 재해나 안정적 수량 확보와는 다른 차원의 물 안보 개념을 확장하게 만드는 계기가 되었다.

반면 유럽에서는 미국과 같은 직접적인 테러 위협에 대한 대응보다는 지구 온난화 등에 따른 자연 재해의 감시, 예측과 방재 관리 측면에 주안점을 두고 있다.

최근 물 안보의 개념은 식량 안보와 마찬가지로 현재 계획 수립의 일부분으로 미래의 물을 간주하는 세대 간 형평성이라는 시간적 의미를 더하고 있으며, 빈민과 소외된 사람들이 물을 확보할 수 있도록 보장하고 그들에게 자신의 이익을 대변할 수 있는 힘을 부여한다는 의미를 내포하고 있다.[23]

23_ 김덕주, 같은 글, 18-19면.

4) 거버넌스 형성의 필요성

 물 문제는 이제 물에만 국한된 시각으로 바라볼 것이 아니라 다각적이고 복합적인 관점에서 접근해야만 하는데, 이는 매우 국지적인 문제인 동시에 세계적 물 순환과 정치·경제적 변동, 그리고 기후 변화라는 거시적 맥락에서 발생하는 구조적 문제라고 평가된다.
 세계적으로 물 수요는 증가할 것이다. 이는 주로 인구 증가와 부의 증가에서 비롯되지만 지역적으로는 기후 변화의 결과로 인한 물 수요의 대규모 변화에서도 그 이유를 찾을 수 있다.
 물은 순환되고 있으나 원칙적으로 강우에 의존하므로 인위적인 공급 확대가 불가능하고 석유 같은 에너지 자원과는 달리 대체가 불가능하기 때문에 물 부족 현상을 피할 수 없으며 세계 식량 안보, 경제 발전, 인간 안보 등 모든 영역에 걸쳐 영향을 미칠 것이다.
 물은 정치적으로도 중요한 의미를 지니고 있는바, 절대적으로 중요하고 절대적으로 부족하며 절대적으로 불균등하게 분포되어 있고 절대적으로 공유되고 있기 때문에 다른 어떤 자원보다 물을 둘러싼 갈등이 일어날 소지가 더욱 많다.
 위에서 살펴본 바와 같은 구조적 문제를 해결하기 위해서는 다양한 이해관계자가 참여하며 통합되고 효율적인 물 거버넌스가 필요하다고 하겠다. 현재 물 거버넌스의 필요성에 대해서는 충분한 공감대가 형성되어 있으나, 글로벌한 차원에서의 법적 기구나 제도적 장치는 아직까지 형성·발전의 단계에 있다.
 2000년 헤이그에서 열린 제2차 세계물포럼 세계물파트너십에서는 물 위기는 주로 물 거버넌스의 위기이며 물 거버넌스를 실효성 있게 만드는 것이 무엇보다 시급하다고 역설하였으며, 2003년 유엔이 발간한 유엔 세계 물 보고서에서는 현대의 물 문제는 잘못된 물 거버넌스에서 비롯한다고 구체적으로 지적한 적이 있다.

물 거버넌스는 여러 단계의 다른 사회 구조에서 수자원을 개발하고 관리하며, 물 서비스를 제공하는 데 필요한 정치적, 사회적, 경제적 그리고 행정적 체계들의 영역을 일컫는다.

바람직한 물 거버넌스를 위해서는 통합적 수자원 관리를 도입하는 효율적인 정치·사회·행정 시스템, 명확한 법적 틀, 다양한 사람들의 참여, 정보 공개, 평가 시스템, 소비자 및 오염자 부담 원칙에 의한 재정 시스템, 그리고 여러 국가 간에 걸쳐 있는 유역의 관리를 위해 해당 지역 간 협력이 필요하다고 하겠다.

특히 물 문제가 복수의 이해관계자와 관련 있는 문제이므로 모든 이해관계자 및 영향을 받는 당사자들의 파트너십이야말로 물 거버넌스를 실천하는 데 매우 중요한 메커니즘이다.[24]

5. 우리 법제상 고려 사항

1) 물 거버넌스 형성에 주도적 역할 모색

우리나라는 예로부터 물 관리에 대해 특별한 관심을 가지고 있었으며 최근에도 물 분야에 대한 국가적 관심과 정책이 큰 성과를 거두고

24_ 김덕주, 같은 글, 19-20면.

있는바, 이제는 국제적 차원의 물 거버넌스에 있어서도 선도적이며 중심적인 역할을 모색해야 한다.

세종대왕은 측우기와 수표를 개발하여 정교한 빗물 관리 시스템을 개발하였는데, 특히 수표의 경우 권력층만 접근이 가능했던 이집트 나일로미터(나일강의 수위계)와 달리 일반 백성도 측정치를 보고 홍수와 가뭄을 예측할 수 있도록 했다는 점에서 지금의 물 거버넌스의 기본 이념과 궤를 같이하고 있다.

2009년 9월 유엔총회 기조연설을 통해 이명박 대통령은 '특화되고 통합된 물 관리 협력 방안 추진'을 제안하였는바, 물 관련 국제회의 개최, 유엔 등 국제기구에서 물 문제의 지속적 거론 등을 통해 물 문제에 있어 우리의 의지와 리더십을 지속적으로 제고해야 할 것이다.

물 관련 국제회의 중 가장 권위를 인정받고 있는 세계물포럼 제7차 회의를 2015년 대구 경북에서 유치하기로 한 것은 매우 고무적인 일이며, 중장기적으로는 국제적 차원의 물 거버넌스를 전담할 국제기구의 신설 및 본부의 한국 유치를 적극적으로 고려해야 할 것이다.

2) 물 산업 육성

떠오르는 황금 산업(blue gold)으로 비유되는 물 산업은 전술한 바와 같이 물에 대한 가치의 인식 변화와 맞물려 지속적인 성장을 할 것으로 예상되는바, 건설 및 정보 기술 등 연관 산업에서의 경쟁력을 바탕으로 물 산업을 미래 전략 사업으로 집중 육성해야 한다.

세계적으로 약 10억 명의 인구가 상수 서비스를 받지 못하고 있으며, 약 30억 명의 인구가 하수 서비스를 받지 못하고 있는 실정이다. 특히 중국, 동남아시아, 중동, 아프리카 등 개발도상국을 중심으로 국제 물 분야 투자 수요는 매년 크게 증가하고 있는바, 향후 10년간 연평균 5.5%씩 성장하여 2015년에는 연간 1천6백조 원 규모의 시장을 형성할 것으로 전망된다.

이에 2007년 우리 정부는 핵심 기술 개발 전문 인력 양성, 연관 산업을 육성하여 2015년까지 국내 물 산업 규모를 20조 원 이상으로 키우고 세계 10위권의 기업을 2개 이상 만든다는 내용의 '물 산업 육성 5개년 세부 추진 계획'을 발표하여 이를 추진하고 있다.

우리가 세계 물 산업 시장에서 경쟁력을 갖기 위해서는 국내적으로는 국제 사회의 시장 수요에 맞는 다양한 지원 방식을 도입하여 우리 기업의 해외 진출을 적극적으로 지원해야 할 것이며 대외적으로는 상하수도 서비스의 국제 표준화, 개방화 및 민영화 추세, 소수 물 전문 기업의 시장 영향력 변화 등과 같은 관련 주요 국제 동향에 대한 지속적인 관찰과 면밀한 분석이 필요하다고 할 것이다.

3) 물 분야 공적 개발 원조(Official Development Assistance, ODA)[25] 확대

물 분야 해외 사업은 대부분 대규모 장기 프로젝트 성격의 사업으

---

[25]_ 공적 개발 원조란 한 국가의 중앙 혹은 지방 정부 등 공공 기관이나 원조 집행 기관이 개발도상국의 경제 개발과 복지 향상을 위해 개발도상국이나 국제기구에 제공하는 자금의 흐름을 뜻한다. ODA는 크게 세 가지 핵심어로 정리할 수 있다. 1. 누가: 정부 및 지방 정부, 공공 기관이 2. 누구에게?: (수원국/협력국): 경제협력개발기구(OECD) 개발원조위원회(DAC) 수원국 리스트에 포함된 개발도상국에 3. 어떻게?: 개발도상국의 경제 개발과 복지

로 개별 기업 차원의 해외 진출 추진은 용이하지 않은 측면이 있으므로 기존의 공적 개발 원조 규모 확대와 대외경제협력기금(Economic Development Cooperation Fund, EDCF)[26]의 지원 등 민관 협력을 통한 해외 사업 활성화 전략 마련이 필요하다.

수자원 분야는 물이라는 공공재를 다루는 특수한 측면, 빈곤한 국가를 지원하는 데 있어서 최우선 순위를 부여하는 인도적 측면과 국가 산업 발전의 근간이 된다는 측면이 존재하므로 지금까지는 공적 개발 원조 형태의 지원이 가장 대표적인 형태였다.

공적 개발 원조 사업은 한국국제협력단(KOICA)에서 주도하고 있으며, 특히 식수 공급 및 위생 분야의 공적 개발 원조 규모는 금액 면에서 2008년 130억 원에 그치고 있는데 이는 우리나라 전체 공적 개발

향상을 주목적으로 증여(grant)나 양허성 차관(concessional loan)을 제공. http://www.odakorea.go.kr/index.jsp(국제 개발 협력이란?>공적 개발 원조의 개념) (2012/11/11 검색).

26_ 1987년 개발도상국들의 산업 발전과 경제 안정을 지원하고 이들 국가와의 경제 협력을 증진하기 위해 우리나라 정부가 설립한 기관이다. 우리나라의 경제 규모가 커지고 국제 사회에서 위상이 높아짐에 따라 과거 우리가 선진국으로부터 원조성 차관을 받은 것과 마찬가지로 후발 개도국에 차관을 지원키 위한 것이다. 대외경제협력기금은 공적 개발 원조 중 유상 원조를 전담한다. 우리나라가 과거 경제 성장 과정에서 경험하였듯이, 개발도상국들은 경제 개발에 관한 경험과 기술, 그리고 투자에 필요한 자금을 필요로 하고 있으며, 미국, 유럽연합, 일본 등의 선진국과 세계은행, 아시아개발은행 등의 국제 개발 기구들은 유·무상 원조 자금과 기술 지원 등의 공적 개발 원조를 통해 개발도상국들의 요청에 부응해오고 있다. 대외경제협력기금은 이러한 공적 개발 원조 중 유상 원조를 전담하고 있으며, 1987년 설치된 이후 2009년 말까지 세계 47개 개발도상국의 231개 개발 사업에 대해 약 5조 9,260억 원의 원조 자금을 지원(승인)함으로써 개발도상국의 경제 사회 개발과 복지의 증진 그리고 우리나라와의 경제 교류 확대에 기여해오고 있다. 대외경제협력기금은 개도국과 우리나라의 경제 협력 관계를 증진한다. 우리나라의 총수출에서 개발도상국 시장이 차지하는 비중이 70%에 육박하고 있어 이들 국가와의 협력 관계를 증진하는 데 기여하는 대외경제협력기금의 역할은 더욱 중요해지고 있다. http://www.edcfkorea.go.kr/edcf/intro/outline/what.jsp (2012. 11. 11. 검색).

원조의 4.3%에 불과한 것으로 경제협력개발기구(OECD) 개발원조위원회(Development Assistance Committee, DAC)[27] 회원국의 평균인 6-8%에 훨씬 못 미치는 실정이다.

공적 개발 원조를 통해 국내 기업이 물 분야 해외 시장 진출의 기반으로 삼는다면, 국가 이미지 제고는 물론 우리나라 경제 발전에도 기여함과 동시에 점차 늘어나는 세계 물 시장에 보다 효과적으로 대처가 가능할 것인바, 물 분야 공적 개발 원조 비율을 점차 경제협력개발기구 개발원조위원회 회원국 수준으로 늘려야 할 것이다.

특히 전 세계적으로 물 분야 공적 개발 원조 지원은 증가하고 있으나 사하라 이남 최빈곤 아프리카 국가에 대한 지원은 감소하고 있는 실정을 고려하여 물 분야 공적 개발 원조 또는 대외경제협력기금 배정 시

27_ 개발원조위원회: 경제협력개발기구에 속해 있는 개발원조위원회는 공적 개발 원조에 있어 주춧돌 역할을 하는 기관이다. 이는 개발 원조를 실시하는 24개 회원(23개 양자 공여국 및 EC)으로, 한국도 2010년 24번째 회원 국가로 가입하였다. 개발원조위원회는 1961년에 설립된 이후로 원조/공적 개발 원조의 정의, 원조 활동의 분류/보고에 관한 국제 표준 수립, 원조 효과 향상을 위한 국제적 목표 수립 및 공여국의 공약 이행 촉진의 역할을 맡고 있다. 특히 평균 4년에 한 번씩 시행되는 '개발 협력 정책 및 집행 평가(Peer Review)'는 특정 공여국이 개발 목적과 공약에 부합하게 원조 정책과 전략을 시행하고 있는지 동료 공여국들이 검토한 후 제언을 하는 절차로, 모범 관행을 공유하는 계기가 될 뿐 아니라, 원조 관행을 개선하도록 하는 강력한 메커니즘이다.

개발원조위원회 네트워크: 개발원조위원회 산하 기관은 작업반(Working Parties), 네트워크(Network), 합동 사업팀(Joint-ventures and Task Team) 등 세 개의 단위로 구분된다. 작업반은 개발원조위원회 핵심 업무의 질적 향상을 위해 기술적 전문성 및 자문을 제공하는 업무를 담당하며, 네트워크는 원조 효과 제고와 개발원조위원회 핵심 전략 이행을 위한 모범 사례를 발굴하고 정책을 교환하는 장으로 활용된다. 합동 사업팀은 특정 업무(Targeted Work)를 통해 개발원조위원회의 연간 및 다년도 우선순위 사업을 지원한다. 개발원조위원회 산하 6개의 네트워크는 개발원조위원회 핵심 전략 이행을 위해 중점 분야(Area of Focus)별로 운영되며, 정기적인 회의를 통해 분야별 가이드라인 제공 및 모범 사례 발굴, 실태 분석 보고서 제공 등의 활동을 수행하고 있다. http://www.odakorea.go.kr/index.jsp (2012.11.11 검색).

아프리카 지역을 우선시함으로써 국제 사회 내 역할을 확대함과 동시에 대아프리카 외교의 위상을 제고해야 할 것이다.

우리에게도 비무장 지대를 남북으로 흐르는 공유 하천인 임진강과 북한강이 존재한다. 갈등과 협력의 요소가 공존하고 있는 남북한 공유 하천의 개발은 앞에서 살펴본 국제 하천의 경우와 마찬가지로 형평 이용의 원칙하에 상호 이익이 될 수 있도록 사업이 구상되고 실천되어야 할 것이다.

공유 하천에 대한 남북한 협력이 이루어지면 충분한 수량을 이용한 농업·공업·생활용수의 확보와 전력 생산, 나아가 잘 보전된 생태계의 관광 자원으로의 활용 등 다양한 분야에서 긍정적인 효과를 기대할 수 있을 것이다.

반면 두 하천 모두 북한 측이 상류를 점하고 있어 북한이 일방적으로 개발하거나 활용할 경우 우리 측에 미치는 영향이 적지 않을 수 있는데, 실제로 2009년 9월에는 임진강 무단 방류로 인하여 우리 측의 사상자가 발생하기도 한 적이 있다.

공유하천 관련 남북 협력은 전반적인 남북 관계에 의해 영향을 받을 수밖에 없으므로 우리의 대북 정책 틀 속에서 그 방안을 모색해야 하며 동·서독 간 공유 하천 분야의 교류 협력의 예에서도 알 수 있듯이 쌍방이 혜택을 입을 수 있는 분야에 사업의 우선순위를 두어야 할 것이다.[28]

28_ 김덕주, 같은 글, 20-23면.

제3장 물과 위생에 대한 인권[29]

1. 유엔총회 결의문

유엔총회는 개발에 대한 권리에 관한 1999년 12월 17일자 유엔총회 결의 54/175, 2003년을 세계 담수(fresh water)의 해로 선포한 2003년 12월 23일자 유엔총회 결의 58/217, 2005년부터 2015년까지의 10년간을 세계 (물) 행동 10개년―생명을 위한 물―(International Decade for Action, "Water for Life")로 선포한 2004년 12월 22일자 유엔총회 결의 59/228,[30] 2008년을 세계 위생의 해로 선포한 2006년

---

[29] A/RES/64/292(2010년 7월 28일 유엔총회 결의(Resolution) 69/292 The human right to water and sanitation, 이하에서는 A/RES/64/292으로 약칭) 1-3면.

[30] 2000년 9월에 개최된 유엔총회에서 채택된 새천년개발계획의 연장선상에서 2004년 유엔총회에서는 2005년부터 2015년까지의 10년간을 '행동 10개년―생명을 위한 물(International Decade for Action―Water for Life)'로 선포하고, 11가지 이슈를 선정하여 발표하였다. 11가지 이슈는, 1. 물 부족(Scarcity), 2. 위생 시설(Sanitation Access), 3. 방재(Disaster Prevention), 4. 수질 오염(Pollution), 5. 국경 간 수자원(Transboundary Water Issues), 6. 여성과 물의 문제(Gender and Water), 7. 역량 제고(Capacity Building), 8. 재정 확보(Financing), 9. 가치 평가(Valuation), 10. 통합 수자원 관리(Integrated Water Resources Management, IWRM), 11. 아프리카 물 문제(Africa: A Region for Priority Action) 등이다.

6. 여성과 물의 문제(Gender and Water): 대부분의 사회에서 여성들이 물의 관리와 사용, 위생과 건강에 주요한 책임을 지니고 있음에도 불구하고, 물과 위생에 관련된 시설 및 제도는 여성들의 참여나 고려 없이 다루어져 왔는바 여성들의 요구가 충분히 반영되지 못했다. 식수를 구하는 방법, 물과 관련된 문제를 다루는 방법에 대한 자녀 교육, 건강과 밀접한 위생 문제 등은 모두 여성들에 의해 축적·전수되었으며 특히 소녀들이 물을 구하는 의무를 부담하고 있었던 점은 물과 여성의 밀접한 관련성을 보여준다. 이러한 배경하에서 물 관리 및 위생과 관련된 문제에 여성과 남성이 모두 참여해야 한다는 인식은 1977년 마르델플라타 유엔물회의 이래 전 세계적인 차원에서 다루어지기 시작하였으며 물의 공급과 관리 및

12월 20일자 유엔총회 결의 61/192, 2005년부터 2015년까지의 10년간을 세계 (물) 행동 10개년—생명을 위한 물—(International Decade for Action, "Water for Life")의 집행에 대한 중간 종합적 재검토에 관

보호, 물과 관련된 발전에 있어서 여성들의 기여와 참여가 활발히 전개되고 있다. 최근 물과 관련된 회의나 프로그램의 참석자나 담당자들 중 여성의 비율이 상대적으로 증가하고 있으며, 세계은행(World Bank)이나 '국제 물과 위생 센터(IRC for International Water and Sanitation Center)'에서 실시한 물 관련 프로그램 사례 분석에 따르면 여성들의 참여가 이루어졌을 때 프로그램이 더 잘 실행되고 지속적이었으며 효과적인 결과를 가져왔다고 한다.

7. 역량 제고(Capacity Building): 역량 제고라는 개념은 개인, 조직, 기구와 사회가 그들의 개별적·집단적인 능력을 개발하여 기능을 수행하고 문제를 해결하며 목표를 수립·달성하는 것을 의미한다. 물 분야에 있어서는 새로운 아이디어와 기술, 변화된 환경에 대한 사회적 요구를 반영하는 지속적인 과정으로서 물 정책과 법 제도를 포함한 통합된 수자원 관리의 실행을 위한 과정, 제도적 발전과 인적 자원 개발 등을 지원하는 것이다. 물 문제는 복잡한 성격을 가지기 때문에 역량 제고를 통해 물과 관련된 문제들이 분야에 관계없이 넓은 범위의 이슈와 문제, 기회를 포함하여 전반적으로 다루어지도록 해야 하며, 역량 제고 프로그램은 내부적으로 발현되고 절차적 접근을 통해 진행되어 단순한 일회성 이벤트에 머물지 않도록 함으로써 성공적이고 지속 가능한 프로그램이 되도록 해야 한다.

9. 가치 평가(Valuation): 효율적인 수자원의 관리 및 이용을 통한 지속 가능한 발전, 나아가 합리적인 가격 수준을 책정하기 위해서는 물의 가치에 대한 평가가 필수적이다. 물이 경제재라는 개념이 세계적으로 널리 보급되기 시작한 것은 1992년 더블린회의에서 주요 결의 사항의 하나로 채택된 이후라고 할 수 있다. 그러나 아직도 많은 지역에서 물은 공공재로서 저렴하게 혹은 무료로 공급이 되어야 한다는 인식이 전통적으로 강하게 자리 잡고 있다. 더 나아가 물은 인권의 문제이며 여성 어린이 등 취약 계층 인구가 물과 위생의 부족으로 가장 큰 피해를 입고 있으므로 물은 부담 능력이 아니라 필요에 따라 할당되어야 한다는 주장이 존재한다.

10. 통합 수자원 관리(Integrated Water Resources Management, IWRM): 통합 수자원 관리는 생태계를 손상시키지 않고 공평한 방법으로 경제 및 사회 복지를 최대화하기 위해 토지 및 관련 자원의 개발 및 관리를 종합적으로 고려하는 과정이라 할 수 있다. 통합 수자원 관리는 지속 가능한 개발을 위해 수자원을 관리·개발하기 위한 기존의 정치·사회·경제·행정 및 기술 시스템의 혁신 과정이며 합의된 원칙을 확실하게 실행할 수 있는 실무적인 방법론이라 할 수 있다. 그러나 위 개념은 여전히 논쟁의 대상이며, 정형화된 정의가 없기 때문에 각 지역 및 국가 기관은 세계적·지역적으로 나타나는 협력 체계를 활용하여 각자 여건에 적합한 독자적인 통합 수자원 관리에 대한 실행 체제를 마련해야 한다. 김덕주, 같은 글, 9-16면.

한 2009년 12월 21일자 유엔총회 결의 64/198, 유엔 물 회의에 의하여 채택된 1977년 마르델플라타 행동계획(Action Plan) 그리고 1992년 6월 환경과 개발에 관한 리우선언 등을 상기하면서,[31]

아울러 세계인권선언, 경제적·사회적·문화적 권리에 관한 국제 조약(약칭 '사회권조약'), 모든 형태의 인종 차별 철폐에 관한 국제 협약, 아동의 권리에 관한 협약, 장애인 권리 협약, 1949년 8월 12일 전시의 민간인 보호에 관한 제네바 협약[32] 등을 상기하면서,

더 나아가 안전하고 깨끗한 음용수와 위생에 대한 인권과 관련되는 2008년 3월 28일 이사회 결의 7/22와 2009년 10월 1일 이사회 결의 12/8, 물에 대한 권리(right to water)[33]에 관한 경제적·사회적·문화적

---

[31]_ A/RES/64/292, 1면.

[32]_ 제네바협약(Geneva Convention)은 전쟁이나 기타 무력 분쟁으로 발생한 희생자(부상자·병자·포로·피억류자)의 존중 및 보호를 위해 제네바에서 체결된 국제 조약으로 모두 4개 협약으로 되어있다. 적십자의 창시자인 앙리 듀낭(Jina Henri Dunant)의 제안으로 1864년 12개국 정부가 서명한 '육전에 있어서의 부상자·병자·조난자에 관한 규정'을 근간으로 하여, 1949년의 제네바회의에서 ▲육전에 있어서의 부상자·병자·조난자에 관한 조약 ▲해전에 있어서의 부상자·병자·조난자에 관한 조약 ▲포로의 보호에 관한 조약 ▲전시의 민간인의 보호에 관한 조약 등 네 개 조약으로 확정됐다. 한국은 1966년 제네바협약에 가입했고, 1982년 12개의 의정서를 비준하였다.

[33]_ 이 '물에 대한 권리'는 사회권조약 제11조와 제12조에 근거를 두고 있다.
제11조(적절한 생활수준을 누릴 권리)
1. 가입국은 누구나 적절한 생활수준을 유지하고, 또한 부단히 생활 조건을 향상시킬 권리가 있음을 인정한다. 적절한 생활수준이란 자기와 자기 가족이 쓸 적절한 식량, 의복 및 주택을 그 내용으로 한다. 가입국은 이 권리의 실현을 확보하기 위해 적절한 조치를 취하고, 또한 그러기 위해서는 자유로운 합의에 근거한 국제 협력이 매우 중요하다는 것을 인정한다.
2. 가입국은 사람이 누구나 굶주림에서 벗어날 기본적 권리를 가지고 있음을 인정하면서, 단독으로는 물론 국제 협력을 통해, 다음을 이룩하기 위해 구체적인 계획, 기타 필요한 조치를 취한다.
가. 식량의 생산·보존·분배의 방법을 개선한다. 개선의 방법으로는 기술적 및 과학적 지식을 충분히 이용하는 것, 영양에 관한 원칙에 대한 지식을 보급하는 것, 천연 자원을 가

권리 위원회(약칭 '사회권위원회')의 일반논평(General Comment)[34] 제15호(2002) 등을 포함하여, 안전한 음용수와 위생에 대한 인간의 권리와 접근권에 관한 인권이사회의 모든 결의, 안전한 음용수와 위생에 대한 공평한 접근과 관련되는 인권의 범위와 내용에 관한 국제연합 인권고등판무관(United Nations High Commissioner for Human Rights, HCHR)의 보고서 등을 상기하면서,

약 8억8천4백만 명이 안전한 음용수에 대한 접근을 못하고 있고, 26억 명 이상이 기본적인 위생에 접근도 못하고, 물 및 위생과 관련된 질병으로 해마다 5세 미만의 약 150만 명의 어린이들이 죽어 가고 있다

장 효율적으로 개발하고 이용할 수 있도록 농지 제도를 발전시키거나 개혁하는 것 등을 들 수 있다.
　나. 식량 수입국과 식량 수출국 쌍방의 문제를 고려하면서, 필요에 따라 세계의 식량 공급의 공평한 분배가 이루어지도록 한다.
　제12조(건강권)
　1. 가입국은 누구에게나 성취할 수 있는 최고 수준의 신체적 및 정신적 건강을 누릴 권리가 있음을 인정한다.
　2. 가입국이 이 권리의 완전한 실현을 위해 취할 조치에는 다음 사항을 위하여 필요한 조치가 포함된다.
　가. 사산율과 유아 사망률의 감소 및 어린이의 건강한 발육을 위한 대책
　나. 환경 위생 및 산업 위생의 모든 부문의 개선
　다. 전염병, 풍토병, 직업병 및 기타 질병의 예방·치료 및 통제
　라. 질병이 발생한 경우 모든 사람에게 의료와 간호를 확보할 여건의 조성
　오병선 외 5인, 《인권의 해설》, 국가인권위원회, 2011, 98-99면.
[34]_ 규약의 내용을 명확히 하기 위한 것이 일반논평이다. 일반논평은 규약 규정의 내용에 대한 해설서로서 규약이 보장하고 있는 구체적 권리의 범위와 내용을 해석한 문서로서 사회권 규정의 의미를 명확히 하고, 규약이 법원들에 의하여 직접적으로 적용될 수 있는 가능성을 높이는 효과를 가지고 있다. 조형석, "국제사회가 보는 한국 사회권의 현실과 문제점—사회권 위원회의 대한민국 제2차 정부보고서에 대한 최종견해를 중심으로—", 《사회권포럼 자료집 1》, 국가인권위원회, 2007, 61면; 오병선 외 5인, 《인권의 해설》, 국가인권위원회, 2011, 177면.

는 점을 심히 우려하면서,

모든 인권의 실현에 불가결한 내용으로서 안전하고 깨끗한 음용수와 위생에 대한 공평한 접근의 중요성을 인정하면서,

국가가, 보편적이고 불가분적이며 상호 의존하고 상호 관련이 되어 있어서 전 지구적 차원에서 공평하고도 균등하게 다루어져야 하는 모든 인권을 보호할 책임이 있다는 것을 재확인하면서,

2015년까지 안전한 음용수가 제공되지 못하는 사람들의 비율을 현재의 반으로 줄이겠다는 새천년개발목표(Millennium Development Goals)를 충분히 달성하기 위하여 국제 공동체가 선언한 약속을 명심하면서,[35]

(1) 인간다운 삶과 모든 인권을 영위하는 데 필수적인 인권으로서 안전하고 깨끗한 음용수와 위생에 대한 권리를 인정한다.

(2) 모든 사람들에게 안전하고, 깨끗하며, 접근할 수 있고, 입수할 수 있는 음용수와 위생을 제공하도록 하기 위하여, 국가들과 국제기구들에게 특히 개발도상국들에 대한 국제적인 지원과 협력을 통한 재정 확보, 역량 제고(capacity building) 및 기술 이전을 해주기를 요청한다.

(3) 안전한 음용수와 위생에 대한 접근권과 관련 있는 인권에 관하여 독립적인 전문가로 하여금 유엔총회에 연차 보고서를 제출하도록 한 인권이사회의 결정을 환영한다.[36]

35_ A/RES/64/292, 2면.
36_ A/RES/64/292, 3면.

2. 인권으로서의 물과 위생

안전한 물과 적절한 위생은 도달 가능한 최고 수준의 건강에 대한 권리를 실현하는 데 있어 필수적이며 서로 긴밀히 연관된 건강 결정 요소이다. 물과 위생에 대한 부적절한 접근성은 생명을 위협하고, 건강을 악화시키고, 기회를 없애고, 인간 존엄성을 훼손하고 박탈을 야기한다.[37]

물과 위생에 대한 인권은 조약과 선언 등 다양한 국제 문서와 정부 및 비정부 기구들 및 다양한 법원 판결에서 자체적인 권리로 인정받았다.[38]

경제적, 사회적 및 문화적 권리에 관한 국제 규약은 물과 위생에 대한 권리에 대하여 분명하게 언급을 하지 않지만, 경제적, 사회적 및 문화적 권리 위원회는 물이 독립된 권리라는 점이 그 규약에 내재되어 있으며, 도달 가능한 최고 수준의 건강, 적절한 주거와 식량에 대한 권리와 긴밀히 연관되어 있다는 견해를 가지고 있다.[39]

경제적, 사회적 및 문화적 권리 위원회는 물에 대한 권리를 개인의 및 가정의 사용을 위하여 충분하고, 안전하고, 수용 가능하고, 물리적

---

[37] UNDP, *Human Development Report*, 2006 (http://hdr.undp.org/hdr2006/report.cfm) http://hdr.undp.org/en/media/HDR06-complete.pdf 참조; A/62/214 2007년 8월 8일 제출한 특별보고관 Paul Hunt의 보고서(Right of every to the enjoyment of the highest attainable standard of physical and mental health, 이하에서는 이를 A/62/214으로 약칭) 제50항.

[38] WHO, OHCHR, The Centre on Housing Rights and Evictions, WaterAid & The Center for Economic and Social Rights, *The Right to Water*, 2003 (www.who.int/water_sanitation_health/rtwrev.pdf) 참조; A/62/214 63항.

[39] A/62/214 제64항.

으로 접근 가능하며 (경제적으로) 감당할 수 있는 물에 대한 모든 사람의 권리로 정의하고 있다.[40] 위원회는, 모든 사람에게 적절한 위생에 대한 접근성을 보장하는 것이 인간의 존엄과 프라이버시를 위하여 기본적인 것일 뿐만 아니라 음용수의 질을 보호하기 위한 주요 메커니즘 중의 하나를 구성하며, 당사국은 여성들과 어린이들의 수요를 감안하여 안전한 위생 서비스를 특히 농촌 및 가난한 도시 지역으로 점진적으로 확대하여야 한다고 명시하고 있다.[41] 위원회는 무력 분쟁, 긴급 상황과 자연재해 발생 중 물에 대한 권리는 당사국이 국제 인도주의법(international humanitarian law)에 구속되는 의무를 포함한다고 언급하고 있다.[42]

한편 인권의 증진과 보호에 관한 소위원회는 결의 2006/10에서 필수적인 욕구를 충족시키기 위한 충분한 물 공급에 대한 권리 및 위생, 인간 존엄, 공중 보건, 환경 보호의 요구를 고려한 수용 가능한 위생 시설에 대한 접근성을 확인하고 있다.[43]

지역적 차원에서, 기본 욕구를 충족시킬 만큼의 충분한 양의 물에 대한 권리는 유럽평의회(Council of Europe)의 수자원에 대한 유럽헌장(2001)의 권고 제14호의 제5항과 제9항에서 인정받고 있다. 마찬가지로 최근 비동맹 운동(Non-Aligned Movement)의 당사국 및 정부 대표 정상 회의는 최종 문서에서 물에 대한 모든 이의 권리를 인

40_ E/2003/22-E/C.12/2002/13, 부속서 IV, 일반논평 15, 제2항.
41_ E/2003/22-E/C.12/2002/13, 부속서 IV, 일반논평 15, 제29항.
42_ A/62/214 제65항.
43_ A/HRC/2/2, 제II장 참조; A/62/214 제66항.

정하였다.[44]

국내적 차원에서, 특정 국가들(예컨대 남아프리카공화국과 우루과이)의 헌법은 물에 대한 분명한 권리를 포함하고 있다. 나아가 수많은 법원 판결이 이 인권에 기반하고 있다. 예컨대 본비스타 맨션(Bon Vista Mansions) 거주민과 남부대도시지역의회(Southern Metropolitan Local Council) 사건에서 남아프리카공화국 고등법원은 물 공급 중단이 물에 대한 권리를 존중할 당사국의 헌법상 의무를 명백히 위반하였음을 의미한다고 판시하였다. 마찬가지로, 수바쉬 쿠마(Subhash Kumar) 대 비하 주(State of Bihar) 사건에서 인도 대법원은 헌법 제21조에 따라 생명권이 기본적인 권리이며, 생명을 전적으로 향유하기 위하여 오염이 되지 않은 물과 공기를 향유할 권리를 포함한다고 판시하였다.[45]

2006년 인간 개발 보고서는 안전한 물과 적절한 위생 공급에 대한 인권 기반 접근법을 채택하는 것의 중요성을 강조하고, 물에 대한 접근권이 인간의 기본 욕구이자 기본적인 인권임을 강조하였다.[46] 이 보고서는 정부가 물에 대한 권리를 강제력 있는 법에 규정하고 이것의 점진적 실현을 위하여 노력할 책임이 있음을 강조한다.[47]

44_ A/62/214 제67항.
45_ A/62/214 제68항.
46_ UNDP, *Human Development Report*, 2006 참조.
47_ A/62/214 제69항.

3. 물, 위생 그리고 기타 인권

도달 가능한 최고 수준의 건강에 대한 권리에 덧붙여, 물과 위생은 다른 몇몇 경제적, 사회적 및 문화적 권리의 실현에도 기여한다.[48] 예컨대 경제적, 사회적 및 문화적 권리 위원회는 적절한 식량에 대한 권리의 맥락에서 농사를 위한 물에 대한 지속 가능한 접근권을 보장하는 것의 중요성을 강조하였다.[49] 식량권에 대한 특별보고관 역시 깨끗한 식수는 좋은 영양의 핵심적인 부분이라고 언급하며, 물과 식량권의 상호 의존성을 강조하였다.[50]

지역적 차원에서 아프리카 여성 인권에 대한 인권 및 민권에 대한 아프리카 헌장의 의정서는 식량 안보에 대한 권리의 일환으로 당사국에 깨끗한 식수에 대한 여성의 접근성을 보장할 것을 요구한다.[51]

경제적, 사회적 및 문화적 권리 위원회와 교육권 특별보고관은 학교가 깨끗한 식수와 함께 별도의 독립되고 안전한 여학생용 위생 시설을 갖추어야 한다고 강조하였다.[52]

안전한 식수와 적절한 위생에 대한 지속 가능한 접근성은 적절한 주거에 대한 권리의 기본 요소 중 하나이다.[53] 세계인구개발회의의 행동

48_ A/62/214 2007년 8월 8일 제출한 특별보고관 Paul Hunt의 보고서(Right of every to the enjoyment of the highest attainable standard of physical and mental health) 제58항.
49_ E/2000/22-E/C.12/1999/11, 부속서 V, 일반 논평 12, 제12, 13항.
50_ A/56/210, 제58-71항, E/CN.4/2003/54 또한 참조.
51_ A/62/214 제59항.
52_ E/CN.4/2006/45, 제129항; A/62/214 제60항.
53_ E/1992/23-E/C.12/1991/4, 부속서 III, 일반 논평 제 4, 8항.

프로그램의 제2원칙(카이로, 1994)은 모든 사람이 자신과 가족을 위하여 적절한 물과 위생을 포함하여 적절한 삶의 수준에 대한 권리를 갖는다는 것을 인정한다.[54] 나아가 물과 위생에 대한 접근성은 적절한 삶의 수준에 대한 권리의 요소로, 적절한 주거에 대한 특별보고관 임무의 핵심 요소이며, 주거에 대한 특별보고관은 물에 대한 부적절한 접근성이 특히 여성과 아이들에게 치명적이라는 점을 강조한다.[55]

요약하면, 물과 위생에 대한 접근성은 도달 가능한 최고 수준의 건강에 대한 권리 등 여러 인권에 있어 없어서는 안 될 요소이다.[56]

제4장 우리나라의 물 관련 법제

1. 조직법적 관점

물에 관한 정책을 다루는 행정 조직은 여러 곳으로 분산되어 있다. 우선 정부조직법에서 물에 관한 주무 부처는 국토해양부라고 할 수 있다. 동법 제37조에서는 수자원의 보전 이용 및 개발, 해안 하천 항만 및 간척, 육운 해운, 해양 환경, 해양 조사, 해양 자원 개발, 해양 과학 기술 연구 개발 및 해양 안전 심판에 관한 사항을 관장하도록 하

54_ A/CONF. 171 /13. 제I장, 결의 1, 부속서 참조.
55_ E/CN.4/2003/5와 E/CN.4/2002/59 참조; A/62/214 제61항.
56_ A/62/214 제62항.

였다.[57]

그러나 국토해양부와 별도로 환경부가 물 문제에 관하여 중요한 역할을 한다. 물은 환경부가 관리하는 환경 정책의 주요 고려 대상이며 깨끗한 물을 확보하고 공급하는 업무는 사실상 환경부 소관이라 할 수 있다.

연혁적으로 국토해양부와 환경부는 물 문제로 서로 영역 다툼을 벌여 왔고 지금도 업무적으로 서로 중복되거나 경합하는 경우가 많다.

그밖에 농림수산식품부도 농업용수의 관리를 담당하며 문화체육관광부도 약간의 관련성이 있다. 수산업의 경우도 물과 관련은 있으나 이 글에서 다루는 물 문제는 아니다. 특이한 것은 온천법도 위생적 관점 등에서 물과 관련이 있는데 이는 행정안전부가 관장하는 점이다.

한편 물 문제는 지속 가능 발전의 관점에서도 중요한 요소이며 지속 가능 발전은 녹색 성장의 요소이기도 하지만 우리나라 저탄소녹색성장기본법에서는 물 문제를 그리 비중 있게 다루지 않고 있다. 그러나 대통령 소속의 녹색성장위원회도 물 문제 관련 정부 기관의 범위에 넣을 수는 있을 것이다.

2. 작용법에서의 법제 현황

위에서 본 조직법적 관점에서 물을 다룬 법을 소관 부처별로 살펴보면 먼저 국토해양부는 하천법, 지하수법, 친수구역 활용에 관한 특별법, 공유수면 관리 및 매립에 관한 법률, 댐 건설 및 주변지역 지원 등

---

[57] 여기에서 해양은 물 문제와 관련되기는 하지만 해양수는 음용수 내지 일상용수로서의 물은 아니므로 이 글의 주제와는 거리가 있다.

에 관한 법률 등 물 관련 법률을 가지고 있고 그밖에 해양심층수의 개발 및 관리에 관한 법률도 음용수로 이용되는 해양 심층수과 관련하여 이 범주에 넣을 수 있다.

환경부에서는 수질 및 수생태계 보전에 관한 법률을 위시하여 먹는물관리법, 수도법, 하수도법, 물의 재이용 촉진 및 지원에 관한 법률을 가지고 있고 한강수계 상수원 수질개선 및 주민지원 등에 관한 법률을 비롯하여 주요 수계별로 유사한 법률을 가지고 있으며 가축분뇨의 관리 및 이용에 관한 법률도 수질과 관련이 있는 법률이라 할 수 있다.

농림수산식품부는 농업용수와 관련하여 농업생산기반시설 및 주변 지역 활용에 관한 특별법과 방조제관리법 등을 운영한다.

현행 법제는 물과 관련된 사항에 대하여 단편적이고 대증적인 입법을 추진하여 왔다고 보이며 이는 물과 관련된 업무가 여러 부처에 분산되고 이를 종합적으로 관리할 시스템이 부재하기 때문이라 여겨진다.

3. 법제적 관점에서의 보완 요소

우리나라는 위에서 본 것처럼 물과 관련된 여러 가지 법률을 운영하고 있지만 소관 부처가 여러 곳에 분산되고 개별 법률들은 사안별로 제정되어 체계적인 관리가 부족하다.

물이 갖는 중요성이나 국제적 동향에 비추어 볼 때 우리나라의 물 관련 법제는 적어도 물에 관한 기본법의 제정을 필요로 한다고 본다.

그렇지만 물 관련 정책의 담당 부처가 나뉘어 있는 까닭에 그러한 기본법의 제정은 부처 간 이해 다툼으로 시작부터 난관에 부딪힐 것

이다.[58]

이러한 과정에서 앞에서 언급한 '물산업육성 5개년 세부추진계획'이 발표되자 여러 가지 우려의 목소리가 나오고 있다. 물 산업의 육성은 사실 물에 관한 제반 사항을 망라하는 것이지만 국민들의 물에 관한 기본적 권리라는 측면에서 법적 보장이 전제되지 않은 상태에서 이를 추진할 경우 재벌 기업 또는 외국 기업의 물 산업 독점으로 인한 피해 내지 외국의 실패 사례 등을 내세운 오해와 반대를 피할 수 없을 것이다.[59] 정부 측에서는 우리나라가 외국과 달리 상하수도 보급률이 상수도 90%, 하수도 80% 이상으로 외국 기업이 자본을 들여와 투자하고 요금을 징수할 수 있는 곳은 상수도의 경우 10%, 하수도의 경우 20%에 불과하며 농어촌이나 도서 지역으로 투자 가치가 거의 없는 곳이기에 그럴 우려가 없고, 우리나라는 164개 지방자치단체에서 상하수도 요금을 결정하기에 요금 결정권까지 외국 기업이 갖는다는 주장은 맞지 않는다는 등의 반론을 제시하지만,[60] 그러한 논리로 물 산업 관련 법제를 마련한다는 것은 근본적인 해결책이 되지 못한다.

정부가 물 산업을 집중 육성하기로 한 배경에는 물 산업의 성장성도

58_ 저탄소녹색성장기본법의 제정도 대통령이 직접 드라이브를 걸고 국무총리실에서 주관이 되었기에 입법이 가능하였다. 그러나 국무총리는 각 분야별 정책을 집행할 권한이 없고 행정 각부를 통할할 권한만 갖는다. 물 관련 기본법을 국무총리실이 주도하여 제정하더라도 거기에는 여러 부처 관련 사항에 대한 총괄 조정만을 담도록 하고 세부적인 각 부처의 집행권을 침해하는 것은 피해야 할 것이다.
59_ 겉으로는 물 산업을 육성한다고 하지만 속으로는 수도 사업을 민영화한다는 것이다. 그러면서 몇 가지 외국에서 실패한 사례를 들고, 향후 우리나라의 모습이 바로 이런 외국의 모습이라고 단정한다. "정부의 물 산업 육성 계획에 대한 논평", 수돗물시민회의, 연합뉴스 보도자료, 2007/07/18.
60_ 윤웅로, "물 산업을 육성해야 하는 까닭", 공감코리아, 2007/08/02.

있지만 물 산업이 가지는 환경적, 보건·위생적 가치가 있기 때문이다. 또한 낙후된 물 산업을 육성하여 향후 엄청나게 소요될 정부 지출을 대체하고, 민간 참여 확대, 표준화, 개방화 등 물 산업을 둘러싼 국제적 변화에 적극적으로 대응하기 위한 측면도 있다. 특히 물 산업의 수출 역량을 강화하여 국가 차원의 물 산업 해외 진출 지원 계획을 수립하고 관련 부처 및 기관 등이 참여하는 물산업해외진출협의회를 구성하며, 해외 시장 동향, 사업 타당성, 금융 지원 등에 대한 정보를 해외 진출 희망 업체에 제공한다는 내용은 위 국제적 과제와도 통하는 바가 있다. 한-유럽연합 자유무역협정(FTA), 한-미 자유무역협정이 2011년 7월 1일, 2012년 3월 15일 각각 발효됨에 따라 국가의 전반적인 분야에 있어 새로운 도전에 직면하는 한편, 새로운 기회를 맞이하게 되었다. 이러한 과정에서 세계무역기구(WTO)와 자유무역협정을 통한 물 시장 개방 압력이 강화되고 있으며 유럽연합과의 자유무역협정 체결로 국내 물 산업 시장의 개방이 가속될 것이라고 전망하면서 상·하수도 서비스의 국제 표준화가 진행되는 것과도 관련하여 국내 물 산업이 최소한의 국제 경쟁력을 갖출 수 있도록 정부의 제도 개혁과 정책 지원이 시급하다는 지적이 있었다.[61] 그렇다면 물 산업의 육성은 저탄소 녹색 성장 못지않게 우리의 미래를 열어갈 관심사이고 그렇다면 물 산업 육성에 관한 법제도 시급한 과제라고 할 수 있다.

61_ 신준석,"세계 물산업의 구조 변화와 시사점",《삼성경제포커스》제152호, 삼성경제연구소, 2007.

제5장 결론

유엔은 2025년 물 부족으로 고통받을 인구가 전 세계 인구의 40%인 약 27억 명에 달할 것이고, 21세기 물 산업이 20세기 석유 산업을 추월할 것이라는 전망을 내놓았다.[62] 최근 지구 온난화에 의한 기후 변화로 인하여 가뭄과 홍수 등 자연재해는 과거보다 빈번하게 발생하고 있으며, 수질 오염 및 담수 부족 등으로 인한 물 문제는 나날이 심각해지고 있다.

이러한 상황에서 2010년 7월 28일 유엔총회에서 전 세계에 약 9억 명이 깨끗한 물에 대한 접근권을 가지고 있지 않다는 점에 깊은 우려를 표명하면서 "깨끗한 물과 위생에 대한 접근권"을 인간다운 삶의 향유와 모든 인권에 필수적인 요소로 선언하였다. 이 선언은 인간의 기본적인 생존을 위하여, 특히 '깨끗한 물'에 대한 접근권이 얼마나 중요한 것인가를 웅변적으로 보여 준다고 하겠다.

이러한 선언을 구체화하기 위하여 헌법에서 깨끗한 물의 충분한 공급에 대한 권리를 규정하는 국가들이 점증하고 있다. 그 대표적인 국가가 남아프리카공화국으로 동 헌법 제27조 제1항(b)에서 "모든 국민은 충분한 음식과 물에 대한 권리를 가진다"고 규정하고 있다. 최소한 17개국 이상의 국가에서 깨끗한 물의 보호를 헌법에 규정하고 있다.[63]

62_ UNESCO, K-Water/베니뜨(주) 역, 《끊임없이 변하는 세계와 물(Water in a changing world), UN 물 개발보고서 3》, 구미서관, 2010, 발간사 중에서.

63_ David R. Boyd, *The Environmental Rights Revolution*, Vancover: UBC Press,

전 세계적으로 약 14억 명의 사람들이 빈곤 계층으로 분류되고 있다. 그 중 남아시아 지역이 44%를 차지하고 있고, 사하라 이남 아프리카 지역과 동아시아 지역이 각각 24%를 차지하고 있으며, 6.5%는 라틴아메리카 지역과 카리브 지역에서 차지하고 있다.[64] 물과 관련한 빈곤 계층의 요구는 이들의 거주지가 시골 지역인지 도시 지역인지에 따라 다르다.[65]

특히 아프리카 지역의 수자원 인프라는 사람들이 기본적인 삶을 영위하는 데 필요한 수준에 매우 미흡한 실정인바, 여타 지역과는 다르게 국제 사회의 각별한 관심과 지원이 필요하다는 점에서 특별한 취급이 필요하다.

지리·기후적인 요인으로 인해 기본적으로 물 부족이 만연되어 있는

2012, p. 71, p. 311.

64_ UNESCO, K-Water/베니뜨(주) 역, 《끊임없이 변하는 세계와 물(Water in a changing world), UN 물 개발보고서 3》, 구미서관, 2010, 117면.

65_ 도시의 빈곤 계층은 도시의 급격한 성장 과정에서 나타나는 비공식적 정주지에서 거주하고 있다. 라틴아메리카 지역은 인구의 77%가 도시에 거주하고 있으며, 아프리카는 38%가 도시 지역에 거주하고 있다. 이러한 수치는 향후 수십 년 동안 도시의 팽창과 더불어 계속 상승할 것으로 예상된다. 비정주지에서 거주하고 있는 사람들은 삶을 영위하는 데 있어 필수적인 요소(예: 안전한 음용수 및 위생 관련 서비스, 보건 의료 서비스, 지속 가능한 주거 시설 등)의 상당 부분이 결여된 채로 살아가고 있다. 도시의 저소득층 인구 중 적정한 가격 수준의 안전한 음용수를 이용할 수 있는 수는 극히 제한되어 있다. 이러한 물 관련 서비스를 위한 금융 확충은 물 관련 서비스에 대한 접근성을 확대하는 데 있어서 핵심적인 요소이다. 하지만 물 및 위생 관련 서비스 계약의 상대방인 해당 서비스업자들은 일반적으로 토지에 대한 일정한 권리(예: 토지 소유권이나 토지 임대권를 요구함으로써 빈민 계층의 대다수가 이러한 금융 확충에 걸림돌로 작용하고 있다. 세계 빈곤 계층의 75%를 차지하고 있는 시골 지역의 빈곤 계층은 생존을 위한 기본적 요구의 수단이자 생산적 수단으로서 물에 대한 접근성이 필수적으로 확보되어야 하는 계층이다. 물에 대한 접근성이 제한받을 경우, 이들의 생계 유지 능력 역시 제한을 받을 수밖에 없다. UNESCO, K-Water/베니뜨(주) 역, 《끊임없이 변하는 세계와 물(Water in a changing world), UN 물 개발보고서 3》, 구미서관, 2010, 117-118면.

데 더하여, 국제연합아동기금(UNICEF)에서 발표한 자료에 따르면 위생 시설이 부족하여 수많은 어린이들이 오염된 물로 설사병에 걸리며 이로 인해 하루 평균 5천 명이 사망하고 있다고 한다. 이러한 수치는 설사병으로 인한 사망자 수가 폐렴이나 말라리아, 홍역 등 5세 미만 어린이의 사망을 초래하는 다른 질병에 의한 사망자보다 더 높은 것이다.

따라서 아프리카 및 아시아 지역에 속한 사람들을 포함하여 물 공급을 제대로 받지 못하는 사람들이 물에 대한 인권을 누릴 수 있도록 국제적 논의[66]와 국내법적 정비 및 국제적인 지원과 협력이 매우 절실

---

[66] 아프리카연합의 각 정상들은 2008년 6월 30일부터 7월 1일까지 이집트 샤름엘셰이크(Sharm el-Sheikh)에서 개최된 제11차 정기총회(11st Ordinary Session of the African Assembly)에서 지속 가능한 개발에 있어서 물의 중요성을 강조하여 다음과 같은 선언서를 채택하였다. "우리는 우리 국가를 포함한 아프리카 지역의 사회·경제·환경 개발을 위해 물과 위생이 얼마나 중요한지는 잘 알고 있다. 우리는 아프리카의 지속 가능한 개발에 있어서 물이 핵심적인 요소이며 또한 그래야만 한다는 사실과 급수 및 위생 관련 설비가 아프리카의 인적 자본의 개발을 위한 선결 요인이라는 사실을 잘 인식하고 있다. 우리는 아프리카 지역의 수자원을 충분히 활용하지 못하고 있으며 그 분배도 균등하지 않다는 사실과 식량 및 에너지 안보라는 목표를 달성하는 데 있어 당면한 도전 과제가 점차 비대해지고 있다는 사실에 대해서 우려를 표하는 바이다.
　이에 우리는 다음과 같이 선언한다.
　(a) 물 및 위생과 관련하여 우리가 과거에 선언한 내용을 실행에 옮기기 위해 노력하기로 한다.
　(b) 2008년 아프리카 물 각료회의(African Ministers Councils on Water, AMCW)에서 채택한 "이텍퀴니 각료선언(e Thekwini Ministerial Declaration)에 덧붙여서 본 선언에서는 위생의 측면도 더불어 강조하고자 한다.
　(c) 이텍퀴니 각료선언에서도 언급하고 있는 식량 안보를 위한 농업용수 관련 사안과 제1차 아프리카 물 주간(1st African Water Week)의 성과에 대하여 다루고자 한다.
　아울러 우리는 특히 다음과 같이 선언한다.
　(d) 향후 7년에 걸쳐 물 관리와 관련한 각 국가의 정책, 규제, 프로그램 등을 개발 및 업데이트하고, 물과 위생에 관련한 새천년목표를 달성하기 위한 국가 전략과 행동 전략을 수립하기로 한다.
　(e) 민간 부문과 지역별 공공 부문의 참여를 효과적으로 제고하기 위한 우호적 환경을 조성하기로 한다.

하다고 하겠다.

우리나라는 아직 물 부족을 체감하지 못한 상태이지만 조만간 물 부족 국가의 대열에 합류할 것으로 예측되고 있다. 2015년 대구에서 열리게 될 세계물포럼을 준비하면서 우리나라의 물 관련 제반 정책과 현황을 전체적으로 다시 살펴보아야 할 것이며 이 과정에서 국제 협약이 요구하는 입법 조치도 이루어져야 할 것으로 본다.

최근 저탄소 녹색 성장이 국가의 중요 정책으로 채택되고 관련 정책들이 시행되는 과정에서 물에 관한 제반 문제는 소홀히 취급되는 느낌을 갖는데, 이는 우리나라 법제나 정책이 체계적이지 못함을 나타내는 반증이다. 또한 물 문제를 법적 권리 내지 인권의 차원에서 접근

(f) 아프리카 지역의 국가별 수자원 및 공유 수자원을 통합적으로 관리 및 개발함과 더불어 그것의 균등한 사용과 지속 가능한 사용을 실현하기로 한다.
(g) 프로그램의 구현을 위해 지방자치 정부 차원은 물론 모든 당사자가 관여하는 전사적 차원에서 제도적·인적 자원의 역량을 조성하고, 감시와 평가를 강화하며, 아울러 정보 및 지식의 관리를 제고하기로 한다.
(h) 새천년개발목표를 달성하기 위하여 우리가 보유하고 있는 수자원과 역량의 위협 요인이 되고 있는 기후의 변화와 다양성에 대한 국가별 탄력성을 향상시키기 위한 대응 조치를 수립하기로 한다.
(i) 물과 위생 관련 개발 활동을 개별 국가 단위나 여러 국가 단위로 구현하기 위해 할당되는 국내의 금융 자원을 적극적으로 증가시키고, 물과 금융 부분을 관할하고 있는 각료가 주축이 되어 적절한 투자 계획을 개발하기로 한다.
(j) 물과 위생 관련 분야에 대한 투자를 활성화하기 위하여 국가별로 금융 상품과 금융 시장을 개발하기로 한다.
(k) 물과 위생 관련 의식을 고취하기 위하여 자원 봉사자와 기타 금융 재원을 동원한다.
African Union, "SHARM EL-SHEIKH COMMITMENTS FOR ACCELERATING THE ACHIEVEMENT OF WATER AND SANITATION GOALS IN AFRICA(Assembly/ AU/ Decl.1 (XI))", *DECISIONS, DECLARATIONS, TRIBUTE AND RESOLUTION* , Sharm El-Sheikh, EGYPT: ASSEMBLY OF THE AFRICAN UNION Eleventh Ordinary Session, 30 June - 1 July 2008, Page 1-3.; http://www.au.int/en/sites/default/files/ASSEMBLY_EN_30_JUNE_1_JULY_2008_AUC_ELEVENTH_ORDINARY_SESSION_DECISIONS_DECLARATIONS_%20TRIBUTE_RESOLUTION.pdf (2012. 6. 1. 검색).

해 가는 국제 동향을 받아들일 경우 법제화의 필요성은 그만큼 강조되어야 할 것이며 인권 보호라는 차원에서 물 문제를 다루어야 한다는 주장도 널리 확산됨과 아울러 국제 사회에서 선도적 역할을 확대해 나가고 있는 우리나라가 이 문제에 대하여서도 역시 일정한 기여를 할 것으로 기대된다.

참고 문헌

고문현, 《환경헌법의 모델연구》, 대윤, 2011.

김덕주, "물문제에 관한 국제적 논의 동향 및 우리의 대응", 《주요국제 문제분석》 No. 2010-03, 외교안보연구원, 2010/2/9.

김성수, "물기본권에 관한 연구", 《환경법연구》 제34권 1호, 한국환경법학회, 2012. 4.

김홍균, 《환경법》, 홍문사, 2010.

박균성·함태성, 《환경법》, 박영사, 2011.

신준석, "세계 물산업의 구조 변화와 시사점", 《삼성경제포커스》 152호, 삼성경제연구소, 2007.

수돗물시민회의, "정부의 물 산업 육성 계획에 대한 논평", 연합뉴스, 2007/07/18.

오병선 외 5인, 《인권의 해설》, 국가인권위원회, 2011.

윤웅로, "물산업을 육성해야 하는 까닭", 공감코리아, 2007/08/02.

이상돈·이창환, 《환경법》, 이진출판사, 1999.

정인섭, 《신국제법강의》, 박영사, 2012.

조형석, "국제사회가 보는 한국 사회권의 현실과 문제점─사회권 위원회의 대한민국 제2차 정부보고서에 대한 최종견해를 중심으로─", 《사회권포럼 자료집 1》, 국가인권위원회, 2007/11.

홍준형, 《환경법》, 박영사, 2005.

African Union, "sharm el-sheikh commitments for accelerating the achievement of water and sanitation goals in africa(Assembly/

AU/Decl.1 (XI))", *DECISIONS, DECLARATIONS, TRIBUTE AND RESOLUTION*, Sharm El-Sheikh, EGYPT: Assembly of the African Union eleventh ordinary session, 30 Jun. - 1 Jul. 2008.

Boyd, David R., *The Environmental Rights Revolution*, Vancouver: UBC Press, 2012.

Economic and Social Council, "Substantive Issues Arising In The Implementation of The International Covenant on Economic, Social and Cultural Rights, General Comment No.15(2002), The right to water (arts. 11 and 12 of the International Covenant on Economic, Social and Cultural Rights)", Committee on Economic, Social and Cultural Rights, Twenty-ninth session, Geneva, 11-29 November 2002, Agenda item 3, E/C.12/2002/11, 20 January 2003.

Mikhail Gorbachev, "The Right to Water", *New York Times*, 16 July 2010.

Office of the UN High Commissioner for Human Rights on The Right to Water, September 2007. (http://en.wikipedia.org/wiki/Right_to_water 2012. 11. 11. 검색).

The World Commission on Environment and Development, *Our Common Future*, Oxford University Press, 1987.

UNDP, *Human Development Report*, 2006. (http://hdr.undp.org/hdr2006/report.cfm).

UNESCO, K-Water/베니뜨(주) 역, 《사람과 생명을 위한 물(Water for People, Water for Life), UN 물 개발보고서 1》, 구미서관, 2010.

_____, K-Water/베니뜨(주) 역, 《끊임없이 변하는 세계와 물(Water in a changing world), UN 물 개발보고서 3》, 구미서관, 2010.

WHO, OHCHR, The Centre on Housing Rights and Evictions, WaterAid & The Center for Economic and Social Rights, *The Right to Water*, World Health Organization, 2003.

2007년 8월 8일 특별보고관 Paul Hunt의 보고서(Right of every to the enjoyment of the highest attainable standard of physical and mental health) A/62/214.

2010년 7월 28일 UN 총회 결의(Resolution) 69/292 The human right to water and sanitation A/RES/64/292.

http://ko.wikipedia.org/wiki/ (2012/11/11 검색).

http://terms.naver.com/entry.nhn?docId=645262 (2012/11/11 검색).

http://www.au.int/en/sites/default/files/ASSEMBLY_EN_30_JUNE_1_JULY_2008_AUC_ELEVENTH_ORDINARY_SESSION_DECISIONS_DECLARATIONS_%20TRIBUTE_RESOLUTION.pdf (2012/11/11 검색).

http://www.odakorea.go.kr/index.jsp (2012/11/11 검색).

http://www.righttowater.info/ (2012/11/11 검색).

http://www.solutionsforwater.org/ (2012/11/11 검색).

http://www.nytimes.com/2010/07/17/opinion/17iht-edgorbachev.html (2012/11/11 검색).

03.
물 인권:
국제적인 법적 성격과 국내 재판에서의 의미

서철원

제1장 서론

제2장 물 인권의 의의
1. 물 관리에 관한 다른 모델과의 구별
2. 물 인권의 효과

제3장 물 인권의 국제법적 성격
1. 조약법으로서의 성격
2. 국제 관습법적 근거
3. 물 인권의 내용

제4장 국내 재판에서의 물 인권
1. 개관
2. 물 인권을 인정한 국내 법원의 사례
3. 물 인권 인정에 유보적인 국내 재판 사례

제5장 결론

제1장 서론

역사적으로 치수는 국가 통치의 근간이자 국가 지도자의 우선적인 과제로 여겨져 왔다. 물을 관리하고 배분하는 제도는 역사적으로 다양했지만, 가장 많이 채택되었던 제도는 공공의 이익을 위하여 국가가 물을 관리하는 소위 공공 신탁의 모델이었다. 그런데 최근에는 물을 이용할 수 있는 권리를 모든 사람의 인권의 문제로 취급하는 물 인권(human right to water)이라는 개념이 주장되고 있다.

물을 이용할 수 있는 권리를 인권의 하나로 인정하게 되면 국제적·국내적으로 여러 가지 영향을 미치게 된다. 그런데 물을 이용할 수 있는 권리가 인권의 일종으로 인정되는가의 여부와 인권으로 인정된다면 그 내용이 무엇인지에 대하여 여전히 명확하지 않은 면이 존재한다.

본고는 다음의 세 가지 문제를 분석하는 것을 그 목적으로 한다. 우선, 물을 이용할 수 있는 권리가 국제법상 인권의 하나로 인정되는지의 여부를 분석한다. 둘째, 물 인권의 내용이 무엇인가를 분석한다. 셋째, 물 인권에 관한 국제적 논의가 국내의 물과 관련된 사건에 미치는 영향을 분석한다.

이를 위하여 제2장에서는 물 인권이라는 개념의 의미와 효과에 대해 개관한다. 제3장에서는 물 인권이 국제 인권법상의 권리의 하나로 인정되는지의 여부와 인정된다면 그 내용은 무엇인지를 분석한다. 제4장에서는 물 인권에 관한 여러 국가의 국내 판례를 분석하여 물 인권에 관한 국제적 논의가 국내 재판에 미치는 영향을 분석한다. 제5장에서는 이상의 논의를 간단하게 요약하여 결론을 제시한다.

제2장 물 인권의 의의

1. 물 관리에 관한 다른 모델과의 구별

물을 관리하고 배분하는 모델은 다양하지만 대표적인 것으로 공공 신탁(public trust) 모델, 경제재 모델, 그리고 물 인권 모델을 들 수 있다. 이들을 비교하면서 물 인권이 가지는 법적 의미를 살펴본다. 공공 신탁 모델은 로마법에서 기원하여, 현재에도 가장 많이 채택하고 있는 모델이다.[1]

이 모델의 특징은 물에 대한 최종적인 소유권은 국가가 가지지만, 국가의 물에 대한 소유권은 공공의 이익이라는 목적을 실현하기 위하여 수탁자로서 가지는 소유권이라는 것이다. 이에 의하면 국가가 소유하는 물은 대중의 이익을 위해서만 관리하고 처분할 수 있으며, 이 점에서 그 관리와 처분에 많은 재량이 인정되는 다른 공공 재산과 구별된다. 필요한 경우 국가는 개인에게 물을 이용할 수 있는 권리를 부여할 수 있지만, 공공의 이익을 위한 수탁자인 국가는 공공의 이익을 위하여 필요하다면 언제라도 물을 재분배할 권한을 유보

---

[1] 공공 신탁 이론의 기원과 각국의 채택 현황에 관한 상세한 논의는 L. Bento, "Searching for International Green Solution: The Relevance of the Public Trust Doctrine to Environmental Preservation", 11 *Common L. Review* 12, 2009 참조.

하고 있으며, 공공의 이익을 위해 필요하면 수탁자인 국가는 그렇게 해야 할 의무가 있다.[2]

물을 경제재(economic commodity)로 취급하려는 움직임은 20세기 후반부터 일어났다. 물을 경제재로 취급하는 모델의 특징은 물 관리에 경제 원리를 적용하여 효율성을 제고하려는 것이다. 이러한 모델을 제시한 대표적인 국제 문서는 1992년 더블린에서 열린 물과 환경에 관한 국제회의(International Conference on Water and the Environment)에서 채택된 물과 유지 가능한 개발에 관한 더블린선언(이하 더블린선언)[3]이다. 이 선언에서는 물을 경제재로 관리함으로써 수자원의 효율적이고 공평한 사용을 달성하고 수자원의 보존과 보호를 달성할 수 있다고 하였다.[4] 물을 경제재로 취급하는 것은 세계은행과 국제통화기금(IMF)과 같은 국제 경제 기구에서 대출 조건에 포함시키고 있다.[5]

물을 경제재로 취급하는 모델에서 채택하는 주요 정책으로는 총비용 가격제, 물 시장, 그리고 물 공급에 민간 참여 확대 정책 등이 있다. 총비용 가격제는 물을 공급하는 데 든 비용을 회수할 수 있도록 물의 가격을 정하는 것이다. 효율성과 경제적 가치가 높은 곳에 물을 공급함으로써 한정된 수자원의 효율적 사용을 도모하고, 비용의 회수를

2_ 이상의 논의에 대해서는 L. Sax, "The Public Trust Doctrine in Natural Resources Law", 68 *Mich. L. Rev.* 471, 1970 참조.

3_ The Dublin Statement on Water and Sustainable Development, U.N. Doc. A/CONF.151/PC112.

4_ *Ibid.*, Principle 4.

5_ Int'l Bank for Reconstruction & Dev., Water Resources Sector Strategy: Strategic Directions for World Bank Engagement 22–25, 2004.

보장함으로써 수자원에 대한 투자를 촉진하는 것이 그 목적이다. 물을 공공재로 보는 모델에서는 그 판매를 적절하지 않은 것으로 생각하였고, 물의 이용권을 가진 자가 사용하고 남은 물은 다른 사람이 무료로 사용할 수 있도록 하였다. 이런 제도하에서는 물의 이용권을 가진 자가 물을 절약하거나 물 공급을 확대할 경제적 동기가 없다는 문제가 지적되었다. 반면에 물을 경제재로 취급하는 모델에서는 물 시장을 통하여 물의 판매와 구매를 인정함으로써, 물 사용의 경제적 효율성을 높이고 물의 절약과 공급 확대를 도모한다. 물 공급에 민간 참여를 촉진하는 정책은 민간 참여를 통하여 물 공급 확대에 필요한 재원을 조달하면서 공공 기관의 비효율성을 개선한다는 목적을 갖고 있다.

물 인권 모델에서는 물의 이용 혹은 접근권을 인권의 하나로 인정하여, 사람이면 누구나 충분하고, 적절한 물을 이용할 수 있도록 보장할 것을 주장한다. 이러한 모델이 제시된 배경에는 지구상에 약 10억 명 정도의 인구가 생존에 필요한 하루 20리터의 물에 접근하는 데 어려움을 겪는다는 사정이 있다.[6] 물을 인권 개념으로 접근하는 모델의 주장은 물이 인간의 생존과 존엄성 유지에 필수적이므로 모든 사람에게 물을 이용할 수 있는 인권이 보장되어야 한다는 것이다.

위의 모델들에 의하면 물의 사용에서 제외되는 사람들이 있을 수 있다. 물을 경제재로 보는 모델에서는 물 공급의 비용을 지불할 수 없는 사람, 혹은 물의 가격보다 물 공급에 드는 비용이 많이 드는 사람들은 물의 공급에서 제외될 수 있다. 공공 신탁의 모델 하에서도 더 큰 공공

---

[6] 세계보건기구의 보고서에 의하면 2000년에 약 11억 명의 사람이 하루 20리터의 깨끗한 물을 이용하는 데 어려움이 있다고 한다. WHO, The Global Water Supply and Sanitation Assessment 2000, Geneva, 2000, p.1.

의 이익을 위하여 일부 사람들의 물 사용은 제한될 수 있다. 물론 이런 모델 하에서도 국가의 시혜로 물이 공급될 수 있지만, 권리로서 보장되는 것은 아니다. 그런데 물을 인권으로 취급하는 모델에서는 모든 사람에게 경제적 효율성이나 다른 공공의 이익을 불문하고 최소한의 물 공급을 보장하여야 한다. 그리고 물 공급을 보장받는 것은 인권이기 때문에 그 침해에 대해 법적 구제 수단을 이용할 수 있다.[7]

2. 물 인권의 효과

물 인권 모델에서는 물을 이용할 수 있는 권리를 기본적 인권으로 취급한다. 물을 이용할 수 있는 권리가 기본적 인권으로 인정되면 여러 가지 법적 효과가 발생한다. 국내법적으로는 인권의 보장과 관련된 여러 가지 법과 제도의 보호를 받는다. 대표적인 것으로 물의 이용을 제한하는 조치에 대해 헌법적인 구제 수단을 이용할 수 있다. 물 인권을 자유권적 기본권이라고 하면 국가는 이를 침해하는 행위를 하지 않을 의무와 제3자가 이를 침해하는 것을 방지할 의무를 진다. 물 인권을 사회적 기본권으로 본다면 국가는 이를 실현하기 위하여 필요한 조치를 취할 의무를 진다. 그리고 물 인권을 제한하는 행위는 법률에 의해서만 할 수 있으며, 법률에 의해 물 인권을 제한하는 경우에도 그 본질적 내용을 침해할 수 없다.

국제적으로 보호되는 인권의 하나로 물 인권이 인정되면 우선 국제적으로 이용할 수 있는 여러 가지 제도의 보호를 받는다. 자유권의 일

---

[7] 이상의 세 가지 모델에 대한 상세한 비교는 Barton H. Thompson Jr., "Water as a Public Commodity", 95 *Marg. L. Rev.* 17, 2011, pp. 19-34 참조.

종으로 물 인권이 인정되면 국가는 이를 침해하는 행위를 할 수 없는 국제적 의무를 지게 된다. 물 인권이 사회권의 일종으로 인정되면 국가는 이를 실현할 의무를 진다.[8] 국가가 이러한 의무를 이행하지 않으면 그 피해자는 국제적으로 이용할 수 있는 여러 가지 인권 구제 수단[9]과 인권의 이행을 위한 간접적인 이행 강제 수단[10]을 이용할 수 있다.

그리고 물 인권이 국제법상의 권리로 인정되면 물 인권을 실현하기 위한 국가 간의 지원과 협력이라는 새로운 문제를 제기할 수 있다. 다른 나라의 인권 침해를 이유로 다자적으로 혹은 개별 국가 차원에서 다른 국가에 제재를 가하는 것에서 보는 바와 같이 인권 침해의 문제는 한 국가 내부의 문제가 아니다. 마찬가지의 논리로 인권의 실현을 돕기 위하여 국가 간 협력도 요구된다. 그런데 인권의 실현을 위하여 다른 국가를 도와야 할 의무가 있는가의 여부와 도움을 준다면 어떠

---

[8] 그런데 국가가 사회적 기본권을 실현할 의무의 내용을 둘러싸고 논란이 있다. 단순히 능력의 범위 내에서 이를 실현하도록 노력해야 하는 프로그램적인 것이라는 견해도 있지만, 최근의 유력한 견해는 그 내용에 따라 당장 실현해야 할 것도 있고 중장기적으로 실현을 위해 노력해야 할 것도 있다는 입장을 취하고 있다. 후자의 견해에 의하면 당장 실현해야 할 것을 이행하지 않으면 인권의 침해가 된다. 이에 대한 상세한 내용은 아래의 경제권규약위원회의 일반논평 3(infra note 29)과 관련된 내용 참조.

[9] 이용할 수 있는 구제 수단으로는 물 인권이 보장되는 국제적 문서에 따라 다르다. 유럽인권재판소와 같이 개인이 직접 국제 재판소에 제소할 수 있는 경우도 있다. 인권위원회를 통하여 간접적으로 국제 재판소에 제소할 수 있는 경우도 있다. 유엔 차원에서는 협약에 의해 설치되는 인권 위원회에 개인이 청원할 수 있도록 하는 경우도 있고, 그렇지 못한 경우도 있다. 인권 협약에 의해 설치되는 인권 위원회 외에 유엔경제사회이사회 결의를 통하여 인권이사회에 개인이 청원할 수 있도록 허용하고 있다. 이외에 해당 협약에서 규정한 의무를 이행하지 않는 국가에 대해 다른 체약국이 제소 혹은 청원할 수 있도록 허용하는 경우가 있다.

[10] 대부분의 인권 협약은 국가에게 해당 협약에서 규정하고 있는 인권의 이행 상황에 관한 보고서를 정기적으로 제출하도록 하고 이 보고서에 대한 검토와 논평을 통하여 협약의 이행을 간접적으로 강제하고 있다.

한 도움을 주어야 하는지의 여부가 명확하지 않다. 만약 이러한 의무가 인정된다면, 물 부족이나 인프라의 부족으로 물 인권을 실현하기 어려운 국가에 대해 물을 양보하거나 지원할 의무를 질 수도 있다.

물 인권과 관련하여 고려해야 할 또 하나의 문제는 국제법과 국내법의 상호 작용이다. 국내법적으로 물 인권이라는 개념을 인정하면 이것은 국제법의 발달에 영향을 미친다. 어떤 문제에 관한 국가의 국내법과 국내 판결은 그 문제에 관한 국가 관행의 중요한 증거이고, 이러한 국가 관행이 축적되어 국제법의 중요 법원인 국제 관습법이 형성되기 때문이다. 반대로 물 인권이라는 국제법이 존재하는 경우 이것은 다양한 형태로 국내법에 영향을 미친다.

우선 물 인권이 국제법상 인권으로 인정되면, 그 자체로 국내법적으로 어떠한 효력이 있는가 하는 문제가 있다. 주지하는 바와 같이 국제법이 자동적으로 국내법으로 수용된다는 일원론 국가도 있고, 국제법을 국내법으로 변형시키는 조치를 취해야만 국내법적인 효력이 인정된다는 이원론 국가도 있다. 일원론 국가 중에서도 그 효력의 내용과 법질서 내의 지위에서 다양한 형태를 취하고 있다. 이원론 국가 중에도 국내법으로 변형하는 절차의 엄격성에서 많은 차이가 있다. 일원론을 취하는 국가이냐 이원론을 취하는 국가이냐의 구별은 국제법의 법원(法源)중 조약에 대해서만 문제가 된다. 국제 관습법에 대해서는 세계 모든 국가가 일원론을 취하고 있기 때문이다. 따라서 물 인권이 조약에 근거한 국제법상 인권이라면 해당 국가가 일원론 국가이냐 이원론 국가이냐에 따라 차이가 있지만, 국제 관습법에 근거한 국제법상 인권이라면 이러한 구별 없이 국내법상 인권으로 인정될 수 있다.

그런데 국제 조약이 자동적으로 국내 규범의 일부가 되더라도 국제 규범을 국내 재판에서 구제를 구하는 근거로 사용할 수 있다고 당연히 인정되는 것은 아니다. 국제 조약의 조문은 추상적이거나 그 내용이 명확하지 않은 경우가 많아 바로 국내 재판에서 적용하기 어려운 경우가 적지 않기 때문이다. 이러한 이유로, 미국에서는 국내 재판에서 바로 적용할 수 있는 규범을 자기 집행적 조약(self-executing treaty)이라고 하여 일원론을 적용하고, 그렇지 않은 규범은 비자기 집행적 조약(non-self-executing treaty)이라고 하여 이원론을 적용한다.[11] 그리고 유럽연합에서는 유럽연합이 체결한 모든 조약이 자동적으로 유럽연합 법의 일부로서 직접 적용성(direct applicability)을 가지지만, 재판 규범으로 적용할 수 있는 직접 효력(direct effect)을 가지는가의 여부는 조약의 성격에 따라 다르다는 이론을 적용하고 있다.[12]

국제 규범이 국내 규범화 되는 이러한 효과 외에 국제 규범은 다양한 방법으로 국내 규범에 영향을 미친다. 해당 문제에 연성적인 성격의 국제 규범이라도 있으면, 이것이 해당 문제에 대한 국내 입법이나 정책을 추진하기 위한 정치적 혹은 도덕적 근거가 된다. 그리고 국내 규범의 내용이 추상적이거나 불명확한 경우 국제 규범은 그 내용을 구체화하는 근거로 이용될 수 있다. 예를 들어, 인간답게 살 권리, 건강권, 행

---

[11] 양자를 구별하는 기준으로 당사자의 의도와 조약의 문언이 직접 적용할 수 있을 정도로 명확한가의 여부 등이 있다.

[12] 직접 효력을 인정하기 위한 요건으로 유럽재판소(European Court of Justice)는 조약 문언의 명확성, 무조건성, 추가 조치의 불필요성을 들고 있다. 그리고 직접 효력도 개인이 국가 기관을 상대로 청구할 수 있는 근거가 되는 수직적 직접 효력(vertical direct effect)만 인정되는가, 국가가 개인에게 의무를 부과하는 근거로 원용할 수 있는 역의 수직적 직접 효력(reverse vertical direct effect), 그리고 사인 간의 청구의 근거로 조약을 원용할 수 있는 수평적 직접 효력(horizontal direct effect)이 인정되는가의 여부로 세분할 수 있다.

복 추구권, 생명권 등의 권리의 해석에 물 인권에 관한 국제적 논의가 영향을 미칠 수 있다.

제3장 물 인권의 국제법적 성격

1. 조약법으로서의 성격

제2장에서 물 인권이 국제법상의 인권으로 인정되었을 경우 미치는 효과에 대해 살펴보았다. 국제법에 근거한 물 인권이 조약에 근거한 것인가 국제 관습법에 근거한 것인가에 따라 그 효과가 다르다는 것도 살펴보았다. 본 장에서는 조약에 근거하여 주장할 수 있는 물 인권과 그 내용 그리고 국제 관습법에 근거하여 주장할 수 있는 물 인권이 있는지의 여부와 그 내용에 대해 살펴본다.

우선 조약에 근거한 물 인권을 보면, 인권에 관한 일부 국제 조약에서 물 인권을 명시적으로 인정하고 있지만, 이들 국제 조약은 일정한 집단이나 특수한 상황을 대상으로 하는 것이다. 예를 들어, 여성에 대한 모든 형태의 차별 철폐에 관한 협약(Convention on the Elimination of All forms of Discrimination against Women, 이하 여성차별철폐협약)[13]은 농촌 여성에 관한 제14조 중 제2항 (h)에서 "특히 주택, 위생, 전기, 물 공급, 교통과 통신 등과 관련된 적절한 생활 환경을 향

13_ 1249 U.N.T.S. 13.

유할 권리를 농촌 여성들에게 보장하기 위하여 농촌 지역의 여성에 대한 차별을 제거하는 모든 적절한 조치를 취할 것"14을 당사국에 요구하고 있다. 아동권리협약(Convention on the Rights of the Child)15은 아동의 건강권에 관한 제24조 중 2항 (c)에서 "당사국은 건강권의 완전한 이행을 추구해야 하고, 특히 …… 기초 의료 보호 제도 내에서 환경오염의 위험을 고려하면서, 특히 쉽게 이용할 수 있는 기술을 통하여 그리고 적절한 영양식과 깨끗한 음용수의 공급을 통하여 질병과 영양 부족을 퇴치하기 위한 적절한 조치를 취해야 한다"16고 규정하고 있다. 장애인의 보호와 권리 및 존엄성의 촉진에 관한 국제 협약(International Convention on the Protection and Promotion of the Rights and Dignity of Persons with Disabilities)17은 적절한 생활수준과 사회적 보호에 관한 제28조 중 제2항 (a)에서 당사국은 장애인의 사회적 보호에 대한 권리와 이 권리를 장애에 근거한 차별 없이 향

14_ 2. States Parties shall take all appropriate measures to eliminate discrimination against women in rural areas in order to ensure, ... that they ... shall ensure to such women the right:

. . .

 (h) To enjoy adequate living conditions, particularly in relation to housing, sanitation, electricity and water supply, transport and communications.

15_ 1577 U.N.T.S. 3.

16_ 2. States Parties shall pursue full implementation of this right and, in particular, shall take appropriate measures: (c) To combat disease and malnutrition, including within the framework of primary health care, through, inter alia, the application of readily available technology and through the provision of adequate nutritious foods and clean drinking-water, taking into consideration the dangers and risks of environmental pollution.

17_ G.A. Res. 61/106, Annex I, U.N. GAOR, 61st Sess., Supp. No. 49, at 65, U.N. Doc. A/61/49 (Dec. 13, 2006), 46 I.L.M. 443.

유할 권리를 인정하고, 이 권리의 실현을 보장하고 촉진하기 위한 적절한 조치를 취할 것을 요구하는데, 그 중에는 "장애인이 깨끗한 물의 용역에 대해 평등하게 접근하는 것을 보장"[18]하는 것이 포함된다.

전시 포로의 대우에 관한 제네바 협약(Geneva Convention Relative to the Treatment of Prisoners of War)[19]은 포로들의 의식주에 관한 조항 중의 하나인 제26조에서 충분한 음용수가 제공될 것을 요구하고 있고, 위생에 관한 조문 중의 하나인 제29조에서 충분한 세면용, 세탁용 물을 제공할 것을 요구하고 있다. 전시 민간인의 보호에 관한 제네바 협약(Geneva Convention (IV) Relative to the Protection of Civilian Persons in Time of War)[20]도 피수용자의 의식주에 관한 제89조에서 충분한 음용수가 제공될 것을 요구하고 있고, 피억류자의 위생에 관한 조문 중의 하나인 제85조에서 충분한 세면용, 세탁용 물을 제공할 것을 요구하고 있다.

이와 같이 보편적 조약 중에서 물을 공급받을 권리에 대해 규정하

18_ Article 28
   Adequate standard of living and social protection
   ...
   2. States Parties recognize the right of persons with disabilities to social protection and to the enjoyment of that right without discrimination on the basis of disability, and shall take appropriate steps to safeguard and promote the realization of this right, including measures:
   (a) To ensure equal access by persons with disabilities to clean water services, and to ensure access to appropriate and affordable services, devices and other assistance for disability-related needs;
   ...
19_ 75 U.N.T.S. 135.
20_ 75 U.N.T.S. 275.

고 있는 조약들은 특정한 부류의 사람에 대해, 그리고 위생이라든지, 의식주라든지 하는 특정한 상황과 관련하여서만 이를 인정하고 있다. 특정한 부류의 사람이 아닌 보편적인 사람에게 물 인권을 인정하기 위한 명문의 근거를 찾기 위한 시도는 모든 사람을 대상으로 하는 두 개의 유엔 인권 규약, 즉, 경제적 사회적 문화적 권리에 관한 국제 규약(International Convention on Economic, Social and Cultural Rights, 이하 "경제권규약")과 시민적 정치적 권리에 관한 국제 규약(International Convention on Civil and Political Rights, 이하 "시민권규약")[21]을 대상으로 행해졌다. 이들 두 개의 규약에 물의 공급을 명시적으로 언급하는 조문은 없지만 물을 이용할 수 있는 권리를 포함하는 것으로 해석될 수 있는 조항들이 있다.

양 규약에서 동일한 내용을 규정하고 있는 공통 제1조 2항은 "어떠한 경우에도 사람은 그들의 생존 수단(means of subsistence)을 박탈당하지 않는다"고 규정하고 있는데, 여기에서 말하는 생존 수단에 물이 포함되는 것으로 해석할 수 있다. 최소한의 물의 보장은 생명의 유지와 관련되므로 시민권규약에서는 생명권에 관한 제6조도 물 인권을 포함하는 것으로 해석될 수 있다. 경제권규약에서는 의식주에 대한 권리를 포함한 적절한 생활수준을 향유할 권리에 관한 제11조와 건강권에 관한 제12조가 물 인권을 포함하는 것으로 해석할 수 있다.

물 인권이 어느 인권 규약에 근거하는가에 따라 그 성격이 상이하고 이행 수단에 있어 차이가 있다. 시민권규약의 조문에 근거하면 상대적

21_ Dec. 16, 1966, 993 U.N.T.S. 3.

으로 강한 이행 수단을 이용할 수 있는 반면에[22] 경제권규약의 조문에 근거하면 이용할 수 있는 이행 제도는 약하다.[23] 그리고 시민권규약은 규약의 발효 즉시 그 인권을 즉각적이고 완전하게 실현할 것을 요구하는 반면에,[24] 경제권규약은 "개별적으로 그리고—특히 경제적·기술적인—국제적 지원과 협력을 통하여, 자국의 가용 자원이 허용하는 최대한도까지"[25] 조치를 취하도록 요구할 뿐이다. 그러나 시민권규약에서 보장하는 인권은 국가가 침해하지 않을 것을 요구하는 소극적인 내용의 인권이고 국가로 하여금 이를 실현하기 위하여 적극적인 조치를 취할 것을 요구하지는 않지만, 경제권규약에서 보장하는 인권은 국가에 적극적인 조치를 취하도록 요구하는 근거가 될 수 있는 장점이 있다.

경제권규약의 이러한 장점을 고려하여 경제권규약을 물 인권의 근거로 하려는 학자들의 시도도 있었고,[26] 경제권규약의 이행기관인 인권위원회(HRC)의 국가 보고서에서도 물 인권을 인정하는 듯한

---

[22] 시민권규약은 규약의 이행을 감독하는 기관으로 인권위원회(Human Rights Committee)를 설치하였다(동 규약 제28조-39조). 당사국은 규약의 이행 상황에 대해 보고서를 제출하고 인권위원회는 이에 대해 논평을 하여(동 규약 제40조) 이행을 촉구한다. 해당 국가가 수락 선언을 하면 규약을 위반한 당사국에 대해 다른 국가가 인권위원회에 고발할 수 있다(동 규약 제41조). 그리고 시민권규약 선택의정서(Optional Protocol to the International Convention on Civil and Political Rights)를 수락한 국가에 대해서는 피해자인 개인이 인권위원회에 고발할 수 있다.

[23] 경제권규약은 시민권규약과 같이 이행을 감시하는 기관이 없고 체약국은 규약의 이행 상황에 대해 정기적으로 보고서를 제출하고 이 보고서를 경제사회이사회에서 검토하는 정도이다.

[24] 시민권규약 제2조 1항 참조.

[25] 경제권규약 제21조 1항 참조.

[26] 이러한 시도를 한 대표적인 학자로 Thorsten Kiefer & Catherine Brölmann, "Beyond State Sovereignty: The Human Right to Water", 5 *Non-St. Actors & Int'l L.* 183, 2005, p. 186 참조.

태도를 보이고 있다. 이스라엘의 2007년 정기 보고서에 대한 논평(observation)[27]에서 팔레스타인 자치 지구에서 물을 공급하는 기반 시설의 파괴와 물 공급 및 기반 시설을 개선하기 위한 물품과 인력의 이동 제한에 대하여 이것은 생명권과 평등권의 침해라고 하였다. 이 논평에서 언급한 사례들은 기반 시설의 파괴 행위와 물품과 인력의 이동 제한 행위를 하지 말라는 것으로 시민권규약을 물 인권의 근거로 삼아 어떠한 행위를 하도록 적극적으로 요구하지는 않았다. 인권위원회의 생명권에 관한 일반논평에서도 국가가 유아 사망률을 낮추기 위하여 적극적 행위를 할 것을 요구하면서 그렇게 하는 것이 바람직하다고(desirable) 하여 법적 의무로 요구하지는 않았다.[28] 따라서 물 인권과 관련하여 국가에 적극적 행위를 요구하는 근거로 시민권규약을 원용하기에는 한계가 있다.

시민권규약의 이러한 한계 때문에, 물 인권의 근거를 경제권규약에서 찾으려는 노력이 일반적이다. 물 인권을 실효적으로 보장하기 위해서는 단순히 간섭을 하지 않는 것을 넘어 국가의 적극적 조치가 필요하기 때문이다. 그런데 물 인권을 경제권규약에 그 근거를 두는 경우 문제는 가용 자원이 허용하는 한 보장해야 할 인권이므로 단순히 프로그램적인 인권이 아니냐는 것과 국제적으로 이행 여부를 감시하는

27_ Human Rights Committee, Third Periodic Report of States Parties due in 2007—Israel, U.N. Doc., CCPR/C/ISR/3, Nov. 21, 2008.

28_ "in this connection, it would be desirable for states parties to take all possible measures to reduce infant mortality..." Human Rights Committee, General Comment No. 6: The Right to Life, July 12-30, 1982, U.N. GAOR, 37th Sess., Supp. No. 40, A/37/40, P 5, July 30, 1982, reprinted in Compilation of General Comments and General Recommendations Adopted by Human Rights Treaty Bodies, U.N. Doc. HRI/GEN/1/Rev.1, at 6, July 27, 1994.

이행 기관이 약하다는 것이다.

경제권규약에서 보장하는 인권에 대해 단순히 프로그램적인 것을 넘어 그 효력을 강화하려는 움직임들이 있어 왔다. 경제적권리위원회(CESCR)는 당사국 의무의 법적 성격에 관한 일반논평 3에서 경제권규약에서 보장하는 인권의 법적 성격을 점진적으로 실현해야 할 것과 즉시 실현해야 할 2가지를 분류하는 2원적 접근 방법을 취하여[29] 그 효력을 강화하였다. 규약 제2조 1항에서 점진적으로 권리를 실현하도록 요구한 것을, 권리의 의미를 박탈하는 방식으로 해석해서는 안 되고, 권리의 완전한 실현이라는 규약의 목적에 비추어 해석해야 한다고 하였다. 즉, 가능한 한 신속하고 실효적으로 권리를 실현하기 위한 조치를 취할 것을 요구한다고 하였다.[30] 이러한 논리에 따라 위원회는 경제권규약의 체약국은 최소한의 핵심적 수준의 권리—최소한의 핵심(minimum core)—를 실현할 의무를 진다고 하였다.[31] 그러면서도 자원의 부족 때문에 최소한의 핵심도 실현할 수 없는 경우도 있다는 것은 인정하였지만, 최소한의 핵심을 실현하지 못할 경우 자원의 부족 때문이라고 정당화하기 위해서는, 모든 이용 가능한 자원을 이용하기 위한 모든 노력을 다했다는 것을 입증해야 한다고 하여,[32] 최소한의 핵심을 실현할 의무

29_ General Comment 3, The nature of States parties obligations (Art. 2, para. 1 of the Covenant), (Fifth session, 1990) E/1991/23. para. 1. "... while the Covenant provides for progressive realization and acknowledges the constraints due to the limits of available resources, it also imposes various obligations which are of immediate effect."

30_ *Ibid.*, para. 9.

31_ *Ibid.*, para. 10. "... If the Covenant were to be read in such a way as not to establish such a minimum core obligation, it would be largely deprived of its raison d'être."

32_ *Ibid.*

와 중장기에 걸쳐 실현해야 할 의무의 양자를 차별화하였다.

경제권규약의 이행 기관이 약하다는 문제도 어느 정도 보완되고 있다. 위(각주 23)에서 본 바와 같이 체약국의 보고서와 경제사회이사회의 검토라는 것에서 벗어나 경제권규약에서도 감시 기관과 체약국과 개인에 의한 통고 제도를 보완하고 있다. 즉, 경제사회이사회의 결의로 경제적, 사회적, 문화적 권리에 관한 위원회(Committee on Economic, Social and Cultural Rights, 이하 "경제적권리위원회")를 설치하여 보고서를 검토하게 하였다. 그리고 피해자인 개인의 고발 제도에 대한 필요성이 꾸준히 제기되어 2008년에 선택의정서(Optional Protocol to the International Covenant on Economic, Social and Cultural Rights)가 채택되어 서명을 위하여 개방되어 있다. 이 의정서가 발효되면 경제권규약에서도 국가 간 고발 제도와 피해자인 개인의 고발 제도가 인정되게 된다. 이 의정서는 10개국이 비준하면 발효하는데, 2012년 8월 말 현재 8개국[33]이 비준하였다. 이 의정서가 발효하더라도 현재 120여개국이 선택의정서를 비준하여 개인의 고발을 인정하는 시민권규약과 비교하면 실효성에서 차이가 있다.

이상과 같이 조약에 근거한 물 인권의 내용을 다음과 같이 정리할 수 있다. 첫째, 물에 대한 권리를 명시적으로 언급하는 조약은 일정한 집단이나 특수한 상황을 대상으로 하는 것이다. 둘째, 모든 사람을 대상으로 하는 보편적 협약에서는 물에 대한 명시적 언급은 없고, 다른 인권의 내용에 물 인권이 포함된다고 해석할 수 있는 정도이다. 셋째,

---

33_ 비준한 국가와 비준 일자는 아르헨티나(11. 10. 24.), 볼리비아(12. 1. 13.), 보스니아-헤르체고비나(12. 1. 18.), 에콰도르(10. 6. 11.), 엘살바도르(11. 9. 20.), 몽골(10. 7. 1.), 슬로바키아(12. 3. 7.), 스페인(10. 9. 23.)이다.

이에 해당하는 것 중의 하나인 경제권규약은 법적 성격과 이행 수단
에서는 강점이 있으나 소극적인 내용이고, 국가로 하여금 적극적인 행
위를 요구하는 것으로 해석하기는 어렵다. 넷째, 물 인권의 성격상 경
제권규약에 근거하는 것이 일반적인데, 이행 수단과 법적 성격의 면에
서 약점이 있다. 이행 수단은 현재 강화되는 추세이며, 법적 성격에 있
어서도 경제적권리위원회의 일반논평 3에서 채택한 점진적으로 실현
해야 할 인권과 핵심적 최소한으로 나누어 접근하는 2원적 접근 방법
을 통하여 그 내용이 강화되고 있다.

2. 국제 관습법적 근거

모든 사람에게 일반적인 상황에서 독자적인 인권으로 물 인권을 인
정하는 보편적 조약은 없으므로, 보편적이면서 다른 인권에 부속되
지 않은 독자적인 인권으로 인정하는 국제법적 근거는 국제 관습법
에서 찾을 수밖에 없다. 물 인권이 다른 인권에 부속되는 것과 독자
적으로 인정되는 것은 그 내용에 차이가 있다. 전자의 경우 물에 대
한 접근권은 차단되었지만 그 근거가 되는 주된 권리를 다른 방법으
로 보장함으로써 물에 대한 접근이 보장되지 않는 경우가 있다. 예를
들어 식량에 대한 권리(right to food)의 부속 권리로서 물 인권이
인정되는 경우, 물이 없어 키우지 못하는 식량을 다른 방법으로 공
급해 주면 물의 공급에 대한 차단 자체는 인권의 위반이 되지 않는
다.[34] 이러한 한계가 있으므로 물에 대한 인권 그 자체가 인정되어야

34_ E. Bluemel, "The Implication of Formulating a Human Rights to Water", 32 *Ecology Las Quarterly* 963, 2004, p. 973.

그 내용을 명확하게 정할 수 있다.[35]

물 인권에 관한 국제적 논의는 법적 구속력이 없는 국제 문서를 통하여 행해졌으므로, 국제 관습법적 근거를 확인하기 위해서는 이러한 국제 문서를 살펴볼 필요가 있다. 그전에도 물에 대한 접근을 언급한 국제 문서가 있었지만, 본격적으로 물 인권을 언급한 문서로 많이 인용되는 것은 1977년 물에 대한 유엔 회의(UN Conference on Water)에서 채택된 마르델플라타 행동계획(Mar del Plata Action Plan)이다. 여기에서는 모든 사람은 자기의 기본적 수요를 충족하는 질과 양의 물에 대해 접근할 권리를 가지고 있다고 하였다.[36] 그 후 1992년의 물과 유지 가능한 개발에 관한 더블린선언,[37] 1992년 리우환경회의에서 채택된 의제21,[38] 1994년 카이로에서 열린 인구와 개발에 관한 국제회의의 행동계획,[39] 2002 요하네스버그에서 열린 유지 가능한 개발에 관한 국제정상회의에서 채택된 선언 등에서 물 인권을 다른 인권에 부속되는 것으로 혹은 독자적인 인권으로 인정하고 있다.

35_ A. Hardberger, "Life, Liberty, and the Pursuit of Water: Evaluating Water as a Human Right and the Duties and Obligation it Create", 4 *NW. U. J. Int'l Hum. Rts*, 331, 2005, pp. 360-362.

36_ U.N. Water Conference, Mar del Plata, Mar. 14-25, 1977, Rep. of the U. N. Water Conference, (II)(a), U.N. Doc. E/CONF.70/29.

37_ International Conference on Water and the Environment, Dublin, Ir., Jan. 26-31, 1992, The Dublin Statement on Water and Sustainable Development, at 7, 1992. 이 선언은 물을 경제재로 취급하는 것이 물 관리에 가장 효율적이라는 것과 동시에 적절한 가격으로 물에 대해 접근할 수 있는 것은 기본적 인권이라고 인정하였다.

38_ Agenda 21 of U. N. Conference on Env't. & Dev., June 3-14, 1992, ch. 18.47, U.N. Doc. A/CONF.151/26/REV.1 (Vol. II).

39_ United Nations International Conference on Population and Development, Sept. 5-13, 1994, Programme of Action of the International Conference on Population and Development, ch. 2, principle 2.

유엔의 기관에서 물 인권을 언급한 최초의 예는 1999년 채택된 개발권에 관한 유엔총회의 결의이다. 이 결의에서는 음식과 깨끗한 물에 대한 권리는 필수적인 인권이라고 하였다.[40] 그 후 유엔의 여러 기관에서 물 인권을 인정한 문서들이 채택되었는데, 이에 해당하는 것으로 2000년 유엔총회에서 채택된 새천년선언,[41] 경제적권리위원회의 물 인권에 관한 일반논평 15,[42] 인권의 촉진과 보호에 관한 소위원회에서 2005년과 2006년에 채택한 지침[43]과 결의[44] 등이 있다. 2007년 인권을 위한 유엔 고등판무관은 "국제 인권 문서 하의 깨끗한 음용수와 위생과 관련된 관련 인권 의무의 범위와 내용에 대해서"라는 보고서를 발간하였다.[45] 2008년 그 전신인 인권위원회(Commission on

---

[40] The Right to Development, G.A. Res. 54/175, U.N. Doc. A/RES/54/175, Dec. 17, 1999, Para. 12 (a).

[41] The Millennium Declaration, G.A. Res. 55/2, U.N. Doc. A/RES/55/2, Sept. 18, 2000.

[42] Committee on Economic, Social and Cultural Rights, General Comment 15: The Right to Water, 20 Jan. 2003, UN/Doc E/C.12/2002/11.

[43] U.N. Sub-Commission on the Promotion and Protection of Human Rights Draft Guidelines for the Realization of the Right to Drinking Water and Sanitation, U.N. Sub-Commission on the Promotion and Protection of Human Rights, U.N. Doc. E/CN.4/Sub.2/2005/25, July 11, 2005.

[44] U.N. Sub-Commission on the Promotion and Protection of Human Rights Res. 2006/10, Promotion of the Realization of the Right to Drinking Water and Sanitation, 58th Sess., Aug. 7-25, 2006, U.N. Doc. A/HRC/2/2-A/HRC/Sub.1/58/36, PP 29-30. Sept. 11, 2006.

[45] U.N. High Commissioner for Human Rights, Report of the U. N. High Commissioner for Human Rights on the Scope and Content of the Relevant Human Rights Obligations Related to Equitable Access to Safe Drinking Water and Sanitation under Int'l Human Rights Instruments, Human Rights Council, U.N. Doc. A/HRC/6/3, Aug. 16, 2007.

Human Rights)를 승계하여 새로운 인권의 중심 기관이 된 인권이사회(Human Rights Council)는 물과 위생권에 관한 독립된 전문가로 카타리나 달부퀴르케(Catarina d'Albuquerque)를 임명하여[46] 물 인권에 관하여 소위 제네바 절차(Geneva Process)를 진행하고 있다. 임명된 독립된 전문가는 물과 위생에 관한 인권의 내용과 법적 지위를 정하기 위한 작업을 진행 중이다.[47] 2010년 유엔총회는 총회 차원에서 물과 위생에 대한 인권을 공식적으로 인정하는 결의를 채택하였다.[48] 이 결의는 많은 국제 조약과 국제 회의와 기구에서 채택한 선언과 결의 그리고 경제권규약위원회에서 채택한 물 인권에 관한 기준들을 언급하고 있다.[49] 그리고 이 결의에서는 안전하고 깨끗한 음용수와 위생에 대한 권리를 생명과 모든 다른 인권의 완전한 향유를 위한 필수적인 인권으로 인정한다고 하였다.[50] 이 결의는 또한 물 인권의 실현을 위한 국제 협력에 대해 규정하고 있는데, 개도국에 대한 재원의 제공, 시설 설치, 그리고 기술 이전을 통하여 이 인권의 실현을 돕도록 국가와

46_ Human Rights Council Res. 7/22, Human Rights and Access to Safe Drinking Water and Sanitation, 7th Sess., Mar. 3-28, 2008, U.N. GAOR, 63d Sess., Supp. No. 53, A/63/53, at 136, Mar. 28, 2008.

47_ 임명된 독립적 전문가인 카타리나 달부쾨르케의 임무에 대해서는 그녀의 예비 보고서인 Independent Expert on the Issue of Human Rights Obligations Related to Access to Safe Drinking Water and Sanitation, Promotion and Protection of all Human Rights, Civil, Political, Economic, Social and Cultural Rights, Including the Right to Development, Human Rights Council, U.N. Doc. A/HRC/10/6 (Feb. 25, 2009) (by Catarina de Albuquerque) 참조.

48_ The Human Right to Water and Sanitation, G.A. Res. 64/291, U.N. Doc. A/RES.64/292, July 29, 2010.

49_ *Ibid.*, para. 8.

50_ *Ibid.*, para. 1.

국제기구에 촉구하였다.[51] 같은 해 9월 인권이사회는 물과 위생의 권리에 관한 결의[52]를 채택하였다. 이 결의는 물과 위생권을 언급한 국제법적 근거를 총회의 결의보다 포괄적으로 언급하였다.[53] 그리고 물과 위생권은 적절한 생활수준에 대한 권리에서 도출되며, 건강권과 생명과 인간 존엄에 대한 권리와 불가분의 관계가 있다고 하였다.[54]

물 인권을 인정한 이러한 다수의 국제 문서를 보면 물 인권이 국제 관습법으로 인정된다고 쉽게 생각할 수 있다.[55] 그러나 해당 문제에 대한 국제 문서가 많다는 것만으로 국제 관습법이 형성되었다고 할 수 없다. 해당 국제 문서가 채택된 상황과 그 내용 등 여러 가지 상황을 고려해 국제 관습법의 성립 요건인 일반적 관행(general practice)과 관행을 국제 규범으로 인정하는 심리적 요소인 법적 인식(opinio juris)이 존재하는지 검토해야 한다. 이러한 요건을 물 인권이 충족한다고 하기에는 여러 가지 한계가 있는데, 대표적인 것으로 물 인권을 인정하는 것에 대해 유보적인 국가가 적지 않다는 것과 물 인권의 내용이 명확하지 않다는 것을 들 수 있다.

우선 물 인권에 대한 국가들의 태도를 살펴본다. 물 인권에 대한 개별 국가들의 태도를 확인하는 것은 쉽지 않지만 본고에서는 경제권규

51_ *Ibid.*, para. 2.

52_ Human Rights Council, Human Rights and Access to Safe Drinking Water and Sanitation, U.N. Doc. A/HRC/15/L.14, Sept. 24, 2010.

53_ *Ibid.*, para. 2.

54_ *Ibid.*, para. 3.

55_ George S. McGraw, "Defining and Defending the Right to Water and Its Minimum Core: Legal Construction and the Role of National Jurisprudence", 8 *Loy. U. Chi. Int'l L. Rev.* 127, 2011, p. 144.

약위원회의 일반논평 15에 대한 국가들의 반응과 그리고 2010년 물 인권에 관한 유엔총회 결의에서의 국가들의 입장을 중심으로 국가들의 태도를 살펴본다. 일반논평 15의 채택 시에 그 채택에 반대 의사를 공식적으로 표시한 국가는 없었다.[56] 그런데 인권에 관한 고등판무관실(Office of High Commissioner for Human Rights)에서 행한 물 인권에 관한 국가들의 태도 조사에서, 일반적으로는 물 인권 그리고 보다 구체적으로는 일반논평 15에 대해 반대 의견을 표시하는 국가들이 있었다. 2007년에 행해진 이 조사는 인권위원회가 물의 접근권에 관한 인권과 관련된 결정 2/104(Decision 2/104 on Human Rights and Access to Water)[57]에서 인권을 위한 유엔 고등판무관실에 물과 위생권의 내용과 범위에 관하여 연구하여 결론과 권고를 제출할 것을 부탁한 것에 대한 작업의 일환으로, 국가들을 포함한 이해관계자들의 의견을 조사한 것이었다. 경제권규약 당사국들에 물 인권에 관한 의견을 제출해 줄 것을 요구하였고 이 요구에 따라 경제권규약 당사국의 1/3 정도인 41개국이 의견을 제출하였다.[58]

41개국 중에서 19개국은 대체적으로 찬성하는 입장을 밝혔고, 15개국은 찬성과 반대를 명확하게 하지 않았다. 그리고 미국, 캐나다, 멕시코, 터키, 핀란드의 5개국은 물 인권과 일반논평에 대한 반대 의견을 표시하였다. 반대 의견의 일반적인 이유는 일반논평 15의 경제권규

56_ S. Scheuring, "Is There a Right to Water in International Law?", 15 *UCL Juris. Rev.* 147, 2009, p. 167.
57_ Adopted without a vote 31st meeting 27 November 2006.
58_ 제출한 국가들의 의견서에 대해서는 http://www2.ohchr.org/english/issues/water/contributions.htm 참조 (2012년 9월 2일 검색).

약에 대한 해석은 지나치게 광범위하여 설득력이 없다는 것이었다. 미국은 물 인권이라는 용어가 너무나 다양하게 사용되고 있다는 것 등을 지적하면서 국제법상 물 인권이라는 개념은 인정할 수 없다고 하였다.[59] 캐나다는 물 인권의 내용 중에서 국제적 협력에 관한 부분의 문제점을 특히 강조하여 지적하였다.

이 조사와 비교하여 2010년 물과 위생에 관한 유엔총회 결의의 채택 시 반대 투표가 없었다는 것은 물 인권에 대한 국가들의 태도가 긍정적으로 변했다고 평가할 수 있다. 이 결의에 122개국이 찬성하였고, 우리나라를 포함한 41개국은 기권을 하였지만 반대 투표는 없었다. 그러나 기권을 한 국가 중에 실제로는 물 인권에 대해 반대하는 입장을 취하는 국가가 적지 않았다. 실제로 이 결의 후 미국[60]과 캐나다[61]는 국제법상 물 인권은 없다고 공개적으로 선언하였다. 이와 같이 물 인권을 국제법상의 권리로 인정하는 국가들의 일반적인 관행이 있다고 하기에는 문제가 있다.

둘째, 물 인권의 내용이 명확하지 않고 여러 가지 개념이 혼재되어 사용되고 있다는 문제가 있다. 대표적인 것만 지적하여도 다음과 같다. 물 인권이 보장하는 것이 물에 대한 인권(right to water)인지 아

59_ http://www2.ohchr.org/english/issues/water/contributions/UnitedStatesofAmerica.pdf, paras. 3-4.

60_ Explanation of Vote by John F. Sammis, U.S. Deputy Representative to the Economic & Social Council, on Resolution 1/64/L.63/Rev.1, the Human Right to Water (July 28, 2010).

61_ Office of the High Commissioner for Human Rights, UN Expert Welcomes Recognition as a Human Right of Access to Safe and Clean Drinking Water and Sanitation, (July 30, 2010), http://www.ohchr.org/EN/NewsEvents/Pages/DisplayNews.aspx?NewsID=10240&LangID=E에 언급.

니면, 물에 대한 접근권(right to access water)인지의 여부가 혼재되어 사용되고 있다.[62] 물 인권이 독자적인 인권인지 다른 인권에 부속된 권리인지 혼용되어 사용되고 있다.[63] 물 인권이 자국 정부에 대하여 요구하는 권리인지 아니면 물 부족 국가가 다른 국가에 대하여 주장할 수 있는 권리를 포함하는지의 여부도 명확하지 않다.[64] 이와 같이 물 인권의 내용이 확정되지 않았고, 물 인권에 대하여 유보적이거나 반대하는 국가가 여전히 존재하므로 물 인권이 이미 확립된 국제 관습법

---

[62]_ 위에서 언급한 국제 문서만 보더라도 물에 대한 접근권이라는 용어는 마르델플라타 행동계획, 리우 환경에서 채택된 의제21, 인권을 위한 유엔 고등판무관이 발간한 보고서에서 사용하고 있다. 반면에 1999년 채택된 개발권에 관한 유엔총회의 결의, 일반논평 15, 물에 대한 권리 2010년 유엔총회 결의에서는 물에 대한 권리 혹은 물과 위생에 대한 권리라는 용어를 사용하고 있다. 물에 대한 접근권은 물에 접근할 수 있도록 보장하면 되는 것으로 해석할 수 있기 때문에 물에 대한 권리보다는 그 내용이 약하다고 할 수 있다. 참고로 인권을 위한 유엔 고등판무관실에서 요청한 물 인권에 대한 의견서에서 미국은 국제 문서에서 사용하는 있는 물 인권과 관련된 용어의 종류를 right to clean water, right to water, right to water and sanitation, right to drinking water and sanitation, right to sufficient supplies of water, right to a sufficient quantity of clean water for personal and domestic uses, right to have access to adequate and safe sanitation, right to access to safe water, right to access to water for life의 9가지를 들고 있다. supra note 59, para. 3.

[63]_ 위에서 언급한 국제 문서 중에서 1999년 채택된 개발권에 관한 유엔총회의 결의, 인권을 위한 유엔 고등판무관이 발간한 보고서, 물에 대한 권리 2010년 유엔총회 결의는 독자적인 권리로 인정하고 있다. 반면에 1994년 카이로에서 열린 인구와 개발에 관한 국제회의의 행동계획, 일반논평 15에서는 다른 인권에서 유래하는 것으로 취급하고 있다.

[64]_ 일반논평 15에서는 국제적 지원을 규정하고 있으면서 조동사로 'shall'이 아닌 'should'를 사용하여 지원의 의무는 아닌 것을 암시하고 있다. General Comment 15: The Right to Water, supra note 42, para. 34. 참고로 아직 발효하지 않았지만 유엔총회에서 채택된 국제 수로의 비항행적 이용의 법에 관한 협약 제10.2조는 국제 수자원에 대한 이견 시 필수적인 인간의 필요성을 우선적으로 고려할 것을 요구하고 있다. 그리고 이 협약에 대한 양해사항의 선언은 수로의 사용이 필수적인 인간의 필요성을 결정함에 있어, 음용수와 음식 생산을 위한 물을 포함한 인간 생명의 유지를 위하여 충분한 물을 공급하는 것에 특별히 주의할 것이라고 선언하였다. A/51/869 참조.

이라고 하기는 어렵다. 학자들에 따라서는 물 인권을 새롭게 나타나고 있는 국제 관습법이라고 하여 적극적으로 보는 견해도 있고,[65] 여전히 정치적 도덕적 희망 사항에 불과하다는 견해도 있다.[66]

3. 물 인권의 내용

물 인권이 국제 관습법적으로 인정되는 인권인가의 여부와 그 내용에 대해 명확하지 않다는 이러한 한계는 있지만, 이 문제를 가장 포괄적으로 다룬 일반논평 15를 통하여 물 인권의 내용을 살펴보면 다음과 같다. 이 논평에서는 물 인권을 경제권규약의 다른 인권에서 유래하는 것으로 보고 있다. 구체적으로 경제권규약 제1조 2항(생존의 수단을 박탈당하지 않을 것), 제11조 1항(적절한 생활수준의 유지), 제12조 1항(건강권)을 들고 있다.[67] 이외에 문화생활에 참여할 권리나 음식에 대한 권리 등 다른 인권을 실현할 권리에도 물의 이용이 필요하지만 음용수와 가사용 물의 사용에 우선권이 주어져야 한다고 하면서 위에서 든 조항을 더욱 중시하고 있다. 이러한 경제권규약상의 근거 외에 시민권규약에서는 생명권과 인간 존엄권이 물 인권의 근거 조항이 될 수 있다고 하며, 물에 대해 명시적으로 언급하고 있는 여성차별철폐협약, 아동권리보호협약 등도 언급하고 있다. 또한 물 인권을 언급하고 있는 국제 문서들도 물 인권의 근거로 인용하고 있다.

---

[65] George S. McGraw, supra note 55, p. 144 참조.
[66] B. Pardy, ""The Dark Irony of International Water Rights", 28 *Pace Envtl. L. Rev.* 907, 2011 참조.
[67] General Comment 15, supra note 42, paras. 3-6.

물 인권의 내용에 대해서는 국가가 물 인권에 간섭하지 않아야 한다는 소극적인 것—자유(freedoms)라고 표현—과 국가가 물 인권을 실현하기 위하여 적극적인 조치를 취하도록 요구하는 권리—자격(entitlement)이라고 표현—를 포함한다고 하여 자유권과 청구권의 성격을 모두 가지는 것으로 보고 있다.[68]

물 인권을 실현하기 위해 세 가지, 즉, 물의 이용 가능성(availability), 질(quality), 접근성(accessability)을 보장해야 한다.[69] 이용 가능성은 양의 요건으로 개인적 그리고 가사용으로 사용하기에 충분한 양이 보장될 것을 요구한다. 질은 물이 가사용으로 안전해야 하고 건강을 해치지 않을 것을 요구한다. 접근성은 여러 가지 요소를 포함하는데, 우선 물리적·경제적으로 그리고 차별 없이 접근 가능하도록 보장할 것을 요구한다. 그리고 물과 관련된 정보를 청구하고, 받고, 전달할 수 있는 권리도 보장되어야 한다. 이 중에서 경제적 접근 가능성은 논란이 많은 내용인데, 일반논평 15는 가난한 자에게 무료로 제공할 것을 요구하지는 않고 경제적 능력에 적합한 접근성을 요구한다.[70] 다만 예외적으로 통제할 수 없는 사유로 인해 요금을 지불할 수 없는 자에게는 무료로 제공할 것을 요구하고 있다.[71]

경제권규약에서 보장되는 권리는 점진적 실현이 요구되므로 즉시 효력을 가지지 못하는 문제에 대해서는 위[72]에서 언급한 일반논평 3

68_ *Ibid.*, para. 10.
69_ *Ibid.*, para. 13.
70_ *Ibid.*, para. 27.
71_ *Ibid.*, para. 25.
72_ Supra note 29.

에서 채택된 2원적 접근 방법을 취하고 있다. 즉, 점진적으로 중장기에 걸쳐 실현해야 할 의무와 즉시 시행해야 할 의무인 최소한의 핵심(minimum core)을 구별하는 접근 방법을 취하고 있다. 그러면서 즉시 시행해야 할 의무로 물 인권이 차별 없이 행사되도록 보장하는 것, 물 인권의 완전한 실현을 위하여 계획적이고 구체적인 목표 지향적인 조치를 취할 것, 퇴행적인 조치에 대한 엄격한 입증 책임의 요구—국가가 이용할 수 있는 자원의 한도 내에서 모든 대체 수단들을 고려했다는 것을 국가가 입증—를 들고 있다.[73] 최소한의 핵심을 실현하기 위한 구체적인 방법으로 모든 사람에게 개인적이고 가사적인 사용에 충분한 최소한의 필수적인 양의 물에 접근할 수 있도록 보장하는 것을 포함하여 여러 가지 취약 계층에 대한 보장 등을 예시하고 있다.[74]

물 인권을 실현하기 위해 국가에 부과되는 의무의 종류로 물 인권을 향유하는 것을 방해하지 않아야 할 존중(respect) 의무,[75] 권리에 제3자가 간섭하는 것을 방지해야 할 보호(protect) 의무,[76] 물 권리 향유를 촉진하기 위한 적극적 조치를 취해야 할 이행(fulfil) 의무[77]의 세 가지를 들고 있다. 물 인권을 보장하기 위한 구체적인 이행 방법으로는 입법 조치와 행정 조치를 취할 것[78]과 물 인권이 침해된 경우 이용할 수 있는 구제 수단을 제공할 것[79]을 들고 있다. 특히 구제 수단의

---

[73] General Comment 15, supra note 42, paras. 17-19.

[74] *Ibid.*, para. 38.

[75] *Ibid.*, paras. 21-22.

[76] *Ibid.*, paras. 23-24.

[77] *Ibid.*, paras. 25-29.

[78] *Ibid.*, paras. 46-52.

[79] *Ibid.*, paras. 53-59.

실효성을 제고하기 위하여 물 인권을 인정하고 있는 국제적 문서들을 국내법 질서에 수용할 것을 적극적으로 권유하고 있다.[80] 다른 국가의 물 인권 실현을 위한 국제 협력과 지원을 국제 의무(international obligation)라는 별도의 제목으로 묶어 강조하고 있으며,[81] 핵심적 의무 부분에서 국제적 지원으로 인해 개도국이 핵심적 의무를 이행할 수 있게 된다는 것을 다시 한 번 강조하고 있다.[82] 그러나 국제적 의무에서 사용하고 있는 조동사는 엄격한 법적 의무에 사용하는 'shall'이 아닌 도덕적 의무나 정치적 의무에 사용하는 'should'나 'have to'를 사용하여 법적인 성격의 의무는 아니라는 것을 암시하고 있다.

제4장 국내 재판에서의 물 인권

1. 개관

위에서 본 바와 같이 물 인권에 대한 국제 사회의 이러한 움직임은 국내법과 상호 작용을 일으킨다. 국내적으로 물 인권을 인정하면 이것이 그 국가의 관행으로 국제 규범의 형성을 촉진한다. 그리고 물 인권이 국제법으로 인정되면 국제법을 국내법화하는 각국의 제도에 따라 국내법적인 보호를 받는다. 그리고 물 인권이 국제법으로 인정되지 않

80_ *Ibid.*, para. 57.
81_ *Ibid.*, paras. 30-36.
82_ *Ibid.*, para. 38.

더라도, 이에 대한 국제적 논의 자체가 물 인권 보장을 위한 국내 입법의 근거가 되기도 하고, 국내법의 추상적인 규범을 해석하는 근거로 원용될 수 있다. 이러한 이론을 물 인권에 적용하면 다음과 같은 일반적인 결론에 도달할 수 있다. 물 인권이 국제 관습법으로 인정되는 인권인가의 여부가 명확하지 않으므로, 물 인권을 국제 관습법이라고 하여 국내법으로 수용하기에는 문제가 있다. 물 인권을 인정하는 국제 인권 규약은 있으므로, 이들 규약의 체약국에서는 이것을 국내적으로 보호되는 인권으로 받아들일 수는 있다. 다만 구체적인 효력은 국제법을 국내법으로 받아들이는 각국의 제도에 따라 차이가 있다. 그리고 물 인권에 관한 국제적 논의를 국내의 추상적인 규범을 해석하는 근거와 물과 관련된 입법과 정책의 근거로 활용할 수 있다.

이 중에서 아래에서 보는 국내 재판에서 물 인권을 인정한 사례들을 보면 물 인권에 관한 국제적 논의가 국내 규범의 추상적인 내용을 구체화하는 것에서 중요한 기여를 한 것을 알 수 있다. 현재 물 인권을 국내 헌법 등 국내 규범에서 명시적으로 인정하고 있는 국가는 17개국인 것으로 보고되고 있다. 그 외의 국가에서는 인권에 관한 헌법상의 다른 조항—예를 들어 생명권, 건강권, 행복 추구권 등—에서 물 인권에 관한 근거를 구할 수 있다. 이러한 국가에서 헌법의 이런 조항을 해석하는데 물 인권에 관한 국제적 논의를 이용할 수 있다.

아래의 사례들은 물 인권이 국내 재판에서 다루어진 일부 사례이다. 아직 상당수 국가의 국내 재판에서 물 인권의 문제가 다루어지지 않았다.[83] 물 인권이 국내 재판에서 다루어진 사례들을 보면 물 인권이

83_ George S. McGraw, supra note 55, pp. 189-191 참조.

라는 개념을 인정하는 것에서는 일치하지만, 그 근거와 그 내용에서는 다소 차이를 보이고 있다. 콜롬비아의 사례를 제외하고는 모두 물 인권을 인정하는 근거를 국내 헌법 조항에서 구하고 있다. 그러면서 물 인권에 관한 국제적 논의를 물 인권을 인정하는 추가적인 근거나 그 내용을 확정하는 데 이용하는 것이 대부분이다. 그러나 벨기에의 사례와 같이 물 인권에 관한 국제적인 논의를 인용하는 데 소극적인 사례도 있고, 콜롬비아의 사례와 같이 국제 인권 규약을 국내 규범으로 한 헌법 조항을 근거로 이러한 국제 문서를 직접 국내적으로 물 인권을 인정하는 근거로 이용하는 사례도 있다.

그리고 국내적으로 보장되는 물 인권의 내용에 있어, 최소한의 핵심이라는 개념을 구체적으로 언급하는 것도 있고, 최소한의 핵심과 점진적 실현을 사실상 인정하는 사례도 있다. 반면에 물 인권이라는 개념을 인정하지만, 물 인권도 다른 정책 목표와 비교 형량해야 한다고 하면서 결과적으로 물 인권을 부인한 사례도 있다.

2. 물 인권을 인정한 국내 법원의 사례

1) 벨기에

유럽 국가들은 물에 대한 기반 시설이 잘 되어 있어, 유럽 국가들의 재판에서 물 인권의 문제가 제기된 사례는 드물다. 그런데 특이하게 벨기에에서 이 문제가 다루어졌고, 특히 경제권규약위원회의 일반논평 15가 나오기 전인 1996년에 일반논평 15에서 제시한 최소한의 핵심이라는 개념과 유사한 개념을 적용한 사례가 있다.

벨기에 헌법재판소(Court d'Arbitrage)에서 내린 1996년 No. 36 판결[84]이 그것인데, 이 사건은 플랑드르 지방 정부가 개정한 음용수 보호를 규율하는 법의 개정이 헌법 위반이라고 제소한 사건이다. 개정된 법에 의하면 요금을 지불하지 않더라도 존엄한 삶을 위하여 최소한 매년 1인당 15㎥의 물을 제공하도록 하였다.[85] 이 개정법이 물의 가격을 결정하는 시의 권한을 침해한다고 베멜(Wemmel)시가 제소한 것이 이 사건이다. 재판소는 이 개정법은 지방 정부 권한 내의 적절한 행위라고 판결하였다. 그 이유로 재판소는 이 법은 음용수에 대한 개인의 권리를 보장하는데, 이 권리는 존엄하게 살 인권을 규정한 헌법 제23조에서 인정되는 권리이고, 리우환경개발회의에서 채택된 의제 21[86]에서 규정하고 있는 것이라고 하였다. 또한 다른 공공 서비스와 비교하여 물의 공급은 본질적인 인권이라고 하였다. 이 판결 당시 벨기에는 경제권규약의 체약국이었지만 이 규약은 언급하지 않고 인간의 존엄성에 관한 헌법에서 물 인권의 근거를 구하였다. 그러면서도 최소한의 물을 무조건 공급하도록 한 것은 최소한의 핵심이라는 개념의 정신과 통한다고 평가할 수 있다.

84_ Court d'Arbitrage [Constitutional Court] Apr. 1, 1998, Moniteur Belge [MB] [Official Gazette of Belgium] 1998, No. 36 (Belg.).

85_ As amended by Décret de la Communauté Flamande concernant diverses mesures d'accompagnement du budget 1997 [Decree of the Flemish Community Relating to Various Measures Accompanying the Budget of 1997] of Dec. 20, 1996, Moniteur Belge [M.B.] [Official Gazette of Belgium] Dec. 31, 1996, art. 3.1.

86_ U. N. Conference on Env't. & Dev., Rio de Janiero, Braz., June 3-14, 1992, Agenda 21, ch. 18.47, U.N. Doc. A/CONF.151/26/REV.1 (Vol. II) (June 14, 1992), available at http://www.un.org/esa/dsd/agenda21.

2) 인도

인도의 사례는 창조적인 국내 헌법 해석을 통하여 물 인권을 인정한 사례로 평가할 수 있다. 인도의 사례를 이해하기 위해서는 물과 관련된 인도의 법제를 먼저 검토해야 한다. 인도는 경제권규약의 체약국이지만 협정을 국내법으로 변형시키는 작업은 미진하였다. 따라서 2원론 국가인 인도의 입장에서는 이 규약을 국내법으로 적용할 수 없고, 물 인권에 대한 명시적 근거는 인도의 헌법에서 찾아야 한다. 인도 헌법에서는 경제적·사회적 권리에 대해 헌법의 국가정책 지침원칙(Directive Principles of State Policy, DPSP) 부분에서 규정하고 있다. 그런데 인도헌법은 국가정책 지침원칙에서 규정하고 있는 권리는 국가를 통치하는 기본 원리로서 입법과 이행 조치를 통하여 실현되어야 할 권리이고, 법원에서 직접 적용할 수 있는 권리는 아니라고 규정하고 있다.[87] 따라서 재판소가 경제적·사회적 권리에 근거해서 물 인권을 보장할 수 없었다. 인도의 재판소는 재판소에서 직접 적용할 수 있는 인권인 생명권의 일부라는 이론을 통하여 이러한 문제를 해결하였다. 그리고 물 인권을 인정하면서 그 논거로서 국제 문서를 언급한 것, 그리고 경제권규약위원회의 일반논평 15에서와 유사한 접근 방법을 취한 것도 주목할 만하다.

이러한 논리를 물 인권에 적용한 첫 번째 사례는 수감자의 물에 대한 접근권은 수감자도 향유하는 인권인 생명권에 포함된다고 한 1981년

---

[87]_ 인도 헌법 제37조. "... shall not be enforceable by any court, but the principles therein laid down are nevertheless fundamental in the governance of the country and it shall be the duty of the state to apply these principles in making laws."

의 Francis Coralie Mullin v. The Administrator, Union Territory of Delhi 사건[88]이다. 이 이론을 더욱 정교하게 한 것은 Kerala v. N. M. Thomas 사건[89]이다. 이 사건에서 인도의 최고재판소는 국가정책 지침 원칙에서 열거하고 있는 인권은 개인의 생명권 향유에 핵심적인 것과 상호 보완적이라고 하였다. Chameli Singh v. State of Uttar Pradesh 사건[90]에서는 생명권에는 음식, 물, 쉼터(shelter), 적절한 환경(decent environment), 교육, 의료 보호와 같은 경제적·사회적 권리가 포함된다는 것을 명확하게 하였다. 그리고 A. P. Pollution Control Board-II v. Prof. M. V. Nayudu 사건에서는 물 인권이 생명권에서 보장되는 권리라는 것을 확인하면서, 물 인권의 내용 확인에는 인도가 서명한 마르델플라타 행동계획(Mar del Plata Action Plan)과 같은 국제적인 기준이 길잡이가 될 수 있다고 하였다.

일반논평 15가 채택되기 이전인 1999년 우타르프라데시 주(Uttar Pradesh State)의 아라하바드 고등법원은 경제적·사회적 인권을 점진적으로 실현해야 하는 것과 즉시 이행해야 하는 최소한의 핵심을 구별하는 접근 방법과 유사한 접근 방법을 취하였다. 이 사건은 공익 소송으로서 물 체계(water system)가 부적절한 것이 해당 지역에서 물 부족 문제의 근본 원인이라고 생각하고 이 문제를 해결하기 위한 것이었다. 이러한 청구에 대하여 판결은 직접 구제 수단을 명시하지는 않고 기반 시설 문제를 해결하기 위한 최선의 방법을 고려할 위원회를 설립하도록 하였다. 그러면서 이 위원회가 준수해야 할 지침을 제시하였

88_ 2 S.C.R. 516 (1981), available at http://www.indiankanoon.org/doc/78536 참조.
89_ 2 S.C.C. 310 (1976), http://www.rishabhdara.com/sc/view.php?case=5831 참조.
90_ A.I.R. 1996 S.C. 1051 (India) 참조.

는데, 이 지침은 일반논평 15에서 취한 2원적 접근 방법과 유사한 접근 방법을 취하였다. 즉, 장기적인 해결 방법을 모색하면서, 또한 음용수에 대한 기초적 접근을 보장할 수 있는 즉각적인 시정 조치를 고려할 것을 요구하였다.

3) 인도네시아

인도네시아의 사례는 물에 관한 국내법의 모호한 내용을 해석함에 있어 물 인권에 관한 국제적 문서들을 적극적으로 반영하여 해결한 사례로 의미가 있다. 인도네시아의 물 문제를 규율하는 국내법은 2004년에 만들어진 수자원에 관한 법률[91]이다. 이 법률은 수자원이 풍족한 시기에 만들어져 수자원의 보호와 관리에 미흡한 1973년에 만든 관개에 관한 법률[92]을 대체하는 것이다. 2004년의 법률에는 수자원의 보존과 관리, 그리고 허가에 의한 개발 등에 관하여 상세하게 규정하고 있지만, 물 인권의 보장에 대해서는 모호한 언급만을 하였을 뿐이다.[93]

이러한 이유로 법률 구조 단체와 시민 단체는 이 법률이 상업적 개발을 위한 물에 대한 권리와 비교하여 물 인권을 적절하게 보호하지 않

91_ Law on Water Resources, No. 7 of 2004, *The Official Gazette of Indonesia*, 2004, No. 66.

92_ Law Concerning Irrigation, No. 11 of 1974, *The Official Gazette of Indonesia*, 1974, No. 65.

93_ 물을 이용하기 위한 물 사용권을 보장한다고 하고 있는데 이것이 일상적인 사용을 위한 물 인권을 보장하고 있는지의 여부는 불분명하다. Mohamad Mova Al'Afghani, Constitutional Court's Review and the Future of Water Law in Indonesia, 2 *L. Env. & Dev. J.* 1, 4, 2006, p. 8 참조.

는다는 근거로 위헌 소송을 제기하였다.[94] 이 사건에서 법원은 이 법률이 물 인권을 보장하도록 적절하게 해석되어야 한다는 조건하에 합헌이라는 조건부 합헌 결정으로 하였다. 물 인권이 보장되어야 하는 근거로 법원은 우선 인도네시아 헌법상의 생명권과 행복 추구권에서 물 인권이 유래한다고 하였다. 그러면서 세계보건기구 헌장, 적절한 삶을 유지할 권리에 관한 국제인권선언의 제25조, 건강권에 관한 경제권규약 제12조, 아동의 보호에 관한 협약 제24조 1항, 경제적권리위원회 일반논평 14와 15를 언급하였다. 이러한 국제 문서와 헌법 조항에 의해 국가는 물 인권을 보호할 의무를 지고 정부는 모든 개인의 일상적인 물 수요를 충족시킬 의무를 진다고 하였다.

4) 아르헨티나

아르헨티나의 사례는 아르헨티나 헌법에서 경제권규약을 포함한 11개의 국제 조약을 국내법으로 수용한 것을 명시하고 있음에도 불구하고, 경제권규약을 물 인권을 인정한 간접적인 근거로만 인용하였다는 것에서 특징적이다. 그리고 일반논평 15에서 규정한 2원적 접근 방법을 취하면서 최소한의 핵심을 명시적으로 언급하지 않았다는 것도 기억할 만하다. 아르헨티나는 물을 경제재로 취급하는 모델과 신자유주의의 영향을 받아, 물 문제를 해결하는 방법으로 상수도 사업을 민영

94_ Judicial Review of the Law No. 7 of 2004 on Water Resources, Judgment of 13th July 2005, No. 058-059-060-063/PUU- II/2004. (C.C.) (Indon.), http://www.mahkamahkonstitusi.go.id/putusan/putusan_sidang_eng_Putusan%20058-059-063%20PUU-II-2004.%20008-PUU-III-2005%20(UU%20SDA).pdf 참조.

화하였다. 그러나 이러한 민영화 조치가 물 문제 해결에는 그다지 기여하지 못하였다. 그러다가 2001년의 경제 위기로 인해 물의 공급이 중단되는 사례가 급증하였다. 이러한 상황에서 아르헨티나 법원은 물 인권을 적극적으로 해석하여 물을 이용하지 못하게 된 사례들을 구제하였다.

위에서 설명한 아르헨티나 법원이 물 인권을 국내 재판에서 인정하는 데에서 특징을 잘 보여주는 사례가 Marchisio Jose Bautista v. Ciudad de Córdoba 사건[95]이다. 이 사건은 도시 변두리의 빈민가에 사는 사람들이 공공 수도 공급에 접근할 수 없고, 대체 수원은 하수에 오염되어 있는 것이 문제된 사건이다. 이 사건의 법원은 적절한 물을 공급하지 않은 것은 물 인권을 침해하였다고 하면서, 물 인권은 아르헨티나 헌법이 보장하는 건강권에 기초하고 있다고 하였다. 또한 인권선언 제25조, 경제권규약 제11조와 12조, 그리고 일반논평 15도 물 인권의 근거로 언급하였다. 그러면서 물 인권 침해의 구제 수단으로 2원적 접근 방법을 취하였다. 즉, 정부는 이들이 공공 수도 서비스 접근을 보장할 수 있도록 적절한 조치를 시행할 것을 요구하면서, 이것이 실현될 때까지 가구당 하루에 200리터의 물을 제공하도록 하였다. 이와 같이 사실상 경제권규약위원회의 일반논평에서 채택하고 있는 최소한의 핵심이라는 개념을 인정하면서 이 용어를 명시적으로 사용하지는 않았다.

95_ Juzgado de Primera Instancia de Córdoba [1a Inst. Cba.] [Cordoba Lower Court of Ordinary Jurisdiction], 19/10/2004, "Marchisio José Bautista / acción amparo" (Arg.).

3. 물 인권 인정에 유보적인 국내 재판 사례

1) 콜롬비아

국제 인권 규약에 대한 콜롬비아 헌법의 태도는 아르헨티나 헌법과 유사하다. 콜롬비아는 경제권규약에 가입하였고 콜롬비아가 가입한 국제 규약은 헌법을 해석하는 데에 적극적으로 이용하도록 헌법에서 요구하고 있다.[96] 그리고 물 인권에 관한 국제적인 논의를 국내 재판에서 가장 적극적으로 반영하고 있다. 그러나 물의 이용에 대한 사회적 책임을 이유로 요금을 미납한 것에 대해 단수를 인정한 사례로 기억할 만하다.

물 인권이 콜롬비아 법원에 의해 공식적으로 인정된 첫 사례는 Carlos Alfonso Rojas Rodriguez 사건[97]이다. 이 사건에서 콜롬비아 헌법재판소는 물에 대한 공공 서비스는 생명권, 건강권에 관련되어 콜롬비아 헌법상 보장되는 인권이라고 하였다. 이러한 논리는 그 후의 사건에서 더욱 정교하게 정리되었다. 즉, 물 인권은 인간이 소비하는 물과 관련된 사안에서만 적용되고,[98] 물 인권은 인간의 존엄권이라는 헌

96_ Constitución Political de Colombia [C.P.] 5-7-1991, § 93.
97_ 예를 들어 Corte Constitucional (C.C.) [Constitutional Court], Sala Cuarta de Rev., noviembre 3, 1992, Expediente 1992-1848 (Carlos Alfonso Rojas Rodriguez) (Colom.), http://www.corteconstitucional.gov.co/relatoria/1992/T-578-92.htm 참조.
98_ Corte Constitucional [C.C.],. [Constitutional Court], Sala Cuarta de Rev., agosto 1, 2002, Expediente 2003-697667 (Jorge Hernan Gomez Ángel) (Colom.), available at http://www.corteconstitucional.gov.co/relatoria/2003/T-410-03.htm 참조.

법상 권리에서도 도출될 수 있다고 하였다.[99]

이와 같이 물 인권의 근거를 헌법에서 도출하다가, 그 후의 사례에서는 헌법상의 인권 외에 국제 문서를 물 인권의 근거로 인정하였다. 예를 들어 Flor Enid Jimenez de Correa v. Medellín Public Companies 사건[100]에서는 수도 요금을 낼 수 없어 수도를 단절한 것은 물 인권을 침해한다고 하면서, 경제권규약의 당사국은 적절한 수단이 없는 자에게 필요한 물을 공급할 의무를 지고 이 의무는 무료나 혹은 싼 가격에 물을 공급하는 것을 포함한다고 하였다.[101] 그러면서 경제권규약은 콜롬비아의 헌법적 구성 요소의 일부라고 하였다.[102] 또한 경제권규약의 내용을 명확하게 한 일반논평은, 콜롬비아 헌법의 구성 요소의 하나로 인정할 수 있으며, 헌법적 권리를 해석하는 데 있어 권위 있는 자료라고 하였다.[103] Carolina Murcia Otárola 사건[104]에서는 콜롬비아에서 보호되는 물 인권의 내용을 경제권규약 제11조와 12조, 이용 가능성(availability)·질(quality) 그리고 접근 가능성(accessability)에 관한 일반논평 15, 아동권리협약과 여성차별철폐협약 등을 언급하면

99_ Corte Constitucional [C.C.]. [Constitutional Court], Sala Séptima de Rev., abril 24, 2006, Expediente 2006-1266209 (Alvaro Garcia Caviedes) (Colom.), available at http://www.corteconstitucional.gov.co/relatoria/2006/T-317-06.htm 참조.

100_ Corte Constitucional [C.C.] [Constitutional Court], Sala Primera de Rev., abril 17, 2007, Expediente 2007-1426818 (Flor Enid Jiménez de Correa) (Colom.), http://www.corteconstitucional.gov.co/relatoria/2007/T-270-07.htm 참조.

101_ Ibid., para. 4.

102_ Ibid.

103_ Ibid.

104_ Corte Constitucional [C.C.] [Constitutional Court], Sala Segunda de Rev., agosto 6, 2009, Expediente 2009-2259519 (Carolina Murcia Otárola) (Colom.), available at http://www.corteconstitucional.gov.co/relatoria/2009/T-546-09.htm 참조.

서 정리하였다.[105]

이와 같이 콜롬비아는 물 인권에 관한 국제적 논의와 국제 인권 규약을 가장 적극적으로 인용하여 물 인권을 인정하였다. 그런데 특이한 것은 주택에 대한 권리와 건강권 등에는 명시적으로 언급하고 있는 일반논평의 최소한의 핵심이라는 용어를 물 인권에는 명시적으로 언급하지 않으면서, 물의 요금을 지불하지 못한 사용자에 대한 물 공급 중단을 인정하는 판례를 계속 유지하고 있다는 것이다. 그 근거로 제시하는 것이, 빈곤하다는 것이 정부의 지출에 대해 재정적 부담을 져야 한다는 사회적 책임에서 면제시켜주지는 않는다는 것을 들고 있다.[106] 물 인권의 근거로 국제적 문서를 가장 광범위하게 인용하고 물 인권의 내용으로 물의 접근 가능성(accessability)을 명시한 Carolina Murcia Otárola 사건에서도 요금 미납으로 인한 단수 가능성을 인정하였다.[107] 위에서 본 바와 같이 경제적권리위원회의 일반논평에서도 물을 무료로 제공할 것을 요구하지는 않는다. 따라서 요금 미납으로 인한 물 공급 중단이 물 인권의 부인이라고 하기는 어렵지만, 물의 접근 가능성 보장이라는 국가의 의무와 요금 미납으로 인한 단수 조치의 인정을 어떻게 조화시킬 수 있을 것인지 의문이다.

105_ *Ibid.*, para 3.1-3.4.
106_ 예를 들어 Corte Constitucional [C.C.] [Constitutional Court], Sala Tercera de Rev., agosto 1, 2002, Expediente 2002-583320 (Jairo Morales) (Colom.), http://www.corteconstitucional.gov.co/relatoria/2002/T-598-02.htm 참조.
107_ Carolina Murcia Otárola 사건, supra note 100, para. 4.

2) 남아공

남아공은 헌법에서 물 인권을 명시적으로 인정하고 있고,[108] 판결에서 경제적권리위원회의 일반논평을 많이 인용하는 면에서 보면, 물 인권을 인정하는 데 적극적이라고 볼 수 있다. 그런데 물 인권의 내용에 있어 다른 인권과의 균형을 추구한다는 합리성의 기준을 적용하여 실제로는 물 인권을 침해하는 판결을 한 예가 많은 국가이다. 인종 분리 정책의 폐지 후 집권당은 남아공의 경제 문제를 해결하기 위한 정책으로 '성장, 고용과 재분배 정책(Growth, Employment and Redistribution Policy, GERP)'을 채택하였다. '고용과 재분배 정책' 중에 물과 관련된 정책은 물의 공급을 확대하는 것을 목표로, 물 공급에 대한 요금 징수율을 제고하기 위하여 일부 지역에서 사전 납부 계량기를 설치하는 등 경제적 효율성을 강조하였다. 월 6킬로리터까지 사용하는 가구는 무료 기초 물 사용(Free Basic Water, FBW)이라고 하여 요금 납부를 면제하였는데, 그 이유는 물 인권의 보장보다는 요금 징수 비용이 6킬로리터의 물 사용료보다 높기 때문으로,[109] 경제적 효율성을 고려한 조치이다. 이와 같이 '고용과 재분배 정책'에는 물 인권에 관한 내용이 없었는데, 이 문제는 동시에 입법된 물 공급법(Water Service Act)에서 규율하였다. 이 법률에서는 모든 사람은 기본적인 물 공급에 대한 접

108_ 남아공 헌법, § 27(1)(b) and (2) ("(1) Everyone has the right to have access to... (b) sufficient food and water... (c)(2) The state must take reasonable legislative and other measures, within its available resources, to achieve the progressive realization of each of these rights.").

109_ Peter Bond & Jackie Dugard, Water, Human Rights and Social Conflict: South African Experiences, 2008 L. Soc. Just. & Global Dev. J. 3, 3, Feb. 11, 2008, p. 8.

근권을 가지며, 요금의 미납으로 인하여 기본적인 물 공급에 대한 접근이 박탈되지 않도록 하는 국가 정책을 요구하고 있다.

이러한 상반된 법률 하에서 물 공급 차단에 대한 구제를 구하는 소송이 적지 않았다. 이 문제를 처리하는 데서 남아공 재판소는 물 인권과 다른 인권 간의 균형을 중시하는 합리성(reasonableness)이라는 기준을 적용하였다. 그 결과 물에 대한 접근을 제한하는 것이 여러 가지를 고려하여 합리적이면 인정하는 입장을 취하였다. 무료로 물을 공급할 것까지는 요구하지 않는 최소한의 핵심이라는 기준과 합리성이라는 기준을 적용하면 상당한 경우에 동일한 결론에 도달할 수 있다. 그러나 합리성의 기준을 적용하면 극단적으로 물이 필요한 사람에게 물이 공급되는 것을 보장하지 않더라도, 여러 가지 상황을 고려하여 합리적이면 인정된다는 면에서 '최소한 핵심'의 기준과 차이가 있다.

합리성의 기준을 적용하더라도 물 인권 보장에 큰 차이가 없는 것처럼 보이는 사례로 Grootboom 사건이 있다.[110] 이 사건은 그들의 판자촌 마을에서 강제적으로 추방되게 된 가난한 흑인들과 관련하여 발생한 사건이다. 이 사건은 집에 대한 권리가 주로 문제되었으나, 집에서 추방되어 물에 대한 접근도 차단될 수 있어 물 인권의 문제도 같이 제기되었다. 물 인권을 포함한 경제적·사회적 권리에 적용되는 기준에 대해 "계획과 시행에 있어 균형, 유연성, 단기·중기·장기적 필요에 대한 관심의 요소들을 포함한 합리적인 방법으로 일관된 계획을 가지고 점진적으로 이행할 것을 국가에 요구하는 것"이라고 하였다. 그리고 이 의무는 국가가 좀 더 바람직하고 유리한 조치를 취할 수 있지 않았는

---

[110]_ South Africa v. Grootboom 2000 BCLR 1169 (CC) (S. Afr.), http://www.constitutionalcourt.org.za/Archimages/2798.pdf 참조.

가의 여부를 사후에 평가하도록 요구하는 것이 아니라, 국가에게 넓은 재량을 인정하는 것이라고 하였다.[111] 그런데 이 기준을 적용하더라도 문제가 된 조치는 절실하게 필요한 상황에 놓여있는 사람들에게 원조를 제공하지 않기 때문에 인권을 침해한 것이라고 하였다.[112]

그런데 이 기준을 복잡하고 미묘한 상황에 적용하면 다른 결과가 될 수 있다. 그러한 예로 Lindiwe Mazibuko 사건에서의 고등법원[113]과 헌법재판소의 판결[114]이 있다. 이 사건은 인종 분리 정책을 취하던 시기에 건설된 요하네스버그 변두리 빈민가에 거주하던 5명의 주민이 무상 기초 물 사용 정책에 따라 그 전에는 사실상 무료로 무제한적으로 사용하던 물의 양이 기본적 수요에도 충족할 수 없을 정도로 줄어 물 인권을 침해했다는 것과, 사전 납부 계량기의 설치 정책이 물공급법 (Water Service Act)을 위반하고 이 정책이 불공정하고 차별적으로 시행된다는 것을 문제 삼은 사건이다.

고등법원은 여러 가지 국제 문서를 인용하면서 1인당 하루 50리터의 물은 보장되어야 하는데, 가구의 구성원 수에 따라서는 무상 기초 물 사용 정책이 인정하는 무료 사용량으로써는 이것을 충족할 수 없다는 것을 지적하였다. 그러면서 정보가 부족한 경우에는 할 수 없지만, 정보가 제공된 경우에는 최소한의 핵심을 계산하여 적용해야 한다고 하

111_ *Ibid.*, paras. 41-43.
112_ *Ibid.*, para. 66.
113_ Mazibuko v. Johannesburg Case No. 06/13865 (2008) (HC, Wit.) (S. Afr.), http:// www.iatp.org/tradeobservatory/library.cfm?refID=102539 참조.
114_ Mazibuko v. City of Johannesburg, 2010 BCLR 239 (CC) (S. Afr.), http://www.saflii.org/za/cases/ZACC/2009/28.html 참조.

였다.[115] 사전 납부 계량기 설치의 문제와 관련하여서도 물 공급 중단과 관련된 국제 문서와 비교하여 분석하면서, 이 제도는 1) 재정적 문제에 대해 설명할 수 있는 기회를 제공하는 합리적인 경고 없이 물 공급을 차단하고, 2) 불공정하게 시행되었고, 3) 흑인 거주 지역과 비교하여 백인 거주 지역에는 공급 중단을 피할 수 있는 기회를 더 많이 제공하였다는 이유로 물 인권을 침해하였다고 판시했다.[116]

그런데 헌법재판소는 고등법원의 판결을 파기하였다. 파기의 핵심적인 이유는 일부 물 인권을 침해하는 결과가 있더라도 여러 가지 정황에 비추어 합리적이면 물 인권에 위반되지 않는다는 것이었다. 즉, 충분한 물에 접근할 수 있는 권리는 모든 사람에게 충분한 물을 공급하도록 국가에 요구하는 것이 아니고, 이용할 수 있는 자원의 한도 내에서 충분한 물에 접근하는 권리를 실현하기 위하여 합리적인 입법적 조치 등을 취하도록 요구하는 것이라고 하였다.[117] 논점 중의 하나인 무료 기초 물 공급(FBW) 정책에 대해서는 다음과 같은 이유로 합법적이라고 하였다. 즉, 가구원이 많은 가구를 기준으로 삼으면 가구원이 적은 가구에 너무 많은 물을 무료로 이용할 수 있게 하여 불공정하다는 것과, 가구원 수에 따라 개별적으로 정하는 것은 행정적 부담이 크다는 것이다.[118] 사전 납부 계량기 설치가 물에 대한 접근권을 침해한다는 문제에 대해서는, 이것은 물 공급망에서의 차단이 아니라 일

115_ Mazibuko v. City of Johannesburg, supra note 113, para. 131.
116_ *Ibid.*, paras. 131-133.
117_ Mazibuko v. City of Johannesburg, supra note 114, para. 50.
118_ *Ibid.*, paras. 88-89.

시적인 공급 중단으로 보아야 한다고 하였다.[119] 이 제도가 불공정하고 차별적으로 시행되었다는 지적에 대해서는 (이해하기 어렵지만)[120] 이 제도가 모든 흑인 거주 지역에 시행되지는 않았으므로 차별이 아니라고 하였다.[121]

제5장 결론

 많은 사람들이 생존에 필요한 물을 이용하지 못하고 있고, 물은 생존에 필수적이므로, 물을 이용할 수 있는 권리를 인권으로 보장해야 한다는 주장은 강력한 도덕적 호소력을 지닌다. 이러한 배경 아래 물 인권에 대한 국제적 논의는 여러 분야에서 활발하게 진행되었다. 그러나 모든 사람에게 그 처해 있는 상황에 관계없이 물 인권을 보장해야 한다는 일반적인 국제 규범이 존재하는가의 여부는 아직은 다소 유보적인 면이 있다. 물을 명시적으로 언급하고 있는 인권 협약은 특수한 상황에 처해 있거나 한정된 집단을 대상으로 하는 것이다. 일반적으로 적용되는 유엔 인권 규약들은 이들 규약에서 규정하고 있는 다른 인권에서 도출되는 인권으로 물 인권을 인정할 수 있다. 물 인권을 언급한 많은 국제 회의의 결의나 선언이 있었지만, 이러한 결의나 선언에 대한

119_ *Ibid.*, para. 120.
120_ 모든 흑인들이 불공정하고 차별 대우를 받아야 물 인권이 침해된다는 논리인데, 차별 금지는 한 사람이 차별을 받아도 안 되는 절대적 권리라는 것에 비추어 이해하기 어렵다.
121_ Mazibuko v. City of Johannesburg, supra note 114, paras. 155-157.

일부 국가들의 유보적인 태도로 인해, 이러한 결의나 선언이 국제적인 공감대를 형성하는 수준까지는 도달하지 못하였다. 그리고 물에 대한 접근을 보장한다는 개념도 다양한 용어로 표현되고 있으며 그 내용도 상당한 수준의 차이를 보이고 있다. 따라서 물 인권은 아직 성숙된 형태의 국제 관습 규범이라고 하기는 어렵고 그 내용이 명확해지기 위해서는 많은 논의 과정을 거쳐야 할 것이다.

국제 규범으로서 물 인권의 개념이 완전히 성숙되지는 않았지만, 위에서 본 국내 재판소에서 물 인권을 인정한 사례에서 보는 바와 같이 국내 재판소에서는 국내법에 근거해서 물 인권을 인정할 수 있다. 국내법에 근거해서 물 인권을 인정함에 있어, 물 인권은 국제 규범으로서의 제한적인 성격에도 불구하고 상당한 기여를 할 수 있다. 물 인권의 근거가 되는 국내 헌법 규정의 추상적 내용을 구체화하는 데 국제적인 논의가 기여할 수 있기 때문이다. 물 인권에 대한 국제적인 논의와 국내 재판소에서 이를 반영하는 상호 작용을 통해 물 인권의 내용이 더욱 명확해지고, 물 인권의 규범적 성격이 좀 더 강화될 것이다.

참고 문헌

논문

A. Hardberger, "Life, Liberty, and the Pursuit of Water: Evaluating Water as a Human Right and the Duties and Obligation It Create", 4 *NW. U. J. Int'l Hum. Rts.* 331, 2005.

Barton H. Thompson Jr., "Water as a Public Commodity", 95 *Marg. L. Rev.* 17, 2011.

E. Bluemel, "The Implication of Formulating a Human Rights to Water", 32 *Ecology Las Quarterly* 963, 2004.

L. Bento, "Searching for International Green Solution: The Relevance of the Public Trust Doctrine to Environmental Preservation", 11 *Common L. Review* 12, 2009.

L. Sax, "The Public Trust Doctrine in Natural Resources Law", 68 *Mich. L. Rev.* 471, 1970.

Thorsten Kiefer & Catherine Brölmann, "Beyond State Sovereignty: The Human Right to Water", 5 *Non-St. Actors & Int'l L.* 183, 2005.

George S. McGraw, "Defining and Defending the Right to Water and Its Minimum Core: Legal Construction and the Role of National Jurisprudence", 8 *Loy. U. Chi. Int'l L. Rev.* 127, 2011.

S. Scheuring, "Is There a Right to Water in International Law?", 15 *UCL Juris. Rev.* 147, 2009.

B. Pardy, "The Dark Irony of International Water Rights", 28 *Pace Envtl. L. Rev.* 907, 2011.

Mohamad Mova Al'Afghani, "Constitutional Court's Review and the Future of Water Law in Indonesia", 2 *L. Env. & Dev. J.* 1., 2006.

Peter Bond & Jackie Dugard, "Water, Human Rights and Social Conflict: South African Experiences", 3 *L. Soc. Just. & Global Dev. J.* 3., Feb. 11, 2008.

국제 문서

Human Rights Committee, General Comment No. 6: The Right to Life, July 12-30, 1982, U.N. GAOR, 37th Sess., Supp. No. 40, A/37/40, P 5, July 30, 1982.

Human Rights Committee, Third Periodic Report of States Parties due in 2007- Israel, U.N. Doc., CCPR/C/ISR/3, Nov. 21, 2008.

International Conference on Water and the Environment, Dublin, Ir., Jan. 26-31, 1992, The Dublin Statement on Water and Sustainable Development.

United Nations International Conference on Population and Development, Sept. 5-13, 1994, Programme of Action of the International Conference on Population and Development.

U.N. Water Conference, Mar del Plata, Mar. 14-25, 1977, Rep. of the U.N. Water Conference, (II)(a), U.N. Doc. E/CONF.70/29.

WHO, The Global Water Supply and Sanitation Assessment 2000,

Geneva, 2000.

Agenda 21 of U. N. Conference on Env't. & Dev., June 3-14, 1992, ch. 18.47, U.N. Doc. A/CONF.151/26/REV.1 (Vol. II).

The Right to Development, G.A. Res. 54/175, U.N. Doc. A/RES/54/175, Dec. 17, 1999.

The Millennium Declaration, G.A. Res. 55/2, U.N. Doc. A/RES/55/2, Sept. 18, 2000.

Committee on Economic, Social and Cultural Rights, General Comment 15: The Right to Water, 20 Jan. 2003, UN/Doc E/C.12/2002/11.

U.N. Sub-Commission on the Promotion and Protection of Human Rights Draft Guidelines for the Realization of the Right to Drinking Water and Sanitation, U.N. Sub-Commission on the Promotion and Protection of Human Rights, U.N. Doc. E/CN.4/Sub.2/2005/25, July 11, 2005.

U.N. Sub-Commission on the Promotion and Protection of Human Rights Res. 2006/10, Promotion of the Realization of the Right to Drinking Water and Sanitation, 58th Sess., Aug. 7-25, 2006, U.N. Doc. A/HRC/2/2-A/HRC/Sub.1/58/36, PP 29-30, Sept. 11, 2006.

U.N. High Commissioner for Human Rights, Report of the U.N. High Commissioner for Human Rights on the Scope and Content of the Relevant Human Rights Obligations Related to Equitable Access to Safe Drinking Water and Sanitation under Int'l Human Rights Instruments, Human Rights Council, U.N. Doc. A/HRC/6/3, Aug.

16, 2007.

Human Rights Council Res. 7/22, Human Rights and Access to Safe Drinking Water and Sanitation, 7th Sess., Mar. 3-28, 2008, U.N. GAOR, 63d Sess., Supp. No. 53, A/63/53, at 136, Mar. 28, 2008.

Independent Expert on the Issue of Human Rights Obligations Related to Access to Safe Drinking Water and Sanitation, Promotion and Protection of all Human Rights, Civil, Political, Economic, Social and Cultural Rights, Including the Right to Development, Human Rights Council, U.N. Doc. A/HRC/10/6, Feb. 25, 2009.

The Human Right to Water and Sanitation, G.A. Res. 64/291, U.N. Doc. A/RES.64/292, July 29, 2010.

Human Rights Council, Human Rights and Access to Safe Drinking Water and Sanitation, U.N. Doc. A/HRC/15/L.14, Sept. 24, 2010.

Office of the High Commissioner for Human Rights, UN Expert Welcomes Recognition as a Human Right of Access to Safe and Clean Drinking Water and Sanitation, July 30, 2010.

U.N. Conference on Env't. & Dev., Rio de Janiero, Braz., June 3-14, 1992, Agenda 21, ch. 18.47, U.N. Doc. A/CONF.151/26/REV.1 (Vol. II), June 14, 1992.

입법례

Constitution of India Art. 37.

Law on Water Resources, No. 7 of 2004, *The Official Gazette of*

Indonesia, 2004, No. 66.

Law Concerning Irrigation, No. 11 of 1974, *The Official Gazette of Indonesia*, 1974, No. 65.

Constitución Political de Colombia [C.P.] 5-7-1991, § 93.

Constitution of the Republic of South Africa §27.

판례

Court d'Arbitrage [Constitutional Court] Apr. 1, 1998, Moniteur Belge [MB] [Official Gazette of Belgium] 1998, No. 36 (Belg.).

Judicial Review of the Law No. 7 of 2004 on Water Resources, Judgment of 13th July 2005, No. 058-059-060-063/PUU- II/2004. (C.C.) (Indon.).

Juzgado de Primera Instancia de Córdoba [1a Inst. Cba.] [Cordoba Lower Court of Ordinary Jurisdiction], 19/10/2004, "Marchisio José Bautista / acción amparo" (Arg.).

Corte Constitucional (C.C.) [Constitutional Court], Sala Cuarta de Rev., noviembre 3, 1992, Expediente 1992-1848 (Carlos Alfonso Rojas Rodriguez) (Colom.).

Corte Constitucional [C.C.],. [Constitutional Court], Sala Cuarta de Rev., agosto 1, 2002, Expediente 2003-697667 (Jorge Hernan Gomez Ángel) (Colom.).

Corte Constitucional [C.C.]. [Constitutional Court], Sala Séptima de Rev., abril 24, 2006, Expediente 2006-1266209 (Alvaro Garcia

Caviedes) (Colom.).

Corte Constitucional [C.C.] [Constitutional Court], Sala Primera de Rev., abril 17, 2007, Expediente 2007-1426818 (Flor Enid Jiménez de Correa) (Colom.), available at http://www.corteconstitucional.gov.co/relatoria /2007/T-270-07.htm.

Corte Constitucional [C.C.] [Constitutional Court], Sala Segunda de Rev., agosto 6, 2009, Expediente 2009-2259519 (Carolina Murcia Otárola) (Colom.), available at http://www.corteconstitucional.gov.co/relatoria/2009/T-546-09.htm.

Corte Constitucional [C.C.] [Constitutional Court], Sala Tercera de Rev., agosto 1, 2002, Expediente 2002-583320 (Jairo Morales) (Colom.).

South Africa v. Grootboom 2000 BCLR 1169 (CC) (S. Afr.).

Mazibuko v. Johannesburg Case No. 06/13865 (2008) (HC, Wit.) (S. Afr.).

Mazibuko v. City of Johannesburg, 2010 BCLR 239 (CC) (S. Afr.).

04.
물 인권의 국제적 동향과 미래 방향

김정인

제1장 서론
1. 물 문제의 대두
2. 국제 자연재해의 유형과 물 부족
3. 국내 자연재해의 유형과 물 부족

제2장 물 인권의 필요성
1. 물 인권의 정의
2. 물 인권의 필요성

제3장 물 인권의 국제적 정책 동향
1. 유럽
2. 아프리카
3. 남미
4. 아펙(APEC) 국가 및 기타

제4장 결론

제1장 서론

1. 물 문제의 대두

유엔은 세계 인구의 약 80%가 수자원 안보(water security)나 물과 관련된 생물 다양성 위험에 직면하게 될 것으로 전망하고 있다. 수자원 안보는 인간과 생태계에서 물 관련 위험의 허용 수준으로 정의되며, 생태계와 국가 안보 및 인간 건강을 지탱하는 충분한 양과 질의 수자원 확보 및 생태계 서비스와 결부된다. 그러므로 미래에는 수자원의 충분한 공급과 이에 따른 물 인권이 가장 중요한 문제가 된다. 그러면 이렇게 수자원 공급 또는 물 인권이 중요한 문제로 대두되는 이유는 무엇인가?

첫 번째는 기후 변화 문제 때문이다. 이미 기후 변화로 인하여 생물의 다양성 감소를 비롯한 여러 가지 피해가 발생하고 있다. 그 예로 기후 변화와 부영양화로 생태계가 위협당하여 자연 환경 서비스의 기능이 과거에 비해 60%가 악화되고 있으며 이런 결과 2008년 기준으로 무려 785종이 멸종되었다. 자연 발생적 손실률보다 적게는 백 배에서 많게는 천 배까지 멸종 속도가 빠르게 진행되고 있다. 또한 전체의 종 중에서 물고기의 감소는 산호 감소가 직접적인 원인으로 지목되고 있다. 이뿐만 아니라 개도국 어린이 중 약 25%가 저체중 및 장기 영양 결핍을 겪고 있다.

이런 심각성 때문에 유엔 산하 생물다양성과학기구(IPBES)가 공식 설립되었다. 전 세계 193개국이 참가해 생물다양성과학기구를 설립한 이유는 지구에 살고 있는 생물의 종류가 갈수록 감소하고 있기 때문이다. 현재 지구상의 전체 생물 종은 약 1천4백만 종으로 추정되고 있다. 이 중 175만 종(13%)만이 인간에게 발견되었다. 세계자연보전연맹(IUCN)에 따르면, 이 중 1만5천 종의 동식물이 멸종 위기에 처해 있다. 현재와 같은 멸종 속도가 지속될 경우 2050년경에는 지구상 생물 중 4분의 1이 사라질 것으로 예측하고 있다.

생물다양성과학기구와 유엔환경계획(UNEP) 보고서에 따르면, 1992년부터 2012년까지 지구 육지의 30%를 덮고 있는 숲이 1990년 이후 3억ha(3백만km^2)가 사라졌다. 아르헨티나 면적(2,766,890km^2) 보다 큰 숲이 20년 만에 없어진 셈이다. 단지 10% 정도의 숲만이 훼손 없이 안정적으로 유지되고 있는 것으로 조사됐다.

전 세계 바닷물 산성도(pH)의 평균값은 중성인 7-8.06(2007년 기준)으로 악화됐다. 이 수치에서는 바닷물이 대기 중 이산화탄소를 흡수해 탄산이 증가하고 산성화가 가속화된다. 산성화가 심해지면 산호류, 갑각류, 연체동물 등 탄산칼슘을 가진 생물의 갑각과 외피가 만들어지지 않고 용해된다. 물고기 산란 등에도 악영향을 미쳐 해양 생물의 멸종을 초래한다. 이런 결과 매년 52종의 동물이 멸종 위기에 놓이고 있다. 고갈 위험에 처한 물고기의 비율은 전체 물고기의 13%(2008년 기준)나 됐다.[1]

우리나라의 사정도 이와 다르지 않다. 국내 자생 생물 종은 10만 종

1_ 전 세계의 지구생존지수(Living Planet Index: 2500종 이상의 동물을 모니터링하는 해양 생태계 건강성 분석)는 1992년 이후 12%나 감소했다. 특히 열대 지역 지구생존지수는 30%나 줄었다. 반면에 최근 20년간 세계 인구는 14억5천만 명이나 증가했다.

가운데 3만8천 종(2011년 기준)이 발굴됐지만 토종여우는 2004년 3월에 멸종된 것으로 추정된다. 호랑이 역시 공식 멸종 선언을 앞두고 있다. 2005년 221종이던 멸종 위기 동식물은 2011년 말 225종으로 증가했다.

두 번째는 도시 인구의 급증이다. 유엔의 《세계 인구 전망: 2008》에 따르면, 도시 인구는 지속적으로 증가하여 2007년을 기점으로 도시와 시골의 인구비가 거의 같아졌으며, 2050년에는 그 비율이 70% 대 30%로 역전되어 과거와 달리 도시 인구가 훨씬 많아질 것으로 전망하고 있다. 도시화가 급속도로 진행되면서 서울과 같은 대도시는 물난리에 취약한 구조를 갖게 되었다. 2005년 9월 사상 최악의 물난리를 겪은 미국 뉴올리언스는 시속 205㎞의 초고속 강풍을 동반한 허리케인 카트리나로 인해 1천8백여 명의 인명 피해와 수백억 달러의 경제적 손실을 입었으며, 인구 천만 명이 넘는 태국의 방콕 시는 집중 호우로 인한 침수로 막대한 인명 피해와 경제적 타격을 입었다.

<그림 1> 전 세계 도시와 지방의 상수도 보급률 차이

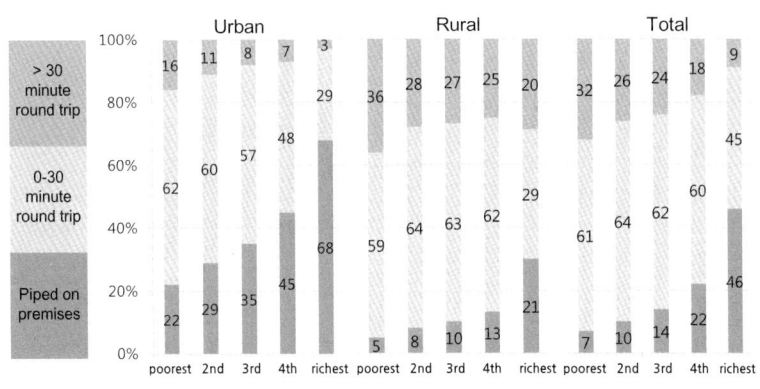

자료: UNICE, WHO, "Drinking Water Equity, Safety and Sustainability", 2011.

국제 사회는 세계 인구의 물 확보에 꾸준히 노력을 기울이고 있다. 1990-2008년 동안 전 세계 인구의 음용수 이용 접근율이 77%에서 87%로 증가했고, 18억 인구가 새천년개발목표(Millennium Development Goals, MDGs)가 설정한 음용수 접근율에서 89%의 목표를 달성했다. 그러나 개도국에서는 1990-2008년 동안 음용수 이용 불가율이 29%에서 16%로 하락했다.[2] 현재 속도로 진행될 경우 2015년까지 음용수 이용이 불가능한 인구가 6억7천2백만 명 수준으로 줄어들 것으로 보인다. 특히 아프리카 국가들의 물 부족은 심각할 것으로 전망하고 있다.

<그림 2> 음용수 접근율의 전 세계 분포도

자료: UNICE, WHO, "Drinking Water Equity, Safety and Sustainability", 2011.

세 번째는 과도한 식습관에 따른 물 소비량이다. 1인당 물 소비량을 보면 미국은 연간 2천840 톤인 반면에 인도는 1천4백 톤 정도를 소비

2_ "Drinking Water Equity, Safety and Sustainability", UNICEF와 WHO 2011년 보고서, 2012.

하는 것으로 나타나는데, 이러한 차이는 국민들의 식생활 습관에 따른 것이 크다. 즉 미국인들은 가장 물 소비가 많은 육류를 주식으로 하는데 비하여, 인도는 육류 소비가 상대적으로 적은 식생활 습관을 갖고 있기 때문인 것으로 해석하고 있다.

네덜란드 트벤테(Twente) 대학 보고서에 의하면 지구에서 연간 90억 톤의 물 소비가 이루어지고 있으며, 국가별로는 중국이 12.0억 톤, 인도가 11.8억 톤, 미국이 10.5억 톤을 소비하여 수위를 차지하고 있고, 그 뒤를 러시아, 인도네시아, 파키스탄, 멕시코, 일본 등이 잇고 있다.

유네스코 물교육연구소(UNESCO-IHE)와 네덜란드 트벤테 대학 연구팀이 발표한 《2007 국가별 물 발자국 조사》에 따르면, 우리나라 국민 1인이 1년 동안 직·간접으로 소비하는 물의 양을 모두 합치면 국제 규격 수영장의 절반을 채울 분량인 것으로 밝혀졌다. 또 우리나라는 곡물 등의 형태로 수입하는 물의 소비량이 세계에서 다섯 번째로 많은 것으로 나타났다.[3]

물 소비는 직접 물을 쓰는 양보다 다른 과정을 통한 간접 소비량이 많다. 특히 육류와 곡물을 생산하는 데 물이 많이 들고 공업 제품을 만드는 데도 물이 필요하다. 전체 물 소비량의 80%는 식품과 농산물에 들어간다. 재배할 때 증발량이 많은 벼는 물을 많이 필요로 하여 전 세계 농작물 물 소비량의 21%를 차지한다.

3_ '물 발자국'이란 유네스코 물교육연구소의 아르옌 획스트라가 2002년 물 사용 지표로 제시한 개념으로, 한 인구 집단이나 개인이 소비하는 재화와 서비스를 생산하는 데 드는 물의 총량을 가리키고 있다. 소비를 충당하는 데 필요한 땅의 넓이를 나타내는 '생태 발자국' 개념에서 따온 것이다.

발전 및 제품 생산 시 물 소비량은, 1MWh의 전기를 생산시 석탄은 약 2㎥이고 원자력은 2.5㎥이며 석유는 4㎥이다. 캐나다의 타르모래에서 추출한 석유는 20-45㎥의 물을 소비한다(UNESCO, 2009). 평균적으로 미국의 가정은 연간 21,600갤런의 물을 잔디를 가꾸는 것에 사용한다.

<표 1> 제품 생산 시 물 소비량

생산활동	필요한 물(단위: 갤런)
감자 1파운드 생산	65
밀 1파운드 생산	150
쌀 1파운드 생산	300
설탕 1파운드 생산	400
치즈 1파운드 생산	650
소고기 1파운드 생산	800
우유 1쿼트 생산	1,000
옥수수 1부셸 생산	1,750
맥주 1배럴 생산	1,500
커피 1파운드 생산	2,650
철 1톤 생산	62,600

자료: John Rubino, Clean Money, WILEY, 2009.

네 번째는 개도국들을 지원하는 공적 개발 원조(ODA)의 수자원 관련 지원이 감소한 것이다. 공적 개발 원조의 규모는 2000-2008년 동안 26억 달러에서 43억 달러로 증가하였다(WHO, 2010). 그러나 깨끗한 음용수 이용을 위한 원조는 동 기간 동안 27%에서 16%로 하락(2003-2008년)한 것으로 나타났다. 이러한 공적 개발 원조는 전반적인 사회 기반 조성 분야에서는 많이 개선되어 왔으나, 전 세계 인구의 84%를 차지하는 지방 거주자의 깨끗한 음용수에 대한 접근성은 아직도 보장되지 않고 있다.

<그림 3> 공적 개발 원조의 분야별 지원 추이(1998-2008)

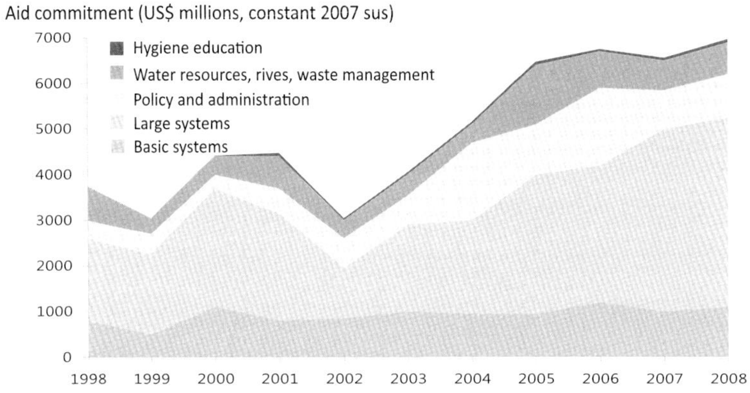

자료: UNICE, WHO, "Drinking Water Equity, Safety and Sustainability", 2011.

수자원 확보가 가장 취약한 지역으로는 아프리카, 동남아시아를 꼽을 수 있으며, 이 지역의 국가들에서는 광역 상수도 체계 확보가 시급하다. 아프리카 지방 거주민 중 5가구당 1가구 꼴로 물 공급에 소요되는 시간이 30분 이상 걸리며, 50% 이상은 위생 처리가 안 된 물을 음용수로 사용하고 있는 실정이다. 따라서 인류 보편적인 권리로서 물에 대한 접근성을 체계적으로 개선해야 할 필요가 있다.

<표 2> 2010년 자연재해 통계

	2010	2009	최근 10년간 평균 (2000-2009)	최근 30년간 평균 (1980-2009)
재해 발생 수	950	900	785	615
총손실액 (US$ Mill)	130,000	60,000	110,000	95,000
보험 처리액 (US$M)	37,000	22,000	35,000	23,000
사망자 수	295,000	11,000	77,000	66,000

자료: Munich Re, press release, 2011. 1. 3.

다섯 번째는 기상 재난으로 인한 피해도 물 공급의 부족을 가져 온다는 것이다. 세계적으로 유명한 독일 뮌헨재보험(Munich Re)의 지리위험연구실에 따르면 2010년의 재해 발생 수는 950건으로 2009년의 900건에 비해 50건이 더 늘었다고 하였다.

<그림 4> 2011년 주요 이상 기후 발생 및 피해 상황

자료: 《2011년 이상기후 특별보고서》.

04. 물 인권의 국제적 동향과 미래 방향 173

이로 인한 사상자는 2010년에 29만5천 명에 달하며 총 경제적 손실액은 천3백억 달러로, 2009년보다 상당히 증가한 것으로 조사되었다.

기후 변화에 따른 이상 기후 현상이 빈번히 일어나면서 세계 주요 곡창 지대의 수확량도 감소하였다. 이에 국제 곡물 가격 변동성이 확대되었고, 식량 안보는 그 중요성이 더해지고 있다. 2008년 세계 주요 곡창 지대의 흉년으로 대두의 가격은 톤당 533달러로 평년 대비 약 50%의 급등세를 보였다. 소맥의 경우에는 톤당 403달러로 평년 대비 약 100% 이상의 급등세를 보였다. 2012년에는 미국과 중국의 가뭄이 극심하여 2013년에는 곡물 가격의 상승이 불가피할 것이다.

<그림 5> 기상재해로 곡물 생산 감소에 따른 국제 곡물 가격 폭등

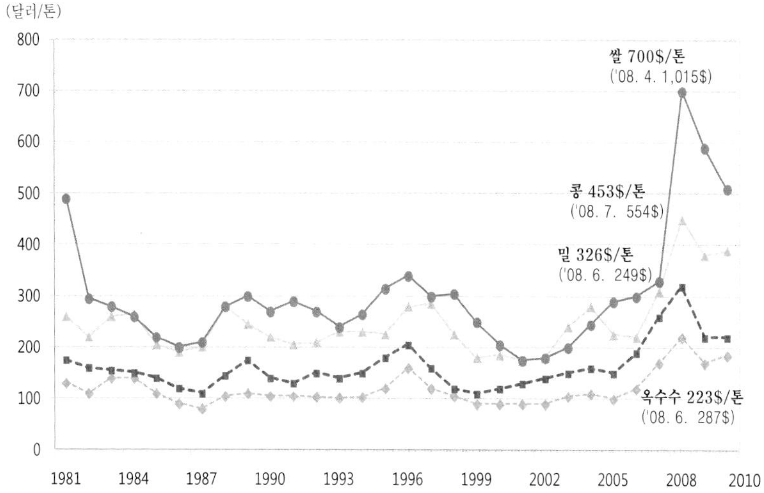

자료: 농촌경제연구원, 뉴스레터, 2011.

2. 국제 자연재해의 유형과 물 부족

독일의 유명 보험회사인 뮌헨재보험(Munich Re Group)의 2011년 보고서에 따르면, 2010년 세계에서 발생한 자연재해로 사망한 사람이 약 29만5천 명에 이른다고 한다. 에티오피아 식량 위기 등으로 약 30만 명이 사망했던 1983년 이후 두 번째로 많은 사람이 죽은 것이다. 2010년에는 아이티, 칠레, 중국의 지진, 파키스탄의 홍수, 러시아의 폭염 등 많은 자연재해가 발생했다. 그 중 아이티 지진으로 22만 명 이상이 사망했다. 2010년 한 해 자연재해로 인한 경제적 손실은 약 1천3백억 달러로 2009년의 약 5백억 달러에 비해 큰 폭으로 상승했다.

2011년 태국에서는 라니냐의 영향을 받은 강한 몬순과 열대성 사이클론의 영향으로 7월부터 10월까지 폭우가 쏟아졌다. 이 재해는 태국 역사상 피해액이 가장 컸던 자연재해로, 657명의 사망자가 발생했고, 피해 규모는 약 450억 달러(약 50조 원)로 추산되고 있다. 이는 태국 GDP의 18%에 육박하는 수치이다.

호주 퀸즐랜드 홍수는 호주 관측 사상 최대의 폭우였으며 피해액도 가장 컸다. 이는 이례적으로 높은 바다 수온과 라니냐의 영향에 따른 것으로서, 2010년 12월부터 2011년 1월에 걸쳐 폭우가 쏟아져 300억 달러 규모의 피해와 35명의 사상자를 냈다. 이는 호주 GDP의 3.2%에 해당되고, 1981년의 가뭄 피해액인 60억 달러의 5배에 달하는 규모이다.

2011년 한 해 동안 10억 달러(약 1.1조 원) 이상의 피해를 입힌 기상재해는 모두 32건이 발생했다. 특히 태국, 호주, 콜롬비아, 스리랑카, 캄

보디아 등은 엄청난 대가를 치렀던 국가에 속한다. 하지만 이들 국가들만이 아니다. 작년 1월 브라질에서 발생한 홍수로 주민 902명이 숨졌다. 이는 홍수 피해로는 브라질 사상 최대 규모이다. 지난해 12월 동남아시아를 강타한 열대성 폭풍 와시의 직격탄을 맞은 필리핀에서는 무려 1천2백 명의 주민들이 목숨을 잃어야 했다.

<표 3> 2011년 피해액 10억 달러 이상을 기록한 기상재해 순위

지역	시기	사건	피해규모	지역	시기	사건	피해규모
태국	6.25~11.30	홍수	450억	파키스탄	8.12~9.30	홍수	20억
호주	1.1~2.28	홍수	300억	호주	2.3	열대성 사이클론	18억
미국	4.25~4.28	'슈퍼' 토네이도 발생	102억	필리핀, 중국	9.27~9.30	태풍	17억
미국, 멕시코	1.1~12.31	미국 남부 가뭄	100억 이상	미국	6.16~6.22	토네이도, 초강력 뇌우	15억
미국	5.21~5.27	토네이도 발생	91억	일본	9.21~9.22	태풍	12억
미국, 바하마	8.25~8.28	허리케인 발생	73억	이탈리아, 프랑스	11.3~11.7	홍수	12억
중국	6.1~6.24	홍수	67억	브라질	1.11	단기 홍수	12억
콜롬비아	4.1~5.31	홍수	58억	미국	4.19~4.21	토네이도, 초강력 뇌우	12억
중국	9.1~9.22	홍수	42억	미국	7.10~7.14	토네이도, 초강력 뇌우	12억
미국	4.1~6.31	미시시피 강 범람	40억	중국	1.1~1.20	겨울 날씨	12억
미국	1.31~2.2	눈보라	20억	덴마크	7.2~7.3	홍수	10억

자료 1: Climate Progress, Top 10 Global Weather Events of 2011, 2012.
자료 2: 기후변화행동연구소, 2012.

위의 <표 3>에 나타낸 기상재해 피해 규모 순위는 재해의 사회적 영향과 중요성에 근거해 정한 것이다.[4]

3. 국내 자연재해의 유형과 물 부족

연도별 재해 발생 현황 및 과거 대규모 피해 현황은 아래 <표 4>와 같다. 2001년부터 2010년까지의 이재민 발생을 살펴보면, 2010년에 최대치를 기록하고 있다. 지난 2002년 태풍 '루사'로 인한 인명 피해는 270명에 달한다.[5]

<표 4> 연도별 재해 발생 현황

연도별	이재민(명)	사망·실종(명)	침수(ha)	재산 피해(백만 원)
평균	27,509	68	27,551	1,704,406
2001	4,165	82	20,012	1,256,168
2002	71,204	270	61,579	6,115,293
2003	63,133	148	51,411	4,408,241
2004	30,446	14	56,903	1,230,436
2005	9,914	52	26,782	1,049,839
2006	2,883	63	34,759	1,942,984
2007	675	17	4,859	251,804
2008	4,627	11	602	63,702
2009	11,931	13	5,677	298,808
2010	76,110	14	12,925	426,781

주. 피해액은 당해 연도 가격 기준임.
자료: 소방방재청 각년도 자료.

---

[4] 2011년 재난별 피해 규모와 사망자 통계치는 보험 회사인 아온 벤필드(AON Benfield)의 11월 재해 보고서를 참고한 것이다.
[5] 국내 대규모 자연재해 피해 현황을 통하여 연도별 재해 발생 현황에 대한 원인을 자세하게 파악할 수 있다.

지난 2002년부터 2011년까지 자연재해로 인한 피해액과 복구액을 비교해 보면, 전체적으로 자연재해로 인한 피해 비용보다 복구 비용이 더 소요되고 있음을 알 수 있다. 2002년에 비해 2011년에는 자연재해 피해액이 점차 줄어들었지만, 피해 비용에 따른 복구 비용이 2배 가까이 더 소요되고 있어, 이에 대한 개선이 필요할 것으로 판단된다.

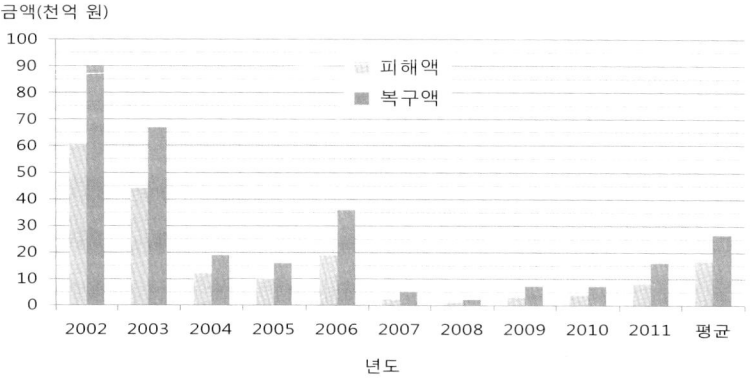

<그림 6> 최근 10년간 피해액 및 복구액 부담 현황

자료: 소방방재청, 재해년보, 2012.

국내에서 대부분의 피해 유형이 생활용수의 부족에 의한 생활 불편 및 고통의 발생, 농업·공업용수의 부족에 의한 농·수산물의 피해 및 공장 가동 중단에 따른 생산 손실 등이다. 가뭄에 대비한 수자원 확보를 위하여 부처별로 추진하고 있는 광역·지방 상수도 간 비상 관로 연결(42개소, 52→207만톤/일), 4대강 하도 준설 및 보(16개소) 설치로 8억㎥ 용수 확보, 농업용 저수지 둑 높임 사업 추진, 노후 수도관 관망 개선으로 누수율 줄이기 대책 등을 중점 관리하는 한편, 4대강정비사업 효과 극대화를 위하여 가뭄재해 상황관리정보시스템 구축 및 공급 체계 개선을 위한 연구 개발 활동을 추진하고 있다.

2006년 4월 소방방재청에서는 가뭄 지역의 체계적인 관리를 통해 피해를 최소화하기 위한 상습가뭄재해지역 지정·관리지침을 마련하여 자치 단체에 통보함으로써, 자치 단체장 책임하에 상습가뭄재해지역을 지정·고시 후 중·장기 대책을 수립하여 사업을 추진토록 하였고, 그 결과 2010년 12월 말 현재 상습가뭄재해지역 124개 지역(생활용수 8, 농업용수 116) 중 99개 지역(생활용수 8, 농업용수 91)을 해제하는 성과를 낳았다.

<표 5> 상습가뭄재해지역 지정·관리 현황

구분	시군 수	세대 및 면적(ha)	지정·관리 현황			비고
			계	해제	미해제	
계	25개 시군 (청송 중복)		124	99	25	
생활용수	2개 시군	235세대	8	8	0	
농업용수	24개 시군	3137.9ha	116	91	25	

자료: 국토해양부.

그러나 2012년 104년 만의 최악의 가뭄으로 인하여 많은 피해가 있었다. 5월 이후 지난 6월 말까지 전국 평균 강수량이 127.1mm로 평년 대비 42.4% 수준을 기록하였고, 전국 저수지·댐 평균 저수율을 보면 농업용은 43%를 기록하여 평년 대비 69%로 감소하였다. 다목적 댐의 저수율 또한 33.6%로 평년 대비 89%로 감소하였다. 광역·지방 상수도, 농업·공업용수의 부족 지역은 없으나, 충북 옥천과 괴산의 소규모 수도 시설의 생활용수가 부족해졌다.

이를 극복하기 위하여 환경부에서 용수 부족을 호소하는 4개 소규모 수도 시설에 대해 1일 2-3회의 제한 급수를 129세대 372명에게 실시하였으며, 이를 공급하기 위해 급수차 195대, 인력 370명이 동원되어 총 2,236톤을 지원하였다. 농식품부 및 지자체에서는 농업용수 지원을 위해 충남·전북 등에서 902억 원의 재원을 마련하여 저수지 42개소의 준설을 위해 사용하였으며, 가뭄 피해를 줄이기 위해 노력하고 있다.

2010년을 기준으로 우리나라의 자연 재난 분야 기술 수준은 선진국 대비 평균 59.4%에 불과하며, 최고 기술 보유국 대비 기술 격차는 평균 8.8년으로 여전히 큰 격차를 보이고 있다. 또한 국가 차원의 방재 분야 중 자연 재난의 인프라가 구축된 정도는 기상재해 70.0%, 수재해 55.6%, 지질재해 55.0% 수준으로 매우 취약한 것으로 드러났다. 뿐만 아니라 국내에 가장 큰 피해를 주는 풍수해와 관련된 피해액이나 복구비의 규모와 비교할 때, 자연 재난 방지 분야 연구·개발(R&D) 예산은 턱없이 부족하다. 최근 10년간의 자연 재난 피해에 대한 복구비 규모를 살펴보면 연평균 3조1천억 원이 지원된 반면 이를 저감하기 위한 연구·개발 투자 규모는 2011년 정부 연구·개발 예산(14조9천억 원)의 1%에 불과한 1,492억 원이었다. 2006년 소방방재청 개청 이후 재난 및 안전 분야 연구·개발 투자 예산은 연 9%씩 점점 증가하고 있지만, 투자 절대 규모가 작을 뿐만 아니라 국가 전체 연구·개발 투자 예산 증가 추이(10.3%, 2008-2011년)에도 못 미치고 있다.

이에 반해 선진국들은 자연 재난 예방을 위한 투자에 적극적이다. 미국은 연방재해본부(FEMA)를 대통령 직속으로 설립해 재해 관리 업무를 총괄하고 있으며, 특히 홍수 재해를 방지하기 위해 연간 30억 달러 이상의 예산을 사용하고 있다. 미국 지질조사소(USGS)는 2004년 기준 13억6천만 달러의 예산을 투입해 재해 지도 작성, 원격 감지, 지질 재해 위험 평가 등을 집중적으로 수행하고 수문 자료를 통합 관리하고 있다. 일본은 2010년 기준으로 우리나라 방재 관련 연구비의 약 7배에 이르는 약 1조1천억 원을 투자하여 다학제 간 개발을 추진하고 있다.

제2장 물 인권의 필요성

1. 물 인권의 정의

지구 온난화의 가속화로 지구 곳곳에서 지속적인 이상 기온이 형성됨에 따라 가뭄, 사막화와 더불어 물 부족 등의 심각한 현상을 빚고 있다. 세계적으로 약 10억 명의 인구가 상수 서비스를 받지 못하며, 약 30억 명의 인구가 하수 서비스를 받지 못하고 있는 실정이다. 약 9억 명이 깨끗한 물에 대한 접근권이 없으며, 26억 명 이상이 기본적인 위생에도 접근하지 못하고, 물 및 위생과 관련된 질병으로 인하여 해마다 5세 미만의 어린이가 약 150만 명씩 죽어가는 실정이다.

유엔환경위원회 보고서에 따르면, 1998년 한 해 동안 물 부족으로 인한 환경 난민 발생이 2천5백만 명에 달했다고 한다. 이러한 수치는 전쟁 난민을 초과한 숫자이다. 또한 '21세기 세계 물 위원회'는 물 부족으로 인해 30억 인구가 위생 급수를 받지 못해 오염된 물을 식수로 사용하고 있고, 그에 따른 질병으로 인한 어린이 사망자가 하루 평균 5천 명에 이르렀다고 발표하고 있다.

2. 물 인권의 필요성

세계적인 시대의 흐름에 따라 물 인권 인식이 변화해 왔다. 1970년대는 원활한 용수 공급과 하수 처리가 주제였다. 1977년 아르헨티나 마르델플라타에서 개최한 유엔 물 회의(UN Conference on Water)에서, 80년대(81-90)를 '국제 음용수 및 위생 10개년 계획(International Drinking Water and Sanitation Decade)의 해'로 선언하고, 용수 공급 지역 확대를 통한 공공 보건 향상에 주력하였다.

1980년대에 수자원의 관리와 이용은 환경 보전과 지속 가능한 성장이라는 광범위하고 근본적인 개념의 일부로 인식되었다. 1987년 유엔 세계환경개발위원회(World Commission on Environment and Development)는 "우리 공동의 미래"라는 보고서[일명 브룬트란트 보고서(The Brundtland Report)]를 공표하고, '지속 가능한 개발(sustainable development)'로 이행하는 데 필요한 선행 조건을 제시하였다.

1990년대에는 세계적 관점으로 물 문제를 논의하였다. 1990년 인도 뉴델리에서 '90년대 물과 위생에 관한 전 지구적 협의(Global Consultation on Safe Water and Sanitation for the 1990's)'를 개최하고, 1992년 아일랜드 더블린에서 국제 물 환경 회의(International Conference on Water and Environment)를 개최하여 물의 희소성, 여성의 역할, 물의 경제적 가치, 수자원 개발 관리 참여 등의 내용으로 더블린선언(Dublin Statement on Waters and Sustainable Development)을 채택하였다.

1994년 네덜란드 노르트베이크에서 음용수 공급과 환경 위생에 관한 각료급 회의(Ministerial Conference on Drinking Water Supply and Environmental Sanitation)를 개최하여 리우선언에 따른 실행계획(Action Plan)을 마련하였다. 1996년 세계물위원회(World Water Council)가 제창하여 세계물포럼(World Water Forum)을 창설했고, 1997년 모로코 마라케시에서 제1차 세계물포럼을 개최하여 63개국에서 500여 명이 참석하였다. 세계물포럼은 세계의 물 문제 해결을 논의하기 위해 1997년부터 3년마다 열리는 국제회의로 국가 수반 회의, 장관급 회의, 지역별 회의, 주제별 세션, 세계 물 엑스포 등의 행사를 진행하고 있다.

2000년대에는 세계적인 수자원 고갈과 지역적인 물 부족 심화가 국가적 과제로 대두했다. 2000년 네덜란드 헤이그에서 개최한 제2차 세계물포럼에는 156개국의 5천7백여 명이 참석하였다. 이때 세계물비전(World Water Vision: Making Water Everybody's Business) 및 헤이그선언(Ministerial Declaration on Water Security in the 21st Century)을 채택하여 물에 대한 가치를 부여했고, 거버넌스를 포함한 물 문제와 관련한 난제의 정리 및 통합 수자원 관리에 의거한 실행 계획 수행을 권고했다. 또한 '세계 물 평가 프로그램(World Water

Assessment Programme, WWAP)'을 발표하였고, "2015년까지 안전한 식수에 접근하지 못하거나 공급받지 못하는 사람의 비율을 반으로 줄일 것"을 천명하였다.

2001년 12월 독일 본에서 담수에 관한 국제회의(International Conference on Freshwater)가 개최되었고, 2002년 남아프리카공화국 요하네스버그에서 지속가능발전 세계정상회의가 개최되어 "2015년까지 안전한 식수와 기본적인 위생 환경에의 지속적인 접근이 불가능한 인구 비율의 반감"을 새천년개발목표의 세부 목표(Target)로 명시했다.

2003년 일본 교토에서 개최한 제3차 세계물포럼에 182개국에서 24,000여 명이 참석하여 '유엔워터(UN Water)'를 설립하였고, 2006년 멕시코 멕시코시티에서 '글로벌 도전에 대한 지역 차원의 행동(Local Actions for a Global Challenge)'이라는 주제로 제4차 세계물포럼을 개최하였다. 2009년엔 터키의 이스탄불에서 '수자원 격차 극복(Bridging Divides for Water)'이라는 주제로 제5차 세계물포럼을 개최하였다. 2012년 프랑스 마르세유에서 열린 제6차 세계물포럼에서는 주요 물 문제를 해결하기 위한 전략적 방법을 주장하였다. 이러한 시대적 흐름에 따라 물의 역할과 기능에 대한 인식은 환경적, 경제적, 사회적, 제도적 제반 여건을 포함하는 개념으로 확대되었다.[6]

6_ 물과 위생에 대한 인권
경제적·사회적·문화적 권리 위원회는 물에 대한 권리를 개인 및 가정의 사용을 위하여 충분하고, 안전하고, 수용 가능하고, 물리적으로 접근 가능하며, (경제적으로) 감당할 수 있는 물에 대한 모든 사람의 권리로 정의하였다(E/2003/22-E/C.12/2002/13, 부속서 IV, 일반 논평 15, 제2항.).
2006년 인간 개발 보고서는 안전한 물과 적절한 위생 공급에 대한 인권 기반 접근법을 유엔의 세계 물 발전 보고서(2003)에 의하면 인간이 하루에 필요로 하는 물의 양은 20-50리터라고 한다. 유엔의 새천년개발목표는 2015년까지 안전하고 위생적인 물의 공급을 목표로 했다. 2002년 지속가능발전을 위한 세계정상회의(남아공), '생명의 물'을 위한 '국제 사회의 10년의 행동'도 같은 목표를 가지고 있다. 특히 여성의 역할을 강조하고 있다. 위생적인 물의 공급은 빈곤 감소, 양성 평등의 증대, 조기 사망 감소, 그리고 기초 교육의 증대에도 영향을 미치는 것으로 판단하고 있다.

물은 공공재임에도 불구하고 종종 경제재로 인식되어 중요성 면에서 간과되거나 낮은 순위에 놓이고 있다. 그러나 화폐로 대체할 수 없는 가치를 가진 환경과 수생태 시스템 등은 돈으로 환산할 수 없는 것이다. 물의 기능과 가치는 다음과 같다. 1) 인류와 다른 생존물에 대한 생존 가치를 부여한다. 2) 사회 구성원에 대한 건강, 형평성 등의 가치를 부여한다. 3) 관개수, 수력, 산업용수 공급자로서의 생산 가치를 부여한다.

유엔의 물 인권 관련 지침서인 NO.15에서는 경제, 사회, 문화적 권

채택하는 것의 중요성 및 물에 대한 접근권이 인간의 기본 욕구이자 기본적인 인권임을 강조하고, 또한 정부가 물에 대한 권리를 강제력 있는 법에 규정하고 이것의 점진적 실현을 위하여 노력할 책임이 있음을 강조하였다.
    유엔총회 결의문, 물과 위생에 대한 인권
    인간다운 삶과 모든 인권을 영위하는 데 필수적인 인권으로서 안전하고 깨끗한 음용수와 위생에 대한 권리를 인정한다. 모든 사람들에게 안전하고, 깨끗하며, 접근할 수 있고, 입수할 수 있는 음용수와 위생을 제공하도록 하기 위하여, 국가들과 국제기구들에 특히 개도국들에 대한 국제적인 지원과 협력을 통한 재정 확보, 역량 제고(capacity building) 및 기술 이전을 해 주기를 요청한다. 안전한 음용수와 위생에 대한 접근권과 관련 있는 인권에 관하여 독립적인 전문가로 하여금 유엔총회에 연차 보고서를 제출하도록 한 인권이사회의 결정을 환영한다.

리에 대한 국제 언약(ICESCR)에서 물에 대한 인권을 '모든 사람이 충분하고, 안전하며, 수용 가능하며, 물리적으로 접근 가능하고 여유 있도록 해주는 물의 국내 이용'이라고 정의하였다. 주목할 것은 물에 대한 권리(rights to water)는 물 이용권(water right)하고는 다르다. 물 이용권은 특정한 목적을 가지고 특정하게 이용되는 권리를 의미한다. 그러나 물에 대한 권리는 다른 사람의 물 이용에 대한 권리를 침해하지 않는다.

과거 두 개의 중요한 국제 언약에서도 물에 대한 권리를 언급하고 있는데, 1979년의 여성에 대한 차별금지언약 14조(2)와 1989년의 아동의 권리에 대한 언약 24조(1)이다. 한편 1990년의 아동에 대한 권리와 복지에 관한 아프리카 헌장, 14조(1), 1998년 '국경 간 수자원 및 호수 자원의 교류에 관한 1992년 협정 중 물과 건강에 관한 의정서' 42조(2), 5조(1), 6조(1)항, 그리고 2002년 세네갈 강 헌장 4조에서도 언급하고 있다.

정부의 물 권리 확보를 위한 9가지 의무 사항
① 질병을 일으키지 않도록 하는 최소한의 필수 물 공급 의무
② 비차별적인 것에 근거한 물과 물 시설에 대한 접근 보장 의무
③ 가구의 인접 지역에 위치하면서 충분히 물 공급을 제공해야 하는 의무
④ 개인의 보호를 보장해야 하는 의무
⑤ 물 분배의 형평성을 보장해야 하는 의무
⑥ 모든 시민들이 물을 이용할 수 있도록 국가 단위의 전략과 계

획을 수립해야 하는 의무
⑦ 물 권리에 대한 실천이 되는지 모니터링해야 하는 감시 의무
⑧ 취약 계층에 대한 물 공급 프로그램을 낮은 비용으로 제공해야 하는 의무
⑨ 물 위생과 관련된 병을 방지하거나 취급하고 통제해야 하는 의무

사용자 권리
- 가장 우선해서 사용될 것, 자연에서 쉽게 이용될 것
- 한정된 지역 내에서 적절할 가격으로 구입 가능
- 상수망의 점진적 확대
- 비상시 물 공급
- 빈곤층에 대한 물 이용
- 빈곤층에게 최소 필요량의 공급
- 정보, 자문의 접근
- 물 인권의 정보 확산

사용자 의무
- 물의 사용 절제
- 수원의 오염 방지
- 개인 또는 집단 위생
- 물 이용에 대한 적절한 가격 지불
- 서비스 연장이나 확산에 대한 추가 비용

- 물 부족 시 급수 제한 허용
- 비용 충당의 기여
- 공공 서비스 지원 요구
- 상하수도 지원 협조
- 권리의 이행

정부 권리
- 허가권
- 적절한 표준과 기술
- 보조금 지원
- 물 가격의 설정
- 운영자와 관리자 선정
- 표준에 안 맞는 물 공급 중지
- 물 값의 수취
- 물 값 미납자에 대한 중지

정부 의무
- 개인과 국내용에 대한 우선 공급
- 수질 보존
- 투자에 대한 유도
- 물 공급 빈곤층에 대한 파악
- 사용자에 대한 정보의 확산
- 물과 위생의 감시

유엔 위원회에서는 물 인권 기준과 지표들은 그 나라의 경제, 사회 및 문화적 권리와 국가적인 물 전략이나 행동 계획 등과 반드시 연계하여 정의되어 있어야 하며 모니터링 과정을 지원하는 계획이나 절차가 있어야 한다고 말하고 있다. 특히 물 인권에 대한 지표는 적절한 기준의 물을 포함한 삶의 기준에 대한 권리와 건강에 대한 권리를 표방해야 하며 국가 정당 간의 협정에 근거하여 국가적이고 국제적인 수준에서 모니터링되면서 정책이 디자인되어야 한다는 것이다.

헌법에 명시되어 있지 않아도 지역 주민과 정부가 물 인권을 스스로 추진하는 사례도 있다. 부르키나파소와 니제르의 사례인데, 많은 과정 중에 하나의 과정이라고 보아야 한다. 가장 중요한 것은 지역 주민의 참여이다. 유럽에서도 아주 약소국인 루마니아의 물 인권 확보 사례와 정화조 설치 사례가 있다.

인도의 라틀람 대 바디찬드 사례에서는 지방 정부가 재정적인 이유로 물 공급을 중단하는 것은 공공 건강과 위생의 확보에 위배된다는 판례가 나왔다(AIR 1980 DC 1622194). 지역민이 오수의 무분별한 낭비를 막기 위하여 하수도 설치를 지방 정부에 요구한 것으로 고등법원을 거쳐 대법원까지 가서 판결이 확정되었다.

푸네 지역에서는 지역 사회, 비정부 기구, 글로벌 기업 기구(GBO) 등이 협력하여 400개 이상의 지역 공동 정화조를 설치하여 50만 이상의 인구가 위생적인 처리를 받도록 했다. 이러한 경우는 지역과 정부의 좋은 파트너십 사례다. 푸네에는 280만 명이 사는데 2/3가 빈민층이다. 1999-2000년 사이에 220개의 정화조, 2000-2001년 사이에 220개의 정화조 건설 사업을 추진했으며, 건설을 맡은 스파크(SPARC)는 두 개 단체[슬럼가 거주자 단체, 마힐라 밀란(Mahila Milan)—슬럼가 내 소규모 금융 단체]와 함께 5년 동안 사업을 추진하였다. 대부분의 경우 거주자들이 정화조의 건설 디자인이나 건설에 참여했으며 여성들도 건설에 참여하였다. 재정의 투명성과 예산의 확보 등에서 매우 독특한 성격을 가지고 있으며 주마다 회의를 통해서 문제를 해결한다.

방갈로르(Bangalore)와 **카트만두(Kathmandu)**에서 주 정부와 수도 공급 시설에 의해 제공되는 보조금의 1/4만이 빈민층에게 지급되고 있다. 이들 보조금의 약 90-95%는 가정의 개인 수도 요금을 낮추는 데 사용되고 있다. 이에 따라 각 가정에서는 1개월에 10-15달러의 보조금 혜택을 받고 있다. 그러나 개인 수도를 가진 사람들의 70%가 빈곤선(poverty line) 이상에서 살고 있기 때문에 보조금의 약 70-80%가 빈곤층에 제대로 전달되지 못하고 있는 실정이다.

여기에는 두 가지의 근본적인 이유가 있다. 첫째로, 빈민층의 절반 정도가 개인 수도가 없다는 점이다. 이런 이유로 대부분의 빈민층은 이러한 형태로 지급되는 보조금의 혜택을 받지 못하고 있다. 두 번째는 방갈로르와 카트만두에서 적용하고 있는 구간 가격(block tariff)[7] 구조의 확대가 보조금을 왜곡하고 있기 때문이다.

보조금 중에서 나머지 5-10%는 빈민 지역에 공공 수도를 무료로 제공하기 위한 재원으로 사용된다. 그러나 공공 수도망으로 공급되는 물의 양이 적기 때문에 각 가정이 받은 암시적 보조금(implicit subsidy)

---

[7] 소비자가 첫 번째 구간에서 (주어진 양까지) 소비한 수량에 대해 하나의 가격을 지불하고 두 번째 구간에서 추가적으로 소비한 수량에 대해서는 (통상적으로 더 저렴한) 상이한 가격을 지불하는 2급 가격 차별의 형태. 로버트 핀다이크, 《미시경제학》, 피어슨에듀케이션 코리아, 2005.

은 1개월에 1-4달러 정도에 그친다. 방갈로르는 수도가 연결되지 않았던 빈민층에 대부분 공공 수도를 겨우 설치할 수 있었으나 카트만두에서는 여전히 많은 빈민층에 수도가 설치되지 않아서 전통적인 방법으로 물을 얻고 있다.

두 도시에서 수자원 보조금의 분배 결과는 그다지 좋지 않지만 불평등을 줄이기 위한 작은 노력을 하고 있다는 점에서 그나마 소득보다는 더 공정하게 분배되고 있다고 할 수 있다. 그럼에도 불구하고 보조금을 받아야 할 수령인이 상당량의 보조금을 받지 못하고 있는 것과 관련해서, 더 복잡한 대상 설정 방식이 효력을 발휘할지에 대한 의문이 제기된다.

지역 사회 참여로 인한 편익도 있다. **우크라이나**의 경우 1999년에 음용수 공급과 과정에 대한 초안을 시작했는데 비정부 기구인 마나-86(Mana-86)이 참여하여 지역 단체를 결성하여 155개의 수정안을 당국에 제출하였다. 이것은 2002년에 통과되었으며, 2004년에 다시 물협회(CPWA)와 함께 2006-2020년 중장기 음용수 계획에 참여하여 제출한 110개의 수정안 중에서 50%가 채택되었다. 특히 극빈곤층과 취약 계층에 대한 물 공급권이 포함된다.

가격 지원 제도를 통한 물 인권의 확보가 매우 중요한데, 저소득층에게 낮은 가격으로 공급하는 가격 차별화를 하는 것이다. 주로 산업체에는 고비용을 부과한다. 리스본의 경우 첫 번째 물 사용 그룹(한 달 $5m^3$ 사용)은 두 번째 그룹에 비해 4배 정도 적게 물을 사용한다. 과다 물 사용자에게는 물 가격을 높게 책정하여 저소득층의 가격을 보전해 주는 '진행형 가격'을 남아공, 알제리, 벨기에, 부르키나파소, 볼리비아, 미국, 멕시코 등에서 사용한다.

제3장 물 인권의 국제적 정책 동향

유엔인권위원회의 환경과 개발을 위한 리우회의에서는 물 인권을 인정했으며, 인구와 발전을 위한 카이로회의에서도 인정했지만, 2005년에 열린 지속가능발전위원회에서는 물 인권을 인정하지 않았다. 아직도 많은 국가에서 물 인권에 대한 공식적인 입장을 표명하지 않고 있다. 다만 2002년 물 인권에 관하여 유엔이 채택한 NO.15에서 자세한 개념과 범위를 포함하고 있다. 그것에도 많은 국가들이 참여하지 않았는데, 그 이유는 중앙 정부의 물에 대한 인식의 부족, 소비자들에 대한 비용 부담의 제외라는 그릇된 이해, 그리고 수자원 관리에 오히려 부정적인 영향을 끼칠 수 있다는 점이 영향을 끼쳤기 때문이라고 할 수 있다.

1. 유럽

프랑스는 1853년 최초의 상수도 위탁 경영 계약을 체결하여, 이후 150년이 넘게 물 시장을 확대 발전하였다. 상하수도 민간 위탁 비율이 80% 이상으로, 프랑스 정부의 경제 애국주의로 강력한 정부 개입이 실시되었다.

1991년 세계물사무국(International Office for Water, IOW)을 설립하여 프랑스식 상하수도 위탁 운영 방식의 우수성을 홍보하였고, 1994년 세계물네트워크(International Network of basin Organizations,

INBO)를 설립하여 프랑스식 유역 통합 관리 모델의 전 세계적인 확산을 지원하였다. 1996년 세계물위원회(World Water Council, WWC)를 설립하여, 국제 사회에서 물 관련 의제 설정을 주도하였고, 2000년 제2차 세계물포럼에서 세계물비전을 발표하여 농업용수를 포함한 물의 경제재 전환 및 상하수도 민간 참여 필요성을 강조하였다.

2003년 제3차 세계물포럼에서 세계물비전의 액션플랜을 발표하였다. 2007년 프랑스 워터파트너십(French Water Partnership)을 설립하여 국제 교육 훈련을 통한 인적 네트워크 확대 전략을 추진하였다.

세계물사무국은 프랑스 내 대형 교육 훈련 센터와 해외 교육 훈련 센터(남아공, 멕시코, 사우디아라비아)를 운영한다. 여기에서는 남부 아프리카, 중미, 중동 지역의 공무원, 정치인, 전문가 등 주요 정책 결정자에 대한 현지 교육 훈련 과정을 연간 800개 운영하며 약 6000명 정도를 수용할 수 있다.

2008년 프랑스 외무부 개발국의 재정으로 세계물훈련센터(International Network of Water Training Centers)를 신설해 각국 정부의 물 관련 교육 훈련 센터 설립 및 운영을 지원하고 교육 훈련 툴과 경험을 공유한다. 여기에서는 레바논, 케냐, 알제리, 말리, 튀니지, 모로코, 베냉, 부르키나파소, 토고, 폴란드, 우즈베키스탄, 멕시코, 라오스, 베트남 등을 지원하였다. 또한 국제물교육기관을 지원하였다. 이것은 베올리아라는 사업으로 진행했는데, 국제물교육기관 교육생에게 장학금을 지원하는 사업이다. 지원 조건으로 교육생 출신국의 수자원 및 상하수도 여건을 연구 주제로 제시하는 지원 사업을 벌이는 한편, 동시에 정보 취득도 가능한 방식을 취했다.

2007년 중앙 정부 조직을 통폐합하였다. 생태지속발전부(Ministry of Ecology and Sustainable Development, MESD)를 생태개발지속관리부(Ministry of Ecology, Development and Sustainable Management, MEED)로 확대 개편해 그 위상을 정부 부서 중 최상위 기관으로 격상시켰다. 또한 2007년 유럽연합의 새로운 물 관리 지침 대응 및 기후 변화, 유역 관리 기술 개발, 정보 관리 기술 확대 등을 목적으로 프랑스 물 및 해양 환경청(French National Agency for Water and Aquatic Environment, ONEMA)을 설치하였다.

영국은 1973년 잉글랜드 및 웨일스 지역의 물 관리 기능을 10개 유역별 물 관리 공사로 통합하고, 1989년 상하수도 사업 기능만 분리하여 10개 물 기업으로 민영화하여, 국가 차원의 경제적 규제 기구(OFWAT)를 설치하였다. 민영화 이후 요금 상승 및 누수 등 민영화에 부정적 여론이 확산되었고, 유역 단위의 민영화 시스템에서도 취약성에 대한 논란이 있었다. 2006년에는 가뭄으로 런던에서 130만 명에 대한 급수 제한 조치를 취했고, 2007년에는 두 달간의 호우로 국토의 절반가량이 침수되었다. 1996년 중앙 정부 차원에서 물 관리 업무를 환경청으로 통합하여, 실질적인 책임기관 역할 담당, 수자원의 공급과 관리, 주요 하천의 홍수 방어, 하천 및 해안의 수질 보전과 규제 등 유역 기반의 통합적인 물 관리를 수행하였다. 2008년 기후 변화 대응과 관련해 에너지기후변화부(DECC)를 설립했고, 기존의 환경식량농림부(DEFRA) 소속 기후변화사무국과 관련된 정책인 기후 변화 프로그램 등도 유지되었다.

네덜란드는 1997년 제1차 세계물포럼으로 자국 물 관련 분야의 결집 필요성을 인식하고, 1999년 네덜란드 워터파트너십(Netherlands Water Partnership)을 설립하였다(물 관련 정부 부처, 공공 기관, 기업, 연구소, 비정부 기구 등). 2000-2001년 리서치 프로젝트(Strategische Waterkaarten 1)를 통해 물 산업 개념을 정립하였고, 2005년 델타 기술(간척지 개발 및 관리, 생태 복원, 수자원 및 하천 관리)과 상하수도 기술로 나누어, 각 분야별 기술 혁신 및 인적 자본 프로그램을 도입하였다.

2011년 물 전망 2020(Water 2020: Wereldleiders in water)을 발표하고, 걸프 지역, 터키, 중국, 싱가포르, 미국, 루마니아, 인도, 남아공, 모잠비크, 베트남 등에서 국가 차원의 파트너십을 구축하여, 1962년부터 2년마다 RAI 주최로 상하수도 기자재 국제 박람회인 암스테르담 해양기술 박람회(Aquatech Amsterdam)를 개최하였다.

독일은 2008년 독일 워터파트너십(German Water Partnership, GWP)을 설립하였다. 연방 정부 차원의 주요 물 관리 부서로 환경자연보호핵안전부(BMU)에서 연방물관리법을 관장한다. 주 정부 차원에서는, 주마다 약간씩 다르지만, 보통 주 정부 수자원 기관, 지역 정부 수자원 기관, 지방 정부 수자원 기관 등의 3단계 물 관리 체계가 일반적이다. 지자체 주도의 자체적인 물 관리 정책 집행이 가능하다는 점이 특징이다.

헝가리의 경우 헌법에 구체적으로 표시되지 않았으나 법에는 규정되어 있다(LVII/1995). 국가환경법에 음용수의 질 개선, 하수도망과 처리에 대한 규정이 있다. 흥미로운 것은 소비자와 서비스 제공 회사 간의 계약인데, 소비자보호법 38/1995에 명시되어 있다. 소비자보호감

찰관이 모니터링을 하며 감사위원회에서 재정 분야에 대한 감사를 수행한다.

헝가리의 경우 저소득층을 위한 물 공급과 위생을 보장하는 규제를 만들었다. 물 공급이 중단되어도 물 공급자는 최소한 150미터 이내에서 접근 가능하도록 하며, 기술적 이유로 중단되거나 하루 이상 500명 이상이 영향을 받으면 최소 30리터의 물을 공급해 주어야 한다.

저소득층에 물을 공급해 주는 회사에는 중앙 정부의 보조금이 주어지고 가구당 필요 비용에 대한 충당금이 지급되며 가계비에 대한 보조금도 지급된다. 니르세그비츠(Nyirsegviz)시는 저소득층을 위한 지원 프로그램을 따로 만들었으며 1999년 보조금 제도를 도입했다.

브뤼셀의 1994년 브뤼셀 물 규정은 각 개인에 "국내 사용의 물 공급을 지원받을 권리"를 보장했다. 가난한 사람들이 물을 더 사용할 수 있게 하기 위해서, 이전에 플랑드르 쪽에서 실시된 적이 있었던 방법을 적용하여, 관세 구조를 각 가구당 15㎥의 물을 공급하기 위해서 이전보다 더 낮은 가격으로 설정하는 것으로 변경했고, 물의 소비가 많을수록 단가를 높게 책정하는 것을 도입했다. 즉 계단형 관세다. 구체적으로 말하면, 물의 첫 번째 입방미터(㎥)의 단가는 보통 가격보다 3.8배 낮다.

각 사용자는 물을 사용할 때 1입방미터 당 1c€의 연대세를 지불해야 한다. 이 연대세는 사회 기금에서 저소득층의 수도 (물) 연체금을 지불할 수 있도록 돕기 위한 것이다. 사회서비스국에서 통지하기 전이나 법원의 허락 판결이 있기 전에는 단수하지 않는다. 2005년에 제정된 브뤼셀의 새로운 물 관세는 물에 대한 권리와 아주 잘 조화를 이루고 있다.

2. 아프리카

남아프리카공화국은 제도적인 접근을 통하여 물 인권을 보장한 대표적인 국가인데 1994년부터 4개의 중요한 법을 만들었다. 즉, 물서비스법(1997), 국가물법(1998), 가구에 대한 기본적인 위생 백서(2001), 그리고 물 서비스에 대한 백서 초안이다.

1996년 헌법 27조에 물 이용의 접근권을 규정하고, 1997년 수자원 서비스법(The Water Services Act 1997, WSA)에 물 서비스 기관 설립 및 그 기능·의무·책임 등을 언급하였다.

1998년 국가물법(The National Water Act 1998, NWA)에 지속 가능성, 형평성, 효율성에 근거한 통합 수자원 관리를 규정하고, 물 인권을 위한 정부의 물과 위생에 대한 법률 초안을 입안하여, 무료 물 기본 정책(The Free Basic Water Policy)으로 한 달에 한 가구당 6천 리터의 물을 무료로 공급하게 되었다.

2001년의 가구에 대한 기본적인 위생 백서에는 1인당 하루에 25리터의 물이 제공되어야 하며 200미터 이내에서 안전한 물이 공급되도록 해야 된다고 명시하고 있다. 가구의 위생에 관한 백서는 2010년까지 모든 가구에 대해서 적절한 위생을 제공하는 것을 목표로 하고 있는데, 청결한 화장실, 오수의 재활용, 적절한 분뇨의 처리가 포함된다. 물 서비스의 백서 초안에는 다른 부서의 책임과 비정부 기구 및 민간 부문의 참여를 장려하고 있다.

물서비스법에서는 일상적인 생활을 할 수 있도록 최소한의 물 공급을 해 주어야 함을 규정하고 있다. 국가물법은 물 및 산림부(DWAF)가

물 관리의 책임을 지도록 규정하며, 인간 생활에 필수적인 것과 생태 지속성을 위해서 수자원을 보전하도록 권리를 부여하고 있다.

재정부에서 물 및 산림부에 예산을 부여하며, 2004년의 경우 전년 대비 25% 증가하였다. 외국으로부터의 기증도 매우 중요한 역할을 하는데 2005년, 2006년의 경우 전체 물 예산의 16%, 11%를 차지한다.

남아공의 경우 1994년 전체 인구의 60% 수준이 물 서비스를 제공받았지만, 2004년에는 86%, 현재는 거의 100% 수준에 달하고 있다. 2005년 기준으로 약 3천 백만의 인구(인구의 66%)가 공짜로 물 공급을 받고 있지만 5백만 명 정도의 지방 국민이 여전히 물 공급을 못 받는 것으로 보인다.

1997년 국가 위생 프로그램이 시작되었으며, 2006년에는 '모두를 위한 물, 위생(wash)'이 시작되었다. 지역 비정부 기구가 약 378개의 사업을 수행했으며 1994-2002년 사이에 9만 개의 정화조가 설치되었다. 남아공의 그루트붐(Grootboom) 사례도 사회 경제적 권리를 이유로 들어 물 중단은 위헌이라고 판결하였다.

남아공의 경우 소득에 따라 구분하여 최하 소득인 첫 번째 그룹은 공짜이며, 공공 수도는 공짜이거나 낮은 가격을 부과하고, 가정 규모와 소득 수준의 차이에 따라서 '사회 관세'를 적용한다. 이러한 '사회 관세'는 벨기에의 플랑드르 지역에서 나온 것인데, 1997년부터 1인당 1가구에 5㎥ 이하 사용량에 한해서 무료 제공이다. 최근에는 왈롱(Wallon)에서 도입하면서 펀드도 조성하여 제공된다.

케냐의 경우 2002년 물 조례를 통과하고 2003년 발효하였는데, 물과 위생 설비에 대한 권리의 공식 인정, 물의 상업화 및 전국적 물 관리 경영에 주주 참여 유도라는 결과를 가져왔다. 국가 물 자원 경영 전략(2005-2008)과 국가 물 서비스 전략(2007-2015)은 안전한 물과 기본적인 위생 설비 모두에 대해 지속적인 접근을 제공함을 목표로 하고 있다. 이것은 2007년 물 서비스 조례청의 관세 가이드라인 및 모델, 친 서민 물 공급 및 위생 설비에 관한 이행을 계획하고 마련하는 기틀이 되었다.

가나는 1990년대 중반 물의 이용과 제공의 효율성 향상을 위해 물 부문의 규정을 개정하여 이행하였다. 2001년 물자원위원회를 설립하여 물이용 관리와 규제 및 정책 수립을 담당하게 하고, 2007년 국가 물 정책을 수립하여 2008년에 공표하였다. 새천년개발목표(Millennium Development Goals)와 아프리카 물 비전(African Water Vision) 및 가나 빈곤 감축 정책(Ghana Poverty Reduction Strategy)에 근거를 두고 있다. 물에 관한 권리를 우선권으로 보고 인권의 기본 원칙에 근거하고 있다.

나이지리아는 전반적인 이행 능력이나 통치 엘리트의 정치적 의지에 대한 국민들의 신뢰를 바탕으로 국가적으로 물 인권 정책을 긍정적으로 채택한 경우이다. 이런 점에서 나이지리아는 국민들의 물 인권 확보에 긍정적이라고 볼 수 있다. 그러나 이러한 정치적 의지는 나이지리아의 현실의 벽에 부딪혔다. 즉, 재정 및 기술 부족, 법적이나 제도적 장치 미흡, 인적 자원 개발 미흡으로 인한 고급 인력 부족, 신뢰할 만한 개인 부문 투자 환경의 부재 등이다.

3. 남미

브라질은 1964년-1985년의 독재 기간 동안 물과 위생 서비스의 중앙 집권화를 실시하였다. 1997년 수자원법(Law on Water Resources, Law 9433)을 입안하여, 물을 공공재이자 경제적 가치의 자원으로 인식하고, 수자원 관리의 다양한 이해관계자의 참여를 의무화하며, 미래 세대를 위한 물 이용료를 부과하여, 물 공급 서비스 투자를 증가하고 최빈곤층과 원주민에 물과 위생 시설이 공급되도록 하였다.[8]

2001년 "시 헌법(City Statute, 법 10257조)"을 인준하고, 2006년 수자원법에 근거해 국가수자원계획(National Water Resources Plan)을 수립하였으며, 2007년 위생법(법 11445)을 통과시켜 1997년의 수자원법을 보완하였다. 2007년 국가 성장 촉진을 위한 프로그램(National Program on Growth Acceleration, PAC)을 추진하였다. 400억 헤알(R$)이 2010년까지 물과 위생 분야에 투자되었으나, 이행 계획의 추진 및 모니터링 분야의 약함이 한계로 나타났다.

파라나 지역 론드리나의 물 공급자가 물의 공급을 중단한 사례에서 헌법권, 인간 기본권, 소비자 권리를 이유로 기각하였으며, 소비자 보호 지침에 근거한 것도 있다(Bill 0208625-3).

칠레의 물 소비 보조금은 개도국의 공익 산업에 적용되어 검증받은 얼마 안 되는 개인적인 방법 중 하나이다. 물 보조금 계획은 1990년부터 물에 부과되는 요금으로 인해 사회에서 발생할 수 있는 부정적인 영향을 방지하고자 시작되었다. 보조금 프로그램은 사회계획부

8_ (1) 수자원에 취약하거나 극 빈곤층의 시민들에게 의무적으로 공급 (2) 개선된 수자원 공급의 안전성 제공 의무 (3) 물과 위생에 대하여 우선적으로 투자.

(Ministry of Social Planning)와 지방자치단체가 운영하고 물 관련 기업이 서비스를 제공하는 형태이다. 정부는 보조금 수령 대상자가 실제로 소비한 물의 양에 근거해서 보조금을 지원한다.

관련법에 의하면 가정용수(상수도)와 하수도 요금의 25-85%가 보조금으로 지불되고 가정에서는 나머지 비용만 납부하도록 되어 있다. 하지만 1개월에 15㎥ 이상 사용한 양에 대해서는 전부 비용을 지불해야 한다. 칠레의 물 보조금은 구간 가격(block tariff)으로 평가될 수 있다. 보조금 신청자를 대상으로 자산 조사를 받은 가정만이 보조금을 받아 낮은 가격을 납부하기 때문이다.

보조금은 저소득 가정이 물 서비스에 지불할 용의가 있는 금액 (willingness to pay)에 근거하고, 가정을 꾸리는 최소한의 필요조건을 구입할 수 없는 가정만이 이득을 얻을 수 있다. 그리고 보조금은 실제 부과된 비용과 지불할 용의가 있는 금액 사이의 부족분을 보조해 주는 것이다. 보조금의 또 다른 특징은 정부와 서비스 제공자 간의 법적 조정과 동반 규제(accompanying regulations)로 조정되는 관계에 기초하고 있다는 것이다.

아르헨티나의 경우 인간 기본권과 환경 센터(CEDHA) 대 코르도바 지역의 사례에서는 코르도바 지역에 수년 동안 공공 하수 처리장이 없어서 주민의 위생과 건강에 문제가 있었다. 이에 인간 기본권과 환경 센터 및 4개의 지역 단체와 함께 지역 정부에서 하수 처리 시설의 적정한 처리와 일일 200리터의 물 공급을 하도록 결정하였다. 2004년 시 의회는 물 공급으로 인한 수입을 전적으로 물과 해수 시스템에만 사용되도록 하는 법을 통과했다.

지역 주민이나 단체가 적극적으로 지방 정부와의 교섭을 통하여 물 인권을 확보하는 예도 있다. 아르헨티나의 저소득층 지역에서는 라카바(Lacava)와 코네트(Conet) 지역을 대상으로 첼스(CELS)와 코레(COHRE)라는 지역 단체와 함께 상하수도의 건설을 유치했다. 아르헨티나는 특히 국내 다른 지역과의 네트워크를 형성하고 법적 교육, 훈련, 경험의 공유를 하면서 정책 의사 결정에 참여한다. 한편 지역 단체와의 다른 사례로서 네팔의 카트만두의 슬럼가는 워터에이드(Water Aid)라는 단체와 함께 물 인권을 확보했다.

우루과이는 2004년에 남미에서 최초로 물 권리에 대한 것을 규정한 나라이다(헌법 47조). 우루과이는 국가 물 및 위생국을 만들었으며 몬테비데오 지역의 경우 위생계획Ⅳ를 2007-2010년 동안 수립하였다.

콜롬비아에서는 1994년 공공주택서비스법에 상호 보조금(cross subsidies)을 명시했다. 지적(지리)목표시스템은 사용자(user)들이 잉여분을 지불해야 할지 관세 구조로부터 혜택을 받아야 할지 심의한다. 할증료는 고비용 주택 이용자와 산업이나 상업 고객들에게 적용할 수 있다. 사회 경제 규범에 기초한 보조금은 최빈곤층인 20%대의 거의 모든 사람을 포괄한다.

상세히 설명하자면, 상호 보조금은 공공주택서비스법에 명시되어 있고, 지리적으로 초점을 맞춘 시스템은 사용자의 추가적 비용 지불 또는 관세 구조에 의한 혜택 수혜 여부를 결정하기 위한 목적으로 1994년 개정되어 사용되고 있으며, 산업계를 대상으로 적용하는 기준을 통일하면서 일관된 적용을 보장하고 있다.

각 지방 정부에서는 주거지를 사회 경제적 분류에 따라 6가지로 분류하고 있다. 1단계(매우 낮은)와 2단계(낮은)는, 도시와 농촌 지역에서 최대로 평균 서비스 비용의 40-50%까지 보조금을 받을 수 있다. 주거지가 3단계(약간 낮은)에 포함된 사람들도 평균 서비스 비용의 최대 15%까지 보조금을 받을 수 있다. 그러나 소득 그룹에서 중간 정도에 포함되는 그룹에 대한 보조금 지급 여부는 각 경우마다 규제 위원회의 판단에 따른다.

보조금은 여러 가지 경우를 통해서 마련된다. 첫 번째로, 거주지의 분류에서 5 또는 6단계로 분류되는 클라이언트와 산업·상업적 클라이언트에게 최대 하수도 요금의 20%까지를 상한선으로 하여 부과할 수 있다. 이 보조금 정책은 대부분 빈곤한 가정들이 혜택을 받을 수 있다.[9]

4. 아펙(APEC) 국가 및 기타

일본은 2008년 수자원정책연구회를 발족했다. 2010년에는 신성장전략 100대 실행계획을 발표하여 물 관련 지원과 개발 및 국제 협력과 공적 금융 지원 강화와 해외 인프라 개발 계획 및 인재 육성 지원 등을 언급하고, 같은 해에 해외 물 인프라 민관 협력 파트너십(Public-Private Partnership, PPP) 협의회를 발족하였다.

일본에서 물 관리에 관련된 정부 부처로는 국토교통성, 후생노동성, 경제산업성, 환경성, 외무성, 총무성이 있다. 공공 기관은 일본수자원기구, 일본하수도사업단, 수출 지원 기관은 국제협력기구(JICA), 국

9_ 빈곤 가정의 95% 정도가 보조금을 받을 수 있음.

제협력은행(JBIC), 일본수출보험(NEXI), 일본무역진흥기구(JETRO), 연구 기관은 신에너지 산업기술종합개발기구(NEDO), 수도기술연구센터(JWRC), 물 재이용촉진센터(WRPC), 하수도글로벌센터(GCUS), 관련 협회는 해외건설협회, 해외컨설팅기업협회, 국제건축기술협회, 일본수도협회, 일본수도공업단체엽합회, 민간 기업(공모)으로는 상하수도 관련 회사, 플랜트 제조 회사, 건설 회사, 건설 컨설턴트, 종합 상사 등이 있다.

이스라엘은 2000년에 수자원 공사에 해당하는 메코로트(Mekorot)를 민영화하였다가 2002년에 가뭄으로 기후 변화 대비와 물 산업 육성을 위해 공기업으로 유지하기로 하였다. 2005년 물 기술벤처 육성센터(WaTech)를 설치한 후, 같은 해에 물 산업 육성종합프로그램(NEWTech)을 착수하여 물 산업 클러스터링을 전략 추진하였다.

미국 육군공병대(US Army Corps of Engineers)는 1930-1999년에 수자원 인프라에 투자하여 투자 금액 1달러당 6달러의 피해 비용 감소 효과를 보았고, 지역 조건과 기술력에 따라 음용수와 위생에 1달러를 투자하여 3-34달러를 회수할 수 있다(WHO).

버락 오바마 대통령은 지난 2009년에 취임한 직후 그린뉴딜 정책을 발표했다. 매년 24만 건 이상의 수도관 파손 사고가 발생하면서 재투자를 통하여 수자원 인프라 노후화를 극복하지 않을 경우에는 막대한 재정 지출은 물론이고 피해를 피할 수 없을 것이라는 우려가 제기되어 나온 조치였다. 미국은 그린뉴딜 정책의 일환으로 2009년부터 2010년까지 2년 동안 전체 사회 기반 시설(SOC) 투자비 809억 달러의 18.7%에 달하는 151억 달러를 수자원 인프라에 투자하였다.

호주도 노후 수도관 관리와 교체를 위해서 투자를 확대하고 있다. 2007년부터 2008년까지 호주 정부는 노후 시설의 교체를 위해서 1조6천억 원을 투자하였다. 특히 물 부족이 심한 퀸즐랜드 주의 경우 2017년까지 단계적으로 광역 상수도 요금을 연평균 12%에서 37% 수준까지 인상하기로 했다.

중국은 수자원개발계획을 발표하고 2015년까지 미래의 수자원을 개발하여 맑은 물을 공급하기 위한 사업에 328조 원을 새롭게 투자하기로 했다. 2005-2010년의 5년 동안 투자한 128조 원보다 3배 가까이 늘어난 금액인 것이다. 이런 투자 계획으로 중국 농촌 지역에 안전하게 수돗물을 공급받는 인구 수도 2억1천만 명에서 2억9천8백만 명으로 늘어날 것으로 예상하고 있다.

모로코의 경우 1995년에 물과 기후 변화 위원회에서 페이저(PAGER)라는 프로그램을 시작하였다. 지방의 물 공급이 체계적이지 못한 모로코는 1,260만 인구가 적절한 물 공급을 받지 못하고 있다. 특히 가뭄이 있는 시기에는 더욱 그렇다. 물 공급의 93%는 여성과 아동이 책임지는데 10km 정도의 거리를 이동한다. 페이저의 예산은 85%는 정부가, 15%는 지방이, 5%는 수혜자가 부담한다. 교육도 수행하며 7천 개의 부락이 물 공급을 받았다.

2004년에는 국가음용수국(ONEP)을 설립하여 지방의 물 공급을 담당하게 했다. 페이저 이전에는 20%의 지방 시민만이 물 공급을 받았지만, 이제 50% 이상(640만)의 시민이 물 공급을 받으면서 설사와 같은 수인성 병이 대폭 감소하였다. 특히 여성의 삶에 큰 변화를 주었으며, 여학생들의 출석률이 30%에서 51%로 증가하였다. 지방 분권화와 사용자 단체의 역할도 강화되었으며 환경 보존, 고형 폐기물 관리, 토양 보존 등에 관한 의식도 증진하였다.

물 공급 중단을 둘러싼 법원의 판결도 여러 가지 사례가 있다. 결론적으로, 대부분의 판결에서 물 값을 지불하지 못해도 물 공급의 중단은 물 권리와 인간의 기본권에 위배된다고 판시하였다.

스리랑카에서는 물 공급과 위생 설비 서비스 확장에 대한 입법 및 제도적 개혁을 지속적으로 시행해 왔으며, 음용수 정책에서 물과 위생 시설에 대해 생명권임을 규정하였다. 물 서비스의 질 및 준비금에 대한 발전 전략을 수립하고, 제도적 실행에 있어 중앙 정부와 지방 정부 모두에 가이드라인을 수립하도록 하였고, 위생 설비 정책에서 위생 시설 및 물 공급은 생명과 연관된다는 인식에 기초하여 위생 설비 접근성 제공의 정부 의무를 강조하였다. 인구 밀집도가 높은 지역부터 위생 설비 및 하수도 기술을 보급하였다.

전반적인 국제적 동향을 요약해 볼 때 정부는 법규, 규제, 정책, 기획과 예산에 대한 책임을 진다. 수자원의 지속 가능성이 양적이나 질적으로 매우 중요하다. 특히 수자원 보호, 수생태 시스템 보호가 핵심이다. 지역 사회와 지방 정부의 참여가 중요하며 가난한 층, 특히 극 빈곤층에 대한 고려가 있어야 한다.

제4장 결론

우리나라는 물 관리 업무가 각 부처와 개별 법령에 분산되어 있는 문제를 해결하기 위해 1990년대부터 '물 관리 기본법'을 제정하고 시행하였다. 수질 관리 부분은 환경부, 수량 관리는 국토해양부, 상하수도 업무는 환경부, 방재 업무는 행안부(소방방재청), 수력 발전(한강 수계 발전용 댐)은 지경부, 농업용수(농어촌용수)는 농식품부, 지방 하천 및 지방 상수도는 지자체 등으로 물 관리 공급 주체별과 수요 주체별로 분리하여 관리한다.[10]

세계적으로 물 인권 개념이 확산되어 온 만큼 생존권, 환경권, 보건권 등을 포함하여 유엔 리우+20에 맞는 물 인권 정책을 계획 수립하고, 2015년에 개최되는 세계물포럼에서 물 인권에 대한 대대적인 홍보 전략 및 참여 방안을 모색해야 할 것이다. 안정적인 물 확보가 가능하도록 하고, 소득 계층 간이나 지역 간의 불균형을 완화하고, 물 값의 현실화를 통한 저소득층 지원 방안을 모색해야 한다.

녹색 공적 개발 원조(Green ODA)와 연계한 개도국 물 인권 전략을

10_ -1차 1997년(15대 국회): 환경부 중심의 물 관리 일원화를 추진, 관련 부처의 반대로 환경노동위에서 2000년 5월 29일에 15대 국회 회의 만료로 폐기.
-2차 2006년(17대 국회): 대통령자문 지속가능발전위원회(PCSD) 2005년 10월 국정 과제회의 시 '지속가능한 물관리정책' 대통령 보고, 국가물관리정책을 총괄할 국가물관리 위원회 설치와 법률적 근거 마련 지시로 정부 입법 발의로 물 관리 기본법 제정 추진(국토부와 환경부 공동), 환경노동위에서 17대 국회 회의 만료로 폐기.
-3차 2009년(18대 국회): 김소남 의원 및 10명 공동 의원 입법 발의, 이병석 의원 및 16명, 이윤성 의원 및 26명 각 공동 의원 입법 발의로 3개 법안을 국토해양위에 회부했으나 상임위에 상정되지 않음.

수립하고, 기상 재난에 대비한 홍수 취약 지역의 사회 기반 시설 마련과 생존권 보장을 추진해야 하며, 국민의 물 절약 운동을 시행할 필요성이 있다. 또한 기업의 사회적 책임과 물 인권 이미지를 제고하여야 한다.

참고 문헌

강일신, "수자원의 법적 성격에 관한 고찰", 《저널 물 정책·경제》 제19호, 2012. 04.

고문현, "물과 관련한 국제적 논의의 동향 및 UN총회('10.7.28) 물인권 결의", 《법제논단》, 2012. 06.

권형준, "물부족 및 기후변화 대비 비용 부담 방안", 《저널 물 정책·경제》 제15호, 2010. 12.

기상청, "2011년 이상기후 특별보고서(관계부처 합동)", 2011.

김덕주, "물문제에 관한 국제적 논의 동향 및 우리의 대응", 《주요 국제 문제 분석》 No. 2010-03, 외교안보연구원, 2010. 2. 9.

김성수, "물기본권에 관한 연구", 교육과학기술부, 2009.

박성제, "유럽 선진국의 물관련 행정체계 연구: 영국, 프랑스, 독일의 조직개편을 중심으로", 《저널 물 정책·경제》 제17호, 2011. 08.

박재현, "기후변화와 국가물관리 전략", 《저널 물 정책·경제》 제17호, 2011. 08.

손혁수, "한국 ODA의 물분야 지원현황과 물산업 연계 방안", 《저널 물 정책·경제》 제19호, 2012. 04.

이성희, "물관리기본법 추진 동향 및 전망", 한국농어촌연구원 농생명과학연구정보센터, 2010. 06.

AON Benfield 각 년도 보고서.

Chicago Board of Trade(CBOT).

Dell Priscoll and Wolf 2009.

John Rubino, "Clean Money", *WILEY*, 2009.

Munich Re, 각년도 보고서.

National Climate Data Center(미국 NOAA 국가기후 자료센터).

UNICE, WHO, "Drinking Water Equity, Safety and Sustainability", 2011.

World Water Council, "The Right to Water: From Concept to Implementation", 2006.

2부. 물 인권 도입의 주요 이슈: 법리

05.
물 기본권에 관한 연구

김성수

제1장 서론

제2장 물 기본권의 국제적 환경

제3장 물 기본권의 개념과 헌법적 근거
1. 기본권의 객관적 성격과 국가의 기본권 보호 의무
2. 인간으로서의 존엄과 가치, 인간다운 생활을 할 권리
3. 과소 보호 금지의 원칙
4. 헌법 제120조와 국가의 수자원 관리 의무

제4장 물 기본권의 성격과 내용
1. 물 기본권의 성격
2. 물 기본권의 내용

제5장 결론

제1장 서론

인간의 일상생활과 그 역사적 궤적은 물과 밀접한 관련을 맺고 있다. 인류 문명사는 강과 물에서 시작되었으며, 이는 오늘날도 여전히 같은 모습으로 유지되고 있다. 그런데 물은 인간뿐만 아니라 지구상에 존재하는 모든 생물체의 근원이며, 외계를 향하여 위성을 발사하는 때에도 위성이 향하는 행성에 물이 존재하는가의 여부는 언제나 초미의 관심사이다. 이와 같이 인간을 비롯하여 모든 생명의 근원인 물과의 사이에 존재하는 법적 관계는 종래 물을 경제적으로 이용하는 이른바 수리권을 중심으로 논의되어 왔다.[1] 민법 제231조의 공유 하천용수권과 하천법에 의하여 하천이나 하천수의 사용허가를 통하여 발생하는 권리는 관습법상 또는 법률상의 권리인데, 이러한 수리권은 오늘날 기후 변화와 그로 인한 수자원의 불안정성 시대를 살아가는 우리에게 물에 대해 인간이 가질 수 있는 권리의 성격과 내용에 대하여 지극히 부분적인 설명만을 할 수 있을 뿐이다. 1980년 이른바 제5공화국 헌법에 처음으로 환경권 조항이 도입된 이후로 현행 헌법 제35조 제1항은 "모든 국민은 건강하고 쾌적한 환경에서 생활할 권리를 가진다"고 규정하고 있는데, 쾌적한 환경에는 당연히 물도 포함된다. 이에 따라서 법원의 판례 역시 개인이 '깨끗한 물을 마실 권리'를 가지는 것으로 해석하고 있다.

1_ 이에 대한 상세한 논의는 문현주, "합리적인 수리권 및 수자원에의 기여와 보상체계 연구", 《한국환경정책·평가연구원》, 2009, 21면 이하; 김성수, "수리권의 법적 근거와 한계", 《토지공법연구》 제43집 제1호, 343면 이하.

그러나 '깨끗한 물을 마실 권리'라는 것은 주로 수질과 관련되는 기본권으로서 인간의 생존을 위하여 필요한 최소한의 물량을 요구할 수 있는 권리를 포함한다고 보기 어렵다. 다시 말하자면 물 기본권의 핵심적인 내용은 인간다운 생활을 할 수 있는 '최소한의 깨끗한 물'을 국가에 요구할 수 있는 헌법상의 권리라고 할 수 있다. 이러한 물 기본권은 아직 국내에서는 본격적인 연구가 진행되지 않고 앞서 언급한 수리권 내지 헌법상 환경권의 문제로 다루어져 왔다. 그러나 이미 유엔을 비롯한 국제기구와 각종 국제 협약에서는 물 기본권을 모든 인류에 보장되어야 하는 보편적 인권으로 선언하고 있으며, 물 기본권은 수량과 수질을 포함하는 생존권적 성격을 가짐을 강조하고 있다. 따라서 보편적 인권으로서의 물 기본권은 일종의 국제 헌법적 지위를 가지게 된 것이다.

본 연구에서는 물 기본권이 국제 헌법으로서의 위상을 갖게 된 배경과 더불어 우리 헌법상의 근거와 물 기본권의 내용과 성격, 물 기본권과 국가의 기본권 보호 의무, 그 보장의 한계로서 과소 보호 금지의 원칙 등에 대한 문제들을 검토하기로 한다.

제2장 물 기본권의 국제적 환경

최근 일종의 유행처럼 각국에서 추진하고 있는 물에 대한 민영화·산업화의 경향은 전 지구적으로 진행되고 있는 기후 변화로 인하여 홍수와 가뭄이 빈발하는 등 수자원의 안정성이 크게 동요되고 있는 상황에 적극적으로 대처하기 위한 전략이라고 평가할 수 있다. 그런데 이와 같은 물에 대한 민영화와 산업화의 과제는 환경·경제·사회 정책적으로 많은 법적인 문제를 야기하고 있다.[2] 우리나라의 경우에도 지난 2008년 이른바 미국산 쇠고기 파동으로 인하여 수면 아래로 가라앉았던 지방 상수도의 민영화와 구조 개편의 논의도 바로 이러한 국제적인 경향과 무관하지 않아 보인다.[3]

기후 변화에 따르는 수자원 관리의 불안정성은 자연 환경은 물론 이를 이용하는 인간에게 위협적인 요소로 평가되고 있으며, 그 결과 국제적으로도 최근 중요한 의제로 부상하고 있다. 2003년 유엔의 물 보고서에 따르면 지구상에서 약 31개국이 만성적인 물 부족을 겪고 있으며, 2050년이 되면 그 숫자는 약 48개국에서 60개국에 이를 것으로 예상하고 있다. 이렇게 되면 지구상에 존재하는 국가의 3분의 1과 약 20억 내지 70억 인구와 더불어 수많은 생물체 및 환경 생태계에 지대한 영향을 줄 것으로 보고 있다.[4] 그럼에도 불구하고 지구상 대부분의 나라에서는 물 부족 현상이 일부 개발도상국의 문제로만 인식되고 그 심각성이 간과되는 실정이다. 그러나 2004년 유엔 경제위원회

---

[2]_ 물에 대한 산업화·민영화는 국민에게 위생적이고 생태적으로 지속 가능한 물을 공급하여야 한다는 공적 과제와 관련하여 최근 공법학에서 회자되고 있는 보장 국가론(Gewährleistungsstaat) 내지 국가의 보장 책임(Gewährleistungsverantwortung)의 논의와도 밀접하게 연관되어 있다. 다시 말하자면 공적 과제의 민영화 이후에도 국가는 국민들이 필요로 하고 생존에 필수적인 재화와 용역의 제공에 대한 보장 책임을 진다는 것이다. 물론 국가가 이러한 보장 책임을 수행하는 방법과 수단은 다양하고 그에 따라 상당한 입법 형성권이나 재량을 갖고 있기는 하지만 국민의 생존과 직결되는 과제와 책임을 결코 벗어날 수 없으며, 최후의 보장자로서의 책무를 지는 것이다.

[3]_ 이 시기에 진행되었던 상하수도 사업의 구조 개편에 대한 논의는 김성수, "물산업지원법안에 대한 법리적 검토", 《토지공법연구》 제41집, 166면 이하.

[4]_ UNESCO, 유엔-물보고서 2003년, 요약집 10면.

의 보고서에 따르면 유럽의 경우만 하더라도 약 31%의 사람들이 심각한 물 부족을 겪고 있다.[5] 또한 기후 변화 때문에 현재 전 세계적으로 약 20%의 물 부족 현상이 발생하는 것으로 추정되고 있다는 현실을 감안한다면 물 부족은 전 인류, 전 지구적인 문제가 아닐 수 없다.

그런데 물 부족 문제는 기후 변화에만 국한하여 고려할 사안은 아니다. 다시 말하자면 인간의 생존에 필수적인 물 공급과 관련하여 일단 사용한 생활하수 등을 어떻게 처리하는가의 문제가 밀접하게 결부되어 있다. 인간은 매일 적어도 2리터의 깨끗한 마실 물을 필요로 하는데, 일단 사용된 생활하수 등 1리터의 오수를 정화하는 데에는 약 8리터의 물이 필요하다. 그러므로 정화되지 않은 오수가 생태계를 오염시키는 경우에 인간과 동물을 비롯하여 물을 필요로 하는 생명체들은 절대적인 물 부족에 직면하고 있다는 사실과 더불어 항상 오염된 물에 노출되어 있다는 문제가 제기될 수 있다. 그러므로 기후 변화로 인한 수자원의 불안정성에 대비하는 것도 중요하지만 동시에 지표수와 지하수의 질을 유지하는 것 역시 인간에게 마실 물을 공급한다는 점에서 매우 중요한 국가적·국제적 과제라고 할 수 있다. 유엔의 보고에 의하면 전 지구상에서 약 12억의 인구가 물 자체의 부족을 호소하고 있으며 약 24억은 마실 물이 존재하기는 하지만 수질이 좋지 못한 물을 공급받고 있는 것으로 확인되고 있다.

놀랄 만한 사실은 유럽의 경우에도 약 1억2천만 명의 인구가 마실

5_ UN Economic and Social Council & Economic Commission for Europe, Regional Implementation Forum in Sustainable Development, Water and Sanitation in the UNECE Region: Achievements in Regulatory Aspects, Institutional Arrangements and Monitoring since Rio, Trends and Challenges, 제네바 2004년 1월 15일, 16일, CE/AC.25/2004/5, 2면.

물 내지 위생적인 물 문제로 고통을 겪고 있다는 점이다. 따라서 유럽에서도 콜레라, 티푸스, A형 간염 등의 발병률이 높아지고 있는 실정이다.[6] 이와 같이 현재 인류가 겪고 있는 물 위기는 생태적 자원 보호, 지속 가능하며 통합적인 물 관리, 물에 대한 접근권과 배분적 정의 그리고 특히 이른바 물 인권의 법적 내용에 대해서 환경법적·인권적 측면의 논의를 촉발시키고 있다.[7] 그리고 이러한 국제적 논의는 경제·사회·문화적 권리에 대한 국제협약(이른바 유엔 사회협약) 제11조와 제12조에 그 토대를 가지게 되었다. 그리고 유엔 사회위원회는 2002년 말 생명권과 인간의 존엄에 기초를 두고 위 유엔 사회협약 제11조와 제12조로부터 물 인권이라는 개념을 도출하고 일반논평 제15호에서 이를 위한 국제 사회의 구체적인 법적 의무를 명시하였다.[8] 특히 1992년과 2000년, 그리고 2002년 유엔 정상회의를 통하여 전 지구적인 물 위기가 국제 사회에 각인되는 계기를 맞이하게 되었다.[9] 2004년 발간

6_ J.L. Lozān, (Hrsg.), *Warnsignal Klima: Genug Wasser für alle? Wissenschaftliche Fakten*, 2005, 5면.

7_ 이에 대한 상세한 논의는 T. Bruha & C. Maaß, "Schutz der Süßwasserressourcen im Völkerrecht"; M. Tilzer, "Die globale Süßwasserkriese", in: T. Bruha & H.-J. Koch(Hrsg.), *Integrierte Gewässerpolitik in Europa*, 2001, 69면 이하, 277면 이하.

8_ General Comment No. 15, UN Dok. E/C.12/2002/11.

9_ 잘 알려진 바와 같이 1992년 브라질의 리우데자네이루 유엔 정상회의에서는 아젠다21을 채택하고 제18장에서 통합되고 지속 가능한 물 관리를 위한 실천 프로그램을 규정하였다. 이어 2000년 뉴욕에서 개최된 이른바 유엔 밀레니엄 정상회의는 여덟 개의 밀레니엄 목표를 설정하였는바, 그 중 하나가 2015년까지 위생적인 상수도를 사용하지 못하는 지구인의 비율을 절반으로 축소하는 것이다. 또한 2002년 남아프리카의 요하네스버그에서 열린 지속 가능한 유엔 정상회의에서는 뉴욕의 밀레니엄 목표를 한층 강화하여 2015년까지 상수도의 혜택을 전혀 받지 못하는 지구인의 비율을 역시 절반으로 축소할 것을 결의하였다. 이러한 목표들을 실행에 옮기기 위해서는 자본 집약적인 투자를 통하여 상하수도의 인프라를 구축하는 것이 무엇보다 중요하다. 그런데 상하수도 시설에 대한 수요는 급격하게 증가하는

된 세계은행 보고서에 따르면 향후 25년간 개발도상국에서 위생적인 상하수도의 설치와 운영을 위하여 필요한 투자 자금이 약 1천8백억 달러로 추산되고 있다.[10]

물론 이러한 목표를 세우는 것은 어렵지 않은 일이다. 중요한 것은 이러한 목표를 실현하기 위한 올바른 실천 전략을 모색하는 것이다. 그런데 이와 같은 실천 전략은 오늘날 세계적으로 두 가지 갈래로 진행되고 있다고 말할 수 있다. 우선 첫째는 국제통화기금과 세계은행이 추구하는 전략으로서 상하수도 분야에서 경영과 기업 운영 방식을 대폭 도입하여 경쟁을 통한 공급 확대를 지향하는 전략으로서 이른바 신자유주의적 접근 방법이라고 할 수 있다. 신자유주의적 접근 전략은 상하수도 시장을 형성하고 대폭적인 민영화와 자유화를 지향하고 있다. 다른 하나의 전략적 흐름은 유엔의 인권 내지 환경 관련 기관과 단체가 중심이 되고 각국의 광범위한 시민 사회의 지원을 받아 물 인권과 자연 자원에 대한 지속 가능한 보존을 강조하는 입장이다. 물론 후자의 전략도 위생적인 상하수도의 설치와 운영에 있어서 민영화의 방식(주로 지방 상수도)을 전적으로 배제하는 것은 아니지만 대체적으로는 이제까지 국가 특히 상하수도의 공급에 대하여 지방자치단체가 운영 주체가 되어야 한다는 전통적인 입장을 대변하고 있다. 그럼에도 적어도 1990년대 전 세계적으로 진행된 신자유주의의 사조를 타고, 특히 국제통화기금과 세계은행이 중심이 되어 상하수도 시장의 민영화와 자유화를 광범위하게 추진하였다.

한편 이를 위하여 필요한 시설은 전 지구적으로 상당히 부족한 것이 현실이다.
10_ World Bank, "Water Resources Sector Strategy", *Strategic Direction for the World Bank Engagement*, 2004, 11면.

이를 통하여 결국 상하수도 분야에서 일종의 패러다임의 전환이 이루어진 것으로 평가하는 사람들이 많은데, 이에 따르면 전 세계적으로 물에 대한 경제적 가치가 상승하고 자연스럽게 상업화의 경향이 강화됨에 따라서 일종의 시장이 형성되었다는 것이다. 국제통화기금이나 세계은행과 같은 국제 금융 기관뿐만이 아니라 유럽연합 집행위원회를 비롯하여 각국의 정부들은 물을 일종의 시장이 성립하는 분야로 보고 있으며, 현재 전 세계적으로 그 규모는 약 4천억 달러로 추산되고 있다.[11] 현재의 추정으로는 어떠한 기준을 사용하는가에 따라서 다소의 편차는 존재하지만 전 세계적인 물 시장의 규모는 계속하여 커지리라는 데에 전문가들 사이에서 의문의 여지가 없다. 그러나 물 문제를 이와 같은 경제와 시장 논리로 접근하기에는 분명히 일정한 한계가 있음을 간과할 수 없다. 현재 우리 인류가 당면하고 있는 물 위기와 더불어 이와 관련된 환경과 인간의 생존 조건의 문제를 지혜롭게 극복하기 위해서는 국제법적인 시각과 더불어 물 기본권 등 헌법적인 문제들에 대한 면밀하고 구체적인 검토가 뒷받침되어야 한다. 여기에서 무엇보다 중요한 것은 상하수도의 설치와 운영에 대한 최후의 보장 책임과 더불어 그에 대한 민주주의적 통제를 강화하는 일이다. 특히 이러한 국가의 보장 책임과 민주적 통제가 강조되는 분야는 국민 또는 주민의 생존에 필수적으로 요구되는 위생적인 상하수도의 공급과 관련된 생존 배려 행정 작용이라고 할 수 있다.

11_ 유럽이사회(의장국 오스트리아), 보고서 "Das Wasser und die EU", Aktuelle Tätigkeit der EU-Kommission im Bereich des Wassermarktes v. 07. 04. 2005, 1면, http://europa.eundint/austria/uebersicht.htm(08.08.2005).

제3장 물 기본권의 개념과 헌법적 근거

1. 기본권의 객관적 성격과 국가의 기본권 보호 의무

우리 헌법상 물 기본권(basic right to water, Grundrecht auf Wasser)이라는 독자적 기본권은 존재하지 않는다. 후술하는 바와 같이 물 기본권이 인정될 수 있다면 그 헌법적 근거와 성격, 구체적인 내용이 무엇인지에 대해서도 아직 국내에서는 물론 외국에서도 본격적인 논의가 없다. 그러므로 물 기본권이라는 헌법상 기본권이 인정될 수 있으려면 여기에 대하여 헌법의 다른 실체적 규정이나 원칙의 해석을 통하여 도출할 수 있어야 한다. "물 기본권이란 모든 국민이 자신의 생존에 필수적인 최소한도의 위생적인 물을 사용할 수 있도록 국가에 요구하거나 국가 또는 제3자로부터 이에 대한 자유로운 이용을 방해받지 않을 권리"라고 일단은 그 개념을 정의할 수 있을 것이다. 물 기본권을 위와 같이 정의하는 경우 이를 보장하는 국가의 책임과 의무가 중요한 의미를 가지기 때문에 물 기본권은 전통적인 주관적 권리로서의 의미보다는 객관적인 권리로서의 성격이 강조된다. 객관적인 권리로서의 기본권의 성격은 헌법상 국가의 기본권 보호 의무에 대한 논의와 연결되며, 이는 후술하는 바와 같이 과소 보호 금지 원칙(Untermaßverbot)이라는 헌법상 심사 기준과 밀접한 관련을 가지고 있다.

우리 헌법 제10조 제2문은 "국가는 개인이 가지는 불가침의 기본적 인권을 확인하고 이를 보장할 의무를 진다"고 규정하여 국가가 개인이 가지는 기본권을 보장 또는 보호할 의무를 명시하고 있다. 그런데 기본권 보호 의무에 대하여 오랜 논의의 역사를 가지고 있는 독일에서는 국가의 기본권 보호 이론(Grundrechtliche Schutzpflicht)이 주로 사적 영역에서 사인 간의 기본권 충돌 또는 침해가 발생하는 경우 국가가 이에 개입하여 기본권 침해 문제를 해결하는 이른바 삼각관계(국가, 기본권 보호 필요자, 기본권 침해자)를 그 구조적 특성으로 한다.[12] 이는 특히 독일의 연방헌법재판소가 1975년 이른바 제1차 낙태 판결을 통하여 처음 언급한 이후 일관되게 기본권 보호 의무를 사적 영역에 한정하는 경향을 보이고 있다.[13] 그러나 우리나라의 경우에는 위 헌법 제10조 제2문에 따라서 반드시 사적 영역에서의 기본권 침해로 인한 객관적 효력의 확장 이론을 통해서만이 아니라 국가적 영역에서 기본권 보호 의무를 직접 적용할 수 있는 것이라고 주장하기도 한다.[14]

그럼에도 물 기본권은 국가의 적극적 행위에 의하여 침해되는 경우보다는 국민의 요구에 적시에 대응하지 못하는 부작위로 인하여 기본권 침해가 발생하기 때문에, 이러한 경우 여전히 국가는 공동체 구성원의 안전과 국민의 기본권을 실현하기 위한 국가적·공적 과제를 실현하여야 하는 의무를 부담하여야 한다는 의미에서 기본권의 객관적 측

12_ 허완중, "기본권 보호 의무에서 과소 보호 금지의 원칙과 과잉금지원칙과의 관계",《공법연구》제37집 제1-2호, 2008년, 204면 이하.
13_ BVerfGE 39, 1, 42.; 88, 203, 251. 그 이후 독일연방헌법재판소는 도로 소음 결정(BVerfGE 79, 174, 201)과 원자력 발전소 결정(BVerfGE 53, 30, 57면 이하)에서 점차로 기본권 보호 이론을 확대하였다.
14_ 허영,《한국헌법론》, 박영사, 제5판, 2009년, 297면; 정종섭,《헌법학원론》, 박영사, 제2판, 2007년, 333면.

면과 국가의 기본권 보호 의무가 밀접하게 연관되는 것이다. 즉, 기본권의 효력은 국가에게 국민의 기본권에 대한 적극적인 침해 행위를 중지 또는 제거하도록 의무를 부과하고 더 나아가 특히 독일의 기본권 보호 이론에 의할 경우 다른 사인의 행위로 인하여 특정인의 기본권이 침해되지 않도록 효과적으로 보호할 의무를 지운다. 국가의 기본권 보호 의무는 헌법상 사회 국가 원리와 결합하여 개인의 기본권 보호를 위한 국가의 광범위한 과제를 창설하는 근거가 된다.[15]

2. 인간으로서의 존엄과 가치, 인간다운 생활을 할 권리

그런데 이와 같은 기본권 보호 의무는 물 기본권의 효력 및 그 법적 성격과 관련하여 중요한 의미를 가지고 있다. 일단 기본권 보호 의무와 헌법상 실체적으로 밀접한 관계를 가지고 있는 기본권은 인간의 존엄과 가치이다. 헌법 제10조 제1문은 "모든 국민은 인간으로서의 존엄과 가치를 가지며, 행복을 추구할 권리를 가진다"고 규정하고 있는데, 인간의 존엄과 가치는 대체로 다음과 같은 네 가지 차원의 내용을 포함한 것으로 이해하고 있다. 신체적 불가침성에 대한 존중과 보호, 인간에게 적합한 생존의 토대(이른바 실질적이고 생태적인 생존에 필요한 최소한의 조건), 기본적인 법적 평등의 실현, 개인적 정체성의 보

15_ R. Wahl, "Staatsaufgaben im Verfassungsrecht", in: T. Ellwein & J. Hesse (Hrsg.), *Staatswissenschaften*, 1990, 29면; H. Schulze-Fielitz, "Staatsaufgabenentwicklung und Verfassung", in: D. Grimm(Hrsg.), *Wachsende Staatsaufgaben—sinkende Steuerungsfähigkeit des Rechts*, 1990, 21면; B. Kempen, *Schranken der Privatisierung*, 2002, 11면, 25면.

장인데,[16] 특히 물 기본권과 관련하여 중요한 것은 이 중 앞의 두 가지 내용이다.[17] 이미 언급한 바와 같이 물 기본권과 관련된 각종 국제 협약 및 선언에서 물에 대한 인권을 강조하는 것도 국가가 인간의 생존에 필수적인 위생적인 물을 공급하여 그 생존의 최소한의 요건을 충족하는 것만이 헌법에 보장된 인간의 존엄과 가치를 실현하는 것임을 강조하는 것이다.

이러한 의미에서 인간의 존엄과 가치, 생명권 보호에 대한 국가의 보호 의무로부터 이른바 위생적인 상하수도의 공급을 통하여 모든 국민의 '최서 생존권 보장(Existenzminimum)'이라는 국가적 과제가 도출될 수 있다. 이는 우리 헌법 제34조 제1항이 규정하는 바와 같이, 모든 국민은 인간의 존엄에 합당한 인간다운 생활을 할 권리를 가지는 것으로부터 인정되는 국가의 보호 의무와 기본권의 객관적 성격과 연관된다. 그러므로 모든 국민은 이러한 국가의 기본권 보호 의무에 대응하여 생존에 필수적인 최소량의 위생적인 물을 공급해 달라는 권리를 갖고 있는 것으로 볼 수 있다.[18] 물론 그러한 기본권 보호 의무를 구체

16_ W. Höfling, in: M. Sachs (Hrsg.), GG, 5. Aufl., 2009, Art. 1 Rn. 19.

17_ S. R. Laskowski, *Das menschenrechtauf Wasser: Die rechtlichen Vorgaben zur Sicherung der Grundversorgung mit Wasser und Sanitärleistungen im Rahmen einer ökologisch-nachhaltigen Wasserwirtschaftsordnung*, Mohr Siebeck, 2010, 421면.

18_ 물에 대한 최저 생존권 보장이라는 범세계적 경향과 관련하여 우리나라의 수도법도 2010년 5월 25일 개정을 통하여 제2조 제6항을 신설하여 "국가, 지방자치단체 및 수도사업자는 빈곤층 등 모든 국민에 대한 수돗물의 보편적 공급에 기여하여야 한다"는 내용을 규정하였다. 또한 제38조 제3항을 다음과 같이 신설하였다. 일반수도사업자는 다음 각 호의 어느 하나에 해당하는 자 및 교육시설·사회복지시설 등 대통령령으로 정하는 공익시설에 대하여는 대통령령으로 정하는 바에 따라 수돗물의 요금을 할인하여 줄 수 있다. 1. 65세 이상인 자 2. '장애인복지법'의 적용을 받는 장애인 3. '국민기초생활 보장법'에 따른 수급권자 및 차상위계층.

적으로 어떻게 실현할 것인가에 대해 구체적인 기준을 명시하기는 어렵다. 다만, 중요한 것은 국가가 후술하는 과소 보호 금지 원칙을 준수하며 기본권 보호를 위한 객관적이고 효과적인 조치를 취하여 국가공동체의 구성원인 모든 국민에게 1인당 특정한 양의 음용수와 생활용수를 공급할 수 있도록 현실화되어야 한다. 이런 의미에서 기본권에 대한 '결과적 보장'이라는 것이 중요하다는 것이다.

인간으로서의 존엄과 가치, 생명권, 인간다운 생활을 할 권리는 국가 권력을 직접적으로 기속하는 한편 제3자에 대해서도 직접적으로 적용되는 기본권이기 때문에 물 공급과 관련된 국가적 과제가 민영화되거나 민간에게 개방되는 경우에도 역시 법적 형태와는 관계없이 생존의 최소한 보장은 이루어져야 한다. 그러므로 인간 존엄과 최저 생존권 보장을 위한 기본권 보호 의무를 근거로 국가는 (지방) 상하수도의 민영화 또는 시장 자유화가 이루어지는 경우에도 물을 대상으로 하는 국민과 민간 사업자 간의 사법상 법률관계를 형성함에 있어서 인간 존엄, 인간다운 생활을 할 수 있는 최저 생존권이 보장될 수 있도록 입법적인 배려 의무를 부담한다. 그러므로 독자적인 생존 능력이 없는 국민이 상하수도 이용 요금을 체납하는 경우 그 공급을 거부할 수 있도록 하는 법률 규정은 공급 주체가 국가 또는 민간 부문의 사업자를 막론하고 위헌임을 면할 수 없다.[19]

---

[19] 이미 언급한 바와 같이 유엔 사회협약 제11조와 제12조로부터 물 인권이라는 개념을 도출하고 일반논평 제15호에서 이를 위한 국제 사회의 구체적인 법적 의무를 명시하면서 물은 보편적 인권이며 최저 생존권 보장을 위한 구체적인 양은 무상으로 '하루 일인당 위생적인 물 20리터'라는 것을 확인하였다는 점은 각국의 입법에서 가이드라인으로 적용될 수 있을 것이다.

3. 과소 보호 금지의 원칙

이미 언급한 바와 같이 국가가 생태학적으로 지속 가능한 위생적인 상하수도를 설치하여 운영하여야 한다는 공적 과제는 기본권의 객관적 성격으로부터 도출되는 것이다. 이 경우 국가에 대한 방어권이라는 고전적인 기본권의 성격과 효력은 큰 의미를 가지지 못한다.[20] 국가는 상호 충돌하는 법익을 고려하여 위험에 처한 법익에 대하여 적절하고 효과적인 보호를 위한 규범적, 사실적 조치를 취할 의무가 있다. 특히 기본권은 국가가 스스로 위법한 행위를 통하여 야기할 수 있는 국민에 대한 자유권 침해를 중지하여야 하는 의무를 부과함과 동시에(이른바 방어적 기능), 보호 의무로서 헌법적 근본 결단에 의하여 더욱 적극적인 조치를 취함으로써 제3자의 기본권 침해와 방해로부터 개인을 보

20_ 독일연방헌법재판소는 이와 같은 기본권의 객관적 성격에 대하여 '헌법의 객관적 가치 결단'이라는 용어로 표현하면서(BVerfGE 73, 261, 269; 96, 56, 64), 이러한 헌법의 객관적 가치 결단은 국가의 입법, 행정, 사법 등 모든 국가 권력의 행사에 지침을 제공하며, 국가 공동체의 모든 법적 영역에서 효력을 가지는 것으로 판단하고 있다. 독일연방헌법재판소는 이러한 '객관적 가치 결단'이라는 용어 대신 때로는 '근본 규범', '객관적 규범', '객관적인 기본권의 내용', '보호 의무' 등으로 표현하고 있다. 이미 언급한 바와 같이 오늘날 헌법학에서 일반적으로 인정되고 있는 국가의 기본권 보호 이론은 독일연방헌법재판소의 결정으로부터 발전하였다. 이러한 이론이 처음 등장한 것은 독일연방헌법재판소의 제1차 낙태 판결이었는데, 그 출발점은 독일기본법 제2조 제2항의 생명권과 신체의 불가침성 및 제1조 제1항에 규정된 인간의 존엄권이었다. 독일연방헌법재판소는 이러한 독일기본법의 규정으로부터 아직 태어나지 않은 태아의 생명권과 건강권에 대한 국가의 보호 의무를 도출하였다. 그 이후 독일연방헌법재판소는 제3자의 위법한 침해로부터 개인의 생명과 신체의 불가침성을 보호하여야 하는 국가의 의무가 있다는 점을 거듭하여 밝혀 왔다. 이러한 독일연방헌법재판소의 결정에 독일행정법원 역시 동일한 판례를 남기게 되었다(BVerwGE 82, 61, 66; 104, 36, 49). 이러한 판례들은 이후에 국가의 기본권 보호 의무가 객관적인 국가의 기본권 보호 의무로서 후세대까지 확장되는 것으로 이해하게 되었는데, 독일기본법 제20a조가 국가가 후세대를 위하여 자연적 생존 조건에 대한 보호 의무를 규정함으로써 헌법적인 근거를 가지게 되었다.

호하여야 하는 효력을 가지게 된다(이른바 보호적 기능). 특히 이러한 국가의 보호 의무는 자연 환경에 대한 침해로부터 야기될 수 있는 위험과 위해에도 적용될 수 있다.

그러므로 국가는 생명과 건강에 대한 임박한 위험을 야기하는 환경 침해에 대하여 충분하고 적절한 안전 조치를 취하여야 하며, 생명과 건강에 대한 위해의 발생을 효과적으로 차단하여야 하는 의무를 부담한다. 물론 이러한 위해 또는 위험을 방지하여 국민의 생명과 안정을 보호하여야 하는 의무는 일차적으로 입법자의 몫이며, 입법자는 이러한 입법적 과제를 수행하면서 달성하려는 국가적 과제의 목표와 이를 위한 수단을 선택함에 있어서 광범위한 형성권과 평가의 여지를 갖고 있다. 그런데 입법자가 가지고 있는 이러한 형성권과 평가의 여지는 무제한적인 것이 아니며, 이른바 과소 보호 금지 원칙에 의한 합헌성 심사를 받게 된다.[21] 이와 관련하여 독일연방헌법재판소는 이른바 제2차 낙태 판결에서 입법자가 취하는 기본권 보호 의무는 적절하고 효과적인 보호를 위하여 충분한 정도이어야 하며, 신중한 사실 조사와 객관적인 평가에 의거하여야 한다는 점을 강조하였다.[22] 이로서 독일연방헌법재판소는 국가의 기본권 보호 의무와 관련하여 과거 입법자의 형성권과 재량을 광범위하게 인정하던 경향을 탈피하여 보호 의무의 '효과성'을 특히 강조함으로써 과거의 이른바 명백성 통제로부터 이른바 효과성 통제로 발전하는 계기를 마련하였다.[23]

21_ J. Isensee, in: J. Isensee & P. Kirchhof (Hrsg.), *Handbuch des Staatsrechts*, Bd.V, 1992, § 111.
22_ BVerfGE 88, 203, 254.
23_ S. R. Lakowski, "Kein Gleichstellungsgesetz für die Privatwirtschaft?", *ZRP*,

독일연방헌법재판소는 국민의 기본권 보호를 위하여 입법자가 취하는 조치가 실효성이 있어야 한다고 밝힌다. 여기서 말하는 실효성이란 기본권 보호를 통하여 추구하는 목적을 실질적이고 효과적으로 달성할 수 있어야 한다는 의미이다.[24] 즉 입법자는 방만하고 자의적인 판단을 지양하고 사실 관계를 엄밀하게 조사하고 충돌할 수 있는 법익간의 형량을 통하여 오직 하나의 객관적이고 사후 검증 가능한 미래 예측적 결정을 내리게 된다. 이로써 기본권 보호가 필요한 국민은 임박한 기본권에 대한 위해 상태로부터 충분하고 실질적인 보호를 받게 되며 과소 보호 금지의 원칙에 대한 침해를 방지할 수 있다.[25] 물론 과소 보호 금지의 원칙에 대한 위반이 구체적으로 어떠한 경우에 발생하는가에 대해서는 일률적으로 이야기하기 어려운 측면이 있다. 그러나 과소 보호 금지의 원칙을 일탈한 것인가의 문제에 과잉 금지 원칙을 적용하여 본다면 임박한 위해의 정도와 문제되는 기본권 보호의 필요성이 크면 클수록 입법자가 기본권 보호를 위하여 동원할 수 있는 수단을 선택함에 있어서 형성의 자유는 줄어들게 된다.

2001, 504면 이하.
24_ 이에 비하여 우리 헌법재판소는 입법 부작위나 불완전한 입법에 의한 기본권 침해는 입법자의 보호 의무에 대한 명백한 위반이 있는 경우에만 인정될 수 있다는 견해를 제시하고 있다. 그러므로 우리 헌법재판소는 국가가 국민의 법익을 보호하기 위하여 전혀 아무런 보호 조치를 취하지 않았든지 아니면 취한 조치가 법익을 보호하기에 명백하게 전적으로 부적합하거나 불충분한 경우에 한하여 과소 보호 금지 원칙 위반으로 위헌을 확인할 수 있을 뿐이다(헌재 1997.1.16. 90헌바110 등). 또한 헌재는 국민기초생활보장 최저생계비 위헌확인(헌재 2004.10.28. 2002헌마328 전원재판부) 사건에서도 국가가 인간다운 생활을 보장하기 위한 헌법적 의무를 다하였는지의 여부가 사법적 심사의 대상이 된 경우에는, 국가가 최저생활보장에 관한 입법을 전혀 하지 아니하였다든가 그 내용이 현저히 불합리하여 헌법상 용인될 수 있는 재량의 범위를 명백히 일탈한 경우에 한하여 헌법에 위반된다고 보고 있다.
25_ BVerfGE 77, 170, 214.

다시 말하자면 기본권에 대한 위해가 상시화된 경우에 입법자는 그 보호를 위한 조치를 한 번 취하는 것으로는 과소 보호 금지의 원칙에 부합하는 것으로 보기 어렵다. 기본권에 대한 상시화된 위해가 존재하는 경우 입법자의 보호 의무 역시 이른바 동태적인 보호라는 보호 수단의 구조적 변화를 모색하여야 한다. 동태적인 기본권 보호 의무는 기본권에 대한 위해나 위험이 상시화·장기화되는 경우에 입법자와 행정부는 국민의 기본권 보호를 위하여 상시적인 통제 장치를 마련하여야 하며, 장기적인 관점에서 기본권 보호에 대한 안정성을 보장하여야 한다. 특히 이러한 장기적이고 상시적인 기본권 보호 의무는 상하수도의 위생적인 공급이 핵심적인 내용을 이루는 물 기본권의 보호와 관련하여 중요한 의미를 가질 수 있다.

인간의 존엄권과 생명권을 보호하기 위하여 과소 보호 금지의 원칙을 적용하고 입법부와 행정부에 장기적·상시적 기본권 보호 의무를 부과하는 것은 상하수도 공급 영역에 광범위하게 진행되고 있는 민영화와 시장 자유화의 부작용을 적절하게 통제한다는 의미에서도 매우 중요하다. 민영화와 시장 자유화의 경향에도 불구하고 국민 전체에게 생존에 필수적인 음용수와 위생적인 생활용수를 공급하는 것은 국민의 건강권과 생명권을 보호하는 일종의 보편적 서비스(universal service)로서의 기능을 가지고 있기 때문에 이는 최후로 국가가 보장할 의무를 가진다. 이러한 의미의 이른바 보장 국가론에 대해서는 이미 언급하였다. 물론 일차적으로 국가는 상하수도의 설치와 운영을 통하여 당장 필요한 음용수와 생활용수 및 위생적인 오폐수 처리 의무를 갖게 되지만, 한 걸음 더 나아가 장기적으로 후속 세대를 위하여 이러한 국가적 과제 수행과 기본권 보호 의무가 실현될 수 있도록 하천과 물 관리에 대하여 배려할 의무를 갖는다.

4. 헌법 제120조와 국가의 수자원 관리 의무

1) 의의

우리 헌법 제120조는 제1항에서 "광물 기타 중요한 지하자원·수산자원·수력과 경제상 이용할 수 있는 자연력은 법률이 정하는 바에 의하여 일정한 기간 그 채취·개발 또는 이용을 특허할 수 있다"고 규정하고, 제2항에서는 "국토와 자원은 국가의 보호를 받으며, 국가는 그 균형 있는 개발과 이용을 위하여 필요한 계획을 수립한다"는 내용을 규율하고 있다. 1972년 제7차 개정헌법은 국토와 자원에 대한 국가 보호 의무와 국가의 국토와 자원의 개발 및 이용에 대한 계획 수립권 규정을 신설하여 현행 헌법에 이르고 있으며, 현행 제9차 개정헌법은 국가의 계획 수립권과 관련하여 "필요한"이라는 표현을 삽입하여 해석상 국가의 계획 수립권의 내용적 한계를 설정하고 있다. 국토와 그 구성 부분으로서 자연 자원은 국가 공동체의 공간적 기초이자, 국민 경제 생활의 물적 기반이라는 점에서 헌법적으로 중요한 의미를 갖는다. 이에, 우리 헌법은 제120조 제2항에서 "국토와 자원은 국가의 보호를 받으며, 국가는 그 균형 있는 개발과 이용을 위하여 필요한 계획을 수립한다"고 규정하여, 국가의 경제 영역에 대한 일반적 규제·조정 권한을 규정한 제119조 제2항을 구체화하는 동시에, 국토와 그 구성 부분으로서 자원이 국가 공동체와 국민의 경제 생활에서 차지하는 중요성을 고려하여 국가의 각별한 보호 의무를 선언하고 있다.[26] 따라서 헌법 제120조 제2항은 국토와 그 구성 부분으로서 자연 자원에 대한 국가의 규제·조정 권한을 규정한 수권 규범이자 그에 대한 국가의 보호 의무를 규정한 명령 규범으로서 성격을 갖는다.[27]

2) 국가의 자원 관리 의무와 기본권 보호 의무와의 관계

앞서 언급한 바와 같이 헌법 제120조 제2항에 따라서 국가는 국민의 생존에 필수적인 수자원을 포함한 자연 자원을 효율적으로 관리할 의무를 가지는 동시에 이러한 자원 관리 의무는 세대를 넘어서서 후속 세대도 이용할 수 있는 지속 가능성이 담보되어야 한다. 물론 국가의 자원 관리 의무는 궁극적으로 국가 공동체의 구성원인 국민의 생존에 필수적인 자원을 확보하고 관리할 의무를 국가에 부여하고 있다는 점에서 국민의 기본권을 보장하는 국가의 보호 의무와도 깊은 관련성을 맺고 있다고 할 수 있다. 그 이유는 국가의 자원 관리 의무 역시 국가 그 자체를 위한 자기 목적적 의미를 갖는 것이 아니라, 국민의 기본권 실현과의 관련성 속에서 고찰되어야 하기 때문이다. 그러나 기본권의

26_ 김종철, "헌법 제120조", 《헌법주석서IV》, 법제처, 2010, 493-494면.
27_ 헌법재판소 역시 같은 취지의 결정을 하고 있다. "헌법 제120조는 제1항에서 '광물 기타 중요한 지하자원·수산자원·수력과 경제상 이용할 수 있는 자연력은 법률이 정하는 바에 의하여 일정한 기간 그 채취·개발 또는 이용을 특허할 수 있다'고 하고, 제2항에서 '국토와 자원은 국가의 보호를 받으며, 국가는 그 균형 있는 개발과 이용을 위하여 필요한 계획을 수립한다'고 규정하고 있다. 이 헌법 조항에 따라 국가는 자연 자원에 관한 강력한 규제 권한을 가지는 한편 자연 자원에 대한 보호 의무를 지게 되었다." (헌재 1998. 12. 24. 98헌가1).

객관적 성격과 국가의 기본권 보호 의무를 상당한 정도로 확장한다고 하더라도 국민 개개인이 자신의 기본권 보호를 위하여 국가에 효과적이고 지속 가능한 자원 관리를 요구할 수 있는지는 의문이다. 다시 말하자면 국가의 자원 관리 의무는 추상적으로는 국민의 기본권 보호 의무와 관련이 있지만 구체적·직접적으로 자원 관리 의무가 국가에 국민의 기본권 보호 의무를 정언(定言)할 수 없다는 것이다.

국가는 기본권 보호 의무를 구체적으로 어떠한 방법을 통하여 어떠한 정도로 실현할 것인가에 대하여 상당한 판단의 여지와 입법적 형성권을 가지고 있으며, 그 헌법적 한계로서 과소 보호 금지의 원칙에 대한 적용 문제를 이미 검토하였다. 그런데 국가의 자원 관리 의무는 헌법이 국가에 효율적이고 지속 가능한 자원의 관리 자체를 명하는 것이 우선이며, 이로 인한 국민의 기본권 실현은 부수적이고 결과적인 문제에 불과하다. 위 헌재 결정에서 헌법 제120조에 의하여 국가는 자연 자원에 관한 강력한 규제 권한을 가지는 한편 자연 자원에 대한 보호 의무를 지게 된다는 의미는 이 조항이 국가에 직접적으로 국민에 대한 기본권 보호 의무를 부과하는 것은 아니라는 점에서 국가는 개인이 가지는 불가침의 기본적 인권을 확인하고 이를 보장할 의무를 가진다는 헌법 제10조 제2문과 그 취지와 목적이 다르다고 할 것이다. 또한 국가가 부존하는 자연 자원을 개발 내지 관리하는 방식은 당시 이용 가능한 기술 수준을 포함하여 국가가 동원할 수 있는 재원이나 개발 여건 등에 의하여 광범위한 정책적 재량에 바탕하고 있다.

그러므로 국가의 자원 관리는 반드시 국내에 있는 자연 자원에 국한하지 않고 해외에서 적절한 에너지원이나 식량 자원을 확보하는 것도 포함할 수 있다. 바꾸어 말한다면 국가의 자원 관리 의무는 국민의 기본권 보호, 실현과 직접적인 관련성을 인정하기 어렵고 그 행사 방식도 매우 다양하기 때문에 국가의 기본권 보호 의무보다 정책 형성의 범위가 방대하다. 따라서 국가가 헌법상 자원 관리 의무의 실현과 관련하여 정책적인 실패를 범하는 경우, 예를 들어 국민 생활에 상당한 불편을 야기할 정도로 수자원 관리 의무를 방기하여 갈수 현상이 초래되었다고 하더라도 일반 국민이 이러한 국가의 정책 실패를 이유로 자신의 권리 침해를 주장하기 어렵고, 국가 역시 이에 대한 법적 책임을 부담하는 것은 아니다. 이러한 정책 실패나 국민 불만에 대하여 과소 보호 금지의 원칙을 적용할 수도 없다는 점에서 기본권 침해를 인정하기 어렵기 때문에 국가의 자원 관리 의무와 기본권 보호 의무와의 성격상 차이가 존재한다.

제4장 물 기본권의 성격과 내용

1. 물 기본권의 성격

앞에서 언급한 바와 같이 "물 기본권이란 모든 국민이 자신의 생존에 필수적인 최소한도의 위생적인 물을 사용할 수 있도록 국가에 요구하거나 국가 또는 제3자로부터 이에 대한 자유로운 이용을 방해받지 않을 권리"라고 정의하는 경우 물 기본권은 생존권적 성격과 자유권(재산권)적 성격을 모두 가지고 있는 혼성적 기본권이라고 할 수 있다. 과거 물에 대한 권리는 주로 수리권을 중심으로 논하는 경향이 강하였으므로 개인은 자신의 생활이나 직업의 수행을 위하여 인근 하천이나 호수와 늪에서 물을 끌어다 사용할 수 있는 민법상 공유 하천 용수권이나 관습법상의 물 이용권을 가지는 것으로 이해하였다. 또한 후술하는 바와 같이 하천법상 하천수 사용 허가라는 행정 처분을 받아 구체적인 입지와 물량을 대상으로 하천수 공급자와 수요자 간에 용수 계약을 체결하여 물을 이용하는 계약상의 수리권을 취득하는 경우가 있다. 따라서 개인이 이와 같은 다양한 경로를 통하여 물을 이용하는 경우나 국가나 제3자가 자신의 물 이용권을 방해하는 경우에 그 방해의 배제를 청구할 수 있는 권리는 헌법상 재산권 또는 행복 추구권 내지 일반적 행동 자유권으로부터 도출되는 것으로 보아야 한다.

그러나 이미 언급한 바와 같이 오늘날 국제 사회에서 인정되고 있는 물에 대한 보편적 인권은 모든 국민들이 생존에 필수적인 위생적인 음용수 기타 생활용수를 국가에 보장해 줄 것을 요구할 수 있는 권리라는 점을 고려한다면 이는 전형적인 생존권적 기본권으로서의 성격을 가지고 있는 것이다. 국제 사회에서는 보편적 인권으로서 물 기본권의 내용을 "모든 사람이 매일 평균 20리터의 위생적인 물을 마시고 사용할 수 있는 권리"로 정의한 바 있다. 특히 헌법적으로 이러한 물 기본권은 헌법상 인간의 존엄과 생명권, 인간다운 생활을 할 권리에 근거를 두고 있으며, 최저 생존권 보장을 위한 국가의 기본권 보호 의무가 적용되는 동시에 위헌 심사의 기준으로서 과소 보호 금지의 원칙이 적용된다는 점에서 생존권적 기본권으로서의 성격이 강하게 드러난다.

동시에 물 기본권은 '위생적이고 깨끗한 물을 마실 권리'라는 것이 중요한 의미를 가지고 있기 때문에 헌법 제35조 제1항이 규정하는 바와 같이 모든 국민은 '건강하고 쾌적한 환경에서 생활할 권리'를 가진다는 점에서 환경권으로서의 성격도 아울러 가지고 있다. 결론적으로 물 기본권은 자유권적 성격, 생존권적 성격과 함께 환경권적 성격을 모두 가지고 있는 혼성적(混性的) 내지 통성적(通性的) 기본권으로서의 복합적인 성격을 가지고 있다. 아래에 언급하는 바와 같이 물 기본권의 내용 역시 그 성격과 궤를 같이하고 있다.

2. 물 기본권의 내용

물 기본권이란 모든 국민의 자신의 생존에 필수적인 최소한도의 위생적인 물을 사용할 수 있도록 국가에 요구하거나 국가 또는 제3자로부터 이에 대한 자유로운 이용을 방해받지 않을 권리를 의미하므로 그 내용으로는 '물을 자유롭게 이용하는 권리'(수리권), '깨끗하고 위생적인 물을 이용할 권리' 및 '국가에 최저 생존권에 해당하는 물을 요구할 수 있는 권리'라는 세 가지 주요한 부분으로 구성되는데, 이 중에서 마지막 내용은 이미 앞에서 상론하였으므로 수리권과 위생적인 물을 이용할 권리에 대해서만 언급하기로 한다.

1) 물을 이용하는 권리(水利權)

(1) 공유 하천 용수권(민법 제231조)

물 기본권의 전통적인 내용은 물을 자유롭게 이용할 수 있는 수리권이다. 우리 민법은 제221조 내지 제236조에서 물과 관련된 일련의 규정을 두고 있다. 이 중 대부분은 물의 이용과 관련하여 인접한 토지 소유자 등의 상린 관계를 규율하는 내용으로 구성되어 있다. 이미 언급한 바와 같이 위 규정들 중에서 민법상 물의 이용과 관련하여 핵심적인 것은 제231조의 공유 하천 용수권에 대한 규정이다. 공유 하천 용수권이란 공유 하천의 연안에서 농공업을 경영하는 자가 그 공유 하천으로부터 물을 끌어다 쓸 수 있고, 또한 물을 사용하기 위하여 필요한 공작물을 설치할 수 있는 권리를 말한다. 이러한 공유 하천 용수권의 성격에 대하여 민법학자들은 토지 소유권으로부터 독립한 물권이라는 견해를 제시하기도 하며,[28] 일부는 이웃한 토지 소유자 간의 물싸움을 방지하고 그 사용을 적절하게 조정하기 위하여 인정되는 일종의 상린권이라고 보기도 한다.[29] 공유 하천 용수권이라는 수리권의 성격에 대한 이러한 상이한 입장에도 불구하고 오늘날 공유 하천의 연안에서 농공업에 종사하는 사람이면 누구나 향유하는 권리이며, 이를

28_ 고상룡, 《물권법》, 법문사, 2001, 260면; 구연창, "민법상 수법관계의 체계론적 고찰", 《경희법학》 제20권 제1호, 1985, 31면; 권용우, 《물권법》, 법문사, 2000, 241면; 김증한·김학동, 《물권법》, 박영사, 1997, 281면; 이영준, 《새로운 체계에 의한 한국 민법론(물권편)》, 박영사, 2004, 435면.

29_ 곽윤직, 《물권법(민법강의 II)》, 박영사, 2000, 254면; 김용한, 《물권법론》, 박영사, 1995, 260면; 장경학, 《물권법》, 법문사, 1990, 489면; 곽윤직, 《민법주해 물권법(V)》, 1992, 338면.

토지 소유권과는 별도의 재산권으로 볼 수 없기 때문에 관습법상의 상린권에 불과하다는 견해는 수용하기 어려운 것으로 보인다.

이미 언급한 바와 같이 산업화와 인구의 증가에 따라 물의 수요가 급증하고 있는 상황에서 수자원에 대한 국가의 특별한 보호와 관리가 요구되는 오늘날 공유 하천에서 물을 끌어 쓰는 권리는 토지 소유권에 당연히 포함되어 이에 부종하는 단순한 상린권으로 파악하는 것은 시대적인 적실성을 잃은 것으로 보아야 한다. 따라서 민법상 공유 하천 용수권은 토지 소유권으로부터 독립한 재산권으로서의 성격을 가진 것으로 볼 수 있다. 그러므로 민법 제231조 제1항에 의한 공유 하천 용수권은 토지 소유권으로부터 독립한 일종의 물권으로 볼 수 있으며, 소유권과는 별도로 시효가 진행되는 것으로 본다. 이러한 기득의 물권을 하천법 등 공법상의 수리권과 관련하여 어느 정도 재산권으로 보호할 것인가 하는 것이 핵심적인 문제로 등장한다.[30]

30_ 판례 역시 기득 수리권의 법적 성격과 관련하여 "기존의 염전에 인접하여 그보다 낮은 지대에 새 염전을 개설하려는 자는 기존 염전의 소유자 또는 경영자와의 사이에 약정 등 특별한 사정이 없다면 기존 염전의 염 제조를 위한 기득의 해수 용수권을 침해하지 아니하는 방법으로 새 염전을 설치 경영하여야 하고, 기존 염전의 소유자 또는 경영자가 종전의 방법으로 해수를 인수 또는 배수함으로써 새 염전에 피해를 주었다 하더라도 그것이 기존 염전의 염 제조에 필요한 통상적인 용수권의 행사로서 다년간 관행되어 온 종전의 방법과 범위를 초과하지 않는 것이라면 새 염전의 개설 경영자는 이를 수인할 의무가 있으며, 다년간 관행이 된 피고들의 위 용수권을 금지할 근거가 될 수는 없다고 할 것이니, 공유수면관리법 등 관계 법령에 따라 공유 수면에서의 인수 또는 주수에는 관할 관청의 허가가 있어야 함은 논지가 지적하는 바와 같다 할지라도 그것이 피고들의 기득의 용수권 행사를 수인할 위치에 있는 원고로서 국유의 갑문과 구거를 사용하여 인수하는 피고들의 행위를 금지할 권원이 될 수는 없다"(대법원 1983.3.8. 선고 80다2658 판결)고 하여, 기득 수리권을 일종의 관습법상 물권의 성격으로 이해하고 있다

(2) 하천법상 하천 점용 허가로 인한 수리권

따라서 수리권은 물을 배타적으로 이용할 수 있는 법률상 힘을 부여받은 것으로서, 헌법상 재산권의 보호 범위에 해당하여 재산적 가치를 인정받을 수 있다. 이렇게 볼 때 수리권은 개인이 배타적으로 물에 대한 이용권을 행사하고, 또한 그것이 재산적인 가치를 가진다는 점에서 원천적으로 민법상 여타의 물권에 준하는 사법상 권리로서의 성격을 가지고 있다. 그러나 수리권이 재산적 가치를 가지고 있으며, 그것이 헌법상 재산권의 보호 범위에 속한다는 사실 자체가 이를 사권(私權)으로 성격 지우는 결정적인 이유는 되지 못한다. 한국과 같이 인구가 많고 밀도가 높으며 고도로 산업화된 나라에서 물에 대한 수요가 급증하는 상황을 고려해 볼 때 하천이나 호수 등의 물을 이용하는 권리를 단순히 민법상의 관습적 권리 또는 상린 관계에서 발생하는 개인의 소유권이나 물권에 준하는 사적인 권리로 인정하는 것은 지나치게 '목가적 수리권(牧歌的 水利權)'에 의존하는 견해라고 할 수 있다. 우리 헌법은 광물 기타 중요한 지하자원·수산자원·수력과 경제상 이용할 수 있는 자연력은 법률이 정하는 바에 의하여 일정한 기간 그 채취·개발 또는 이용을 특허할 수 있도록 하고(제120조 제1항), 국토와 자원은 국가의 보호를 받으며, 국가는 그 균형 있는 개발과 이용을 위하여 필요한 계획을 수립하도록 규정하고 있다. 위 헌법 규정에 따라 마실 물과 수자원은 국가의 보호하에서 합리적이고 효율적인 이용을 위하여 특허 등을 통하여 특별한 관리의 대상이 된다. 이렇게 볼 때 물을 이용하는 권리는 연혁적으로 토지에 대한 소유권이나 관습법 등 민법상의 전래적(傳來的) 권리로서 성립하고 발전한 것이지만 오늘날에는 국가의 관리 행위를 통하여 비로소 인정되는 행정법상 국가에 의하여 부여된 권리로서의 성격을 지닌다. 따라서 수리권은 환경 보전이나 지속 가능한 개발 등 공익의 실현을 위하여 입법자가 그 내용과 한계를 정함에 있어서 상당한 정도의 형성권을 행사할 수 있는 공법상 권리의 성격을 강하게 갖고 있다.[31]

공물로서 하천 이용의 법률관계를 규율하는 하천법은 하천 구역 안에서 하천을 점용하는 등의 행위를 하기 위해서는 하천관리청의 허가를 받도록 규정하고 있다(제33조 제1항). 또한 하천법은 생활·공업·농업·환경 개선·발전·주운 등의 용도로 하천수를 사용하려는 자는 대통령령으로 정하는 바에 따라 국토해양부 장관의 허가를 받아야 한다고 규정하여 하천수를 사용하는 행위 역시 행정청의 허가가 있어야 가능하다는 점을 분명히 하고 있다(제50조 제1항). 그런데 하천법은 제50조 제3항에서 국토해양부 장관은 다음 어느 하나에 해당되는 경우에는 제1항에 따른 허가를 하지 아니하거나 취수량을 제한할 수 있다고 규정하고 있다. 1. 하천수를 오염시키거나 유량 감소를 유발하여 자연 생태계를 해칠 우려가 있는 경우 2. 하천수의 적정 관리 또는 도시 관리 계획, 그 밖에 공공 사업에 지장을 주는 등 다른 공익을 해할 우려가 있는 경우 3. 하천수의 취수로 인근 지역의 시설물의 안전을 해칠 우려가 있는 경우 4. 그 밖에 하천수의 보전을 위하여 필요하다고 인정되는 경우로서 대통령령으로 정하는 경우.

따라서 하천법상의 허가는 일반 국민에게 원칙적으로 하천수의 사용권을 부여하지만 위 공익적 사유에 의하여 이를 일반적으로 금지하

31_ 김성수, 전게논문(각주 1), 346면.

고 특정한 경우에 해제하여 그 적법한 사용의 회복을 허가하는 것으로서 허가의 사유가 존재하는 경우 원칙적인 해제 의무를 부과하는 것과는 상당한 차이를 보이고 있다. 다시 말하자면 강학상 허가의 특징으로는 허가의 대상이 되는 상대적·일반적 금지의 법률상 요건이 충족되는 경우에는 행정청이 이를 해제하여야 하는 기속 행위로서의 성격을 가지고 있다. 이에 비하여 하천수의 사용에 대한 허가의 경우에 하천법 제50조 제3항이 규정하는 바와 같이 행정청이 각 호에서 정하는 사유에 해당하는지 여부에 대하여 상당한 판단의 여지를 가지고 있으며, 허가를 부여함에 있어서 정책적 재량이 인정될 수 있다.[32]

(3) 용수 계약으로 인한 수리권

위에서 언급한 바와 같이 하천 점용 허가를 취득한 자는 그 허가만으로는 아직 구체적으로 어느 정도 물량의 하천수를 어느 기간까지 이용할 수 있는 권리가 있는지 확정될 수 없다. 또한 관할 행정청으로부터 하천 점용 허가라는 행정 처분만을 받은 경우에는 행정 처분으로 인하여 일정한 법적 지위를 인정받는 것이어서 헌법상 재산권의 보호 범위에도 속하지 못한다. 하천법상 하천 점용 허가를 받은 자는 하천수를 공급하는 주체와 구체적인 물량과 이용 기간 등을 정하기 위하

---

[32]_ 판례 역시 하천 점용 허가를 대물적 특허 처분으로 보고 있다(대법원 2011.1.13. 선고 2009다21058 판결). 이 사건의 원심 역시 하천 점용 허가의 성격을 대법원과 같이 특허 처분으로 보고 있다. "하천은 국가·지방자치단체 등의 행정 주체에 의하여 직접 행정 목적에 공용된 개개의 유체물을 말하는 공물, 그 중에서도 직접 일반 공중의 공동 사용에 제공된 물건인 공공용물에 해당하고, 하천 유수를 취수하기 위한 하천 점용 허가 또는 용수 계약 등은 공물 관리권에 의하여 일반인에게는 허용되지 아니하는 특별한 공물 사용의 권리를 특정인에게 설정하여 주는 것으로서 공물의 특허 사용에 해당하는 것인데……"(대전지법 2006.10.26. 선고 2005가합7287 판결).

여 용수 계약을 체결하여야 한다. 용수 계약의 법적 성격에 대해서는 사법상 계약이 유력하지만 그 공익적 성격으로 인하여 사적 자치와 계약 자유가 상당 부분 제약이 따른다.[33]

용수 계약이 사법상 계약임에도 불구하고 위와 같은 공법적 기속이 가해질 수 있지만 기본적으로 용수 계약을 통하여 용수를 공급받는 당사자는 계약상 배타적으로 일정한 기간 동안 이를 자유롭게 이용하

33_ 대전지법(대전지법 2006.10.26. 선고 2005가합7287 판결)은 한국수자원공사와 서울시 간의 용수료 분쟁 사건에서 당해 계약의 사법상 성격을 인정하면서도 그 공공적 특수성을 다음과 같이 판시하고 있다. "공물의 사용 관계가 사법상 계약에 의하여 설정되는 경우 공익상의 특수성에 기하여 그 사용자는 계약 내용의 설정에 대한 자유가 상당 부분 제한되어 법령·시설 규칙 등에 의하여 사전에 전형적, 획일적으로 설정되어 있는 내용을 수락함에 그치는 것이 일반적이라 할 것인바, 이 사건 각 용수 계약과 같이 원·피고 사이의 사법상 계약에 의하여 피고에게 공물인 한강 유수의 취수 등과 관련하여 특별한 사용권을 설정하여 준 경우에도 관계 법령 등이 정한 절차 및 기준에 의하여 용수 계약이 체결되고 갱신되는 이상, 가사 피고 주장과 같이 계약 체결 및 계약 내용 설정 등에 대한 피고의 의사 관여가 상당 부분 제한되는 사정이 있다 하더라도 이는 이 사건 각 용수 계약의 공공적 특수성 등에 비추어 불가피한 제약이라고 봄이 상당하다." 또한 항소심인 대전고법(대전고등법원 2009.2.12. 선고 2006나12112 판결) 역시 용수 계약에 이른바 행정 사법 이론을 작용하여 그 공법적 기속을 강조하고 있다. "사법적 형식에 의해 이루어지는 행정 활동의 경우에도 그것이 수도·전기·가스 등 공공 급부와 같이 '직접' 공익을 실현하기 위한 것이라면 공법적 구속, 특히 평등권·재산권 등을 비롯한 기본권의 적용을 받게 되므로, 이 사건 각 용수 계약 중 위와 같은 용수료 산정에 관한 부분은 그 효력이 그대로 인정될 수 있을 것인지가 면밀히 검토될 필요가 있다. 즉, 행정 주체는 국고 보조 활동이나 수익 경제 활동과 같은 순수한 국고 행정 영역에서뿐만 아니라, 관리 행정(단순 고권적 행정) 영역에서도 전기·가스 등 에너지 공급, 교통 역무 제공, 상수 공급 및 하수 처리, 폐기물 처리, 자금 조성 등 개인의 생존에 필수적인 급부를 제공하는 생존 배려 행정을 위하여 사법 형식으로 활동하고 있으며, 행정 주체에게는 법질서에 의하여 명시적으로 공법적인 작용이 요구되고 있지 않는 한 그리고 명령과 강제를 통한 행정 목적의 수행이 필요하지 않는 한 자신의 행정 목적 수행을 위하여 사법 형식과 공법 형식을 선택할 권한이 부여되어 있으므로 그에 따른 사법상의 효력이 인정되어야 할 것이나, 이러한 생존 배려 행정은 본래의 공행정 내지 실질적인 공행정에 해당하여 공법적으로 판단되어야 하는 급부 행정 영역에 속함에도 행정 주체가 사법 형식으로 활동한다면 이는 완전한 사적 자치에 맡겨져 있지 않으며 평등권 등 기본권을 비롯하여 일련의 공법적 기속에 예속된다.

고 처분할 수 있으므로 용수 계약을 통하여 발생하는 수리권은 헌법상 재산권 주체에게 보장된 재산권의 보호 대상이 된다는 점에서는 의문의 여지가 없다.

2) 위생적인 물을 마시고 이용할 권리

이미 언급한 바와 같이 국제 사회에서 보편적 인권으로서 물에 대한 권리를 언급할 때 '위생적이고 깨끗한 물'을 마시고 사용할 수 있는 권리를 강조하는 것은 물 기본권이 수량뿐만 아니라 수질에 관한 내용을 포함하고 있다는 것을 의미하는 것이다. 그런데 위생적이고 깨끗한 물을 마시고 사용할 수 있는 권리를 헌법 스스로 명시하고 있는 것은 아니다. 그러나 헌법 제35조 제1항은 모든 국민이 건강하고 쾌적한 환경에서 생활할 권리를 가지는 것으로 규정하고 있으므로 여기에서 '건강하고 쾌적한 환경'이라는 것에 당연히 물을 포함하는 것으로 해석할 수 있다. 헌법 제35조 제1항의 환경권 외에도 위생적이고 깨끗한 물을 마시고 사용할 수 있는 권리는 헌법 제36조 제3항의 보건권, 헌법 제10조·제12조 제1항·제37조 제1항 등에 근거를 둔 생명권에 근거를 두고 있는 것으로 볼 수 있다. 비위생적이고 각종 위해 물질이나 세균으로 오염된 물을 마시는 경우에는 직접적으로 보건권이나 건강권을 침해하는 것은 물론 개인의 생명을 담보할 수 없기 때문에 깨끗하고 위생적인 물은 헌법상 보건권, 생명권과 직접적인 관련성을 인정할 수 있다.[34]

34_ 최용전, "'깨끗한 물을 먹을 권리'에 대한 헌법적 검토", 《토지공법연구》, 제43집 제2호, 744면.

대법원은 보존 음료수의 내국인 판매를 금지한 고시의 위헌성이 문제된 사례에서 다음과 같은 판시를 하고 있다. 이 사건은 보존 음료수를 마실 권리가 문제된 것이기는 하나 넓은 의미에서 깨끗한 물을 마실 권리에 포함되는 것으로 볼 수 있으므로 결국 대법원은 깨끗한 물을 마실 권리를 환경권과 행복 추구권에서 도출하고 있다(대법원 1994.3.8. 선고 92누1728 판결). 이 외에도 대법원은 공장 설립 승인 처분으로 인하여 지역 주민들에게 발생할 수 있는 수질 오염의 우려와 관련하여 깨끗한 수돗물을 마실 수 있는 권리가 직접적이고 구체적으로 침해될 수 있어서 주민들의 원고 적격을 인정하고 있다(대법원 2010.4.15. 선고 2007두16127 판결).

제5장 결론

모든 인간은 인간으로서의 생존에 필수적인 최소한의 위생적인 물을 마시고 이용할 수 있는 권리가 있다는 것이 국제 사회의 보편적 인권으로 인정되면서 국내에서도 물에 대한 기본권이 과연 성립할 수 있는지, 있다면 그 헌법적 근거와 내용은 무엇인지에 대해 이제 본격적인 학문적인 논의가 필요한 시점이 되었다.

2010년 5월 개정된 수도법은 이와 같은 국제 사회의 일반적인 정서와 경향을 반영하여 국가, 지방자치단체 및 수도 사업자는 빈곤층 등 모든 국민에 대한 수돗물의 보편적 공급에 기여할 의무와 사회적 약자와 사회 복지 시설 등에 대한 요금 할인의 근거 규정을 마련하였다. 그러나 이러한 수도법의 개정에도 불구하고 위와 같은 규정들이 국민들이 가지는 물 기본권을 보호하기 위한 국가의 의무를 어느 정도 실현할 수 있는 것인지, 더 나아가 위 조항들이 헌법상 국가의 기본권 보호 의무의 심사 기준으로서 과소 보호 금지 원칙에 합치될 수 있는 것인지는 향후 좀 더 진지한 연구와 검토가 필요해 보인다.

물 기본권에 대한 헌법적 연구는 기존에 이른바 수리권을 중심으로 하는 물 이용권 논의의 지평을 확대하여 생존권, 환경권, 평등권 등 관련 기본권과의 관련성을 밝히고 물에 대한 시장 자유화와 민영화의 시대 상황에 대응하여 국민의 기본권 보호를 위한 대안을 도출하는 데 역점을 두어야 할 것이다. 그리고 물 기본권에 대한 연구는 여기에 그치지 않고 양극화와 사회적 빈곤층의 확산이라는 시대적 위기 상황을 맞이한 한국 사회에 전기, 가스 등 에너지, 보건 및 의료, 교육 등 국민의 생존에 필수적인 사회적 기본권의 영역에서 국가의 기본권 보호 의무의 내용과 한계에 대한 실질적이고 현실 감응적인 해결책을 모색하는 데 기여할 수 있을 것이다.

참고 문헌

단행본

고상룡, 《물권법》, 법문사, 2001.
곽윤직, 《물권법 (민법강의 II)》, 박영사, 2000.
_____, 《민법주해 물권법(V)》, 1992.
권용우, 《물권법》, 법문사, 2000.
김용한, 《물권법론》, 박영사, 1995.
김증한·김학동, 《물권법》, 박영사, 1997.
이영준, 《새로운 체계에 의한 한국 민법론 (물권편)》, 박영사, 2004.
장경학, 《물권법》, 법문사, 1990.
정종섭, 《헌법학원론》, 박영사, 제2판, 2007.
허영, 《한국헌법론》, 박영사, 제5판, 2009.

논문

구연창, "민법상 수법관계의 체계론적 고찰", 《경희법학》 제20권 제1호, 1985.
김성수, "물산업지원법안에 대한 법리적 검토", 《토지공법연구》 제41집, 2008.
_____, "수리권의 법적 근거와 한계", 《토지공법연구》 제43집 제1호, 2009.
김종철, "헌법 제120조", 《헌법주석서 IV》, 법제처, 2010.
문현주, "합리적인 수리권 및 수자원에의 기여와 보상체계 연구", 한국환경정책·평가연구원, 2009.

최용전, "'깨끗한 물을 먹을 권리'에 대한 헌법적 검토", 《토지공법연구》 제43집 제2호, 2009.

허완중, "기본권 보호 의무에서 과소 보호 금지의 원칙과 과잉금지원칙과의 관계", 《공법연구》 제37집 제1-2호, 2008.

외국 문헌

B. Kempen, *Schranken der Privatisierung: Rechtsgutachten*, Krefeld: Pädagogik-&-Hochschul-Verl., 2002.

H. Schulze-Fielitz, "Staatsaufgabenentwicklung und Verfassung", in: D. Grimm (Hrsg.), *Wachsende Staatsaufgaben-sinkende Steuerungsfähigkeit des Rechts*, 1990.

J. Isensee, in: J. Isensee & P. Kirchhof (Hrsg.), *Handbuch des Staatsrechts, Bd.V*, Heidelberg: Müller, 1992.

J. L. Lozān, (Hrsg.), *Warnsignal Klima: Genug Wasser für alle? Wissenschaftliche Fakten*, Hamburg: Wissenschaftl. Auswertungen, 2005.

M. Tilzer, "Die globale Süßwasserkrise", in: T. Bruha & H.-J. Koch(Hrsg.), *Integrierte Gewässerpolitik in Europa*, 2001.

R. Wahl, "Staatsaufgaben im Verfassungsrecht", in: T. Ellwein & J. Hesse(Hrsg.), *Staatswissenschaften*, 1990.

S. R. Laskowski, *Das menschenrecht auf Wasser: Die rechtlichen Vorgaben zur Sicherung der Grundversorgung mit Wasser und Sanitärleistungen im Rahmen einer ökologisch-nachhaltigen*

Wasserwirtschaftsordnung, Mohr Siebeck, 2010.

_____, "Kein Gleichstellungsgesetz für die Privatwirtschaft?", *ZRP*, 2001.

T. Bruha & C. Maaß, "Schutz der Süßwasserressourcen im Völkerrecht".

UN Economic and Social Council & Economic Commission for Europe, Regional Implementation Forum in Sustainable Development, Water and Sanitation in the UNECE Region: Achievements in Regulatory Aspects, Institutional Arrangements and Monitoring since Rio, Trends and Challenges, 제네바 2004년 1월 15일, 16일, CE/AC.25/2004/5.

UNESCO, 유엔-물보고서 2003년, 요약집.

W. Höfling, in: M. Sachs (Hrsg.), GG, 5. Aufl., 2009.

World Bank, "Water Resources Sector Strategy", *Strategic Direction for the World Bank Engagement*, 2004.

유럽이사회(의장국 오스트리아), 보고서 "Das Wasser und die EU", Aktuelle Tätigkeit der EU-Kommission im Bereich des Wassermarktes v. 07. 4. 2005.

06.
물 인권과 통합 수자원 관리 법제

김홍균

제1장 서론

제2장 통합 수자원 관리와 물 인권
    1. 통합 수자원 관리
    2. 물 인권
    3. 충돌과 조화

제3장 바람직한 통합 수자원 관리 방안
    1. 정책의 통합
    2. 시설의 통합
    3. 조직·기구의 통합
    4. 법의 통합: 물관리기본법의 제정

제4장 결론

제1장 서론

보통의 상황에서 우리의 물 관리 체계는 제대로 작동되는 것 같다. 안전, 물 부족, 홍수, 위생 등과 같은 문제는 극단적인 상황에서 발생한다. 100여 년 만의 가뭄, 곧 이어 기록적인 홍수. 이러한 극적인 상황이 우리에게 효율적인 물 관리의 필요성을 제기한다. 전 세계적으로 물 자원 관리가 물 자원의 이용에서 물 자원의 보전으로 급속하게 방향을 전환하는 과정에서 전통적인 수자원 관리의 패러다임을 바꾸는 방안으로 1990년대 통합 수자원 관리(Integrated Water Resources Management, IWRM)가 등장하였다. 물 오염과 물 부족이 점차 증가하는 상황에서 각국은 통합 수자원 관리에 주목하고 있다. 통합 수자원 관리는 좋은 물 관리 체계를 위한 다양한 요소로 정책, 입법, 조직·기구, 재정 수단 등을 제안하면서 경제적 효율성, 생태적 지속 가능성, 사회적 형평성 등을 강조하고 있다. 지배적인 원칙은 통합 원칙으로 압축될 수 있다.

여기에서 무엇을 통합할 것인지, 어떻게 통합할 것인지가 핵심 쟁점으로 떠오르게 된다. 통합 수자원 관리를 위해 새로이 법을 만든다는 것은 말처럼 쉽지 않으며 이를 시행하기란 더욱 어렵다. 해당 지역의 물 관련 조직·기구를 유역물 관리 기구로 이름을 바꾸는 것은 쉬울 수 있지만 유역 차원에서 제대로 수자원을 관리하는 것은 어렵다. 물이 경제재라고 선언하는 것은 쉬울 수 있지만 물이 높은 가치로 사용될 수 있도록 가격 체제를 이용하는 것은 상당히 복잡한 문제를 제기한다. 통합의 범위는 광범위하고 그 개념은 모호하며, 그 이행은 쉽지 않을 수 있다.

우리나라 현행 물 관리는 크게 국토해양부가 수량 관리('하천법' 등)를, 환경부가 수질 관리('수질 및 수생태계 보전에 관한 법률', '수도법' 등)를 하는 식으로 나뉘어 있다. 하천 종류에 따라 규제하는 법과 관리 주체가 다른데, 예컨대, '하천법'은 국토해양부, '소하천정비법'은 행정안전부, 4대강수계법은 환경부의 소관이다. 하천 크기에 따라 국가하천은 국토해양부, 지방 하천은 광역 자치 단체, 소하천은 기초 자치 단체가 관리한다. 둑은 국토해양부 소관이지만 하천과 댐의 수질 보전은 환경부가 맡고 있다. 수질 관리 조직은 환경부, 유역환경관리청, 시·도(환경보건국), 시·군·구, 한국수자원공사 등 다기화되어 있다. 상수도 관리권도 광역 상수도는 국토해양부, 지방 상수도는 환경부, 마을 상수도는 시장·군수 또는 구청장 등으로 복잡하게 나뉘어 있다.

이와 같은 복잡하고 다원적인 구조 하에서는 수질 관리의 통일성과 효율성을 기할 수 없으며, 종합적인 수질 관리 대책의 수립·시행이 어렵다. 기획, 조정과 협조 체제를 구축하기도 어려울 것이다. 이러한 체제에는 무엇보다는 통합이 강하게 요구된다. 수량과 수질, 지표수와 지하수, 상류와 하류(유역), 조직과 법의 통합 등. 이제 관리 시스템의 통합을 부인하는 것은 시대의 흐름에 역행하는 것이라고 할 수 있다. 그러나 우리나라의 경우는 통합 방법과 관련하여 건설적인 대안을 제시하지 못한 채 답보 상태이며, 부처 이견만 노출하는 후진적 태도를 보이고 있다.

그러면 어떻게 통합할 것인가? 여기에 답하기 위해서는 물의 성격을 규명할 필요가 있다. 이는 물이 공공재인가, 경제재인가의 물음과 관련이 있다. 통합 수자원 관리는 수자원의 경제재로서의 성격을 강조하며, 재산권, 경제적 효율성, 시장의 기능 등을 중요시 한다. 수익자(사용자)의 비용 부담과 민영화 등에도 관심이 많다. 그 결과는 심한 불평등의 문제를 야기할 수 있다.

물은 마땅한 대체재가 없고, 우리의 생존 문제와 직결되는 '생존재'이기 때문에 국민 모두에게 보편적으로 공급되어야 한다. 이는 물의 공공재로서의 성격을 무시할 수 없다는 점을 일깨워 준다. 새로운 물 관리 체계를 설계할 때에도 물의 공공재적인 성격을 소홀히 하여서는 안 될 것이다. 여기에서 인간의 기본적 물 수요 충족에 초점이 있는 인권 개념에 눈을 돌려야 한다. 통합 수자원 관리와 물 인권은 추구하는 목적과 이행 수단에 있어서 차이점이 있어 이 양자를 조화하는, 그리고 모두 만족시키는 대안을 도출하는 것은 복잡하고 어려운 과정을 예고한다. 물 관리 시스템의 통합이 시대 상황에서 필수적이라는 점을 인정할 경우 정책 결정 차원에서 형평성을 높이기 위해서는 물 인권에 대해 고려해야 한다. 양자가 서로 보완하는 개념으로 이용될 때 그 상승효과가 크게 나타날 것이다.

이러한 인식하에 이 글에서는 통합 수자원 관리와 물 인권에 대한 개념, 내용을 순서대로 살펴보고, 그 조화점을 모색한다. 그 조화점을 압축하여 말하면 인권을 고려하는 통합 수자원 관리이다. 이어서 구체적으로 바람직한 통합 수자원 관리 방안을 제시한다. 여기에서는 무엇을 통합할 것인지를 주요하게 다룬다. 그 통합의 궁극적인 종착점은 이 글의 결론에 해당하는 통합법의 제정 요구로 이어질 것이다. 이 글은 우선 가칭 물관리기본법의 제정을 제안하며, 여기에 담겨야 할 내용을 구체적으로 검토한다. 목적, 이념, 원칙(지표수와 지하수의 통합 관리, 수량과 수질의 통합 관리, 통합 유역 관리 등), 물 인권, 물의 공공성, 국가의 의무, 조직·기구, 수자원 관리 계획, 수자원의 개발·이용, 수자원의 보전, 비용의 부담, 물 배분 우선순위, 분쟁 해결 등이 그 핵심 내용이다.

제2장 통합 수자원 관리와 물 인권

1. 통합 수자원 관리

현재 통합 수자원 관리가 국제 물 관리 기준으로서 광범위한 지지를 받고 있다. 이는 최근에 비로소 대두된 아주 새로운 개념이 아니다. 국제적 수준에서 수자원 관리는 1977년 아르헨티나 마르델플라타에서 개최된 유엔 물 회의에서 논의되었는데, 여기에서 당사국들은 수자원 평가 등의 개발을 요구하였다.[1] 1990년 뉴델리회의는 증가하는 물 부족과 오염에 대처하기 위하여 통합 수자원 관리가 필요하다고 인정하였다.[2] 이러한 일련의 인식은 국제 물법에 지대한 영향을 미친 후속 국제회의

---

[1] Report of the United Nations Water Conference, Mar del Plata, U.N. Doc. E/CN. 70/29, 66, 1977.

[2] Richard Laster et al., "The Sound of One Hand Clapping: Limitations to Integrated Resources Water Management in the Dead Sea Basin", *Pace Envtl. L. Rev.*, Vol. 22, 2005, p. 140.

에서 본격적으로 다루어졌는데, 더블린선언과 의제21(Agenda 21) 등이 대표적이다.

1992년 1월 아일랜드 더블린에서 열린 국제물환경회의(International Conference on Water and the Environment)에서는 더블린선언(Dublin Statement on Waters and Sustainable Development)이 채택되었다. 여기에는 제1원칙으로 "담수는 생명, 개발과 환경을 지속 가능하게 하는 데 필수적인 유한하고 소중한 자원이다. 물이 생명을 유지하게 하기 때문에 효과적인 수자원 관리는 사회적, 경제적 개발과 자연 생태계를 연계시키는 전체론적(holistic) 접근 방법이 요구된다. 효과적인 관리는 전체 저수 지역 또는 지하수 대수층을 통틀어 토지와 물이용을 연계한다"는 내용이 담겨 있다.[3] 통합 수자원 관리를 물 관리 원칙의 하나로 담고 있는 더블린선언은 더블린원칙[4]으로 불리면서 이어지는 국제회의나 국제 협약에서 빠른 속도로 수용되었다. 예컨대 같은 해 리우회의에서 채택된 의제21이 좋은 예이다.

의제21의 18장은 더블린원칙을 확장하면서 "많은 지역에 걸친 수자원의 광범위한 부족과 점차적인 파괴를 해결하기 위하여 모든 형태의 수자원의 통합된 계획 및 관리가 필요하다"고 선언하였다.[5] 나아가 의제21은 통합 수자원 관리의 목적을 다음과 같이 명시적으로 제시하였

3_ Global Water Partnership, Dublin-Rio Principles, http://www.gwp.org/The-Challenge/What-is-IWRM/Dublin-Rio-Principles.
4_ 여기에 담겨 있는 원칙은 다음과 같다: ① 담수는 생명, 개발과 환경을 지속 가능하게 하는데 필수적인 유한하고 소중한 자원이다(유한 자원) ② 수 개발과 관리는 모든 단계에서 사용자, 계획자 그리고 정책 결정자를 포함하는 참여 원칙에 기초하여야 한다(참여) ③ 여성은 물의 제공, 관리, 보호에서 중심적 역할을 한다(여성의 역할) ④ 물은 그의 경쟁적 사용에 있어 사회적 경제적 가치를 가지며, 경제재로 인식되어야 한다(경제재).
5_ U.N. Conference on Env't & Dev. (UNCED), Agenda 21, Sec. 2 § 18.

다: ① 기술적·사회 경제적·환경적 그리고 인간 건강적 고려 등을 통합하는 환경 물 자원 관리에 있어서 역동적인, 상호 작용적인, 반복적인, 그리고 다부문적인 접근 방법의 촉진. ② 지역 사회의 수요와 우선순위에 기초한 물 자원의 지속 가능하고 합리적인 이용·보호·보전·관리를 위한 전략의 수립. ③ 수자원 정책과 의사 결정에 있어 여성·청소년·토착민·지역 사회를 포함하는 모든 공중의 참여 접근 방법에 기초하여 명확히 정의된 전략 내에서 경제적으로 효율적이고 사회적으로 적절한 과제와 프로그램의 설계·이행·평가. ④ 물 정책과 그 이행이 지속 가능한 사회 발전과 경제 성장을 위한 결정체임을 보장하기 위한 적절한 조직, 법적·재정적 메커니즘의 규명·확장 또는 개발.[6]

통합 수자원 관리는 1992년 유엔환경개발회의(리우회의)와 2002년 지속 가능한 발전에 관한 세계정상회의(WSSD) 등을 관통하는 주제로 떠올랐고 지속가능개발위원회(CSD), 유엔총회 등은 이를 수차례 확인하였다. 통합 수자원 관리는 국제 사회에서 뉴델리회의나 리우회의에서 승인된 지속 가능한 물 관리를 이행하기 위한 유력한 방안으로 자리 잡았다. 요하네스버그에서 채택된 이행계획은 통합 수자원 관리의 개발과 2005년까지의 효율적인 물 관리 계획을 담았다.[7] 한편 2000년 유럽연합물지침(EU Water Framework Directive)은 많이 사용되는 강의 수질을 향상하기 위하여 통합 수자원 관리를 채택하였다. 동 지침은 위해 관리를 중요시하고 오염 부하와 홍수 피해를 감소하기 위한 비용-효과적인 조치를 수립하는 유역 관리 계획을 요

6_ *Id.*, § 18.9
7_ Plan of Implementation of the World Summit on Sustainable Development, ch. IV, § 26.

구하고 있다.[8]

이제 많은 국가는 통합 수자원 관리를 물 관리의 중요한 원칙으로 채택하고 있다.[9] 그러나 통합 수자원 관리는 워낙 광범위한 내용을 담고 있기 때문에 그 내용을 명확하게 정의하기가 쉽지 않다. 지구물파트너십(Global Water Partnership)은 "중요한 생태계의 지속 가능성을 해치지 않고 공평한 방법으로 경제적·사회적 복지를 극대화하기 위한 물, 토지 그리고 관련된 자원의 상호 조정된 개발 및 관리의 촉진 과정이다"라고 적절하게 정의한 바 있다.[10]

통합 수자원 관리는 정보의 공유, 유역 관리, 효과적인 시행, 투명성 등을 결합하고 있는 개념이다. 이는 바람직한 물 관리에 도달하기 위하여 광범위한 이해관계자의 이익과 참여가 고려되어야 한다는 점을 강조하고 있다는 점에서 전체론적(holistic) 접근이라고 할 수 있다. 또한 유역에 초점을 둔 개념이기 때문에 행정 구역을 넘어 확장될 수 있다. 통합 수자원 관리는 유역 생태계를 하나의 단위로 취급하여 폭넓

8_ Water Framework Directive, Council Directive 2000/60/EC, P27, 2000 O.J. (1327) (EC).

9_ A. Dan Tarlock, "Water Security, Fear Mitigation and International Water Law", Hamline L. Rev., Vol. 31, 2008, p. 727. 예컨대, 호주는 1987년 연방 차원에서 통합 유역 관리 체제를 구축하였으며, 대부분 주의 수법(Water Act)은 지표수와 지하수 모두를 관리의 대상으로 하고 있다. 통합 유역 관리를 처음 도입하고 광범위하게 실행하고 있는 지역은 머레이-달링 강 유역(Murray-Darling River Basin)이다. 이창환, "호주의 수자원 관리 행정조직과 물 배분 법제도", 《중앙법학》 제5집 제2호, 2003, 334면, 336면 참조. 2009년 1월 제정된 네덜란드 수법(The Water Act)은 수량과 수질, 지표수와 지하수, 그리고 물, 토지 이용, 물 이용자 간의 관계를 해결하기 위한 통합 물 관리를 강조하고 있다. Ministry of Infrastructure and the Environment & Rijkswaterstaat, Water Management in the Netherlands 75, 2011.

10_ Global Water Partnership Technical Advisory Committee, Integrated Water Resources Management, TAC Background Papers No. 4, 22, 2000.

고 포괄적인 관리 체제를 구축하고자 한다. 통합 수자원 관리 개념은 좀 더 폭넓은 공중의 참여와 경제적 규율을 물 관리에 도입하려고 한다.[11] 또한 변화하는 조건에 적응할 수 있는 영구적인 조직·기구의 창출에 관심을 갖는다.[12] 요약컨대, 통합 수자원 관리는 유한하고 소중한 자원으로서 담수의 전체론적 관리와 경제적 사회적 정책의 틀 내에서 부문별 물 계획과 프로그램의 통합을 요구한다.[13] 이는 유역 내의 모든 물의 수문학적 연계와 물과 토지 이용과의 불가분적 관련성이라는 물리적 현실성을 반영한다.[14] 통합 수자원 관리는 생태계 접근 방법 내에서 생태적 이슈와 사회 경제적 이슈를 함께 고려하는 것을 포함한다. 지구물파트너십은 통합 수자원 관리의 중요한 개념으로 다양한 사용(식수, 세탁 등), 전체론적 관리, 복수의 관점(물의 경제재, 사회재, 환경재), 참여적 접근, 여성의 관여 등 다섯 가지를 들고 있다.[15]

통합 수자원 관리 체제하에서 복수의 이해관계자(지방, 국가, 비정부기구, 전문가)는 통합된 기초 위에서 해당 지역의 물 문제를 해결하기 위해서 머리를 맞대야 한다. 통합 수자원 관리는 물 공급(지표수, 지하수, 재활용수, 탈염수 등을 포함), 수질 향상, 수환경의 보호, 토지 이용의 관리를 위해 통합적 접근 방법을 취하고 있다. 통합 수자원 관리는

11_ A. Dan Tarlock, "Four Challenges for International Water Law", *Tul. Envtl. L. J.*, Vol. 23, 2010, p. 405.

12_ A. Dan Tarlock(각주 9), 725.

13_ *Id.*

14_ James L. Huffman, "Comprehensive River Basin Management: The Limits of Collaborative Stakeholder-Based Water Governance", *Nat. Resources J.* Vol. 49, 2009, p. 125.

15_ Global Water Partnership, Key IWRM Concepts, http://www.gwp.org/en/The-Challenge/What-is-IWRM/Key-IWRM-concepts.

수문학적 순환·주기뿐만 아니라 다양한 목적물을 통틀어 통합하려고 한다. 통합 수자원 관리는 이해관계자들에게 공통된 이슈를 토론할 장을 제공하고 상호 의존성을 장려하며 다른 사람으로부터 배움을 허용하고 상대방의 입장을 이해하도록 함으로써 이해관계자 간의 건강한 협력을 촉진한다. 이해관계자의 광범위하고 의미 있는 개입은 공평성을 촉진하고 더욱 좋은 결정을 유도한다.[16] 이러한 많은 장점에도 불구하고 통합 수자원 관리에는 한계가 있다. 우선 통합 수자원 관리는 복잡하고, 어렵고, 많은 시간과 비용이 소비된다. 의사 결정을 기존 조직으로부터 좀 더 지역적인 과정 또는 장(forum)으로 이동케 함으로써 기득권적인 정치적 이해를 침해한다.[17] 그 개념이 너무 모호하고, 범위가 너무 광범위하고, 규범력이 떨어진다는 비판도 제기될 수 있다.

2. 물 인권

인간은 생존과 품위 있는 생활 기준을 향유하기 위해 물에 대한 접근이 요구된다. 인간은 8주 정도 음식을 섭취하지 않아도 생존할 수 있지만, 3-5일 정도 물을 마시지 못하면 생존할 수 없다. 그 중요성 때문에 안전하고 깨끗한 물과 위생에 대한 접근을 물 인권으로 보는 시각이 자연스럽게 대두되고 있다. 그럼에도 물에 대한 권리가 근본적인 인권에 해당하는지에 대하여는 명확한 인식이 존재하지 않는다. 국제적 수준에서 국가들은 물에 대한 접근을 인권으로 보는 시각에

---

[16] Barton H. Thompson, Jr., "A Federal Act to Promote Integrated Water Management: Is the CZMA a Useful Model?", *Envtl. L.*, Vol. 42, 2012, pp. 212-213.

[17] *Id.*, 213면.

대하여 완전한 합의를 이루지 못하고 있다. 인권 관련 국제 협약은 단지 간접적으로 물 인권을 다루고 있다. 국제 협약은 당사국들에 물에 대한 권리를 존중하고 보호하고 충족시킬 의무를 부과하고 있지 않다. 그럼에도 물에 대한 권리를 국내법적으로 인정하는 움직임이 나타나고 있다. 물은 생존을 위해 필수적이고 다른 인권의 전제 조건이 된다. 이러한 이유로 모든 사람에게 명시적이고 구속력 있게 물에 대한 권리가 인정되어야 한다. 물 인권을 충분하고도 효과적으로 실현하고 국가에게 기초적인 물 수요를 충족하여야 할 의무를 부과하기 위해서는 국내외적으로 물 인권이 명시적으로 인정되어야 하며, 명확하게 정의될 필요가 있다.

국내외적으로 물에 대한 권리가 존재한다는 공감대가 형성되어 있으나 명시적으로 물 인권을 인정하는 국제 문서는 없다. 1966년 경제적·사회적·문화적 권리에 관한 국제규약[18]과 같은 해의 시민적·정치적 권리에 관한 국제규약[19]은 물 인권을 명시적으로 언급하고 있지 않다. 이들 협약에 의하면 물 인권이 별도의 근본적인 권리로서 인정되고 있지 않다. 다른 기본적 권리의 인식을 통해 이들 협약에 일치하는 권리의 한 요소로 취급되고 있다. 이들 권리는 생명권(right to life),[20] 건강권(right to health),[21] 적합한 생활 기준을 향유할 권리(right to an

---

18_ International Covenant on Economic, Social, and Cultural Rights, 993 U.N.T.S. 3.
19_ International Covenant on Civil and Political Rights, 999 U.N.T.S. 171.
20_ 생명권은 1948년 세계인권선언(제3조), 1966년 시민적·정치적 권리에 관한 국제규약(제6조), 1981년 인간과 주민 권리에 관한 아프리카헌장(제4조), 1989년 아동의 인권에 관한 협약(제6조) 등에 담겨 있다.
21_ 건강권은 1948년 세계인권선언(제25조 제1항), 1966년 경제적·사회적·문화적 권리에 관한 국제규약(제12조 제1항) 등에 담겨 있다.

adequate standard of living),[22] 적절한 주거, 식량에 대한 권리,[23] 개발권(right to development), 작업권(right to work) 등을 포함한다. 물 인권은 이들 근본적인 인권에 함축되어 있다고 할 수 있다.

물 인권과 관련이 있는 다른 구속적인 문서로는 1981년 여성에 대한 모든 형태의 차별 제거에 관한 협약,[24] 1989년 아동의 인권에 관한 협약,[25] 국제 수로와 호수의 보호와 사용에 관한 협약에 관한 물과 건강에 관한 의정서[26] 등이 있는데 이들 협약은 식수에의 접근을 명시적으로 인정하고 있다. 또한 일부 국가들의 헌법은 물에 관한 권리를 인정하는 규정을 두고 있다.[27] 이러한 국제 협약 등은 비록 직접적으로 물

---

[22] 이 권리는 1948년 세계인권선언(제25조 제1항), 1966년 경제적·사회적·문화적 권리에 관한 국제규약(제11조 제1항) 등에 담겨 있다.

[23] 유엔총회 결의 64/159 제33조는 식량을 재배하기 위해 필요한 것으로서 사람의 물에 대한 권리를 규정하고 있다. G.A. Res. 64/159, U.N. Doc. A/RES/64/159, Mar. 10, 2010.

[24] 이 협약은 당사국들로 하여금 여성들에게 특별히 물 공급 등과 관련하여 적절한 생활수준을 향유할 수 있는 권리를 보장할 것을 요구하고 있다. Convention on the Elimination of All Forms of Discrimination Against Women, 1249 U.N.T.S. 14, 1981, 제14조 제2항(h).

[25] 이 협약은 당사국들로 하여금 환경오염의 위험과 위해 등을 고려하면서 깨끗한 식수 규정을 통해 질병과 영양실조를 퇴치하기 위해 적절한 조치를 취할 것을 요구하고 있다. Convention on the Rights of the Child, 1577 U.N.T.S. 3, 28 I. L. M. 1448, 1989, 제24조 제항(c).

[26] Protocol on Water and Health to the 1992 Convention on the Protection and Use of Transboundary Watercourses and International Lakes, UN Doc. MP.WAT/2000/1. 의정서 제6조는 "의정서의 목적을 달성하기 위하여 당사국들은 모든 사람의 식수에 접근, 모든 사람의 위생에 대한 규정(……)을 목표로 추구하여야 한다."

[27] 인도, 남아프리카공화국, 볼리비아, 우간다, 캄보디아, 콜롬비아, 에티오피아, 감비아 등이 여기에 해당한다. Leanne Watrous, "The Right to Water-From Paper to Practice", Regent J. Int'l L. Vol., 8, 2011, pp. 119-122. 예컨대, 남아프리카공화국 헌법 제27조는 "모든 사람은 충분한 식량과 물에 접근할 권리를 가지고 있다"고 선언하고 있다. S. Afr. Const. § 27(1).

에 대한 권리 규정을 두고 있지 않지만 물에 대한 권리가 인권이라는 점을 뒷받침하고 있다. 이러한 국제 문서들은 명쾌하고 정확하게 물 인권에 대하여 정의하지 않거나 그 권리의 범위를 정하고 있지 않다. 그 권리는 물과 위생에 대한 접근, 적절히 영양이 있는 음식과 깨끗한 식수 등 여러 형태를 띠고 있다.

물 인권에 관한 가장 완전한 정의와 그 범위는 경제적·사회적·문화적 권리 위원회의 일반논평(General Comment) 제15호에 나타나 있다.[28] 이는 유엔 인권 기구가 물 인권이 독자적이고 일반적으로 적용할 수 있다는 것을 처음으로 인정한 문서라고 할 수 있다. 이 문서는 경제적·사회적·문화적 권리에 관한 국제규약 제11조[29]와 제12조[30]에 대하여 권위적인 해석을 내리고 있는바, 물에 대한 권리를 정의하고 이를 이행하기 위한 권고를 담고 있다. 이에 따르면 물 인권은 모든 사람에게 개인적·가정적 이용을 위해 충분하고 안전하고 수용할 수 있고(acceptable) 물리적으로 접근 가능하고(accessible) 제공할 수 있는(affordable) 물을 부여한다. 적절한 양의 안전한 물은 탈수로 인한 사망을 막고, 물과 관련한 질병의 위해를 감소하고 소비, 요리, 개인적·가

28_ U.N. Econ. & Soc. Council, Committee on Economic, Social and Cultural Rights, General Comment No. 15 (2002): The Right to Water(arts. 11, 12 of the International Covenant on Economic, Social, and Cultural Rights), U.N. Doc. E/C.12/2002/11 (Jan. 20, 2003).
29_ 경제적·사회적·문화적 권리에 관한 국제규약은 세계인권선언 제25조와 유사한 규정을 두고 있다: "당사국은 모든 사람이 적절한 식량, 의복, 주택을 포함하여 자신과 가족을 위해 적합한 생활수준(adequate standard of living)을 누릴 권리와 생활 조건을 지속적으로 개선할 권리를 가지는 것을 인정한다······." 경제적·사회적·문화적 권리에 관한 국제규약 (각주 18), 제11조.
30_ 이 규약 제12조는 "당사국은 모든 사람이 도달 가능한 최고 수준의 신체적 및 정신적 건강을 누릴 권리가 있음을 인정한다"고 규정하고 있다.

정적 위생 요건을 제공하기 위하여 필요하다.[31] 나아가 일반논평 제15호는 해당 국가에 물 자원을 보호할 의무를 부과하고 있다.[32]

그 밖에 물 인권과 관련한 비구속적 문서로는 비교적 최근인 2010년 7월 28일 유엔총회 결의가 대표적이다. 유엔총회 결의는 인간다운 삶과 모든 인권을 영위하는 데 필수적인 인권으로서 안전하고 깨끗한 음용수와 위생에 대한 권리(right to drinking water and sanitation)를 인정하고 있다.[33] 이 결의는 물 인권이 독립적인 권리인지 아니면 다른 기존의 인권에서 파생되는 권리인지에 대하여 분명한 언급을 하고 있지는 않다.

물 인권은 물의 양뿐만 아니라 질을 포함한다. 수질이 사용과 소비에 적합하지 아니할 경우 아무리 많은 수량도 무의미하기 때문에 낮은 수질의 물 제공은 물에 대한 권리 침해 문제를 야기한다.[34] 물에 대한 권리는 자유와 권리의 부여(entitlement)를 포함한다. 자유는 물에 대한 권리를 위해 필요한 기존의 물 공급에 대한 접근을 유지하고, 자의적인 공급 중단이나 물 공급 장치의 오염과 같은 침해로부터 자유로울 권리를 포함한다.[35] 권리의 부여는 사람이 물에 대한 권리를 향유

---

[31] 일반논평 제15호(각주 28), 제2조. 일반논평 제15호는 다양한 이용을 위해 물에 대한 권리를 인정하고 있는데, 그 중 최우선 순위는 개인적·가정적 이용을 위한 물이다. Leanne Watrous(각주 27), 117면.

[32] 당사국은 천연 물 자원이 유해한 물질과 병원성 세균에 의한 오염으로부터 보호될 것을 보장하여야 한다. 일반논평 제15호(각주 28), 제8조. 당사국들은 존중하고(respect), 보호하고(protect), 충족시킬(fulfill) 의무를 부담한다. *Id.*, 제20조.

[33] G.A. Res. 64/292, P 1, U.N. Doc. A/RES/64/292, July 28, 2010.

[34] Amy Hardberger, "Whose Job Is It Anyway?: Governmental Obligations Created by the Human Right to Water", *Tex Int'l L. J.*, Vol. 41, 2006, p. 541.

[35] 일반논평 제15호(각주 28), 제10조.

할 기회의 균등성을 제공하는 물 공급 및 관리 체계에 대한 권리를 포함한다.[36] 일반논평 제15호는 물은 인간의 존엄, 생명 및 건강에 적합하여야 한다고 지적하면서[37] 나아가 그 적합성을 평가하기 위한 요소를 적절히 제시하고 있다: 이용 가능성(availability), 질(quality), 접근 가능성(accessibility).[38] 이에 따르면 이용 가능성은 각 개인을 위한 물 공급은 개인적, 가정적 이용을 위해 충분하고 계속적이어야 한다. 이러한 이용에는 식수, 개인적 위생, 세탁, 음식 준비, 개인적·가정적 위생 상태 등이 포함된다. 질과 관련하여서 개인적이거나 가정적 이용을 위해 요구되는 물은 안전해서, 사람의 건강을 위협하는 미생물, 화학 물질 그리고 방사성 위해로부터 자유로워야 한다. 또한 물은 개인적이거나 가정적 이용을 위해 색깔, 냄새, 맛이 수용 가능하여야 한다. 접근 가능성은 모든 사람이 차별 없이 물과 물 시설 및 서비스에 접근하여야 한다는 것을 의미한다. 접근 가능성은 물리적 접근 가능성, 경제적 접근 가능성, 비차별, 정보 접근 가능성 등 4가지 요소를 포함한다.[39]

물 인권은 안전한 물의 적절한 공급을 수반하기 때문에 국가에 물에 대한 접근을 보장하고 물 공급을 보호하기 위하여 법령을 시행할 의무를 부과한다.[40] 같은 맥락에서 일반논평 제15호는 제3자가 물 인권의 향유를 침해하는 것을 막을 의무가 국가에 있다는 점을 밝히고 있

36_ *Id.*
37_ *Id.*, 제11조.
38_ *Id.*, 제12조.
39_ *Id.*
40_ Erik B. Bluemel, "The Implications of Formulating a Human Right to Water", *Ecology L. Q.*, Vol. 31, 2004, p. 983.

다. 국가의 의무에는 제3자가 적절한 물에 대한 접근을 부인하고 수자원을 오염시키는 것을 제한하기 위한 필요하고 효과적인 입법 및 다른 조치를 채택할 의무가 포함된다.[41] 국가는 소극적으로 물에 대한 권리를 보호하는 것 이상을 하여야 한다. 이러한 차원에서 일반논평 제15호는 국가에게 현재 및 미래 세대를 위해 충분하고 안전한 물을 보장하기 위해 유해 화학 물질과 같은 물질에 의한 수역의 오염을 줄이거나 제거하는 것과 같은 광범위하고 통합적인 전략과 프로그램의 채택을 조장하고 있다.[42]

현재까지 나타난 어떠한 국제 협약도 물 인권을 별개의 독립적 권리로 인정하고 있지 않다. 다만 대개의 국제 협약은 물에 대한 권리의 요소와 내용을 인식하고 있으며, 여성, 어린이, 장애인 등의 인권을 언급하고 있다. 이들이 접근 가능성, 이용 가능성, 물의 안전성 문제 등에 주로 노출되어 있기 때문이라고 보인다. 또한 어느 국가도 명시적이고 독립적인 물 인권에 구속되는 것에 동의하고 있지 않다. 이러한 상황에서 누가 그 권리를 제공하고 누구에게 의무를 부담하는지, 시행 가능성과 실효성은 확보되는지 등 의문이 제기될 수 있다. 현재까지 물 인권을 독자적인 권리로 인정하고 있는 유일한 국제 문서는 앞서 살펴본 일반논평 제15호인데, 이는 비구속적 문서에 불과하다. 유엔총회는 입법 기관이 아니며, 그 결의는 법으로서의 힘을 가지고 있지 못하다. 이러한 비구속적 문서들은 물 인권이 국제적으로 확립되어 가고 있다는 증거로서의 가치를 가질 뿐이다. 그러나 이러한 문서들은 그 자체

41_ 일반논평 제15호(각주 28), 제23조.
42_ *Id.*, 제28조.

로서 법적 힘을 가지고 있지는 않지만 이들 자체가 가지고 있는 사실상의 규범력을 쉽게 무시할 수는 없을 것이다.

이상의 국제 문서 등을 살펴 볼 때 물 인권에 대하여 명시적으로 확립되어 있지는 않지만 물에 대한 권리가 있다는 공감대는 형성되어 있는 것 같다. 많은 국가들은 물에 대한 권리의 중요성을 인식하고 있다. 물에 대한 권리는 명시적이지는 않지만 여러 국제 협약에서 확인할 수 있으며, 최소한 다른 인권 관련 협약에서 파생되고 있다고 볼 수 있다. 또한 전 세계적으로 물에 대한 권리를 창출하고 있는 국내법이 증가하고 있다. 이러한 점에 비추어 비록 명시적이고 분명하지는 않지만 물 인권에 대한 법적 기초는 다수 존재한다고 할 수 있다.

인권은 본질상 명확성과 일관성을 갖추기 어렵다. 인권은 파악하기 어렵고 이상적인 것일 수 있다(예컨대, 인권의 중요한 정당화 근거가 되는 '존엄성'을 생각해 보라). 또한 그 범위는 계속 확대되고 있으며 새로운 인권을 포함하기도 한다. 이러한 모호성과 광범위성은 장래 자원 관리와 관련하여 안정적인 체제로 작동할 가능성을 줄인다. 또한 인권은 보편성, 불가분성, 상호 관련성을 갖고 있기 때문에 인권 간에 우선순위가 없다는 점을 암묵적으로 전제한다. 즉 어떤 인권은 중요하고 어떤 인권은 중요하지 않다는 접근이 허용되지 아니한다. 이러한 논리는 물 인권에도 적용될 수 있는데, 그 결과 서로 다른 인간의 요구를 충족하기 위한 물 배분에 충돌이 발생할 수 있다. 경우에 따라 다른 권리와 충돌할 수 있는데, 환경권과 재산권은 종종 충돌한다.

3. 충돌과 조화

통합 수자원 관리와 물 인권은 많은 유사점을 보이고 있다. 예컨대, 양자는 추구하는 목적에 많은 공통점을 공유하고, 참여를 조장하며, 형평성을 강조하고 있다. 또한 정책, 법, 제도, 조직·기구 및 관리 체계(governance)에 크게 의지하고 있다. 그러나 이러한 유사점에도 불구하고 양자 간에는 충돌 가능성이 엄연히 존재한다.

먼저 물 인권은 인간 중심적이라고 할 수 있다.[43] 이에 비해 통합 수자원 관리는 생태계에 좀 더 초점이 두어진 개념이라고 할 수 있다. 기본적인 인간의 수요를 충족하기 위한 물을 확보하는 것을 목적으로 하는 물 인권은 재산권과 결부될 수 있다. 그런데 장기적으로 재산권에 기초한 자원의 할당·분배 시스템은 효과적인 생태계 관리와 충돌할 수 있다. 생태계가 끊임없이 변하고 예상할 수 없으며 역동적인 성격을 띠고 있는 데 반해 재산권은 사회 경제적 거래를 조장한다는 차원에서 확실성과 표준성을 요구하고 있기 때문이다.[44] 물 자원의 관리와 관련해서 재산권을 상황에 따라 변하는 권리로 보지 않고 보편적 성격을 띠는 권리로 볼 경우 인간과 환경의 파괴 가능성은 그만큼 증가하게 된다.

43_ "The human person is the central subject of human rights and fundamental freedoms, and consequently should be the principal beneficiary." World Conference of Human Rights, Vienna Declaration and Programme of Action, U.N. Doc. A/CONF.157/23, July 12, 1993, 전문.
44_ Hugo Tremblay, "Clash of Paradigms in the Water Sector?: Tensions and Synergies Between Integrated water Resources Management and the Human Rights-Based Approach to Development", *Nat. Resources J.*, Vol. 51, 2011, p. 322.

물 인권은 권리 보유자의 잠재적 증가에 대하여 제한을 하지 않기 때문에 자원의 무한성을 함축하고 있다. 인권 개념은 국가 자원에 대한 제한이 인권의 실현에 잠재적 제한이 될 수 있다는 점을 인식하고 있다. 물의 유한 자원성에 비추어 볼 때, 통합 수자원 관리가 도모하려는 사전 예방이나 방지는 무한 자원성을 염두에 둔 물 인권과 충돌할 수 있다.[45] 통합 수자원 관리는 수자원이 유한 자원이고 사용 간에 경쟁이 있다는 전제하에 물 할당 및 분배의 필요성을 인식하고 있다.

인권은 개인을 권리 보유자로 보고 비용의 지불이 요구되지 않는 의무의 상대방, 말하자면 채권자로 보는 시각이 강하다. 이러한 접근 방법은 생계 비용을 외부화하며, 오염 원인자 (내지 사용자) 비용 부담 원칙과 상치될 수 있다.[46] 이에 반해 통합 수자원 관리는 수자원 관리 비용의 내부화를 꾀하며 오염 원인자 (내지 수익자 또는 사용자) 비용 부담 원칙의 실현을 강조하고 있다.

인권은 시장의 효율성에 무관심하기 때문에 경제성, 효율성 등을 강조하는 통합 수자원 관리와 충돌할 수 있다. 이는 수자원이 경제재인가, 사회·문화재인가의 문제와 직결되기 때문에 아마도 가장 논란이 많은 쟁점을 제공할 것이다. 수자원의 성격과 관련해서 더블린선언 원칙 4는 "물은 경쟁적 사용에 있어 사회적 경제적 가치를 가지며, 경제재로 인식되어야 한다"고 보고 있다.[47] 이에 반해 일반논평 제15호는 "물은 주로 경제재로서가 아니라 사회·문화재로 취급되어야 한다"고 밝

45_ *Id.*, 326면.
46_ *Id.*, 328면.
47_ 더블린선언(각주 3), 원칙 4.

히고 있다.[48] 경제적 접근은 가난한 자의 물에 대한 접근을 부인할 가능성이 있기 때문에 인권에 배치될 수 있다. 마찬가지 맥락에서 민영화는 경제적 이윤의 최대화를 도모한다는 점에서 지불 능력이 없는 자에 대한 서비스 제공을 제한하기 때문에 최소한의 수요를 충족하여야 한다는 개념을 내포하고 있는 물 인권을 위반할 수 있다.

또한 인권은 기본적으로 사후적, 교정적 성격을 띠기 때문에 사전적, 예방적 물 관리와 조화되기 어려운 점이 있다. 인권에 기초한 구제는 기본적으로 피해를 구제하기 위한 사후적 수단이다. 그 결과 원고가 소송에 이기더라도 물에 대한 접근은 회복되지 않을 수 있다(피해를 입은 저수지 소유자에게 원상회복은 부인되고 손해 배상만 인정되는 경우를 생각해 보라). 법에서 물 인권이 사전 예방적 수단을 허용하더라도 소송 절차의 지연, 과학적 불확실성으로 인한 입증 책임의 곤란, 원·피고간의 재정적 능력의 차이 등은 물에 대한 접근의 보장 가능성을 줄인다.

이상에서 살펴본 바와 같이 물 인권 개념은 통합 수자원 관리와 조화되기 어려운 면을 내포하고 있다. 양자의 충돌을 방지하고 상호 보완토록 하는 것은 상승효과를 낼 수 있기 때문에 그 조화점을 모색하는 것은 의미 있는 작업이 될 것이다. 통합 수자원 관리는 인권이 갖고 있는 불명확성, 비유연성, 비적응성 등을 보완할 수 있을 것이다. 이에 반해 인권은 물 관리 개혁 과정에서 더욱 높은 형평성을 제고하며 광범위한 내용을 담고 진행되고 있는 통합 수자원 관리에 방향성을 제시할 수 있다. 이러한 관점에서 양자 간의 조화점은 압축적으로 인권을

48_ 일반논평 제15호(각주 28), 제11조.

고려하는 통합 수자원 관리라고 할 수 있다. 그 조화점 중 극히 일부분인 몇 가지를 구체적으로 열거해 보면 다음과 같다.

국민의 물에 대한 접근, 이용이 인권이라는 점을 헌법 또는 가칭 물관리기본법 등에 명시할 필요가 있다. 이는 물 인권이 법적 기초가 없고, 모호하고 구체성이 떨어진다는 등의 이유로 그 보장이 효과적으로 이루어지지 않거나 지연될 가능성을 차단한다는 의미가 있다. 아울러 국가에 물에 대한 접근을 보장하고 물 공급을 보호하기 위하여 법령을 시행할 의무가 있음을 밝히고 국민 개인의 물 사용에 대한 제한은 법률에 의해서만 가능하도록 할 필요가 있다. 물 인권의 핵심적인 내용을 이루는 '최소한의 기본적 수요'가 무엇인지에 대하여도 정의될 필요가 있다.[49]

물이 더 이상 자유재가 아니라 공공재라는 인식의 전환이 필요하다. 우리는 아직까지 물이 토지 소유권의 일부라는 농경 사회적인 인식에서 크게 벗어나지 못한 채, 총체적 관리의 필요성을 크게 인식하지 못하고 있다. 수자원의 공적 성격에 대한 국민 인식은 미흡하고, 효율적이고 체계적인 물 보전·관리는 이루어지지 않고 있다. 물 문제도 보전보다는 개발·이용에 초점이 맞추어진 형상이다. 이러한 상황은 물을 토지 소유권의 일부로 보는 한 크게 변하지 않을 것이라고 생각된다. 물 부족 문제가 현실적인 위기로 다가오고 수리권의 안정적 확보가 문제 해결을 위해 중요한 이슈로 부각되는 상황에서 수자원에 대한 근본

---

[49] 어느 정도의 양이 기초적인 생존과 건강 요구를 충족하는지에 대하여는 국제적 합의가 이루어져 있지 않다. 참고로 남아프리카공화국은 최소한의 기본적 수요를 개인당 하루 25리터로 제시하고 있다. Ramin Pejan, "The Right to Water: The Road to Justiciability", Geo. Wash. Int'l Rev., Vol. 36, 2004, p. 1203.

적이고 획기적인 발상의 전환이 요구된다. 수자원 일반에 대하여 사적 소유권의 범위 속에 포함시키지 않으려는 수자원의 공유화는 이러한 문제를 해결하는 실마리를 제공할 수 있다.[50]

수자원이 기본적으로 공공재라는 점을 고려할 때 특정인에게 배타적 권리(사용권)를 부여하는 수리권 설정은 원칙적으로 적합하지 않다. 다른 사람의 수자원 사용을 제한할 가능성이 있기 때문이다. 그러나 민간에 의한 수자원의 개발이나 일정 기간 동안의 안정된 이용 보장 등 수자원의 효율적 이용을 도모하기 위해서는 수자원의 공동 사용 원칙을 본질적으로 훼손하지 않는 범위에서 허용할 필요가 있다. 수리권 설정을 하는 경우에는 법률에 의해서만 가능하다는 점을 밝혀 국민의 물 사용에 대한 기본권 침해를 막을 필요가 있다.[51]

수자원을 경제적인 거래 대상으로 하는 것은 물 이용에 관한 질서가 공익적 측면보다는 사적인 경제 원리의 지배를 받게 되어 국민의 기본권에 해당하는 자유로운 물 이용을 침해할 수 있는 위험이 있으므로 원칙적으로 수자원 거래는 제한할 필요가 있다. 그러나 수자원의 거래를 과도하게 금지할 경우 개발 위축이나 효율적 이용을 저해하는 부작용이 따르므로 제한적으로 거래를 허용할 필요가 있다. 수자원 거래를 허용하는 경우에는 법률에 근거하도록 하여야 한다.[52]

50_ 그 동안 여러 차례에 걸쳐 제안된 물관리기본법안 중 두 개의 법안인 2006년 10월 정부안과 2009년 3월 김소남 의원안만이 물의 공공성을 천명하고 있다. 하천법 제4조는 하천 및 하천수가 "공적 자원"이라는 점을 분명히 하고 있다. 그러나 공적 자원이 갖는 법적 의미는 상당히 모호하다. 구 하천법 제3조에서 인정하고 있던 국가 소유와 같은 법적인 개념이 아니기 때문에 규범력은 약하다고 할 수 있다. 앞서 언급한 법안들도 공공 자원이라는 점만 밝히고 있으며 물의 국가 소유를 인정하는 데까지는 나아가지 않고 있다.
51_ 한국수자원공사, 《수자원기본법 제정방안 연구》, 2002. 12, 56면.
52_ 앞의 책, 57면.

물에 대한 권리를 국내법에 포함하고 있는 많은 국가들이 모든 국민들에게 물에 대한 권리를 보장하기 위하여 민영화를 시도하고 있다. 민영화는 상당히 논란이 많은 정치적인 성질을 띠고 있지만 대체로 모든 국민에게 물에 대한 권리를 제공하는 것 같지 않다. 민영화가 이루어질 경우 그것은 지역 사회 내의 자연 유수를 해친다. 또한 적절한 보호가 이루어지지 않을 경우 지역 사회에 부정적이고 치명적인 결과를 초래할 수 있다. 그 무엇보다도 민영화는 수질과 수자원에 대한 접근을 향상시킬 가능성이 있지만 잘못 시행되는 경우 먹는 물에 대한 많은 사람들의 접근을 감소시킬 수 있다.

민영화는 좁은 의미에서는 사업의 소유권을 공공 부문(정부)으로부터 민간 부문으로 이전하는 과정 또는 상황을 의미하나, 넓게는 소유권의 이전과 관계없이 국가의 재산 또는 재화의 생산이나 서비스의 공급을 정부로부터 민간으로 이전하는 것을 의미한다. 경우에 따라서는 정부의 규모나 역할 범위를 축소하는 일체의 과정 또는 상황(예컨대, 감세, 재정 지출의 감소, 정부 규제의 완화 등)을 포괄하기도 한다. 좁은 의미의, 즉 소유권의 이전을 전제로 한 민영화를 '완전한 민영화'라고 한다면 소유권 자체의 이전을 허용하지 않는 민영화는 '불완전한 민영화' 또는 '구조 개편'이라고 할 수 있다. 물 인권과 수자원의 공공성을 강조하는 입장에서는 완전한 민영화가 조심스러울 수밖에 없다.

제3장 바람직한 통합 수자원 관리 방안

통합 수자원 관리의 주제는 통합이다. 다시 말하면 통합 수자원 관리의 핵심은 무엇을 통합하는가의 문제로 압축될 수 있다. 통합의 이유는 경제적 효율성, 생태적 지속 가능성, 사회적 형평성을 높이기 위한 것이다. 그러나 항상 잊지 말아야 할 것은 효율성이 능사가 아니라는 점이다. 물 인권이 고려되어야 하는 이유가 여기에 있다.

1. 정책의 통합

1) 계획의 통합

부처의 고유 업무 및 기능에 따라 다양한 물 관련 계획이 수립되는 상황에서 계획 간의 연계성은 부족하고 이들의 통합·조정은 어려울 수밖에 없다. 수자원 관련 각종 계획이 단일법이 아닌 다수의 개별법에 근거하여 산만하게 수립·시행되고 있어 계획 내용의 중복·상충 등의 문제가 발생할 수 있다.[53] 계획 간의 우선순위 및 관계도 분명치 아니하여 불필요한 혼란을 초래하고, 이는 효율적이고 체계적인 시행을 저해하는 것으로 이어진다.

53_ 예컨대, 물 관리 관련 계획으로는 수자원장기종합계획, 하천기본계획('하천법'), 수질 및 수생태계 보전계획('수질 및 수생태계 보전에 관한 법률'), 국가하수도종합계획('하수도법'), 전국수도종합계획('수도법'), 지하수관리기본계획('지하수법'), 물 재이용 기본계획('물의 재이용 촉진 및 지원에 관한 법률'), 국가안전관리기본계획('재난 및 안전관리기본법'), 소하천정비계획('소하천정비법') 등이 있다.

이에 가능하면 여러 계획들을 통합·조정·단순화하는 작업이 필요하다. 국가 차원의 통합적인 계획 없이 부처별 고유 업무 및 기능에 따라 이루어지는 관련 계획 간에는 중복, 누락의 문제가 발생할 수밖에 없다. 이에 전담 부처 또는 주관 부처를 두어 통합적 계획을 수립하도록 할 필요가 있다. 이러한 대안이 현실적으로 어렵다면 부처별로 수립한 물 관리 계획을 통합·총괄·조정하는 기구나 절차를 마련하여야 할 것이다. 그 기구는 명실상부한 역할을 수행할 수 있도록 법령에 근거하고 그 권한과 범위를 강력하고 명확히 할 필요가 있다. 또한 정치적·행정적·재정적 독립성이 보장되어야 한다. 이러한 요청은 그 동안 법적 근거 없이 다만 국무총리 훈령에 기초하여 물관리정책조정위원회와 그 사무 조직인 수질개선기획단이 운영됨으로써 물 관리의 통합·조정에 한계가 드러나고 실효성을 확보하지 못했던 역사적 교훈에 기초한다.[54]

2) 상류와 하류의 통합: 통합 유역 관리

상류와 하류 지역 이해관계자의 이익은 충돌한다. 이는 해당 유역의 수자원이 지리적, 수문학적으로 관련성이 있다는 사실과 직접적으로 관련이 있다. 상류 지역의 낭비적인 물이용은 하류 지역의 유수량을 감소시킨다. 상류 지역의 오염 부하는 하류 지역의 수질을 떨어트린다. 상류 지역의 토지 이용 전환은 지표수와 지하수의 수량을 변화시키며, 유역을 통틀어 계절별 물의 유수를 변화시키며 홍수와 같은 재난

54_ 1997년 설치된 물관리정책조정위원회는 그 실효성을 인정받지 못하고 2005년 정부 차원에서 불필요한 위원회 정리 시 폐지되면서 역사 속으로 사라졌다.

을 초래할 수 있다. 이러한 이해관계의 충돌은 통합 수자원 관리의 틀에서 충분히 고려되어야 한다. 상호 관련이 있는 수자원이 효과적으로 관리되기 위해서는 통합적이고 협력적인 방법이 동원되어야 한다. 이러한 관점에서 수자원 관리 방법으로 유역 관리 접근 방법은 필수적이다. 그리고 이러한 접근 방법이 성공하기 위해서는 관련 당사자들의 참여가 충분히 보장되어야 한다.

유역 관리 접근 방법은 유역과 이를 둘러싼 토지 전부를 전체론적 관점에서 결정하는 골격을 창출한다. 예컨대, 강이 세 개 행정 구역을 관통하여 흐를 경우 종전 체계에서는 행정 구역별로 각 행정 구역을 흐르는 강 부분을 별개로 관리하였다면 유역 관리 접근 방법은 공정한 독립 조직·기구 등을 통하여 강 전체를 통합 관리한다고 할 수 있다. 유역 관리 접근 방법은 전체 생태계를 관리함으로써 생물 다양성을 유지할 수 있다는 관념에 기초하기 때문에 물에만 초점을 맞추지 않고 전체 생태계를 보호하기 위한 프로그램을 개발하고자 한다. 이 접근 방법은 정치적, 지정학적 경계를 무시한다. 물에 대한 상호 관련된 관심이 개별적이 아니라 분리된, 그러나 연관된 행위를 통하여 전체적으로 통합적으로 다루어진다.

유역 관리 접근 방법은 재원이 해당 유역에서 가장 긴급한 수요에 투자되기 때문에 효율적인 자원 분배를 가능하게 한다. 유역 관리 접근 방법은 유역의 한 부분만이 아니라 유역 전체의 이익을 고려한다. 협동과 탄력과 순응적 능력을 제고한다는 목적하에 이루어지는 조화된, 협력적인 그리고 거시적인 노력은 수문제를 해결하기 위한 효과적인 전략과 대응을 마련한다. 또한 갈등보다는 동의를 촉진할 잠재력을 가지고 있기 때문에 정치적으로 매력적이다. 유역 관리 방식은 수문학적 순환·주기 내에서 지표수와 지하수가 상호 연계되어 있다는 점을 인식한다. 또한 공유된 물 자원을 사용하고, 규제하고, 관리하고, 보전하기 위한 가장 효과적인 방법은 모든 상호 연계된 물 자원을 고려하는 포괄적인 계획이라는 점을 인식한다. 유역 관리 방식은 물 문제와 생태적 재난을 피하는 데 잘 반응할 수 있을 것이다. 이는 장·단기 전략을 수립, 조정할 수 있으며, 유역을 관리하기 위하여 유역 차원에서의 우선순위를 개발할 수 있다. 또한 물 문제로 발생 가능한 결과에 잘 대비할 수 있는 대안적 시나리오를 위한 계획을 수립할 수 있다. 또한 유역의 이익을 극대화하기 위하여 자원을 집중할 수 있을 뿐만 아니라 예상되는 부담을 공동으로 부담할 수 있다.

해당 유역의 공유된 수자원을 관리하기 위해서는 협력적 접근을 위한 조직·기구가 필요하다. 유역 관리 방식에서 유역을 관장하는 기구(예컨대, 유역 위원회)는 물 문제를 해결하기 위한 해당 유역의 수요에 대응하기 위한 기민성과 능력을 갖추어야 한다. 이 기구는 자료와 정보를 생산할 수 있으며 유역 특성과 관리에 맞는 전문성을 향상하며, 해당 유역 고유의 지식을 보유하는 관리자와 전문가를 육성하여야 한다. 그 과정에서 그들은 극심한 가뭄과 홍수와 같은 물 문제에 대응하고 지역 수요를 충족하는 능력을 향상하게 될 것이다.

이러한 기구가 성공하기 위한 요소로는 기구의 권한과 범위, 운영·계획·사업 이행에 있어서 기구에 제공되는 유연성, 기구에 제공되는 재정적·인적 자원 등과 깊은 관련이 있다. 장차 물 관리의 실질적 권한은 중앙 정부에서 유역으로 이전되어야 하는데, 유역 기구는 이 과정에서 중요한 역할을 수행하게 될 것이다. 중앙 정부의 하향식 접근 대신에 해당 유역의 경험과 지식을 포용하는 상향식 접근 방법으로의 이동은 해당 유역의 자기 의존성과 권한을 향상시키면서 변화하는 물 여건 및 사회 요소에 대한 대응성을 높이며, 분쟁과 갈등을 완화할 것이다.

3) 수량과 수질의 통합

우리나라는 전통적으로 물 관리를 수량과 수질로 나누어 관리하여 왔으며 수량 관리에 좀 더 치중한 감이 있었다. 이에 따라 관리 부처도 크게 수량은 국토해양부와 한국수자원공사, 수질은 환경부로 2원화되어 있다. 이러한 2원적 접근 방법은 비효율적인 물 관리를 초래하였으며 이러한 반성적 고려에서 수량 관리와 수질 관리를 통합하는 방안이 크게 논의되고 있다.

수질에 관한 결정은 실질적으로 수량에 관한 결정이다. 만약 정부가 지하수 대수층의 오염을 허가한다면 사실상 정부는 대수층의 물을 도시민, 농민 등의 소비적인 사용보다는 폐기물 처리에 할당하는 것이다. 수량에 관한 결정은 마찬가지로 수질에 영향을 미칠 수 있다. 막대한 물이 강이나 다른 수로에서 취수되는 경우 그 취수는 자연적이든 인간에 의해 배출되었든 수로에 오염 물질을 집중하게 한다. 또한 연안 수로의 경우에는 염수의 침투를 증가시킬 수 있다. 대수층으로부터의 취수 또한 염수의 침투 또는 이미 이루어진 오염을 악화시킨다. 상류 지역에서 이루어지는 댐의 건설과 다른 인공 구조물의 설치는 하류 지역의 수질에 영향을 미친다. 이러한 상호 연계성 때문에 수량과 수질 결정은 상호 조정되어야 한다. 그렇지 않으면 그 결정은 예기치 않은, 그리고 비효율적인 결과를 초래할 수 있다.

4) 지표수와 지하수의 통합

물 부족 문제에 대한 강력한 대안이 지하수가 될 수 있음에도 불구하고, 그동안 지하수 문제는 소홀히 다루어졌다. 그 동안 물 문제(수량 및 수질)는 지표수를 중심으로 다루어졌으며,[55] 눈에 보이지 않는 지하수 문제는 상대적으로 소홀히 다루어졌다. 그러나 지하수는 지표수와의 연계성이라는 특징을 가지고 있다.[56] 지하수는 지표수의 상당 부분을 제공하고 지표수는 거꾸로 지하수 대수층을 보충한다. 그 결과 지하수 취수는 지표수 공급을 감소시키며 지표수의 취수는 지하수의 이용 가능성을 감소시킬 수 있다. 지하수 또한 그곳에 의지하는 고기, 조류, 식물 등을 지원하면서 다양한 수생, 연안, 육상 생태계의 건강한 기능을 지원한다. 지하수의 과다 취수는 지하수에 의지하는 생태계(예컨대, 습지, 저수지)를 파괴할 수 있다. 지표수의 과다 개발·이용은 지하수 양의 감소와 오염을 초래하며, 지하수의 과다 개발·이용은 지표수량의 감소를 초래할 수 있다.

---

[55] 1997년부터 1999년 사이 지표수 개발에 소요된 예산이 매년 평균 1조 5,683억 원에 이르고 있음에 반해 지하수 관리·보전을 위해 투입된 예산은 이의 2.4% 수준인 381억 원에 불과하다. 김상권, "지하수관리체계 개선방안에 관한 연구", 《지하수 환경》 제19호, 2000. 3, 49면.
[56] 박균성, "현행 지하수법의 몇 가지 법적 문제", 《환경법연구》 제19권, 1997, 116-117면; "지하수법의 문제점과 개선방향", 《비교사법》 제8권 제1호(상), 통권 제14호, 2001.6, 227면 참조.

그렇기 때문에 효과적인 물 관리는 지하수와 지표수의 통합 관리를 요구한다. 통합 관리 체제하에서 사용자는 지표수원에서 지하수원(또는 지하수원에서 지표수원)으로 전환할 수 있고, 지표수는 지하수 대수층에 저장될 수 있을 것이다. 그 결과 전체적인 물 생산량은 증가하고 물의 이용 가능성은 증가할 것이다. 전체적으로 통합되어 관리되어야 하는 하나의 자원, 즉 지표수와 지하수가 둘로 나뉘어서 다른 조직·기구에 의해 관리되는 것은 비효율성을 양산한다.

5) 토지 이용과 물의 통합

또 하나의 분리는 흔히 토지 이용과 물의 이용에서 나타난다. 물 관리와 토지 이용 계획 간 책임의 분리가 그 좋은 예이다. 토지 이용 결정은 해당 지역의 물의 수요와 공급에 영향을 미친다. 토지 이용과 물 이용 간의 상호 관련성은 분명하다. 토지 이용과 복개는 해당 지역 지하수의 보충과 수질에 영향을 미칠 수 있다. 예컨대, 고속 도로, 주유소, 산업 시설의 설치는 유해 물질의 유입을 증가시킬 수 있다. 불투수층의 확대는 지하수 수질을 저하시킬 수 있으며, 지표수의 대수층 침투를 막음으로써 대수층의 보충을 감소시킬 수 있으며 홍수 위해를 증가시킬 수 있다. 도시 개발 또한 강수의 침투를 변형시킬 수 있다.

현재 토지 이용 결정, 물 공급, 수질 보호는 서로 다른 부처가 책임을 지고 있다. 즉 토지 이용과 수량은 국토해양부가 수질은 환경부가 책임을 지고 있다. 지리적 분리는 물 관리를 더욱 복잡하게 만들고 있다. 토지 이용과 관련한 각종 계획 위원회는 토지 이용과 물 문제를 분리하고 있다. 이러한 체제 하에서는 단일 조직이나 기구에서 모든 이슈를 다루는 경우에 요구되는 것보다 더 적극적인 조정이 필요하다. 효율적인 물 관리를 위해서는 토지 이용과 물의 통합이 필요하다. 토지 이용 계획 시에는 수질도 적극 고려되어야 한다.

6) 수리권의 통합

우리나라 수리권은 크게 민법에서 인정하는 공유 하천 용수권(제231조), 관행 수리권(제234조)과 '하천법'에 의한 허가 수리권(제50조)으로 구별할 수 있다. 그리고 수리권과 유사한 댐 사용권('댐건설 및 주변지역지원 등에 관한 법률' 제24조 제1항), 농업 기반 시설의 관리권('한국농어촌공사 및 농지관리기금법' 제46조) 등과 같은 것이 특별법에 의하여 인정되고 있다. 현행 법 체제상의 수리권 개념은 여러 법에 산재해 있고 그 내용이 혼란스럽고 모호한 부분이 많다고 할 수 있다. 민법상의 공유 하천 용수권은 전통적인 농업 사회에 바탕을 두고 형성·발전된 규범으로서 시대에 크게 뒤떨어져 있으며, 관행 수리권은 지나치게 불명확하다. 이들 수리권 규정은 오늘날처럼 복잡하고 많은 분쟁과 갈등을 유발할 수 있는 수리권 문제를 다루기에는 지나칠 정도로 단순하다. 수리권의 개념, 법적 성격, 주체, 내용, 범위, 성립, 소멸 등에 대하여 침묵하거나 불분명하다. 허가 수리권, 댐 사용권 등과의 관계는 모호하고 중복되는 측면이 많다.

나아가 이들 수리권은 지표수에 국한되고 지하수에 대해서는 다루고 있지 않다는 공통적인 문제를 지니고 있다. 이러한 문제점들은 수리권의 안정적 확보를 해치고 불필요한 갈등과 분쟁, 그리고 이를 해결하기 위한 많은 사회적 비용을 수반하게 된다. 이에 법·제도적 정비·개선을 통하여 수리권 개념을 확립하고 그 요건, 내용, 범위 등을 명확히 할 필요가 있다. 이러한 필요성에도 불구하고 그 동안 국회에 제안되었던 물관리기본법안 어느 것도 일체 수리권 문제에 대한 규정을 두고 있지 않다. 이는 물 관리 개혁의 본질을 외면하는 것이라고 할 수 있다. 물 관리의 핵심 사안이라고 할 수 있는 수리권 확립 노력은 분쟁 해결의 실마리를 제공할 것이며, 선진적인 물 관리 체제의 확립을 앞당길 것이다.

2. 시설의 통합

광역 상수도와 지방 상수도 간의 수직적 통합과 지방자치단체 수도사업 간의 수평적 통합 필요성에 대한 공감대가 확대되고 있다. 현행법체제상 수도 사업은 광역 상수도·지방 상수도·하수도 등 수처리 단계에 따라 수직적으로 분화되어 있으며, 지방 상수도의 경우 행정 구역 단위를 기초로 수평적으로 분할되어 있다. 이에 따라 현재 우리나라에는 전국 164개 지방 수도업자(특·광역시 7, 특별 자치도 1, 시 75, 군 81) 및 1개 광역 수도업자가 존재한다.[57] 지방 수도 사업은 지역별로 1개의 지방자치단체에 의해 이루어지기 때문에 지역적 독점 체제 형태로 운영되고 있다고 볼 수 있다. 지방 수도 사업은 예외 없이 직영 체제로 운영되고 있으며, 상당 부분은 직영 체제하에서 지방 공기업 형

57_ 환경부, 《환경백서》, 2010, 463면.

태로 수도 사업을 시행하고 있다. 지방 수도 사업이 직영 체제로 운영되는 것은 상수도·하수도의 설치와 관리를 지방자치단체의 고유사무로 규정하고 있는 '지방자치법' 규정(제9조 제2항 제4호 자목)과 무관하지 않다. 이러한 직영 체제하에서 직영 기업 종사자는 공무원 신분을 유지하고 있다. '지방공기업법'은 직영 기업으로 하여금 특별 회계를 설치하고, 원칙적으로 독립 채산제를 도입하도록 하고 있으나 실제 많은 지방자치단체는 예외 규정을 이용하여 일반 회계나 다른 특별 회계로부터 재정적 지원을 받고 있는 실정이다.[58]

지방 상수도 사업은 '수도법'에 따라 환경부가 총괄하고 있으나, 평가 등 일부 업무는 행정안전부와 역할이 중복되고 있다. 즉 환경부는 '수도법'에 따라 수도 정비 기본 계획 승인(제4조 제3항), 먹는 물 수질 기준(제26조), 표준 급수 조례(제38조), 국가 보조(제75조), 수도 사업자에 대한 지휘·감독(제62조) 등 수도 사업 전반에 대한 정책의 마련 및 관리를 하고 있으며, 행정안전부는 '지방공기업법'에 따라 지방 직영 기업(수도 사업)에 대한 경영 평가, 요금 정책(요금 산정 요령)을 담당하고 있다. 이러한 역할 중복은 지방자치단체 입장에서 동일 사무에 대해 2개 중앙 부처에서 정책을 추진하는 데 따른 정책 방향에 대한 혼선, 업무 중복 및 비효율을 초래하고 있다.

이러한 공급 체계는 다음과 같은 많은 문제점을 발생시키고 있다. 군소 영세 수도 사업자의 난립을 초래하고 있다.[59] 규모 및 범위의 경제

58_ 전국 164개 지방자치단체 중 112개 지방자치단체가 지방 공기업 특별 회계 형태로, 나머지 52개 지방자치단체가 비공기업 기타 특별 회계로 운영하고 있다.

59_ 전국 164개 수도 사업자 중 급수 인구 30만 이하의 영세 수도 사업자가 82%(134개)를 차지하고 있다. 522개 정수장 중 시설 용량 기준 5천톤/일 미만 소규모 정수장이 60%(307개)를 차지하여 먹는 물 수질 기준 준수에 급급한 실정이다. 이러한 영세성은 운영의 효율성

가 실현되지 못해 운영의 효율성이 떨어지고 있다. 경제·경쟁의 원리가 적용되지 않아 생산성 향상이 저해되고 있다. 수도 사업의 영세성은 경영을 악화시키고, 전문 인력의 양성 및 기술력의 배양을 저해한다. 높은 생산 원가와 비현실적으로 낮은 요금은 요금 현실화율을 떨어트리고[60] 재정 악화의 원인으로 작용하고 있다. 수질기준의 충족과 효율적 운영을 위해 필요한 투자 재원을 확보하기가 곤란하다. 적시에 투자가 이루어지지 못하기 때문에 시설·장비가 노후화되고 있다. 이는 낮은 유수율(流收率)과 높은 누수율로 이어지고 있다.[61] 투자의 부족뿐만 아니라 중복 투자가 이루어지는 것도 문제다.[62] 행정 구역별 개별 공급 체계로 인하여 수질·수량 및 요금[63]과 급수 보급률[64] 등 서비스 저하로 연결되고 있다.

60_ 2009년 전국의 평균 수도 요금은 609.9원/㎥으로 761.6원/㎥의 80.1% 수준이다. 2010년 《환경백서》(각주 57), 465면. 농·어촌 지역은 저소득층이 많아 요금 현실화를 어렵게 하고 있으며, 선출직 지방자치단체장의 부담, 지방 의회 통제, 정부의 공공요금 인상 억제 정책 등도 요금 현실화를 저해하는 요인으로 작용하고 있다.

61_ 열악한 재정 여건(낮은 재정 자립도, 적자 경영)은 신규 및 재투자를 위축하며, 수도 시설의 낙후, 수도 사업 손실이라는 악순환을 초래하며, 수도 서비스의 질 저하를 초래한다. 이러한 현상은 소규모 시·군일수록 심각하게 나타나고 있다.

62_ 지자체별 시설 확충 및 지역 간 시설 연계 미흡으로 중복 투자 및 가동률 저하, 용수 공급상 불균형이 발생하고 있다.

63_ 도·농 간, 지역 간 원가 및 요금 격차가 심각한데, 원가는 대체로 농촌 지역일수록 높고 도시 지역일수록 낮다. 요금은 농촌 지역이 대체로 대도시보다 비싸다. 이와 같이 지역별로 요금 수준이 차이가 나는 이유는 광역 상수도에서 물을 공급받는지의 여부, 취수원 개발의 용이성, 취수원과 물 공급 지역과의 거리, 수돗물 생산 시설의 규모, 정수 처리 비용, 수도 사업 경영 능력 및 재정 상태 등의 차이에서 기인하는 것으로 분석된다. 2010년 《환경백서》(각주 57), 466면.

64_ 수도 보급률이 7개 특·광역시 99.4%, 시 지역 98.6%, 읍 지역 88.8%, 면 지역 51.0%로 농어촌 지역으로 갈수록 보급률이 낮다. 2010년 《환경백서》(각주 57), 463면.

의 지역적 격차가 발생하고 있다.[65] 수도 사업이 일반 행정의 계선 조직에 크게 의지하면서 책임 경영 체제를 확보하기 어렵고 전문성·자율성을 담보하기가 어렵다.[66] 중앙 정부 차원의 재정 지원이 미흡한 것도 문제이다.[67] 기술 경쟁력의 저하로 인하여 관거·관로의 부적절한 유지 및 교체의 실기, 정수 처리 공정 기술의 부족 등 문제가 발생하고 있다. 제한된 수도 사업자로서는 물 시장의 개방화와 세계화에 따르는 변화에 제대로 적응할 수 없으며 세계의 유수한 다국적 물 기업과는 경쟁하기 어렵다.[68]

규모와 범위의 경제를 실현하기 위하여 어떤 형태로든 수도 사업의 통합은 필연적이다. 수도 사업의 통합은 지방자치단체 수도 사업의 통합을 핵심으로 하기 때문에 광역화와 불가분의 관계를 갖는다. 관망을 이용하는 특성이 있는 수도 사업이 통합을 이루면서 사업 지역을 확장해 나가기 때문이다. 수도 사업의 통합은 '수도 권역화'와도 맥락

65_ 시·군별로 사업이 추진되면서 급수 인구, 주거 밀집도, 취수원 유무 등에 따라 도·농 간, 지역 간 급수 보급률, 누수율, 정수장 노후 정도, 요금 등에 격차가 발생하고 있다. 이러한 현상은 지자체별 재정 여건 차이 및 자치 단체장 의지에 따라 상수도에 대한 투자가 달라 수도 서비스 불균형을 더욱 악화시키는 경향이 있다.

66_ 선출직 단체장은 임기 동안 단기 사고 예방에 치중하고 새로운 경영 기법 및 기술 도입에 소홀한 경향이 있다. 순환 보직(평균 재임 기간 2년), 유지·보수 중심의 인력 구성도 전문성 부족에 일조하고 있다.

67_ 중앙 정부 차원의 재정 지원이 미흡한 이유에는 지방 상수도 사업이 지자체 고유 수익 사무라는 사고가 크게 기초하고 있는 것으로 보인다.

68_ 우리나라 현재 수도 사업의 문제점에 대하여 자세한 내용은 김병기, "수도사업의 효율화 방안과 관련 법·제도 정비", 《환경법연구》 제26권 제2호, 2004.6, 14-20면; 이달곤·김철희, "물산업 경쟁력 강화를 위한 법정책적 과제-공공부문 경쟁모델 도입을 중심으로-", 《환경법연구》 제26권 제3호, 2004.9, 155-157면; 지속가능발전위원회, "수도사업 구조개편", 《지속가능한 물 관리 정책》, 박영사, 2005, 169-172면; 환경부, 《수도사업 구조개편 로드맵 작성연구》, 2006. 11, 14-21면 참조.

을 같이 하는데, 지방자치단체 간에 수도 사업을 통합하는 것이 지역적으로 광역화를 의미하고 결과적으로 특정 권역을 중심으로 이루어지기 때문이다.[69]

현재의 지방 수도 공급 체계는 행정 구역에 기초하여 분할된 지역적 독점 체제로 이루어지고 있다. 획일적이고 인위적인 행정 구역 단위별로 수도 사업을 수행하기 때문에 서비스 공급의 범위도 자연적 수계를 중심으로 하여 적정한 규모로 이루어지는 것과 거리가 멀다. 운영 규모의 영세성을 탈피하여 운영의 효율화를 기하기 위해서는 규모와 범위의 경세를 이룰 수 있을 정도의 통합(최적 통합)이 요구된다. 그 통합은 물 순환 시스템을 고려해서 물 관리의 효율성을 극대화하는 방향으로 이루어져야 한다. 기계적·획일적 행정 구역에 의한 단순한 광역화만으로는 수도 시설의 효용 극대화를 이룰 수 없다. 그렇다고 수계만 고려할 경우에는 행정 구역과의 불일치로 효율성이 떨어질 수 있다. 결국 광역화는 수계를 중심으로 하되, 행정 구역, 지역성, 관망, 기술 수준 등을 모두 고려하여 수자원 확보가 용이한 유역 및 수도 시설의 효용 극대화를 추구할 수 있는 생활권역 단위로 통합이 이루어지는 것이 바람직하다고 생각한다. 이렇듯 적정한 권역 설정이 전제되는 권역별 통합은 최근 추세가 되고 있는 유역 관리 방식과도 잘 부합할 수 있다.

---

[69] 권형준, "수도 통합의 효율적 추진방안", 《저널 물 정책·경제》 Vol. 13, 2009. 12, 26면.

3. 조직·기구의 통합

현재의 물 관리 주체는 근거 법과 적용 대상에 따라 지나치게 다양하다. 크게 수량 관리는 국토해양부, 수질 관리는 환경부, 상수원 댐 건설과 물 공급은 국토해양부와 한국수자원공사의 소관 업무이다. 하천 종류에 따라 규제하는 법과 관리 주체가 다르다. 예컨대, '하천법'은 국토해양부, '소하천정비법'은 행정안전부, 4대강수계법은 환경부의 소관이다. 하천 크기에 따라 국가 하천은 국토해양부, 지방 하천은 광역 자치 단체, 소하천은 기초 자치 단체가 관리한다. 유사한 하천 복원 사업이지만 부처에 따라 자연형 하천 정비 사업(국토해양부, '하천법'), 생태 하천 복원 사업(환경부, '수질 및 수생태계 보전에 관한 법률'), 소하천 정비 사업(소방방재청, '소하천정비법'), 하천 환경 개선 사업(지방자치단체)으로 추진되어 혼란과 중복을 초래하고 있다. 수질 관리 조직은 환경부, 유역환경관리청, 시·도(환경보건국), 시·군·구, 한국수자원공사 등으로 다기화되어 있다. 상수도 관리권도 광역 상수도는 국토해양부, 지방 상수도는 환경부, 마을 상수도는 시장·군수 또는 구청장 등으로 복잡하게 나뉘어 있다.

이러한 복잡성은 지하수 체제에도 마찬가지이다. 즉, 지하수의 조사 및 개발·이용은 국토해양부, 지하수의 수질 보전은 환경부, 농업용 지하수의 이용은 농림수산식품부, 온천 개발은 행정안전부, 군사 목적의 지하수 시설 관리는 국방부, 일반적인 통제는 지방자치단체에서 담당하는 등 지하수에 대한 주무 부서는 다양하고, 그 관리 체계는 다원화되어 있다.

이와 같은 복잡하고 다원적인 구조 하에서는 수질 관리의 통일성과 효율성을 기할 수 없으며, 종합적인 수질 관리 대책의 수립·시행이 어렵다. 기획, 조정과 협조 체제를 구축하기도 어려울 것이다. 행정 체계의 개편이 효율적인 물 관리를 위한 유일한 수단은 아니지만 중요한 수단임에는 틀림없다. 그 동안 관련 논의가 유독 물 관리 부처 및 기구의 신설 또는 개편과 같은 행정 체계의 개편에 큰 관심을 보인 것도 이해되는 측면이 있다.[70] 1997년부터 최근까지 의원 또는 정부가 발의한 다섯 차례에 걸친 물관리기본법안이 한결같이 위원회의 신설[71] 등과 같은 조직·기구의 신설이나 개편에서 크게 나아가지 못하고 있는 것도 같은 맥락이라고 할 수 있다.

관련 정책 및 계획을 통합적으로 수립·관리하고 사업간 연계성을 높이며, 중복·과잉 투자 등 비효율성을 제거하기 위해서는 수자원 관리를 주된 업무로 하는 전담 부처나 주관 부처의 신설이 요구된다. 수량과 수질의 통합만으로도 통합적 물 관리에 상당한 진전을 이룰 수 있

70_ 한국수자원공사(각주 51), 70-81면; 박성제, 《수자원 관리체계의 변화에 따른 법 및 제도의 정비방안 연구》, 국회입법조사처, 2010. 10. 2, 94-104면(이 보고서는 특히 18대 국회에서 발의된 3개 법안의 내용의 장·단점을 비교 분석하면서 우선순위를 제시하지 아니한 채 행정 조직의 개편 방안으로 3개 대안을 제시하고 있다.); 김종원, 《하천유역별 통합 물관리체계 연구》, 국토연구원, 2000. 113-117면(이 보고서는 기존 물 관리 체계에 대한 연구 결과를 소개하는 데 그치고 있지만 기존 물 관리 체계가 바람직하지 않다는 점에는 동의하는 것으로 보인다. 나아가 유역 통합 관리로 이행하기 위한 ① 부문별 통합 관리, ② 유역위원회의 신설, ③ 유역 당국의 신설로 압축되는 단계별 추진 방향을 제시하고 있다.) 참조.
71_ 예를 들면, 그 동안 발의한 다섯 차례에 걸친 물관리기본법안 중 1997년 방용석 의원안, 2006년 10월 정부안, 2009년 3월 김소남 의원안 등은 국무총리 소속으로 국가물관리위원회를, 2009년 8월 이윤성 의원안과 2009년 10월 이병석 의원 안은 대통령 소속으로 국가물관리위원회를 두는 것을 골자로 하고 있다.

다는 점,[72] 치수나 방재 업무 등도 포함하면서 통합 범위를 대폭 넓힐 경우에는 부처의 통폐합에 많은 시간과 노력이 요구된다는 점에서 우선 현행 국토해양부와 환경부의 물 관련 업무를 통합 관리하는 부처(가칭 '수자원부')의 신설이 현실적 타당성을 갖는다고 생각된다. 중앙 부처의 산하에는 유역 관리 당국(가칭 유역관리청과 유역위원회)을 두는 것을 고려할 필요가 있다. 이는 중장기적으로 중앙 정부 주도에서 유역 당국이 중심이 되는 물 관리로의 전환을 위한 포석의 의미도 갖는다. 유역 관리 당국은 지역 주민과 이해관계인의 참여를 보장하여야 한다. 이러한 체계 개편은 관리 조직을 단순화하고 효율성을 극대화할 수 있으며, 기존 관련 부처 모두의 양보와 타협을 통해 관련 부처의 반발을 줄일 수 있다는 점에서 현실성이 있는 대안으로 보인다. 단편적인 업무의 조정이나 업무의 총괄·조정 기능을 강화하는 각종 위원회(예컨대, 국가물관리위원회, 권역위원회, 유역물관리위원회)의 신설만으로는 한계가 있다고 생각된다. 그 동안 물 관리와 관련하여 통합·조정의 역할을 기대하고 물관리정책조정위원회가 운영되었으나 물 관리 정책을 총괄하는 부처나 기구가 없어 관련 기관의 갈등은 여전히 노출되고 물 관련 계획·정책을 조정하는 데 한계가 드러났던 전례가 이를 뒷받침하고 있다.

부문별·용도별·매체별로 별도의 기관이 독자적으로 추진하는 상태에서 정책 추진의 일관성·효율성·체계성을 기대하기는 어렵다. 이에 물 관리 기구와 기능의 통합 필요성이 높다고 할 수 있다. 반드시 통합하여야 한다는 필연성은 없더라도 이러한 관점에서 현재의 관리 체제를 타파하

---

[72] 박성제(각주 70), 86면.

면서도 우리나라의 실정에 맞는 새롭고 합리적인 물 관리 기구와 기능을 모색할 필요가 있다. 수자원 관리를 주된 업무로 하는 전담 부처나 주관 부처의 신설은 최고 의사 결정자의 근본적인 결단이 요구되는 어려운 일임에 틀림없다. 그럼에도 불구하고 우리나라의 미래가 걸린 중차대한 문제이므로 소홀히 하거나 어려운 일이라고 무관심하여서는 안 될 것이다.

4. 법의 통합: 물관리기본법의 제정

물 관리 관련법은 관할 부처에 따라 '하천법', '수질 및 수생대계 보전에 관한 법률', '수도법', '지하수법', '소하천정비법', '4대강수계법' 등 산만하게 분산되어 있다. 또한 지하수 관련 규제만도 '지하수법'(지하수), '먹는물 관리법'(먹는 샘물), '온천법'(온천수), '농어촌정비법'(농어촌 용수), '제주특별자치도 설치 및 국제자유도시 조성을 위한 특별법'(제주 자치도 지역 지하수), '수도법', '하천법', '민방위기본법', '국방·군사시설 사업에 관한 법률' 등 다수 법에 의해 이루어지고 있다. 효율적인 물 관리를 위해서는 관련법의 통합이 절실하다. 현재 관련법의 통합에 대해서는 많은 공감대가 형성되어 있다고 할 수 있다. 별도의 통합법 없이 부처별 및 기능별 개별법이 수평적인 법 체계를 구성하고 있는 상태에서는 물 관련 정책이나 계획을 통합적으로 수립·관리하는 데에 역부족일 수밖에 없다. 물 관리 여건 변화에 능동적으로 대처하기 위해서도 이러한 문제를 해결하기 위한 내용을 수용하는 통합법의 탄생이 요구되고 있다. 문제는 그 방식을 어떻게 할 것인가라고 할 수 있다. 이는 기본법 형식인가, 아니면 개별 대책법인가의 문제와 관련이 있다.

수자원 법령의 전면적인 재정비는 현실적으로 어렵다는 점을 고려할 때 우선은 모든 수자원을 총괄하는 기본법의 성격을 갖는 법(가칭 물관리기본법이나 수자원관리법)의 제정이 필요하다고 본다. 기본법의 제정은 현재의 법령 체계는 기본적으로 그대로 유지하되, 실질적으로는 하나의 법령으로 통합한 것과 같은 효과를 갖도록 관련 법령들을 유기적으로 결합한다는 의미를 갖는다. 이러한 논의에 대해서는 이미 많은 공감대가 이루어져 있다고 할 수 있다.[73] 그 동안 수차례 국회에 제안되었던 물관리기본법안도 같은 맥락으로 이해할 수 있다. 기본법의 제정은 또한 세계적인 추세에 부합한다.[74] 기본법에는 목적, 이념,

---

[73] 이상돈, "우리나라 수리권 제도 정비를 위한 연구", 《중앙법학》 제5집 제1호, 2003, 120면; 김동건, "수리권제도―하천의 수리권을 중심으로―", 《환경법연구》 제26권 제2호, 2004. 6, 68-69면; 최연홍, "수리권의 공평한 분배와 이용: 수리권 법·제도의 개선으로부터 행정으로", 《환경정책》 제10권 제2호, 2002. 6, 30면 이하; 이재진, "유수이용권의 법리", 《토지법학》 제16호, 2000. 12, 221면; 전재경, "수리권을 둘러싼 국가와 시장 및 공동체의 대화", 《춘천물포럼 논문집》, 2006, 15면; 김성수, "수리권의 법적 근거와 한계", 《토지공법연구》 제43집 제1호, 2009. 2, 361면 이하; 소병천, "물 관리기본법의 제정 필요성과 그 방향 및 내용", 《환경법연구》 제25권 제2호, 2003.12, 14면 이하; 박수혁, "한강수계 상수원 수질개선 및 주민지원 등에 관한 법률의 고찰과 개선방안", 《환경법연구》 제27권 제2호, 2005.9, 194-204면; 오영수, "콜로라도강의 수리권 형성 과정을 통해 본 수자원 배분 방식과 기준", 《지역정책연구》 제18권 제2호, 2007, 83면.
[74] 기본법의 성격을 띠고 있는 대표적인 예가 1964년 프랑스 물의 관리 및 배분·오염 방지에 관한 법률, 1957년 독일 연방수자원관리법 등을 들 수 있다. 박성제(각주 70), 26-28면; 소병천(앞의 글), 12-13면 참조. 2009년 네덜란드 수법(The Water Act)은 통합 수자원 관리라는 기치 하에 기존 물관리법(Water Management Act), 지표수오염법(Pollution of Surface Waters Act), 해양오염법(Marine Pollution Act), 지하수법(Ground Pollution Act), 회수와 제방 건설법(Reclamation and Dikebuilding Act), 홍수방지법(Flood Defences Act) 등의 통합을 목적으로 하고 있다. 그 내용은 목적 및 기준, 물 관리 기구(예컨대, 국가, 물 위원회, 지방 정부), 계획, 물 관리 시설의 건설 및 관리, 수체계 내에서의 행위(예컨대, 허가), 재정, 시행, 법적 보호 등을 담고 있는데, 물 관리의 기본 골격을 제공한다는

원칙(지표수와 지하수의 통합 관리, 수량과 수질의 통합 관리, 통합 유역 관리 등), 물 인권, 물의 공공성, 국가의 의무, 수자원 관리 계획, 수자원의 개발·이용, 수자원의 보전, 조직·기구, 비용의 부담, 물 배분 우선순위, 분쟁 해결 등 일반적 규정을 둘 필요가 있다.

그러나 기본법 제정에 멈추는 것은 물 관리 개혁에 있어 절반의 성공에 불과하다. 기본법의 제정은 수자원의 통합 관리를 위한 현실성을 고려한 미봉책일 수 있기 때문이다. 기본법은 기본적으로 구체적인 내용을 담지 않고 원칙의 선언 정도에 그칠 가능성이 많다. 그나마 위원회의 구성 등 조식, 기구(예컨대, 위원회) 신설, 개편 등에만 초점을 맞춘 기본법은 반쪽짜리 기본법에 불과하다고 할 수 있다. 1997년부터 최근까지 발의된 다섯 차례에 걸친 물관리기본법안이 이러한 형태에서 자유롭지 못하다. 전통적 수자원 관리 방식에서 새로운 패러다임인 통합 수자원 관리로의 전환을 표방하면서도 그 내용은 정작 원칙의 선언 정도에 그쳐 구체성이 떨어지고, 물 관리의 통합을 위한 실체적인 내용은 찾아보기 어려우며, 오히려 그 핵심 내용은 조직, 기구의 확대, 개편이 차지하고 있기 때문이다.

이러한 관점에서 기본법의 제정보다 더 중요한 것은 후속 조치로서 정치한 개별법의 제정이나 관련법의 개정이라고 할 수 있다. 기본법의 제정 후에 수자원의 개발·이용법, 수자원의 보전법, 수리권법, 홍수방지법 등의 후속 법이 기대되는 이유이다. 그 동안 국회에 제안되었던 어떤 물관리기본법안도 정작 물 관리의 핵심 사안이라고 할 수 있는 수량과 수질의 통합 방법, 지표수와 지하수의 통합 방법, 수리권 문제(수리권 설정

점에서 기본법의 성격이 강하다고 할 수 있다.

과 거래) 등에 대한 구체적 규정을 두고 있지 않으며 관련 규정도 기껏해야 원칙의 선언 정도에 그치고 있는바, 이는 문제 해결이 아니라 문제 제기에 불과하다고 할 수 있다. 문제 해결은 기본법 제정을 전제로 할 경우 후속법으로 구체적으로 답하여야 한다. 후속 개별법의 제정이나 개정이 없으면 기본법 제정의 의미는 많이 퇴색할 수밖에 없다.

제4장 결론

인간은 물을 떠나서 살 수 없다. 물이 없다면 인간은 지구상에 존재할 수 없다. 그러나 물은 부족하고 값비싼 재화이며, 모든 인간이 충분히 거기에 접근할 수 없다. 그 동안의 물 관련 정책은 경제 개발이라는 국가 정책 목표와 맞물려 수자원의 개발에 초점이 맞추어진 것이 사실이다. 수질 또는 수생태계의 보전·관리 문제가 부각된 것은 비교적 최근의 일이다. 이는 고도의 그리고 급격한 경제 성장의 결과로 나타난 심각한 수질 오염에 대한 뒤늦은 대응이라고 할 수 있다. 그러나 물 관련 정책은 여전히 제자리걸음이다. 여기에는 수량과 수질, 그리고 지하수와 지표수의 문제를 분리해 온 그 동안의 정책에 크게 기인하고 있다. 여기에 산만하고 복잡한 법률 체계로 인한 관련 법률들 간의 상충·중복, 복잡·다양한 관할 부처와 관리 구조로 인한 책임의 중복·책임 한계의 불명확·책임의 전가 또는 회피 등이 개입되면서 문제를 더욱 어렵게 하고 있다.

내용적으로나 지리적으로 분산된 정책은 효과적인 물 관리를 해친다. 이제는 전체론적 기초에서 물 자원을 관리할 필요가 있다. 예컨대, 취수를 허가할 것인지를 결정함에 있어 관리자는 수질에 미치는 잠재적인 영향을 고려할 필요가 있다. 또한 물 공급을 보충하기 위해 회복수(reclaimed wastewater)나 빗물(storm water)의 사용도 하나의 대안으로 살펴볼 필요가 있다. 토지 사용 관리자는 그들의 결정이 물 수요, 지하수 침투, 수질 등에 어떠한 영향을 끼치는지 살펴보아야 한다. 가뭄 및 홍수 관리와 물 공급은 긴밀하게 통합되어야 한다. 이러한 다양한 형태의 통합 필요성에도 불구하고 현재는 기능별로 여러 부처가 다양한 실체적 이슈를 다루고 있으며, 다양한 관련 기관은 전체론적 입장에서 문제를 해결하기 위해 함께 일하고 있지 않는 것 같다.

이러한 점을 인식하고 수량과 수질의 통합 관리, 지하수와 지표수의 연계 관리는 물론이고 소관 부처의 통합 등을 진지하게 논의할 필요가 있다. 그 논의의 귀결은 법과 조직·기구의 통합이 될 수밖에 없다. 이 작업이 가장 어려울 수 있으며, 이는 부처 간의 알력과 이견 등으로 통합이 좌절된 그 동안의 역사적 교훈이 반증하고 있다. 그러나 시대적 추세를 거스를 수 없으며, 우리의 미래를 위해 머뭇거리기에는 사안이 중대하고 시급하다고 생각한다. 물은 흐르고 언제나 그런 것처럼 흘러야 한다(aqua currit et debet currere ut currere solebat). 이러한 금언이 지켜지기 위해서는 대승적 결단이 이루어져야 한다. 바로 '통합'이다.

참고 문헌

권형준, "수도 통합의 효율적 추진방안", 《저널 물 정책·경제》 Vol. 13, 2009. 12.

김동건, "수리권제도—하천의 수리권을 중심으로—", 《환경법연구》 제26권 제2호, 2004. 6.

김병기, "수도사업의 효율화 방안과 관련 법·제도 정비", 《환경법연구》 제26권 제2호, 2004.6.

김성수, "수리권의 법적 근거와 한계", 《토지공법연구》 제43집 제1호, 2009. 2.

김종원, 《하천유역별 통합 물 관리체계 연구》, 국토연구원, 2000,

박균성, "현행 지하수법의 몇 가지 법적 문제", 《환경법연구》 제19권, 1997.

박성제, 《수자원 관리체계의 변화에 따른 법 및 제도의 정비방안 연구》, 국회 입법조사처, 2010. 10. 2.

박수혁, "한강수계 상수원 수질개선 및 주민지원 등에 관한 법률의 고찰과 개선방안", 《환경법연구》 제27권 제2호, 2005.9.

소병천, "물 관리기본법의 제정 필요성과 그 방향 및 내용", 《환경법연구》 제25권 제2호, 2003.12.

오영수, "콜로라도강의 수리권 형성 과정을 통해 본 수자원 배분 방식과 기준", 《지역정책연구》 제18권 제2호, 2007.

윤철홍, "지하수법의 문제점과 개선방향", 《비교사법》 제8권 제1호(상), 통권 제14호, 2001.6.

이달곤·김철희, "물산업 경쟁력 강화를 위한 법정책적 과제—공공부문 경쟁모델 도입을 중심으로—", 《환경법연구》 제26권 제3호, 2004.9.

이상돈, "우리나라 수리권 제도 정비를 위한 연구", 《중앙법학》 제5집 제1호, 2003.

이재진, "유수이용권의 법리", 《토지법학》 제16호, 2000. 12.

이창환, "호주의 수자원 관리 행정조직과 물 배분 법제도", 《중앙법학》 제5집 제2호, 2003.

전재경, "수리권을 둘러싼 국가와 시장 및 공동체의 대화", 《춘천물포럼 논문집》, 2006.

지속가능발전위원회, "수도사업 구조 개편", 《지속가능한 물 관리 정책》, 박영사, 2005.

최연홍, "수리권의 공평한 분배와 이용: 수리권 법·제도의 개선으로부터 행정으로", 《환경정책》 제10권 제2호, 2002. 6.

환경부, 《환경백서》, 2010.

환경부, 《수도사업 구조개편 로드맵 작성연구》, 2006. 11.

Erik B. Bluemel, "The Implications of Formulating a Human Right to Water", *Ecology L. Q.*, Vol. 31, 2004.

Amy Hardberger, "Whose Job Is It Anyway?: Governmental Obligations Created by the Human Right to Water", *Tex Int'l L. J.*, Vol. 41, 2006.

James L. Huffman, "Comprehensive River Basin Management: The Limits of Collaborative Stakeholder-Based Water Governance", *Nat. Resources J.*, Vol. 49, 2009.

Richard Laster *et al.*, "The Sound of One Hand Clapping: Limitations to Integrated Resources Water Management in the Dead Sea Basin", *Pace Envtl. L. Rev.*, Vol. 22, 2005.

Ramin Pejan, "The Right to Water: The Road to Justiciability", *Geo. Wash.*

Int'l Rev., Vol. 36, 2004.

A. Dan Tarlock, "Water Security, Fear Mitigation and International Water Law", *Hamline L. Rev.*, Vol. 31, 2008.

_____, "Four Challenges for International Water Law", *Tul. Envtl. L. J.*, Vol. 23, 2010.

Barton H. Thompson, Jr., "A Federal Act to Promote Integrated Water Management: Is the CZMA a Useful Model?", *Envtl. L.*, Vol. 42, 2012.

Hugo Tremblay, "Clash of Paradigms in the Water Sector?: Tensions and Synergies Between Integrated Water Resources Management and the Human Rights-Based Approach to Development", *Nat. Resources J.*, Vol. 51, 2011.

Leanne Watrous, "The Right to Water-From Paper to Practice", *Regent J. Int'l L.*, Vol. 8, 2011.

07.
물 인권과 수리권

류권홍

제1장 서론

제2장 수리권에 대한 전통적 접근
1. 물에 대한 법제의 발전과 지역적 특수성
2. 수리권의 개념

제3장 수리권의 새로운 변화
1. 수리권에 대한 인식 변화의 원인
2. 수리권의 새로운 내용

제4장 수리권과 물 인권
1. 물 인권의 이론적 배경과 개념
2. 물 인권의 내용
3. 물 인권의 법적 지위
4. 물 인권이 기존 수리권에 대한 법 체계에 미치는 영향
5. 우리나라에서의 물 인권

제5장 결론

제1장 서론

물은 지구상 모든 생명체가 존재할 수 있게 하는 가장 기본적인 공공재이다. 즉, 물은 생존권, 환경권 등 다른 모든 인권을 실현하기 위한 전제가 되는 성격을 가지고 있다. 이에 따라 국제 사회는 물에 대한 중요성을 인식하고 모든 인류가 깨끗하고 안전한 물에 대한 접근권을 가지고 있다는 것을 확인하고 있다.

특히 유엔은 2010년 7월 28일 총회에서 약 9억 명에 이르는 인류가 깨끗한 물에 대한 접근권을 행사하지 못하고 있으며, 약 2억6천만 명이 기초적 위생 설비 없이 살고 있고, 5세 이하의 영유아 중 150만 명이 물 부족과 위생의 문제로 사망하고 있다는 점에 대한 우려를 표시하면서, "깨끗한 물과 위생에 대한 접근권"을 인간다운 삶의 향유와 모든 인권에 필수적인 인권이라고 선언하고 각 국가 및 국제기구들에 깨끗한 음용수의 공급과 위생 시설의 제공을 위해 노력할 것을 요구하기에 이르렀다.[1]

본 보고서에서는 전통적 수리권에 대한 내용을 정리하고 전통적 수리권의 변화를 요구하는 여러 가지 원인들을 살펴본 다음, 물 인권에

1_ UN Resolution 64/292 The Right to Water and Sanitation.
1. Recognizes the right to safe and clean drinking water and sanitation as a human right that is essential for the full enjoyment of life and all human rights;
2. Calls upon States and international organizations to provide financial resources, capacity-building and technology transfer, through international assistance and cooperation, in particular to developing countries, in order to scale up efforts to provide safe, clean, accessible and affordable drinking water and sanitation for all.

대한 국제 사회의 인식과 관련하여 어떤 내용의 법·제도적 변화가 요구되는지 검토해 보고자 한다. 더불어 우리나라에서 물 인권에 대한 헌법적 근거와 그 법적 성격 및 물 인권의 내용을 검토하는 것도 중요한 내용이 될 것이다. 이를 통해 물 인권을 반영한 국내법적 수법 제도의 변화 내용을 찾아 볼 수 있을 것이며, 우리나라의 수리권 체계에서 물 인권의 실현을 위해 부족하거나 필요한 부분에 대한 검토가 가능하게 될 것이다.

제2장 수리권에 대한 전통적 접근

1. 물에 대한 법제의 발전과 지역적 특수성

모든 국가들은 물의 이용과 관련된 나름대로의 규범 체계를 형성해 왔다. 다만 물에 대한 규범들은 성문의 체계보다는 관습법(customary) 또는 지역법(local law)의 형태로 발달되어 왔으며 때로는 종교법으로부터 파생된 경우도 찾을 수 있다.[2] 이런 관습법 또는 지역법적 형태의 물에 대한 규범들은 현재까지 개발도상국은 물론 선진국의 지방에서 유효하게 적용되고 있다.

하지만 제국주의화 과정에서 영국의 보통법 또는 유럽 대륙의 시민

2_ Stephen Hodgson, Modern Water Rights—Theory and Practice, 2006, 9.

법[3]이 세계 각국으로 계수되었고 세계 각국의 입법과 해석에 깊게 뿌리내리고 있기 때문에, 영국의 보통법과 유럽 대륙의 시민법에서 수리권에 대해 어떻게 바라보고 있는지를 알아볼 필요가 있다.

다만 보통법 전통의 국가 또는 시민법 전통의 국가를 불문하고, 수리권은 원칙적으로 토지의 소유권 또는 해당 토지에 설치된 구조물과 연관된 것으로 이해되었다. 왜냐하면 역사적으로 대부분의 수리권은 토지의 활용을 위한 물의 사용과 관련되었기 때문이다. 그리고 이런 연안 토지의 소유권자들에게 물의 사용에 대한 특권적 지위를 부여하는 법리는 로마법으로부터 기원하고 있다. 따라서 로마법의 전통이 보통법과 시민법의 계수를 통해 현재까지 적용되고 있는 것이다.

유스티니아누스 법전에 따르면 공기(air), 흐르는 물(running water)에 대한 사적 소유권은 인정되지 않았다. 즉, 공기·흐르는 물·바다·해변 등은 자연법(natural law)에 의해 모든 사람의 보편적 소유에 속하며, 이에 대한 접근권이 금지되지 않고, 또한 국가의 법에 따를 필요가 없었다. 그리고 모든 강과 항구는 공공적 성격을 가지므로 누구나 물고기를 잡을 수 있었다.[4] 한편 로마법은 지속적으로 흐르는 강물이나 지류와 덜 중요한 물의 흐름을 구분하여, 전자는 공유 또는 공공적 성격을 가진 것으로 후자는 사적 소유가 인정되는 것으로 분류하였다.

하지만 이런 역사적 배경에도 불구하고 무엇인 수리권인가에 대한 정의는 한 가지로 성립될 수 없다. 수리권의 개념은 국가 또는 지역적

3_ 우리나라에서는 '대륙법 전통의 국가'라고 해석되고 있으나, 'Civil Law Tradition'의 해석이기 때문에 '시민법 전통의 국가'라고 표현한다.

4_ J. B. Moyle, *Justinian, Institutes, Title I of the Different Kinds of Things*, Oxford, 1911, 18.

특성에 따라 달리 정의되고 다른 내용을 담을 수밖에 없는 것이다.

수리권의 개념이 다양하게 되는 이유 중 하나는 물과 수리권의 개념이 세계적으로 천차만별이라는 점에 있다. 수리권은 물의 개념에 따라 달리 정해지는데, 물의 개념은 해당 지역에서 형성되는 물의 경제적·사회적·문화적 특수성이 반영되어 정의되기 때문이다. 또한 수리권은 지정학적 요소·기후·수자원의 양·수자원의 용도 등이 종합적으로 반영되어 결정될 수밖에 없다.

예를 들어, 수량이 풍부하고 온화한 지역에서 수자원은 항행, 수력발전 또는 여가 생활을 위해 많이 사용되며 물 부족보다는 저지대의 홍수 문제가 사회적인 문제가 될 것인 반면, 건조한 기후 지역에서는 농업과 식수의 공급과 관련하여 수자원의 부족·강수량 등에 대한 문제들이 사회적인 쟁점이 될 것이다. 따라서 개별 국가는 해당 국가에만 해당되는 고유한 문제들에 직면하게 되며 동시에 해결 방안을 찾을 수밖에 없다. 일정한 국가 또는 지역에서는 정상적이고 합리적인 제도가 다른 국가 또는 지역에서는 아주 비정상적이고 비합리적인 제도일 수 있다는 점을 인식해야 한다. 그리고 인류의 활동으로 인해 물의 순환에 영향을 미치게 되었고, 다양한 역사적·문화적·경제적·정치적 갈등으로 인해 물을 둘러싼 문제는 더더욱 복잡해지는 양상을 보이고 있다.

2. 수리권의 개념

1) 수리권의 개념 정립

일반적으로 강, 시냇물, 지하수 등 자연 상태의 수원(水源)으로부터 일정한 양의 물을 취득하고 사용할 수 있는 법적 권리를 수리권이라고 정의할 수 있을 것이다.[5] 다만 주의할 것은 수리권에서는 일정한 양의 물에 대한 권리의 측면도 중요하지만, 수류(flow of water)도 중요한 요소라는 점이다. 많은 국가들에서 수력 발전 또는 수차의 동력원으로서 물의 활용에 더 큰 의미를 두고 있다. 수류에 대한 권리는 발전 등의 목적으로 물을 저장하며 이를 소비 이외의 용도(non-consumptive use)에 사용할 수 있는 선행 조건이다.[6]

그리고 수리권은 처분권·수익권·사용권 등의 권한을 포함하는 포괄적 권리인 소유권처럼 여러 가지의 권한들을 포함하는 '권한의 다발'이라 할 것이다. 이런 다발적 성격의 권한들은 농업이나 공업용수 등으로 물을 직접 끌어다 사용하는 등의 물의 사용에 관한 권한/수로를 변경하거나 제방이나 둑을 설치하는 등의 수로에 관한 권한/어로 행위, 항행, 쓰레기나 오염 물질 등의 배출 등 물의 활용에 관한 권한으로 구분할 수 있다.

이러한 물 또는 수로와 관련된 여타의 활동도 일반적으로 수권법 체계의 일부 또는 전체와 밀접하게 관련되어 있다. 따라서 수리권과 관

5_ Stephen Hodgson, above n 2, 4.
6_ *Ibid.*, 5.

련된 규범은 물의 흐름을 변경하거나 제한하는 행위/하상, 둑 등의 구조의 변경에 관한 행위/모래, 자갈 등의 채취와 관련된 행위/농업용수로의 사용에 관한 행위/낚시 기타 어로 행위와 관련된 행위/항행에 관한 행위/오염 물질의 배출에 관한 행위 등을 포함하여 포괄적으로 정립되어야 한다. 그 이유는, 위와 같은 행위들의 상호 연관성이 강하기 때문이다. 예를 들어, 식수로 사용할 때의 수질과 산업용수로 사용할 때의 수질 차이가 클 수밖에 없고, 그렇다면 식수의 수질 보호를 위해서는 산업용수로의 사용 또는 오염 물질의 배출에 관한 규제가 필요하기 때문이다. 즉, 물의 비소비적 사용이 음용수 등으로 물을 직접 소비하는 행위에 커다란 영향을 미치기 때문에 이에 대한 규제가 요구되는 것이다.

(1) 보통법에서의 수리권

먼저 물에 대한 소유권을 보통법이 어떻게 인식하고 있는지 살펴볼 필요가 있다. 영국 보통법에서 해양, 흐르는 물, 해안은 자연법에 의해 공동체 모두에게 귀속되었다(By natural law these are common to all: running water, air, the sea, and the shores of the sea, as though accessories of the sea.).[7] 즉, 특정인의 소유가 아니라 공동체 모두의 소유라는 것이다. 그리고 모든 강과 포구는 공공적 성격을 가지며, 강둑(banks) 또한 항행을 위해 사용될 수 있는 공공적 성격

7_ Henri de Bracton, *On the Law and Customs of England* (George E. Woodbine ed., Samuel E. Thorne trans, 1968) at <http://hls15.law.harvard.edu/bracton/Unframed/English/v2/39.htm>.

을 가지는 것으로 설명되고 있다.[8] 따라서 강둑이나 하상의 소유권은 항행이라는 공공적 사용에 의해 제한될 수밖에 없으며, 항행 목적 사용을 위한 것에 제한된다.

영국 보통법에서 물의 소유권에 대한 중요한 법리적 변화는 1765년과 1769년 사이에 블랙스톤(Blackstone)에 의해 발간된 《영국법에 대한 주석서(*Commentaries on the Laws of England*)》에서 찾아볼 수 있다. 블랙스톤에 따르면 영국 재산법은 물을 그 물이 존재하는 토지의 일부로 인식하고 있었다.[9] 즉, 물은 토지의 일부라는 표현이 문법적으로는 이상할지 모르지만 법의 언어로는 올바른 것이며, 부피·면적 기타의 방법으로 특정해서 물 자체의 점유를 회복하는 청구가 불가능하다고 설명하고 있다. 그리고 물에 관한 소송은 그 바탕에 있는 토지에 근거하여 제기해야 하며, 물은 해당 토지 위에 잠정적·일시적 재산권의 형태로 존재하게 된다. 따라서 특정인의 토지 위에 있던 물이 다른 사람의 토지 위로 흘러갔다면 그 물에 대한 청구권을 행사할 수 없게 된다. 반면 토지는 항구성·고정성·비이동성의 특성을 가지기 때문에 확정적이며 실체적인 재산권이라는 것이다.

블랙스톤의 이런 해석은 토지의 지표뿐 아니라 지하에 있는 물 또는 광물을 포함한 물건들에도 동일하게 적용되었으며, 영국과 미국의 대서양 양안 모두에서 큰 영향력을 발휘하고 있다.

하지만 로마법은 영국 보통법에 영향을 미쳤을 뿐이고, 물에 대한 영

8_ *Ibid.*
9_ William Blackstone, "Chapter 2: Of Real Property and, First, of Corporeal Hereditaments", *Commentaries on the Laws of England* (1753) at <http://www.lonang.com/exlibris/blackstone/bla-202.htm>.

국 보통법의 독자적인 형성은 1066년 노르만의 정복 이후 이루어진다. 노르만 정복 이후에 물을 둘러싼 분쟁은 많지 않았다. 충분한 수량으로 인해 분쟁이 발생할 가능성이 낮았기 때문이다. 항행과 낚시에 대한 주장 또는 물방앗간의 위치를 좋은 곳에 잡기 위한 다툼이 그나마 있는 분쟁들의 주된 원인이었다.

중세 보통법에서 수리권의 배경에는, 토지 소유권은 지구의 중심으로부터 하늘에까지 미친다는 원칙이 있으며, 토지 위의 물은 나무와 같이 토지 위에 존재하는 일종의 연못(a pond)으로 여겨졌다.

(가) 하천 부지 소유권의 원칙(Doctrine of Riparianism)

하천 부지를 중심으로 발달해온 물에 대한 보통법의 원칙이 하천 부지 소유권의 원칙이다. 하천 부지 소유권의 원칙은 오랜 법원의 판결을 통해 형성되었으며, 19세기 영국은 물론 북아메리카에서 그 이론적 정점에 이르게 된다. 하천 부지 소유권의 원칙에 따르더라도, 물에 대한 권리는 토지 소유권에 의한 용익권이 아니라 해당 토지 소유권의 일부이며 하천 부지 소유권과 일체된 물권적 권리로 이해되었다.[10]

1820년경 영국 보통법은 자연적 흐름(natural flow)라는 개념을 정립하게 되는데, 이에 따르면 모든 연안 토지의 소유권자는 수원(水源)의 물을 사용할 수 있는 동등한 권리를 가지는 동시에 하류의 사용자

10_ Stephen Hodgson, above n 2, 11. "Every proprietor has an equal right to use the water which flows in the stream, and consequently no proprietor can have the right to use the water to the prejudice of any other proprietor. Without the consent of the other proprietors, who may be affected by his operations, no proprietor can either diminish the quantity of water, which would otherwise descend to the proprietors below, nor throw the water back upon the proprietors above."

들에게 흘러갈 수량을 감소시키지 않아야 할 의무도 부담하게 된다.[11]

1833년에는 하천 부지 소유권의 원칙이 합리적 사용(reasonable use)의 원칙을 포함하는 것으로 확장되었다. 합리적 사용의 원칙은 자연적 흐름의 개념을 수정한 것으로, 다른 하천 부지 소유권자의 합리적인 사용을 방해하지 않는 한 각 하천 부지 소유권자는 물에 대한 일체의 합리적인 사용이 허용된다는 것을 의미한다.

영국 보통법은, 권리의 행사는 합리적이어야 한다는 제한을 둠으로써 권리의 상호성을 인정했던 것이다. 여기서 의미하는 합리성이란, 특정인의 토지 위로 물이 흐르기 때문에 발생하는 물에 대한 권리 행사는 다른 사용권자의 권리를 파괴하거나 쓸모없게 만들지 않아야 하며, 물의 사용을 실질적으로 감축시키거나 그 사용에 실질적으로 영향을 미치지 않는 합리적인 방법에 의해야 한다는 것이다. 또한 댐의 수문을 막거나 물을 비합리적으로 가두어 다른 사용자의 사용을 방해하지 않아야 한다.[12] 이런 합리적 사용의 원칙에 의해 확인되는 하천 부지 소유권자의 권리는 다음과 같다.

- 자연적 흐름에 따라 흘러오는 물을 사용할 권리
- 통상적인 목적을 위해 흐르는 물을 사용할 권리
- 자기 재산의 사용과 관련되거나 또는 합리적이라는 상황이 인정되는 경우 통상적인 목적 이외의 사용권
- 두드러질 정도의 감소나 증가 없이 흐르는 물을 사용할 권리

11_ Wright v. Howard (Eng. 1823).
12_ Productivity Commission, *Water Rights Arrangements in Australia and Overseas*, 2003, 41.

- 흐름의 성격이나 수질에 두드러질 정도의 변화를 일으키지 않고 물을 사용할 권리

이렇게 하천 부지 소유권에 따르는 수리권은, 일정한 수로를 따라 자연스럽게 흐르는 물은 '통상적인 방법(ordinary use)'에 의해 사용해야 하며, 통상적인 방법은 하류 지역의 토지 소유권자들에게 영향을 미치지 않는 범위 내에서 가사(家事)에 사용할 목적(domestic purposes)으로 '합리적으로 사용(reasonable use)'해야 한다는 의미를 내포하고 있는 것으로 해석하고 있다. 이를 통상적 사용(ordinary use)이라 하며, 상류 또는 하류의 다른 이해관계자들의 권리를 해하지 않는 범위 내에서 가사 이외의 목적을 위한 사용은 특별한 사용(extraordinary use)으로 분류되었다.[13] 특별한 사용이 무엇이고 어떤 범위 내에서 허용되는지를 명확히 하는 것은 사실상 불가능하다. 하지만 위에서 열거한 하천 부지 소유자의 권리들은 합리성 판단의 기준으로 제시될 수 있다. 즉, 통상적인 흐름을 방해하지 않을 것, 특별한 사용은 재산권 행사를 위해 필요하고 상황을 고려할 때 합리적일 것, 수량의 두드러진 감소 또는 증가를 유발하지 않을 것, 그리고 물 흐름의 성격이나 수질을 두드러지게 변화시키지 않는 경우 합리성이 인정될 수 있을 것이다. 결국 특별한 방식의 사용이 합리적인지 여부에 대한 판단은 전체적인 상황을 고려하여 구체적으로 판단될 수밖에 없다.

그 내용의 복잡성 여부를 떠나, 하천 부지 소유권의 원칙은 영어권 국가들에 널리 퍼져 현재까지도 적용되고 있다. 다만 수량이 풍부한

13_ *Ibid*.

지역에서는 특별한 문제가 발생하지 않았으나, 건조 지역이나 강수의 편차가 큰 지역에서는 새로운 수리권 개념의 정립 요구가 발생할 수밖에 없었다.

(나) 선행 사용권(Prior-Use Water Rights)

영국에서 17세기 이후 교역과 생산의 증대는 수법에서도 커다란 변화를 가져오게 된다. 산업화는 도시화를 촉진했고, 이는 인구의 증가로 이어졌다. 에너지와 열의 원(源)은 주로 목재 또는 석탄이었다. 하지만 대규모의 수류(水流)는 수차(mill wheel)를 돌리는 것뿐 아니라 갱(坑)에 공기를 주입하거나 제련하는 과정에서 중요한 기계적 에너지로 사용되었다. 특히 수출 품목인 옥수수나 면직물 생산의 증가는 필수적으로 대량의 물 사용이 전제되기 때문이다. 수많은 수차들이 적합한 장소를 찾아 우후죽순으로 세워졌고, 이로 인해 좀 더 좋은 장소에 수차를 세우기 위한 경쟁이 발생할 수밖에 없었다. 당시 산업의 중요한 에너지원이었던 수차를 돌리기 위해서는 물이 필요했고, 필연적으로 물을 둘러싼 분쟁이 발생하게 된 것이다.[14]

이런 사회 현상의 변화로 인해 기존 보통법에서 쟁점이 되었던 물에 대한 소유권은 더 이상 주된 쟁점이 되지 않았고, 선행적 사용에 근거한 사용권(right of use)에 대한 주장이 등장하였고 법원은 이를 수용하게 되었다.

시효 취득적 권리(prescriptive right)는 사용권과 소유권 양자를 모두를 포함하는 의미였지만, 이 시기에 발달한 선행 사용권은 소유권

---

[14]_ Anthony Scott, "The Evolution of Water Rights", *Natural Resources Journal*, Fall, 1995, 851.

에 대한 주장 없이 단지 사용권에 대한 권리만을 의미했다. 영국의 법원은 이런 권리가 어떤 것이고 어떤 내용을 담고 있는지 고민하게 되었으며, 결국 시효 취득적 권리보다는 낮은 단계이지만 중요한 의미를 가지는 권리인 선행 사용권의 법리를 개발하게 된다.[15] 이러한 선행 사용권은 다른 당사자들보다 더 오랜 기간 물을 사용했다는 사실에 기초해서 성립되며, 이에 기초하여 소송을 제기할 수 있는 청구 원인으로도 인정되었다.

대표적인 사례가 1625년 피곳 사례(Shury v. Piggot)이다. 이 사례는 토지에 기초한 연안 토지 소유권의 원칙을 따른 것이라는 등의 반론이 있다. 하지만 법원은 물은 '끊임없이 흐른다'는 본성을 가지고 있으므로 물에 대한 선행 사용권은 주위 토지 통행권 등의 토지 용익권과 다르다는 점을 확인하였다.[16] 따라서 토지 용익권에 적용되는 법리가 그대로 물에 대한 선행 사용권에 적용될 수 없다는 것이다. 그리고 이 판결에서 가장 중요한 지적은 물은 계속적으로 흘러야 한다는 점이다.

이 사건의 피고인 Piggot는 원고 Shury가 목축을 위해 사용하던 연못으로 가는 물의 흐름을 막는 둑을 설치했고, 원고는 물의 흐름 중단을 원인으로 하는 손해 배상을 청구했다. 이에 대해 피고는 원고가 주장하는 물의 흐름에 대한 권리는 일종의 지역권(easement)이며, 원고가 토지와 연못을 모두 점유하는 순간 소멸된다고 반박했다.[17] 법원은 피고의 주장을 받아들이지 않았다. 대신 일단 물이 흐르기 시작했다

15_ *Ibid*, 852.
16_ 81 E.R. 280 (1625) 340.
17_ 우리 민법 제191조의 혼동에 해당하는 논리로 해석된다.

면 그 흐름은 지속되어야 한다고 확인하였다.[18] 이런 물의 흐름은 자연적으로 발생한 것이기 때문에, 혼동이 발생하는 경우 지역권은 소멸되어야 한다는 토지 지역권에서의 논리가 물의 흐름과 관련한 지역권에 당연히 적용될 수 없다는 것이다.

화이트락(Whitelock) 판사는, 유수(流水, watercourse)는 시효 취득에 의해 시작되거나 허가에 의해 취득된 것도 아니라, 자연적으로 시작된 것이며, 또한 그 흐름은 변경될 수 없다고 판시하였다.

이 판결에서는 토지의 소유권 또는 시효 취득적 권리가 논의되지 않았기 때문에, 기존의 토지에 기초한 하천 부지의 원칙으로부터 벗어나 일종의 연장자 우선(seniority) 원칙을 확립한 것으로 해석된다. 즉, 연안 토지의 소유권 여부와 무관하게, 흐르는 물의 선행 사용 또는 향유에 기초하여 물에 대한 사용권을 주장할 수 있게 된 것이다.

(다) 선점의 원칙(Prior Appropriation Doctrine)

선점의 원칙이 발생하게 된 이유는 논리적·이론적 변화보다 현실적 필요와 인류의 생활 방식의 변화에서 찾을 수 있다. 영국이나 뉴잉글랜드 주에서 발달된 기존의 수리권 원칙과는 그 기원이 다르다는 것이다.

그런데 19세기 후반 미국 서부에는 대규모 농업과 광업이 발달하였고, 이로 인해 물의 소비 또한 급격하게 증가하게 되었으며, 농장이나 광산에서 사용된 물은 원래 상태로 되돌아갈 수 없기 때문에 수량의

18_ Because the water once flowed it should continue to flow.

감소와 수질의 악화라는 부정적 효과가 발생하였다.[19] 초기 미국 서부의 수리권은 중세의 영국 보통법 전통을 따랐으나, 광업과 목축업의 발달로 인한 새로운 변화의 요구가 발생하였고, 법원과 입법 기관 그리고 행정 기관까지 이런 변화를 수용하게 된 것이다.

이런 인류의 생활 양식 변화와 새로운 산업의 등장은 기존의 하천 부지 소유권 중심의 수리권 이론에 변화를 가져오게 되었다.

미국 연방 정부도 1860년대에서 1870년대에 선점의 원칙을 제도적으로 수용하게 되었으며, 미국 동부와 서부가 서로 다른 수리권 제도를 가지고 있음은 미국 지도를 통해 쉽게 이해할 수 있다. 동부의 주들은 합리성의 원칙·연안 토지 소유권의 원칙을 토대로 최근의 입법적 사용 허가를 통한 제한을 수용한 반면, 아이다호, 몬태나, 네바다, 알라스카, 애리조나, 뉴멕시코, 유타 등 미국의 많은 주들에서는 선점의 원칙만을 받아들이고 있으며, 워싱턴, 오리건, 캘리포니아, 네브래스카, 텍사스 등 태평양 연안과 대평원 지역(Great Plains)의 주에서는 하천 부지 소유권의 원칙과 선점의 원칙이 혼용된 수리권 제도를 적용하고 있다.[20]

캐나다의 경우도 비슷한 경향을 보이고 있는데, 중·동부 지역에서는 보통법을 수계하며, 온타리오 주만이 허가 제도를 도입하고 있다. 한편 유콘을 비롯한 서부 4개 지역은 선점의 원칙에 따르고 있다.

선점의 원칙에서 가장 중요한 점은 물에 대한 권리를 하천 부지 소유권으로부터 분리했다는 것이다. 따라서 미국에서 발달한 선점의 원칙

19_ William F. Cloran, "The Ownership of Water in Oregon: Public Property vs. Private Commodity", *Williamette Law Review*, 2011, 645.
20_ Anthony Scott, above n 14, 902.

에 대한 가장 근본적인 의문은 무엇에 근거해서 물에 대한 권리가 발생하는가의 문제이다.[21]

선행 사용권과 미국의 선점의 원칙 모두 하천 부지의 소유 여부와 무관하게 법원에 의해 집행되고 양도 가능한 권리로 받아들여지고 있으며, 사용자 개인에 귀속되는 일종의 용익적(usufructuary) 권리로 해석되고 있다.[22]

이러한 선점의 원칙에 의한 수리권은, 개인이 일정한 편익을 위해 물을 사용(beneficial use)할[23] 권리를 취득한다는 점, 이를 위해 수로를 변경할 수 있다는 점, 하천과 인접한 토지에 기인하지 않고 특정 위치에서 일정한 양의 물에 대한 권리를 취득한다는 점 등을 주요 내용으로 한다.[24] 특히 선점의 원칙에 따라 물의 사용을 주장하는 자는 농업이나 광업을 위해 사용하려 한다는 점을 분명히 해야 한다. 그 이유는 선점의 원칙이 광업과 농업에 필요한 물을 공급하기 위해 발달하였기 때문이다. 다만 그 이후에도 가정용, 상업용, 여가용 및 환경 보호 목적의 사용에까지 편익적 사용의 범위가 확대되었다.

다만 선점의 원칙은 하천 부지 소유권의 원칙과 공존할 수도 있고, 선행 사용권자의 권리를 침해하지 않아야 하며, 합리적인 시간에 물을 사용해야 한다는 등의 제한들이 따른다. 따라서 선순위 선점권자(senior appropriators)와 후순위 사용권자(junior appropriators)가

21_ 물에 대한 권리를 하천 부지 소유권으로부터의 분리하는 근거는 앞에서 설명한 영국의 선행 사용권에서부터 발달한 것이며 양자 모두에 공통된 법리적 쟁점이다.
22_ Anthony Scott, above n 14, 927.
23_ 이하 '편익적 사용'이라 한다.
24_ Anthony Scott, above n 14, 944.

발생하게 된다. 또한 선점의 원칙과 하천 부지 소유권자 사이의 갈등, 선점권자 상호간의 갈등을 해소하기 위해 입법적, 행정적 절차가 발달하게 된다.

(2) 시민법 전통에서의 수리권

공적인 물(public waters)과 사적인 물(private waters)을 구분하는 로마법의 전통은 현재까지도 시민법 전통의 국가들에 의해 지켜지고 있는 원리이다. 공적인 물의 사용에 대해서는 행정적인 허가가 필요하지만, 사적인 물의 사용에서는 허가 절차가 필요하지 않다는 것은 일반적인 법리이다.

특히 1804년 나폴레옹에 의해 제정된 프랑스 민법전(French Civil Code)은 이런 로마법의 전통에 따라 항행이 가능한(navigable) 한 수로(물)는 공공의 소유 또는 국가의 소유에 속하는 것으로 규정하고 있다.[25] 따라서 공적인 물의 사용은 국가로부터 허가를 취득한 후에 가능한 것이다.

물론 사유 토지의 내에 또는 위에 존재하는 물은 일정한 입법적 제한을 제외하고는 자유롭게 사용될 수 있다. 그리고 토지 소유자의 물 사용권은 토지 소유권의 무제한성으로부터 기인하는 것으로 이해되었다.[26]

25_ CHAPTER III. Of Property, with Reference to those who are in the possession of it. Section 538 Highways, roads and streets at the national charge, rivers and streams which will carry floats, shores, ebb and flow of the sea, ports, harbors, roads for ships, and generally all portions of the national territory, which are not susceptible of private proprietorship, are considered as dependencies on the public domain.

26_ "ius utendi et abutendi re sua, quatenus iuris ratio patitur, 'the right to use and

이와 유사하게 스페인의 1886년 수법(Water Act)은 개인의 사유지에서 샘솟는 물이나 강우(rainfall)를 막론하고 모든 지표수는 사적 소유로 간주하였으며, 다만 그 사용은 해당 토지를 위하여 해당 토지의 범위를 넘지 않는 범위 내에서 이루어져야 하는 것으로 제한하고 있다.[27] 이런 방식의 수리권 제도는 아시아, 라틴아메리카 또는 일부 아프리카 국가들에서 널리 수용되었다.[28]

하지만 시민법 국가들에서 사적 토지 내의 사적 사용과 관련하여 다양하고 복잡한 분쟁이 발생하였고, 이를 해결하기 위해 수질 오염의 방지를 위한 제도를 포함한 다양한 제한들이 도입되었다. 점차적으로 물의 사적 권리가 그 힘을 잃어 가고 있음을 보여 주고 있는 것이다.

다만 보통법 국가인 미국에서도 물에 대한 공적 소유권이 입법화된 경우가 있다는 점을 지적할 필요가 있다. 오리건 주의 법에 의하면 모든 물은 주의 소유로 규정되어 있다.[29]

2) 우리나라의 수리권

(1) 수리권의 개념

우리나라에서도 수리권이 무엇인가에 대해서는 많은 논의가 있어

---

abuse a thing, within the limits of the law.'" P.J. Proudhon, *What is Property?*, 2008, Chapter 2.

27_ Stephen Hodgson, above n 2, 15.

28_ *Ibid.*

29_ Oregon Water Laws
537.110 Public ownership of waters.
All water within the state from all sources of water supply belongs to the public.

왔다. 수리권을 논함에 있어서, 물이 무엇이며 물에 대한 권리인 수리권이란 무엇을 의미하고 어떤 성격의 권리인지에 대한 논의 전개가 요구된다.

물이 무엇인가에 대해 국어 사전은 "산소와 수소의 화합물로, 무색·무취·무미의 액체"로 정의하고 있다.[30] 또한, 물은 공기와 더불어 생물이 살아가는 데 없어서는 안 되는 물질이며, 액체·고체·기체라는 세 가지의 형태를 가지고 있다. 물은 물리적으로 산소와 수소의 화합물이며, 색(色)·향(香)·미(味)에서 특징이 없다. 그리고 물이 인간의 생존에 필수적이라는 점으로부터 사회적 규범인 법이 물에 관한 권리·의무 관계를 정해야 하는 필요성과 의미가 부여된다.

우리나라에서는 기본적으로 물을 이용할 수 있는 권리에 대해 수리권(水利權)이라는 표현을 사용해 오고 있다.[31] 그리고 수리권은 물 기본권의 가장 기본적인 권리로도 해석되고 있다.[32] 우리 법은 민법에서의 수리권과 공법인 하천법에서의 수리권으로 2분화된 체계를 가지고 있으며, 이로 인해 어떻게 수리권에 대해 통일되게 해석을 할 것인가의 문제가 제기되고 있다.

(2) 수리권의 법적 성격
(가) 사법(私法)상의 수리권

우리 민법 제221조에서 제236조에는 상린 관계에 대한 규정이 있다.

30_ 민중서림, 《에센스 국어사전》, 2001, 855면.
31_ 김성수, "물기본권에 관한 연구", 《물과 인권》, 제10회 수법연구포럼, 2012, 35면.
32_ 김성수, 같은 면.

그 중 제231조[33]는 농·공업을 경영하는 자의 일정한 수량의 사용권을 공유 하천 용수권으로 규정하고 있으며, 그 법적 성격에 관하여 물권설과 상린권설로 나뉘어 논의되고 있다. 권리로 명시하고 있는 법문의 표현과, 농·공업과 관련된 토지의 사용권자들이 향유하고 있는 물에 대한 권리로 널리 인식되고 있는 점을 고려할 때 이를 권리로 보는 것이 타당하다.[34]

수리권이 독립된 물권이냐 아니면 토지 소유권에 부수적인 상린권이냐의 문제는 물을 둘러싼 분쟁에서 독립된 권리인 수리권에 근거한 원고의 주장을 법원이 인용해야 하는가, 그리고 수리권을 근거로 한 판결에 근거한 집행이 가능한가의 문제로 귀결된다. 만약 수리권을 토지 소유권에 부수적인 상린권이라고 성격을 정의한다면, 물을 둘러싼 분쟁에서 원고는 수리권이 아니라 토지 소유권을 근거로 소유권 방해 금지 등의 주장을 해야 한다. 이에 대해 대법원은 해수 용수권과 관련된 판례에서 "기존 염전의 염 제조를 위한 기득의 해수 용수권"을 인정하고 있으므로, 수리권은 일종의 독립된 물권으로 보고 있다고 해석해야 한다.[35]

민법 제232조는 제231조의 수리권으로 인한 하류의 수리권 침해를

---

[33]_ 제231조 (공유 하천 용수권) ① 공유 하천의 연안에서 농, 공업을 경영하는 자는 이에 이용하기 위하여 타인의 용수를 방해하지 아니하는 범위 내에서 필요한 인수를 할 수 있다.

[34]_ 이영준, 《새로운 체계에 의한 한국민법론(물권편)》, 박영사, 2004, 425면 등.

[35]_ 대법원 1983.3.8. 선고 80다2658에서 "기존 염전에 인접하여 그보다 낮은 지대에 새 염전을 개설하려는 자는 기존 염전의 소유자 또는 경영자와의 사이에 약정 등 특별한 사정이 없다면 기존 염전의 염 제조를 위한 기득의 해수 용수권을 침해하지 아니하는 방법으로 새 염전을 설치 경영하여야 하고, 기존 염전의 소유자 또는 경영자가 종전의 방법으로 해수를 인수 또는 배수함으로써 새 염전에 피해를 주었다 하더라도 그것이 기존 염전의 염 제조에 필요한 통상적인 용수권의 행사로서 다년간 관행되어 온 종전의 방법과 범위를 초과하지 않는 것이라면 새 염전의 개설 경영자는 이를 수인할 의무가 있다"고 판시하고 있다.

방지하기 위한 규정으로, 공유 하천 용수권에 의한 인수나 공작물로 인하여 하류 연안의 용수권을 방해하는 때에는 그 용수권자는 방해의 제거 및 손해의 배상을 청구할 수 있다고 규정하고 있다.

농·공업의 경영에 이용하는 수로 기타 공작물의 소유자나 몽리자의 특별 승계인은 그 용수에 관한 전 소유자나 몽리자의 권리 의무를 승계하게 된다.[36]

한편 우리 민법은 제234조에서, 수리권에 관한 규정은 다른 관습이 있으면 그 관습에 의하도록 하여, 관행 수리권을 인정하고 있다. 관행 수리권은 "공유에 속하는 하천의 유수에 대하여 종래 적법하게 이를 관개하는 자는 관개의 필요에 충당할 정도에서 그 전용권을 취득함은 한국 고래의 전통이다"라는 조선고등법원의 판결에 기초한 것으로 해석되고 있다.[37] 특히 1977. 7. 12. 선고 76다527 판결에서는 "공유 하천인 외오리보는 1927년 조선하천령이 시행되기 이전에, 그 지역의 경작자들이 몽리답의 관개를 위하여 위 하천에 나무와 돌 등을 쌓아 물을 막아 설치한 것으로서 그 후 왜정 때에 현재와 같은 형태의 콘크리트보가 형성되었으며, 신청인을 포함한 경작자들은 위 보가 설치된 이래 위 보로부터 인수하여 답을 경작하여 왔다는 것이니, 그렇다면, 공유 하천에 설치된 이 사건 보에서 신청인 소유의 농지에 관개하기 위하여 인수하는 관행이 있었다고 할 것이고, 그 농지의 소유자인 신청인은 농지의 관개에 필요한 한도 내에서 용수권이 있다"고 하여 관행

---

[36]_ 민법 제233조.
[37]_ 이상돈, "우리나라 수리권제도 정비를 위한 연구", 《중앙법학》 제5집 제1호, 2003, 106면.

수리권을 명시적으로 인정하고 있다.[38]

다만 법원에 의해 인정된 관행 수리권은, 민법 제231조의 공유 하천용수권에서처럼 하천 인근의 토지에 기초하지 않더라도, 하천에서 물을 끌어 저수지에 가두어 둔 관행이 존재하는 경우 이를 인정하는 사례들이다. 다만 다른 방식의 관행이 존재한다면 해당 관행 수리권도 인정될 수 있다는 점은 부정될 수 없다.

(2) 공법(公法)상의 수리권

"하천 사용의 이익을 증진하고 하천을 자연 친화적으로 정비·보전하며 하천의 유수(流水)로 인한 피해를 예방하기 위하여 하천의 지정·관리·사용 및 보전 등에 관한 사항을 규정함으로써 하천을 적정하게 관리하고 공공복리의 증진에 이바지함을 목적으로"[39] 하는 우리 하천법은 하천의 관리에 대한 기본법적 성격의 법이라 할 것이다.

하천법은 ① 하천 사용의 이익 증진, ② 하천의 자연 친화적 정비·보전, ② 유수로 인한 피해 예방에 필요한 내용을 규정함으로써 하천을 적정하게 관리하여 공공복리에 기여한다는 것을 목적으로 하는데, 이 중 물의 이용과 직접 관련되는 부분은 첫 번째의 하천 사용의 이익 증진이다.

그리고 하천법은 제33조에서 "하천 점용 허가"를 규정하고 있으나, 이 규정은 하천수 자체가 아니라 하천토 또는 하천 시설 등의 관리에 관한 규정으로 해석된다. 즉, 하천 점용 허가 규정은, 하천수의 사용

38_ 대법원 1964. 11. 24. 선고 64다790 판결도 관행 수리권을 인정한 판결로 인용되고 있다.
39_ 하천법 제1조.

에 대한 허가가 아니라, 하천토 또는 하천 시설 등의 사용에 대한 점용·채취·굴착·시설물 신축, 개축, 변경 등에 대한 국가의 허가에 대한 규정이다.

한편 하천법은 제50조에서 "하천수의 사용 허가 등"에 대한 규정을 두고 있다. 이에 따르면, 생활·공업·농업·환경 개선·발전·주운(舟運) 등의 용도로 하천수를 사용하려는 자는 대통령령으로 정하는 바에 따라 국토해양부 장관의 허가를 받아야 하며, 허가받은 사항 중 대통령령으로 정하는 중요한 사항을 변경하려는 경우도 허가를 받아야 한다. 이와 같이 하천법 제33조가 아니라 제50조에서 하천수 자체에 대한 국가의 관리권으로서 허가를 규정하고 있으며, 하천법은 이런 관리권을 구체화하여 같은 조 제3항에서 1. 하천수를 오염시키거나 유량 감소를 유발하여 자연 생태계를 해칠 우려가 있는 경우, 2. 하천수의 적정 관리 또는 도·시·군 관리 계획, 그 밖에 공공 사업에 지장을 주는 등 다른 공익을 해할 우려가 있는 경우, 3. 하천수의 취수로 인근 지역의 시설물의 안전을 해칠 우려가 있는 경우, 4. 그 밖에 하천수의 보전을 위하여 필요하다고 인정되는 경우로서 대통령령으로 정하는 경우에는 그 허가를 거부하거나 취수량을 제한할 수 있도록 하고 있다.

하천수의 사용에 필요한 허가 절차는 국토해양부령으로 정하되, 하천수의 사용에 대한 사용료는 시·도지사가 징수할 수 있도록 되어 있다.[40]

하천법상 허가의 성격과 관련하여, 하천 부지 점용 허가에 대해서는

40_ 하천법 제50조 제4, 5항.

대물적 특허 처분이라는 대법원 판결이 있으며,[41] 하천 부지에 대한 점용 허가와 하천수 사용에 대한 허가를 동일한 성격의 처분으로 해석하는 것에는 특별한 문제가 없다고 할 것이다.

댐건설 및 주변지역지원 등에 관한 법률 제35조 제1항의 "댐 사용권자나 댐 사용권 설정 예정자는 해당 댐의 저수를 사용하는 자로부터 사용료를 받을 수 있다. 다만, 댐 건설 이전에 하천법 제50조에 따른 하천수의 사용 허가를 받아 하천의 물을 사용하는 경우에는 사용료를 받지 아니한다."는 규정에서도 하천수 사용에 관한 규정은 하천법 제50조임을 명확히 하고 있다.[42]

다만 하천법의 하천수의 사용 허가와 민법의 공유 하천 용수권과의 관계에 대해서는 아직까지 명확하지 않다. 특히 하천수 사용 허가권과 공유 하천 용수권이 상충되는 관계에 있는 경우 어떤 권리가 우선하는지, 상호 배제 청구가 가능한지 등의 쟁점에 대한 법리적 검토가 요구된다.

민법과 하천법의 관계에서 신법 우선의 원칙에 따라 하천법이 우선하여 적용된다는 주장이 있으며 타당한 점도 있으나,[43] 이미 위에서 본 대법원 76다527 판례에서 보는 것처럼 당시의 하천법에서 유수에 대

41_ 대법원 2011. 1. 13. 선고 2009다21058 판결.

42_ 기타 용수 계약에 의한 수리권은 댐건설 및 주변지역지원 등에 관한 법률의 해석과 관련된 한국수자원공사와 서울시 간의 용수료 분쟁 사건(대전지법 2006. 10. 26. 선고 2005가합7287 판결)에서 논의되고 있다. 하천법상의 하천수 사용 허가는 법 제50조 제4항, 같은 법 시행령 제27, 28조 규정의 내용으로 보아 계약이 아니라 행정 처분의 형태로 이루어지는 반면, 댐건설 및 주변지역지원 등에 관한 법률 제35조 제1항에서는 계약 방식의 사용권 설정이 가능한 것으로 해석된다.

43_ 이상돈, 전게논문, 108면.

한 점용 허가가 규정되어 있음에도 불구하고[44] 민법 제234조에 의한 관행 수리권이 인정되고 있기 때문에, 법원이 신법 우선의 원칙을 수용한 것으로 보기 어렵다. 신법 우선의 원칙보다, 일반법인 하천법에 대해 민법의 공유 하천 용수권과 관행 수리권이 특별한 규정이라고 해석하여 특별법 우선의 원칙에 따라야 한다는 주장도 가능할 것이다. 따라서 현재의 입법 체계에서는 하천법상의 하천 점용 허가에 의한 수리권, 민법 제231조에 의한 하천 부지 소유권자의 수리권, 민법 제234조에 의한 관행 수리권 등이 동시에 존재하고 있다.

그리고 이런 수리권 사이에서 공유 하천 용수권보다 관행 수리권이 우선하며, 민법과 하천법의 수리권은 원칙적으로 병존하는 것으로 해석해야 할 것이다. 다만 입법론적으로 민법의 수리권과 하천법의 수리권들을 통합하여 일원화된 체계를 갖추어야 한다는 주장이 있다.[45] 아래에서 살펴볼 수리권의 새로운 변화를 고려하여 우리나라의 수리권 제도에 대한 전반적인 검토와 함께 합리적인 수리권 제도를 구축하기 위한 노력이 요구되는 시점이다.

44_ 구 하천법(1971. 7. 20., 법률 제2292호) 제25조 (하천의 점용 허가 등) ① 하천 구역 안에서 다음 각호의 1에 해당하는 행위를 하고자 하는 자는 대통령령이 정하는 바에 의하여 관리청의 허가를 받아야 한다. 다만, 이 허가에는 하천의 오염으로 인한 공해 기타 보건 위생상 위해를 방지함에 필요한 부관을 붙여야 한다.
1. 유수의 점용.
45_ 이상돈, 전게논문, 119면.

제3장 수리권의 새로운 변화

1. 수리권에 대한 인식 변화의 원인

1) 물과 환경

물의 양과 질의 문제는 사회·경제적인 면에서뿐만 아니라, 환경적 차원에서도 절대적 의미를 가진다. 예를 들어, 늪이나 범람원은 쓸모없는 땅으로 간주되어 왔다. 그러다보니 수력 발전이나 농업용수의 공급을 위한 생태적 공간들의 파괴를 특별한 거부감 없이 받아들여 온 것이다. 그 결과로 인해 지난 세기 동안 지구상에서 50%에 이르는 늪 서식지가 파괴된 것으로 보고되고 있다.[46]

그리고 환경 문제가 대두되기 이전 시기의 수리권에 대한 논의들에서는 물의 생태적, 심미적 가치를 고려하지 않았다. 이런 인류의 행동에 대한 반성은 헝가리와 슬로바키아 사이의 강을 둘러싼 국제적 분쟁이었던 국제사법재판소의 가브시코프(Gabčikovo-Nagymaros) 판결에서 확인되고 있다. 이 판례에서 법원은 인류가 경제적 그리고 다른 목적을 위해 환경적 효과에 대한 고려 없이 자연에 지속적으로 간섭하여 왔으며, 과학의 발달 및 이런 지속적 간섭이 가져오는 현재와 미래 세대에 대한 위험의 인식 증가로 인해 많은 새로운 규범과 기준들

46_ Laurence Boisson de Chazournes, Christina Leb & Mara Tignino, "Environmental protection and access to water: the challenges ahead", *The right to water and water rights in a changing world*, 2010, 10.

이 도입되고 있음을 확인하고 있다.[47]

하지만 국제 사회의 꾸준한 노력으로 제도화된 많은 국제적 환경 규범들이 완벽하지는 않더라도 상당한 역할을 수행해 오고 있으며, 환경 보호와 지속 가능한 개발에 많은 기여를 하고 있다.

이렇듯 환경을 둘러싼 새로운 국제적 경향은 수리권의 새로운 정립을 요구하고 있으며, 호주를 비롯한 많은 나라들에서 물과 관련된 환경 보호 정책들이 수립·집행되고 있다.[48]

2) 전통적 하천 부지 소유권적 접근의 한계

위에서 살펴본 하천 부지 소유권의 원칙은 수량이 풍부한 유럽에서 발달한 논리이기 때문에 수량이 부족한 신대륙의 식민지나 신생 국가들에 적용되기에는 옳지 않은 면들이 많이 있다.

예를 들어, 캐나다에서는 하천 부지 소유권의 원칙으로 인해 불모지인 남부 지역에 대용량의 용수를 공급하는 것이 불가능하였으며, 결국 물의 사용을 둘러싼 심각한 사회적 갈등이 있은 다음 연방 정부의 새로운 법 제정을 통해 문제가 해결되었다.[49]

캐나다에는 영국의 하천 부지 소유권 원칙이 보통법으로 수계되면서, 한편으로는 미국의 선점의 원칙이 불모지에서의 수법 발달에 영향을 미치고 있었는데, 대규모 목장 지대의 개발을 위해서는 선점의 원칙을 적용해야 할 필요성을 절감했기 때문이다. 영국 의회는 1894

47_ Case concerning the Gabčikovo-Nagymaros Project, I.C.J. Reports, 1997, 78.
48_ Productivity Commission, above n 12, 14, 45.
49_ The North West Irrigation Act (1893).

년 하천 부지 소유권 원칙을 근본으로 하는 수법으로부터 선점의 원칙으로 전환하는 입법을 통해 캐나다에서의 물을 둘러싼 분쟁을 정리하게 되었다.[50]

이런 문제는 호주에서도 똑같이 발생하였으며, 1880년대에 물의 배분에 관한 권한은 토지와 관련되어야 하지만 정부에 의해 관리되어야 하며, 가정적 목적의 사용 등을 위해 제한적인 보통법상의 권리만 행사할 수 있는 것으로 변화하게 되었다.[51]

3) 기후 변화

기후 변화는 환경의 문제이기도 하지만, 환경의 보호의 문제와는 다르게 기후 변화로 인해 발생하는 강수 형태와 강수 지역의 변화와 관련된 문제이므로 별도의 원인으로 정리할 필요가 있다.

기후 변화 문제는 기후의 극단화 현상에 어떻게 적응할 것인가에 초점을 두고 있으며, 세계기상기구(World Meteorological Organization)는 이미 통상적인 기후의 변화를 넘어선 극단적인 기상 현상에 대한 보고를 해오고 있다. 특히 2005년 브라질의 가뭄과 파키스탄의 추위 그리고 대서양에서 강력하고 많은 허리케인의 발생이 있었다.

자연 재해로 인한 사망자 수는 2004년 한 해에 25만 명에 이르렀는데, 인도네시아에서 발생한 해일(tsunami)로 인한 피해자를 감안하더

---

[50]_ Arlene J. Kwasniak, "Waste not Want not: A Comparative Analysis and Critique of Legal Rights to Use and Re-use Produced Water—Lessons for Alberta", *University of Denver Water Law Review*, Spring, 2007, 375.

[51]_ Stephen Hodgson, above n 1, 22.

라도, 1994년부터 2003년까지 연 평균 6만7천 명에 비해 급격히 증가한 것이다.[52]

이런 기후 변화는 결국 기존의 강수 형태에 변화를 가져오고, 이런 극단화된 기후 현상은 수자원을 둘러싼 갈등을 더 복잡하고 다양하게 만드는 결과에 이르게 된다.

가뭄도 문제이지만, 기후 변화로 인한 홍수는 인류의 생존 방식을 변화시키는 중요한 요인으로 작용하였으며, 현재 인류 사회가 직면한 가장 심각한 문제들 중 한 가지가 되었다. 즉, 기후 변화와 이로 인한 생활 방식의 변화는 수리권에 대한 새로운 인식은 물론 물의 관리에 대한 국가의 책임 강화를 요구하게 된다.[53]

4) 경제적 가치의 재발견

"……을 물 쓰듯 한다"는 표현에서 나타나는 것처럼 물의 경제적 가치가 제대로 반영되지 않는 경우 물의 중요성을 인식하지 못하게 되는 부정적 효과가 발생하게 된다. 물의 경제적 가치에 대한 인식 부족은, 한편으로는 물에 대한 가치를 정확히 인식하지 못하게 하는 결과를 낳고, 또 다른 한편으로는 물의 과다한 사용에 대한 중요한 원인이 되기도 한다.

물의 경제적 가치에 대한 인식 전환을 통해 물의 낭비와 과소비를

---

[52] IFRC, *World Disasters Report of the International Federation of the Red Cross/Red Crescent Societies Geneva*, IFRC, 2005, 181.

[53] Luís Artur, Dorothea Hilhorst, "Climate change adaptation in Mozambique", *The right to water and water rights in a changing world*, 2010, 25–46.

억제하기 위한 노력이 많은 나라에서 이루어지고 있으며, 그 대표적인 나라가 호주이다.

호주는 물의 중요성, 수자원의 고갈, 기후 변화 및 환경 문제까지 고려하여, 물에 대한 경제적 가치를 올바르게 인정하고 반영하는 것이 필요하다는 이유에서 물 거래제를 도입하게 되었다.[54] 1970년대 중반 호주의 빅토리아 주에 처음으로 거래 가능하고 이전 가능한 수리권(Tradable Transferable Water Rights)의 개념이 나타났고, 1989년 수법(Water Act)에 의해 1991년부터 물의 거래가 허용되었다. 그리고 2004년 호주정부위원회(Council of Australian Governments)는 국가적인 차원에서 물 관련 의제를 개혁하고 경쟁력 있는 물 시장을 형성하기 위한 국가적 차원의 물 제도 개혁에 착수하게 되었다.[55]

이렇게 물 거래의 활성화를 통해 물 사용의 효율성을 증진시키고 있으며, 2009년 기준 27억4천만 호주달러 규모의 거래가 이루어지고 있다.[56]

물 거래 제도의 도입으로 인해 예측된 효과는 크게 두 가지이다. 첫째, 물의 재분배로 인해 공급 확대 부분에 대한 요구가 완화될 것이라는 점이다. 둘째, 물 거래 제도는 농업 부분에서의 공급 재분배를 주된 목표로 하였는데, 이를 통해 생산성이 더 높은 분야의 농업에 물이 사

54_ Bob O'Brien, *Water licences valued at A$2.8 billion traded in Australia's emerging water markets*, VOX, 25 Apr 2010, at <http://www.voxeu.org/article/price-precious-commodity-water-trading-australia>.
55_ *Ibid.*
56_ 빅토리아 주에서의 물 거래에 대해서는 웹페이지 <http://www.water.vic.gov.au/allocation/entitlements/trade>를 참조하면 된다.

용되는 효과가 발생할 것을 의도하였다.[57]

5) 물에 대한 인권적 접근

현대 국제 인권법 분야에서 가장 논란이 많은 분야가 바로 물 인권(human right to water)이다.[58] 물에 대한 인권적 접근은 수자원의 희소성이 일반화됨에 따라 더욱 강조되고 있다.[59]

물이 인간의 생존에 필수적이라는 점과 물의 희소성이 증가한다는 점으로 인해, 모든 인류의 물에 대한 권리는 보장되어야 한다는 물의 인권적 측면이 강조되고 있는 것이다.[60]

깨끗하고 안전한 물에 대한 권리는 정치·경제·사회 모든 차원에서 국제 사회의 중요한 쟁점이 되었다.

경제적·사회적·문화적 권리에 대한 국제적 규약(International Covenant on Economic, Social and Cultural Rights) 제15조의 일반 주석에서도 독립된 권리(independent right)로서의 물 인권과 인간 존엄성은 불가결한 관계에 있음을 강조하고 있다.[61]

57_ Stephen Hodgson, above n 2, 24.
58_ Malgosia Fitzmaurice, "The Human Right to Water", *Fordham Environmental Law Review*, Symposium, 2007, 537.
59_ World Resources Institute, Piet Klop, Jeff Rodgers, Rabobank, Peter Vos & Susan Hansen, *Watering Scarcity—Private Investment Opportunities in Agricultural Water Use Efficiency*, 2008, 7.
60_ Ling-Yee Huang, "Not Just Another Drop in the Human Rights Bucket: The Legal Significance of a Codified Human Right to Water", *Florida Journal of International Law*, December, 2008, 355.
61_ Economic and Social Council, *General Comment No. 15 The right to water* (arts.

물 인권의 주요 내용으로는, 물이 인간의 개인적 또는 가정적 사용에 충분하게 지속적으로 공급되어야 한다는 유효성(availability), 개인적 또는 가정적 사용에 제공되는 물은 인간의 건강을 해칠 수 있는 위험한 세균이나 위험한 물질 등이 없이 안전해야 한다는 수질(quality), 모든 개인이 물과 물 관련 시설에 무차별적으로 접근해서 서비스를 제공받을 수 있다는 무차별적 서비스 접근성(accessibility)[62] 등이 있다.[63]

물 인권의 실현을 위해 국가는 세 가지의 의무를 부담하는데, 그 첫째로 국가는 물 인권의 행사와 관련하여 직접·간접적으로 간여하지 않으며 이를 존중(obligation to respect)해야 하는 소극적 자유권 보장적 차원의 의무를 부담한다.[64]

둘째, 국가는 물 인권의 향유가 어떤 방식으로든 제3자에 의해 방해되지 않도록 보호해야 한다는 보호 의무(obligation to protect)를 지며, 마지막으로 국가는 물 인권의 실현에 필요한 시설을 구축하고 증진하며 제공할 준수 의무(obligation to fulfil)를 진다.[65]

물 인권 및 현행 수리권 제도의 개선과 관련된 쟁점에 대해서는 아래에서 다시 정리한다.

---

11 and 12 of the International Covenant on Economic, Social and Cultural Rights), 2002, at <http://www2.ohchr.org/english/issues/water/docs/cescr_gc_15.pdf>, 1.

62_ *Ibid.* 접근성도 물 자체에 대한 물리적 접근성(physical accessibility), 적정한 가격에 대한 경제적 접근성(economic accessibility), 그리고 사회적 신분·경제적 지위에 따른 차별이 없어야 한다는 무차별성(nondiscrimination), 물과 관련된 정보를 요구·수령·제공할 수 있는 정보 접근성(information accessibility)의 네 가지로 세분되어 논의된다.

63_ *Ibid.*, 7.

64_ *Ibid.*, 9.

65_ *Ibid.*, 10.

6) 수자원의 부족

물에 대한 수요에 맞추어 물이 안정적으로 풍족하게 공급될 수 있다면 물을 둘러싼 많은 갈등이 발생하지 않거나 해소될 수 있을 것이다. 즉, 물을 둘러싼 대부분의 갈등의 원인은 수자원 자체에 대한 수요가 급격히 증가하는 반면, 수자원의 공급량은 제한적이라는 점에 있다.

인구의 급격한 증가, 대규모 도시의 발달, 삶의 수준 향상에 따른 물 사용의 증가 및 산업·상업의 발달에 의한 수요 증가 등을 수요 측면의 원인으로 설명할 수 있다. 인구의 약 1/3이 중간 또는 강한 정도의 수자원 부족 지역에 거주하고 있으며, 지속적 인구 증가는 물론 기후 변화로 인해 수자원 부족 현상은 더 강력해질 것이라는 것이 일반적인 예측이다. 한편 지구상의 약 1/6에 이르는 인류가 안전한 식수를 사용하지 못하고 있으며, 39%에 이르는 인류가 위생적인 위생 처리 시설 없이 살아가고 있는 실정이다.[66]

수자원에 대한 압박의 원인 중 하나인 기후 변화는 불확실성(uncertainty)을 증가시키고 수자원 관리에 대한 심각하고 새로운 도전으로 다가오고 있으며, 강수 형태의 변화와 수자원의 희소성 증가를 어떻게 해소할 것이냐의 문제는 이미 국제 사회의 중요한 의제가 되어 있다.[67]

특히 물에 대한 수요 증가의 중요한 원인이 관개 농업(irrigated agricultures)의 발달에 있으며, 세계 농경지의 약 18%가 관개 농업에 의

66_ World Bank, *Sustaining Water for All in a Changing Climate*, 2010, 4.
67_ *Ibid.*

해 경작되고 있고 세계 식량의 1/4이 관개 농업에 의해 생산되고 있다는 사실에서 농업에서의 물의 중요성이 쉽게 이해될 수 있다.[68]

더 심각한 것은 농업에서의 물에 대한 수요가 줄어들지 않을 것이라는 점에 있다. 수자원 사용에서의 효율성 증가에도 불구하고 2025년까지 88억의 인구에게 필요한 식량을 공급하기 위해서는 현재보다 최소한 17% 이상의 물이 추가 공급되어야 할 것으로 예측되고 있다.[69]

이런 수자원의 부족 문제를 해소하기 위한 대안으로 수자원의 효율적 사용이 강조되고 있으나, 효율성 증가를 저해하는 요소로 제시되고 있는 것이 후진국에서의 수리권과 수법 체계의 후진성이다.[70]

사회의 발달에 따라 법의 효율성에 대한 요구가 증가하고 있으며, 특히 수자원의 효율적 배분을 위해 수리권에 대한 새로운 법적 체계의 형성이 요구되고 있는 것이다.

2. 수리권의 새로운 내용

1) 현대적 수리권의 법제화 필요성

수자원의 분배 등 수자원에 대한 문제들을 해결하기 위해서는 현대적 경향이 반영된 수리권에 대한 법제화가 가장 기본적으로 요구된다.

68_ World Bank, Agricultural Water Management, at <http://water.worldbank.org/topics/agricultural-water-management>.
69_ Stephen Hodgson, above n 2, 29.
70_ *Ibid.*

그리고 현대적 수리권에서는 지하수와 지표수를 포함하는 포괄적인 입법이 새로운 경향이다.[71]

물론 지하수에 대해서 지표수와 별개의 법제를 가지고 있는 입법례들도 있다. 이런 사례들은 강수량이 적기 때문에 지표수보다 지하수에 더 가치를 두는 국가 또는 지하수의 과도한 개발로 인해 이에 대한 특별한 조치를 취할 필요가 있는 국가 등 특수한 상황에서 나타나고 있다.

새로운 수법 체제의 확립 필요성에 대한 또 다른 이유는 전통적 수법이 수자원에 대한 새로운 경향들을 반영하지 못한다는 점에서 찾을 수 있다. 예를 들어 수리권을 일종의 재산권으로 보는 전통적 견해가 지속적으로 유지되어야 하는가의 문제가 제기된다.

우리나라의 경우 수리권은 사권(私權)인 재산권적 측면과 공권(公權)적 측면 모두를 가지는 것으로 설명될 수 있는데, 민법의 공유 하천 용수권과 하천법의 하천수 점용 허가에 대한 법제적 정리가 요구된다. 물에 대한 소유권을 국가에 귀속시키면서, 물은 국가의 허가를 통해서만 사용하게 할 수 있는 제도에 대한 검토가 필요하다. 다만 빗물 등의 사용에 대해서도 허가가 필요한 것인가 그리고 관행적으로 인정해오던 관행 수리권을 박탈할 것인가에 대한 사회적 합의가 이루어져야 한다는 점이 중요한 사회적 쟁점이 될 것이다.

또한 하천법은 제2조 제8호에서 하천수를 "하천의 지표면에 흐르거나 하천 바닥에 스며들어 흐르는 물 또는 하천에 저장되어 있는 물을 말한다."라고 정의하여 지표수만을 그 적용의 대상으로 하고 있을 뿐,

---

71_ *Ibid.*, 36.

지하수에 대해서는 별도의 입법인 지하수법에 따르도록 되어 있다. 한편 지하수법은 제22조에서 지하수 개발·이용 시공업을 하려는 자는 대통령령으로 정하는 자본금, 기술 능력, 시설 등을 갖추어 주된 사무소의 소재지를 관할하는 시장·군수·구청장에게 등록하도록 하고 있다. 지하수의 오염이나 과도한 개발이 문제가 되는 상황에서 '등록'제를 규정하는 것은, 하천수의 이용에서 '허가'제보다 완화된 형태의 국가 관리가 이루어지고 있다는 점에서 문제이다.

따라서 우리나라에서도 수리권에 대한 사법과 공법의 통합·조정, 지하수와 지표수 등을 아우르는 포괄적인 수법 체계를 도입하기 위한 법제적 연구가 요구된다.

2) 수자원의 국유화

일반적으로 수자원에 대한 포괄적 입법의 첫 단계는 수자원의 국유화로부터 시작한다.[72] 오리건 주의 수법과 같이 수자원은 국유라는 것을 명시하면, 소유권자인 국가의 그 처분이나 사용에 대한 관리권에 관한 법리적 다툼이 발생하지 않게 되는 장점이 있다.

수자원에 대한 소유권은 개인, 국가, 또는 수탁자로서의 국가[73] 등으로 구분될 수 있는데, 우리의 국민적 정서에서는 국가를 소유권자로 하는 것이 법리적인 다툼을 가장 최소화할 수 있는 방법이라 할 것이다.

72_ *Ibid.*, 37.

73_ Robyn Stein, "Water Law in a Democratic South Africa: A Country Case Study Examining the Introduction of a Public Right System", *Texas Law Review*, June, 2005, 2170.

수자원을 국유화한 사례는 많으며, 알바니아의 1996년 수자원법 (Law on Water Resources),[74] 1968년 이란,[75] 미국의 오리건 주 등이 그 예이다. 또 한 예는 호주 남오스트레일리아 주의 수자원법(Water Resources Act 1997)이다. 이 법은 보통법에 의해 인정된 자연적으로 생성되는 물에 대한 권리들을 폐지하였다.[76]

다만 국유화에 대한 논의 이전에 우리나라 하천법이 제4조 제1항에서 "하천 및 하천수는 공적 자원으로서 국가는 공공 이익의 증진에 적합한 방향으로 적절히 관리하여야 한다."라고 규정하고 있는데, "공적 자원"이 국유를 의미하는지 아니면 공공재라는 표현인지 명백한 해석이 필요하다. 사유지라 할지라도 공공의 목적에 사용되는 토지는 공적 자원이라 할 수 있기 때문이다. 예를 들어, 도로법 제3조는 "도로를 구성하는 부지, 옹벽, 그 밖의 물건에 대하여는 사권(私權)을 행사할 수 없다. 다만, 소유권을 이전하거나 저당권을 설정하는 것은 그러하지 아니하다."라고 하여 도로 부지에 대한 사적 소유와 담보권 중 저당권의 설정은 인정하되 수익적 성격의 소유권 행사를 제한하고 있다. 사유인 도로 부지가 공적 자원으로 공공의 목적에 사용될 수 있는 대표적인 입법례인 것이다.

하천 부지와 관련하여 하천법은 제10조 제6항에서 "국가 및 지방자치단체는 제1항에 따라 하천 구역으로 된 때에는 국가 하천인 경우

74_ Stephen Hodgson, above n 2, 37.

75_ Assad Tavakoli, "Nationalization and Efficient Management of Water Resources in Iran", *Journal of Water Resources Planning and Management*, July, 1987, 525

76_ Water Resources Act Section 7(9) Rights at common law in relation to the taking of naturally occurring water are abolished.

'국유재산법'에 따른 국유 재산으로, 지방 하천인 경우 '공유재산 및 물품 관리법'에 따른 공유 재산으로 확보되도록 노력하여야 한다."고 규정하여, 하천 구역이 국가 하천인 경우에는 국유 재산으로 지방 하천인 경우에는 고유 재산으로 확보되도록 노력하도록 하고 있다. '노력'해야 한다는 법문의 표현은 약한 의미의 의무를 부여할 뿐, 강제성을 가진 것으로 보기 어렵다. 따라서 하천법 제10조 제6항에 의하면, 하천 부지에 대한 사적 소유도 인정되고 있는 것으로 보인다.

한편 대전지법 2006.10.26. 선고 2005가합7287 판결에서 "하천은 국가·지방자치단체 능의 행정 주체에 의하여 직접 행정 목적에 공용된 개개의 유체물을 말하는 공물, 그 중에서도 직접 일반 공중의 공동 사용에 제공된 물건인 공공용물에 해당"한다고 판시한 것으로 보아 공공용물로 해석될 수 있으나, 공공용물이라 하더라도 여전히 소유권의 귀속 문제는 해결되지 않고 있다는 점은 위에서 본 바와 같다.

3) 수자원의 통합 관리

수자원의 소유권에 관한 법체계의 정비 다음으로 수리권의 형태를 포함하여 수자원을 어떻게 관리할 것인가에 대한 논의가 뒤따른다.

우선 논의되어야 하는 것은 지하수와 지표수에 대한 통합 관리이다. 우리나라를 포함한 많은 나라들에서 지하수와 지표수에 대한 관리를 이원적으로 시행하고 있다. 낮은 강우량으로 인해 지표수보다 지하수의 중요도가 높은 경우, 또는 별도의 법제를 두는 것이 관리·운영을 쉽게 할 수 있다는 행정 편의성이 인정되는 경우들이 이원적 법제의 원인이다. 하지만 물의 순환 차원에서 볼 때 지하수와 지표수는 하나의 순환 시스템의 일부이므로, 이를 통합하여 관리하는 것이 환경적 측면, 수자원의 효율적 관리 측면에서 더 타당하다.

어느 국가 기관이 수자원 관리에 대한 책임을 질 것인지에 대한 문제가 제기되는데, 수자원을 국토의 일부로 볼 것인가 아니면 환경적 차원에서 볼 것인가에 대한 정책적 판단에 따라 국토해양부, 행정자치부, 또는 환경부 등 다양한 형태로 관리 주체를 정할 수 있을 것이다.[77]

하지만 더 중요한 것은 수자원 관리에서 이해관계자의 참여를 어느 정도 허용할 것인가, 수자원의 관리권자는 어떤 권한과 책임을 지는가에 대한 정책 결정에 있다.

물론 관리 권한과 책임은 각 국가가 처한 상황에 따라 다양하게 나타날 수밖에 없다. 즉, 수자원이 부족한 국가에서는 수자원의 확보와 공급이 중요한 분야가 되겠지만,[78] 수자원이 풍부한 국가에서는 수자원의 경제적 활용이나 수출 등이 관리의 중요한 사항이 될 것이다.[79]

우리나라의 수법 체계에서도 지하수, 지표수, 댐수 등을 통합한 관리 체제를 구축할 것인지, 수자원의 배분을 어떤 원칙으로 실행할 것인지, 물에 대한 가격은 어떻게 정할 것인지, 환경 측면에서 수자원 보호 등에 대한 우리의 현실에 맞는 논의가 요구된다.

77_ Stephen Hodgson, above n 2, 39.
78_ 대표적인 물 부족 국가인 호주의 수자원 관리에 대해서는 Productivity Commission, above n 12 참조.
79_ 'WWF'도 수자원 정책에 획일화된 원칙이 있을 수 없으며, 지역의 특성에 맞게 수립되어야 한다는 점을 강조하고 있다. Tom Le Quesne, Guy Pegram & Constantin Von Der Heyden, *Allocating Scare Water*, April, 2007, 2.

4) 수자원의 무상성(無償性)에 대한 재검토

많은 국가들이 허가 사용 외에 무상으로 사용할 수 있는 무상 사용에 대한 예외적 규정을 두고 있다. 대표적으로 알바니아의 수법 제13조를 들 수 있는데, 개인적 또는 가정적 수요를 초과하지 않는 범위 내에서 식수, 가정용 필요 및 가축에게 공급하기 위해 지표수를 무상으로 사용할 수 있도록 되어 있다.[80] 그 외에도 스페인, 가나, 캐나다의 앨버타 등에서도 가정용 사용에 대한 무상 사용을 규정하고 있다.[81] [82]

앨버타의 수법은 특히 가정용 사용에 대한 규정을 두고 있는데, 사람의 소비·위생·화재 예방 및 동물, 잔디, 나무 등에 급수하는 등의 사용 목적뿐 아니라 가정 단위가 1년에 사용할 수 있는 용량을 1,250㎥로 특정하고 있다는 점이 특징적이다.[83]

80_ Article 13 The free use of water
1. Everyone has the right to use the surface water resources freely for drinking and other domestic necessities and for livestock watering without exceeding its use beyond individual and household needs and in compliance with relevant laws and plans of the basin councils.
2. Everyone has the right to use banks freely for bathing and water sports.
3. Everyone has the right to use precipitating waters falling on private land provided that water is not collected by artificial installations.
4. The water authorities may restrict the free use of water over the all country or in particular areas during periods of water shortage, water quality damage or spread of waterborne diseases.
81_ Stephen Hodgson, above n 2, 45.
82_ 지하수에 대해서는 무상 사용을 인정하지 않는 것이 일반적이다.
83_ Water act Section 1.
(x) "household purposes" means the use of a maximum of 1250 cubic metres of water per year per household for the purposes of human consumption, sanitation, fire prevention and watering animals, gardens, lawns and trees.

수자원의 무상 사용에 대한 논리적인 이유는 가정용이라는 목적에서 비교적 소량의 물을 사용하기 때문에 전체적으로 수자원에 미치는 영향이 크지 않다는 점과 인간의 생존과 관련된 필수적인 물의 사용에 대한 비용 부과가 사회적으로 허용되기 어렵다는 점들에서 찾을 수 있다.

우리 민법의 공유 하천 용수권도 원칙적으로 무상 사용을 전제로 하고 있는 것처럼, 많은 국가들에서 대가를 지불하지 않고 물을 사용할 수 있는 규정들을 두고 있다. 수자원의 무상성은 위에서 본 수자원의 경제성에 대한 재발견과 직접 관련된다. 수자원의 경제적 가치를 재인식하기 위해서는 무상성에 대한 재검토가 필수적으로 요구되기 때문이다.

다만 이런 무상 사용에는 이미 이용의 목적과 사용량에 있어서 일정한 제도적 제한이 부과되어 있다. 우리의 공유 하천 용수권에서도 농·공업 경영의 목적에서 타인의 용수를 방해하지 아니하는 범위 내에서 물에 대한 무상 사용권이 주어진다.

무상 사용권은 기후 변화, 수자원의 부족 등으로 인해 새롭게 검토될 것이 요구되고 있으며, 특히 다양한 하천 부지 소유자가 존재하는 경우 어떻게 분배할 것인가의 복잡한 문제가 발생할 수밖에 없다.[84] 특히 우리나라에서는 기득 수리권을 인정할 것인가와 인정한다면 어느 정도의 권리로 보호할 것인가의 문제가 중요한 쟁점이다.[85]

물에 대한 가격을 부과하는 원인으로는 비용 회수 차원의 접근(cost

84_ Stephen Hodgson, above n 2, 46.
85_ 김성수, 위 주석 31), 36면.

recovery)과 수자원 배분(mechanism for allocation)을 위한 수단으로서의 접근 방식으로 구분된다.[86] 비용 회수적 접근은 수자원의 공급에 투자된 비용을 회수하는 수준에서의 가격을 요구하는 반면, 배분적 접근에서는 비용 회수를 넘어 수자원의 적절한 배분을 위한 적절한 가격이 결정되어야 한다.

물론 수자원의 민영화(privatization) 또는 시장 경제의 도입 문제도 수자원의 무상성 문제와 관련된다. 다만 물에 대한 인권적 접근의 경향으로 인해 민영화에 대한 많은 비판이 제기되고 있다는 점도 동시에 검토되어야 하는 어려운 쟁점이기도 하다.[87]

5) 물 인권적 접근

물과 환경, 인권의 통합 현상은 이미 국제적인 경향이 되어 있으며,[88] 이런 인권적 접근의 중요한 의미는 개인이 국가를 상대로 깨끗하고 위생적인 물에 대한 권리를 주장할 수 있다는 점과 인권적 목적을 달성할 수 없다면 수자원을 영리 목적 또는 개인적 목적을 위해 사용하는 것이 제한된다는 점에 있다.[89]

우리나라에서도 인권적 차원에서의 수자원에 대한 접근을 어떻게 제도적으로 구체화할 것인가의 문제에 대한 검토가 필요하게 되었다.

86_ Tom Le Quesne, Guy Pegram & Constantin Von Der Heyden, above n 79, 21.
87_ Melina Williams, "Privatization and the Human Right to Water: Challenges for the New Century", *Michigan Journal of International Law*, Winter, 2007, 492-504.
88_ 고문현, "UN총회 ['10.7.28] 물 인권 결의 및 주요국 물 인권 입법동향", 《물과 인권》, 제10회 수법연구포럼, 2012, 9-18면.
89_ Ling-Yee Huang, above n 59, 359.

제4장 수리권과 물 인권

1. 물 인권의 이론적 배경과 개념

1) 물 인권 문제의 제기

메카프레이 교수가 수자원의 부족과 불공평한 배분 문제에 대한 해법으로 물에 대한 인권적 접근을 제안한 이래,[90] 국제적으로 인간의 기본적 삶에 필요한 물의 공급을 인간의 기본적 권리 중 하나로 인식하고 있다. 물에 대한 인간의 권리 즉, 인권적 차원에서의 접근 배경에는 인간의 생존과 물의 밀접한 관련성, 특히 지구상의 많은 사람들이 물의 질과 양에서 생존의 기본적 수요를 충족시킬 정도의 공급을 받지 못하고 있다는 현실에 대한 반성이 기초하고 있다.

메카프레이 교수에 따르면, 인간의 건강권과 그 실현을 위한 수단으로 식량에 대한 권리에 대해 많은 노력들이 있어 왔으며, 이는 건강하게 살기에 적합한 정도의 생활수준에 대한 권리를 규정한 1948년 유엔총회에서 채택된 세계인권선언 제25조[91]에 그 근거를 두고 있다. 또

90_ Stephen C. McCaffrey, "A Human Right to Water: Domestic and International Implications", *Georgetown International Environmental Law Review*, Fall, 1992, 1.
91_ Section 1.
1. Everyone has the right to a standard of living adequate for the health and well-being of himself and of his family, including food, clothing, housing and medical care and necessary social services, and the right to security in the event of unemployment, sickness, disability, widowhood, old age or other lack of livelihood in circumstances beyond his control.

한 이상하게도 물에 대한 권리에 대해서는 거의 관심이 없었다는 점이 놀라울 따름이며, 물에 대한 권리는 식량에 대한 권리, 건강에 대한 권리 및 가장 근본적인 생명에 대한 권리의 일부라는 점을 지적했다.[92] 더불어 물에 대한 인권적 접근은 일정 국가로 하여금 자국민의 물 인권적 수요를 충족시키기 위해 필요한 수질과 수량의 물을 다른 연안 국가들에 요구할 수 있는지 여부에 대한 국제법적 문제를 초래할 것이라는 점과, 물 인권적 수요에 부합하기 위한 방법으로 수자원의 지속 가능성 또는 수자원의 지속 가능한 개발에 대한 권리가 인정될 것인가에 대한 쟁점까지 제시하였다.[93]

물에 대한 인권적 접근의 원인은, 인구 증가 및 생활수준의 향상에 따른 물의 수요는 증가하는데 반해 1인당 지구상 수자원은 지속적으로 감소하는 데 있다. 이로 인해 물을 둘러싼 경쟁이 특정 국가 내에서뿐만 아니라 국가 사이에서도 발생하게 된다.[94] 전자의 경쟁은 국민들의 기본적 생활과 위생에 필요한 물의 공급에 대한 국가의 책임 범위에 대한 문제와, 후자의 경쟁은 수자원을 둘러싼 국가들 사이의 분쟁에서 물 인권이 분쟁 해결을 위한 기준으로서 어떤 역할을 할 수 있는가의 문제와 각각 관련된다.[95]

92_ Stephen C. McCaffrey, above n 90.
93_ *Ibid.*
94_ *Ibid.*
95_ *Ibid.*

2) 물 인권의 필요성

 수자원에 대한 인권적 접근의 필요성은 지구상의 모든 생명체 특히 인간의 생존에 대한 물의 중요성으로부터 나온다. 물은 음용수로 직접 사용되거나 위생, 농업 등을 통해 간접적으로 사용되고 있으며, 인간이 사용하는 물의 약 1/3을 농업 부분이 차지하고 있다. 따라서 물의 부족이나 오염은 기아·질병 심지어 사망에 이르는 원인이 되기도 한다. "물은 생존에 필수적(Water is essential for life)"이라는 유엔의 표현이 물의 중요성을 가장 간단하고 명료하게 대변하고 있다.[96] 따라서 물의 문제는 궁극적으로 '사람'의 문제로 귀결된다는 것이다. 또한 물과 지속 가능한 발전에 관한 더블린선언(The Dublin Statement on Water and Sustainable Development) 제1원칙에서도 깨끗한 물을 생존·개발·환경에 필수적인 유한성과 취약성을 가진 자원으로 정의하고 있다.[97] 물의 공급이 제한된 개인들은 질병과 사망에 이를 수 있기 때문에 안전하고 사용 가능한 깨끗한 물의 충분한 공급 문제는 인권의 문제로 접근해야 한다는 주장이 국제 사회에서 널리 인정되어가고 있는 것이다.

 케냐, 미얀마 등 많은 국가들에서 나타나고 있는 물 부족 문제는 강

---

[96]_ UN, *Water for Life Decade[2005-2015]*, 2005, 3.

[97]_ Principle No. 1—Fresh water is a finite and vulnerable resource, essential to sustain life, development and the environment
Since water sustains life, effective management of water resources demands a holistic approach, linking social and economic development with protection of natural ecosystems. Effective management links land and water uses across the whole of a catchment area or groundwater aquifer.

수량 등 자연 환경뿐만 아니라, 국내의 열악한 물 관리 체계와 국제 정치적 갈등에서도 그 원인을 찾을 수 있다.[98]

3) 물 인권과 물에 대한 시장적 접근의 갈등

물에 대한 경제적·시장적 접근은 물에 대한 가격 결정 시스템을 통해 수자원 배분에서의 비효율성을 제거하기 위한 노력으로 제안된 해결 방안이었다. 대표적인 시장적 접근의 표현이 더블린선언 제4원칙이다. 제4원칙에 따르면 물은 경제적 가치를 가지며 경제재로 인식되어야 한다.[99] 높은 물 가격은 가장 효율적인 물의 소비를 유인하고, 이로 인해 물 사용의 낭비가 줄며, 결과적으로 수자원의 총량이 증가하게 된다는 논리이다.[100] 하지만 이런 수자원에 대한 시장적 접근, 특히 국가 또는 민간 물 공급 사업자는 사용자들로부터 물의 공급 비용 전부를 회수할 수 있어야 한다는 '총비용 회수의 원칙(Full Cost Recovery Principle)'에 따라 물의 가격을 결정하고 공급하는 경우, 소득이 낮은 계층의 시민들에게 물의 소비가 커다란 부담이 되어 사회적 형평성이

98_ Stephen C. McCaffrey, above n 90, 2.

99_ Principle No. 4—Water has an economic value in all its competing uses and should be recognized as an economic good.
Within this principle, it is vital to recognize first the basic right of all human beings to have access to clean water and sanitation at an affordable price. Past failure to recognize the economic value of water has led to wasteful and environ-mentally damaging uses of the resource. Managing water as an economic good is an important way of achieving efficient and equitable use, and of encouraging conservation and protection of water resources.

100_ Erik B. Bluemel, "The Implications of Formulating a Human Right to Water", *Ecology Law Quarterly*, 2004, 962.

깨지는 결과에 이를 가능성이 높아진다.[101] 즉 높은 물 가격으로 인해 생존에 필수적인 물의 사용이 제한될 수밖에 없게 되는 현상이 저소득층에서 발생하게 되는 것이다.

그리고 물의 시장적 접근은 물 공급 시장의 민영화와 직결되었고, 민영화는 소비자에게 부담되는 물 가격이 상승하는 결과를 유발하였고, 시장 논리적 접근에 대한 많은 비판이 뒤따르게 되었다.

이런 사회적 형평성의 문제를 해소하기 위해, 국제 사회는 각 국가들에서 물 가격을 부담할 수 없는 시민들에게도 생존에 필요한 물을 공급할 의무가 있음을 인정하게 되었는데 이것이 물에 대한 인권적 접근인 것이다.

유엔 경제사회이사회의 경제적·사회적·문화적 권리에 대한 국제적 규약(International Covenant on Economic, Social and Cultural Rights) 제15조의 일반주석도 물은 원칙적으로 경제적 재화가 아니라 사회·문화적 재화로 다루어져야 한다는 점을 분명히 하고 있다.[102]

2. 물 인권의 내용

물 인권이 존재한다고 하면, 구체적인 내용이 무엇인가에 대한 논의가 뒤따르게 된다. 아직 명확하게 정립된 것은 아니지만, 경제적·사회적·문화적 권리에 대한 국제적 규약 제15조의 일반주석에 따르면 물 인권을 자유권적 성격의 권리(freedoms)와 국가에 대한 청구권적 차

101_ *Ibid.*, 964.
102_ Water should be treated as a social and cultural good, and not primarily as an economic good.

원의 권리(entitlement)로 구분하고 있다.[103] 물의 사용에 대해서 국가로부터 침해를 받지 않을 수 있다는 의미의 자유권과 국가에 대해 생존을 위해 필요한 안전한 물의 공급을 요구할 수 있는 청구권적 권리를 모두 포함하는 것이 물 인권이라는 것이다.[104]

청구권적 물 인권은 인간 존엄, 생명 및 건강을 위해 필요한 정도의 물은 반드시 공급되어야 한다는 것을 그 기본 내용으로 한다.[105] 더 자세히는 인간의 개인적 또는 가정적 사용에 충분하게 지속적으로 공급되어야 한다는 유효성(availability), 개인적 또는 가정적 사용에 제공되는 물은 인간의 건강을 해칠 수 있는 위험한 세균이나 위험한 물질 등이 없이 안전해야 한다는 수질(quality), 모든 개인이 물과 물 관련 시설에 무차별적으로 접근해서 서비스를 제공받을 수 있다는 무차별적 서비스 접근성(accessibility)[106]이 청구권적 물

103_ II. Normative Content of the Right to Water
10. The right to water contains both freedoms and entitlements. The freedoms include the right to maintain access to existing water supplies necessary for the right to water, and the right to be free from interference, such as the right to be free from arbitrary disconnections or contamination of water supplies. By contrast, the entitlements include the right to a system of water supply and management that provides equality of opportunity for people to enjoy the right to water.
104_ 물 인권과 인간의 존엄과 가치, 생명권 등과의 관계는 아래에서 다시 정리한다.
105_ The elements of the right to water must be adequate for human dignity, life and health, in accordance with articles 11, paragraph 1, and 12. The adequacy of water should not be interpreted narrowly, by mere reference to volumetric quantities and technologies.
106_ Ibid. 접근성도 물 자체에 대한 물리적 접근성(physical accessibility), 적정한 가격에 대한 경제적 접근성(economic accessibility), 사회적 신분·경제적 지위에 따른 차별이 없어야 한다는 무차별성(nondiscrimination), 물과 관련된 정보를 요구·수령·제공할 수 있는 정보 접근성(information accessibility)의 네 가지로 세분되어 논의된다.

인권의 중요한 요소들이다.

한편 경제적·사회적·문화적 권리에 대한 국제적 규약 제15조에 따르면 물 인권에는 물 문제에 대한 정보를 제공받을 권리를 포함하는 절차적 권리도 포함된다. 절차적 권리는 접근성 중 정보 접근성의 하나로 예시되고 있으며, 구체적으로는 정보 접근권, 물 관련 정책 결정에 참여할 수 있는 참여권, 물 관련 권리 침해에 대해 충분하고 효과적인 보상을 받을 수 있는 보상권을 예로 들 수 있다. 이런 정보 차원의 권리는 정책 결정에의 참여와 투명성을 확보할 수 있게 하는 긍정적인 효과를 기대할 수 있으며, 궁극적으로 국가의 물 관리 효율성을 담보할 수 있게 된다.

3. 물 인권의 법적 지위

물 인권의 법적 지위는 국제인권선언 등에서 확인된 기본적 인권의 실현을 위해 필요한 하부 권리의 하나로 보거나, 경제적·사회적·문화적 권리에 관한 국제규약 등에 따른 경제적·사회적·문화적 권리 실현에 필요한 하부 권리의 하나로 인식하거나, 또는 독립한 하나의 인권으로 보는 등의 다양한 시각이 존재한다.[107] 간단하게는 물 인권이 하나의 독립된 권리인지 아니면 생명권, 건강권의 하부적 권리의 하나인지에 대한 논의가 진행되고 있는 것이다.[108]

독립된 물 인권을 주장하는 학자들은 독립성을 통해 권리의 해석에

107_ Erik B. Bluemel, above n 100, 968.
108_ Milena Williams, "Privatization and The Humans Right to Water: Challenges for the New Century", *Michigan Journal of International Law*, Winter, 2007, 478.

있어서 일관성을 유지하고, 물 인권의 집행과 보호 그리고 물 인권 침해에 대한 구제를 더 효과적으로 할 수 있다는 점을 이유로 들고 있다. 하지만 아르헨티나, 남아프리카공화국, 인도 등만이 물 인권을 독립적으로 인정하고 있으며, 국제법의 법원(法源) 중 하나인 국제 관습법적 지위를 취득했다고 보기 어렵기 때문에, 현재 상황에서 물 인권을 독립된 권리로 인정하는 것은 너무 앞서가는 주장이다.

다만 생명권과 관련된 권리로 볼 것인지 아니면 사회·문화적 권리와 관련된 권리로 볼 것인지는 해결되어야 할 국제법적·헌법적 과제이며 더 많은 논의가 필요한 시점이다.

4. 물 인권이 기존 수리권에 대한 법 체계에 미치는 영향

1) 연안 토지 소유권의 원칙에 대한 영향

물 인권적 접근은 많은 국가들의 수자원에 대한 법 체계에 커다란 변화를 불러일으키게 된다. 연안 토지의 소유 여부에 따라 물에 대한 권리가 인정되어 온 기존의 법리는 수자원이 부족한 지역의 시민들의 물 인권적 수요를 충족시켜 주기 위해서 수정될 수밖에 없다.

특히 수자원이 부족한 국가에서는 물 인권과 연안 토지 소유권의 원칙이 양립하기 어렵다. 물 부족 국가에서는 수자원이 풍부한 지역에서 부족한 지역으로의 공급이 필요하며, 이는 연안 토지 소유권자의 기존 수리권이 제한되어야 하는 결과에 이르게 한다. 연안 토지 소유권의 원칙에 따라 연안 토지 소유자는 일정한 수리권을 가지지만, 물이 부족한 경우에는 물의 소비를 형평에 맞게 줄이거나 수로의 변경을 승인해야 한다는 합리적 사용이라는 내재적 또는 법률적 한계가 주어지게 된다. 한편 물 부족 지역에 물을 공급하기 위해 국가에 의해 시행되는 수로의 변경은 변경 지역 하류의 연안 토지 소유권자의 수리권을 박탈하게 되며 권리의 수용 또는 국유화라는 문제가 발생하게 된다.

남아프리카공화국이 대표적인 사례이다. 남아프리카공화국에서는 1994년 4천만 인구 중 약 152만 명이 집으로부터 200미터 이내에서 하루에 25리터(기본적 공급량)를 공급받지 못했다. 또한 1천2백만 명이 도시 지역에 거주했으나, 그 중 약 205만 명의 인구에게 위생 시설이 제공되지 못했다. 남아프리카공화국은 이 문제를 극복하기 위해서 법 제도 틀의 변화를 포함하는 전반적인 정책의 개혁을 시도했다. 제도의 개혁은 물의 공급과 위생 시설에 관련된 책임을 중앙 정부에서 지방 정부로 이전했으며, 수자원 공급에 필요한 기반 시설의 설치를 위해 필요한 자금을 확보하기 위한 프로그램을 시행하였고, 2002년 7월 1일까지는 2천7백만 국민들에게 필수적인 물이 무상으로 공급되도록 하는 것을 주요 내용으로 하였다.[109]

물의 인권적 접근을 실현하기 위해서, 남아프리카는 기존의 수리권 체계에서 인정되어 오던 연안 토지 소유권의 원칙이나 선점의 원칙에 대한 심각한 제한을 가했다.[110]

연안 토지 소유권의 원칙은 내재적으로 수자원의 형평에 맞는 배분

---

[109]_ Roberto Lenton & Albert Wright, *Interim Report of Task Force 7 on Water and Sanitation*, Feburary 1, 2004, 116.

[110]_ Andrew Allan, "A Comparison between the Water Law Reforms in South Africa and Scotland; Can a Generic National Water Law Model be Developed from These Examples?", *Natural Law Resources Journal*, Spring, 2003, 442.

과는 어울리지 않는 특성을 가지고 있다. 연안에 토지를 소유하는 자와 그렇지 않은 자 사이에 불공평한 수자원의 분배를 전제로 하기 때문이며, 이런 문제를 완화하기 위해 도입된 제도가 수자원의 거래 제도인 것이다. 하지만 수자원 거래 제도가 선진국에서는 정상적으로 운용될 수 있지만, 물에 대한 가격을 지불하기 어려운 경제 구조를 가진 후진국들에까지 도입하기 어려운 것이 현실이다.[111] 따라서 후진국에서 물 인권을 실현하기 위해서는 연안 토지 소유권의 원칙에 대한 상당한 제한이 필요하다. 다만 기득의 수리권에 대한 제한이 이루어지는 경우 기존의 수리권자들은 이에 대한 보상을 요구하게 된다. 헌법상의 수용에 해당하게 되면 보상이 요구될 것이지만, 특별한 희생이 아니라면 보상이 인정되지 않을 것이다.

수자원이 풍부한 국가에서는 연안 토지 소유권의 원칙을, 수자원이 부족한 국가에서는 선점의 원칙을 따르는 것이 기본적인 제도의 흐름이다. 하지만 선점의 원칙 또한 먼저 점유하는 자에게 권리를 부여한다는 원칙이기 때문에 토지와의 연관성을 단절한 것을 제외하고는 큰 차이가 없는 법리이다. 연안 토지 소유권의 원칙이나 선점의 원칙 모두 소유권이나 선점을 기준으로 하여 수리권이 주어지기 때문에 유연성이 약하고, 공공의 필요에 맞게 수자원을 공급하기에 적합한 논리라고 할 수 없다.[112]

이렇듯 연안 토지 소유권의 원칙과 형평의 원칙이 양립하기 어렵기

111_ Erik B. Bluemel, above n 100, 998-999.
112_ 연안 토지 소유권의 원칙은 합리성의 원칙에 의해 수리권의 행사가 제한될 수 있으나, 현실적으로 상류의 토지 소유자가 가뭄이 발생했을 때 하류의 토지 소유자와 고통을 분담하려 하지 않는 것이 통상적이기 때문에 크게 의미 있는 제한이라 하기는 곤란하다.

때문에, 시장의 기능을 통한 해결 방안이 제시되기도 하지만 물에 대한 대가를 지급하기 힘든 경제적 상황에 처한 국가들에서는 현실적이지 못한 대안이라 할 것이다. 따라서 후진국이 물 인권을 실현하기 위해서는 기존의 수리권의 할당에 관한 법 체계의 변화가 필요하다.

2) 선점의 원칙에 미치는 영향

물 인권은 물 부족 국가들이 취하고 있는 선점의 원칙에도 영향을 미칠 수밖에 없다. 왜냐하면 선점의 원칙 또한 물 인권과 양립하기 어렵기 때문이다. 즉, 선점의 원칙은 물에 대한 선점에 따라 권리가 주어지기 때문에 유동성이 적고 후행 진입자의 수요를 충족할 수 없게 되는 문제가 있기 때문이다. 선점의 원칙에 따르면 새로운 거주자의 물 인권적 수요가 무시된다.[113] 선점의 원칙이 연안 토지 소유권 원칙보다는 유연하지만 여전히 물 인권적 요구를 충족하기에는 부족할 수밖에 없다.

따라서 물에 대한 적응 관리 전략(adaptive management strategy)과 물 법 체계에 대한 변화가 요구된다.[114] 적응 관리 전략을 간단히 정의하기는 어렵지만 유연성과 적응성을 가진 정책으로 통합적 접근, 학습을 위한 계획 및 관리, 필요한 변화적 대응을 확인하기 위해 필요한 정책 평가 등을 포함하는 포괄적 전략으로 정의할 수 있다.[115] 수자원 거래 제도를 적응 관리 전략의 하나로 포함할 수 있다. 이를 통해 가

113_ Erik B. Bluemel, above n 100, 997.
114_ Janet C. Newman, *Adaptive Management: How Water Law Needs to Change*, *Environmental Law Reporter*, 2001. 11, 432.
115_ *Ibid.*

품 등 위기 시에 정부가 물이 필요한 지역으로 이동시켜 재분배 기능을 실현할 수 있게 된다.

하지만 이런 적응 관리 전략 또한 후진국에서는 실현이 어렵다는 한계가 있다. 왜냐하면 이를 시행할 기구가 없고 물의 이전에 필요한 물적 설비들이 부족하기 때문이다. 특히 아직 시장의 거래 시스템에 대한 이해가 부족한 국가에서 더욱 현실성이 떨어지게 된다.

3) 기타 수리권 법 제도에 미치는 영향

경제적·사회적·문화적 권리에 대한 국제적 규약 제15조의 일반주석의 물 인권에 관한 요구 사항은 물을 하나의 경제적 재화로 보는 시각에서 인권적 차원으로 바라보는 시각으로 전환해야 한다는 것이다. 현재 많은 국가들의 수리권에 관한 법 체계는 하류의 사용자들에게 수자원 공급에 필요한 상류 시설과 관련된 비용들을 부담하도록 하고 있다. 하지만 물 인권은 기존에 당연하게 인정되던 하류 사용자들의 비용 부담에 대한 체계를 바꾸거나 또는 물 사용료에 대한 지불 기준을 바꿀 것을 요구하게 된다.[116]

환경 및 농업에 대한 규제 또한 물 인권법적 차원에서의 변화가 요구된다. 수자원의 공급에 영향을 미치는 저수지, 습지, 숲 기타의 자원 등에 대한 규제가 강화되거나 새로운 규제가 발생하게 된다는 것이다. 예를 들어 물 소비의 약 70%를 농업 분야가 차지하고 있으며,[117] 식량

116_ Erik B. Bluemel, above n 100, 1000-1001.

117_ Worldomesters, Water consumption—sources and methods at <http://www.worldometers.info/water/>.

을 공급하는 농업에 필요한 물 또한 인권적 차원에서 중요한 부분이 아닐 수 없다. 다만 물에 대한 인권은 음용, 세탁, 주방 등 개인적 또는 가정용 사용에 관한 것이며, 농업 또는 생태계의 유지에 필요한 물의 공급을 포함하는 개념이 아니다. 식량의 공급에 필요한 물의 공급 문제는 경제적·사회적·문화적 권리에 대한 국제적 규약 제11조에 근거하고 있으나,[118] 물에 대한 인권적 접근은 제15조에 근거하고 있다는 점이 다르다. 인권의 상호 의존성과 불가분성에 의할 때, 기아 또는 질병과 관련된 상황에서 물 인권을 위한 물의 공급은 농업 기타의 목적에 필요한 물 공급에 우선된다.

경제적·사회적·문화적 권리에 대한 국제적 규약 제15조의 일반주석에서도 물이 식량의 생산·위생·생계·여가 등의 목적에 필수적이라는

---

[118]_ Article 11, International Covenant on Economic, Social and Cultural Rights (1966)
1. The States Parties to the present Covenant recognize the right of everyone to an adequate standard of living for himself and his family, including adequate food, clothing and housing, and to the continuous improvement of living conditions. The States Parties will take appropriate steps to ensure the realization of this right, recognizing to this effect the essential importance of international co-operation based on free consent.
2. The States Parties to the present Covenant, recognizing the fundamental right of everyone to be free from hunger, shall take, individually and through international co-operation, the measures, including specific programmes, which are needed:
(a) To improve methods of production, conservation and distribution of food by making full use of technical and scientific knowledge, by disseminating knowledge of the principles of nutrition and by developing or reforming agrarian systems in such a way as to achieve the most efficient development and utilization of natural resources;
(b) Taking into account the problems of both food-importing and food-exporting countries, to ensure an equitable distribution of world food supplies in relation to need.

점을 확인하고 있다. 그럼에도 불구하고, 수자원의 분배에서 기아와 질병의 예방을 위한 목적의 공급이 최우선해야 한다는 점을 강조하고 있다.[119] 따라서 물 인권의 보장을 위해 필요한 부분에서 농업 부분에서의 관행과 관개에 관한 법령의 변화가 요구된다.

물 인권에 대한 인식은 수용(expropriation)에 관한 문제를 불러일으키게 된다. 물 인권의 실현을 위해서는 연안 토지 소유권 원칙이나 선점의 원칙 등에 의해 부여된 기득권을 박탈하거나 제한하게 되기 때문이다. 여기에 지하수에 대한 사용권의 제한이 문제가 될 수 있다.

경제적·사회적·문화적 권리에 대한 국제적 규약 제15조의 일반주석은 물 인권을 침해당한 시민의 보상 청구권을 인정해야 함을 지적하고 있다.[120] 즉 물에 대한 권리가 부정된 어떤 개인이나 단체에 국가 또는 국제적 차원에서의 유효한 사법적 또는 다른 적절한 보상이 실현되어야 하며, 보상 청구권과 관련된 법원에의 제소가 가능해야 한다.[121] 그리고 이에 대한 구제는 원상회복, 배상, 재발 방지 등의 방법을 포함하는 다양한 방법이 제시된다.

따라서 물 인권 침해에 대한 구제와 물 인권의 실현을 위해 발생하는 기득권에 대한 구제의 문제가 동시에 발생하게 되므로 이에 대한 법적 해결책이 연구되고 제시되어야 한다.

119_ Economic and Social Council, above n 61, 3.
120_ *Ibid.*, 17.
121_ *Ibid.*

4) 정부 예산에 관한 현실적 문제

물 인권은 물의 보편적 서비스(universal service)를 요구하게 된다. 동시에 민간에 의한 보편적 서비스의 제공이 가능한 것으로 기대하기도 한다. 하지만 후진국의 법 체계와 경제적 수준의 현실에 비추어 볼 때 민간이 수자원에 관한 서비스를 제공하면서 비용을 회수하기는 어려운 것이 사실이다. 소득 수준이 낮은 지역에 거주하는 시민들에게 물을 제공하면서 그들이 지속적이고 안정적으로 요금을 납부하는 것을 기대하기는 어렵기 때문이다.[122] 따라서 후진국에서 또는 경제적으로 낙후된 지역에서 물 인권의 실현을 민간에 의해 추진한다는 것은 불가능에 가깝다.

이렇듯 민간에 의한 물에 대한 보편적 서비스의 제공이 현실적으로 어렵다면 국가의 예산에 의해 서비스가 제공되어야 한다. 결국 정부의 예산에 대한 부담이며, 이 또한 후진국의 경제 수준으로 보아 현실성이 떨어지게 된다. 국제기구의 지원에 의하는 방법도 있으나, 이 또한 많은 제약이 따르기 때문에 신중한 연구가 요구된다.

5. 우리나라에서의 물 인권

1) 물 인권의 헌법적 근거

우리 헌법에는 물 인권 또는 물에 대한 기본권을 명시적으로 규정

122_ Erik B. Bluemel, above n 100, 1002.

하고 있지 않다. 따라서 물 인권의 헌법적 근거를 어디에서 찾을 것이며, 그 법적 성격과 내용을 어떻게 정리할 것인가는 헌법 해석의 문제로 남아 있다.

물 인권의 헌법적 근거로는 헌법 제10조 "모든 국민은 인간으로서의 존엄과 가치를 가지며, 행복을 추구할 권리를 가진다. 국가는 개인이 가지는 불가침의 기본적 인권을 확인하고 이를 보장할 의무를 진다."는 규정에서 찾을 수 있다는 주장이 가능하다.[123] 즉 물 인권은 인간의 존엄과 가치 및 행복 추구권 실현을 위한 권리라는 것이다. 즉, 물은 인간에게 적합한 생존의 토대이므로 인간의 존엄과 가치·행복 추구권이 헌법적 근거라는 것이다.

그리고 헌법 제37조 제1항의 "국민의 자유와 권리는 헌법에 열거되지 아니한 이유로 경시되지 아니한다."는 규정에서 물 인권의 근거를 찾을 수도 있다. 이는 인간의 존엄과 가치·행복 추구권의 일부로 볼 것이냐, 헌법에 열거되지 않는 독립된 기본권으로 볼 것이냐에 관한 쟁점과 관련된다. 특히 물 인권에 대한 국제 사회의 진행 상황은 독립된 권리로 인정하자는 것이므로 헌법 제37조 제1항에 따라 명시되지 않은 기본권의 하나로 인정되어야 한다는 주장이 가능하다.

또 한 가지 가능한 주장은 헌법 제6조 제1항 "헌법에 의하여 체결·공포된 조약과 일반적으로 승인된 국제 법규는 국내법과 같은 효력을 가진다."는 국제법 존중주의이다. 우리나라가 물 인권의 승인에 대한 국제 조약에 가입하거나 또는 물 인권이 국제 법규로 승인된다면 우리나라는 이를 존중해야 한다는 것이 그 근거이다. 다만 위에서 살펴

123_ 김성수, 위 주석 31), 35면.

본 것처럼 물 인권이 국제 관습법적 지위를 취득한 것으로 보기는 어렵기 때문에 물 인권에 관한 조약을 체결하지 않는 한 실효성이 적은 해석이 될 수밖에 없다.

한편 우리 헌법 제120조가 정하는 국가의 자연력에 대한 특허주의 및 보호주의 규정에 물 인권의 근거를 두자는 주장도 있을 수 있다. 하지만 헌법 제120조는 경제상 이용 가능한 자연력에 대한 국가의 특허와 이에 대한 보호를 규정하는 경제 질서에 관한 규정이며 물 인권 등의 기본권에 관한 규정이 아니라는 점을 고려할 때 수긍하기 어려운 주장이다.[124]

따라서 물 인권에 관한 경제적·사회적·문화적 권리에 대한 국제적 규약 제15조의 일반주석 등 국제 사회의 논의를 고려한 합리적 헌법적 근거는 헌법 제37조 제1항에 근거한 독립된 기본권의 인식이라 할 것이다. 다만 물 인권이 인간의 존엄과 가치·행복 추구권과 밀접히 관련되며 그 내용은 국제 사회에서의 물 인권에 대한 합의를 반영하여 각국의 사정에 따라 결정되어야 한다는 점에서 국제법 존중주의 또한 동시에 고려되어야 할 필요가 있음을 지적하지 않을 수 없다.

2) 물 인권의 법적 성격

물 인권의 헌법적 근거가 인정되더라도 그 법적 성격에 대해서는 별도의 논의가 필요하다.

물 인권을 국가의 방해를 배제하는 차원의 자유권으로 보거나, 인

124_ 위 주석.

간 생존에 필요한 기본권으로서의 생존권으로 볼 수도 있으며, 물을 자연 환경으로 보아 환경권으로 해석할 수도 있다. 물론 그 기저에는 인간의 존엄과 행복을 추구하기 위한 권리라는 성격도 포함되어 있다. 특히 물 인권의 근거를 헌법 제37조 제1항에서 찾는 경우 그 법적 성격에 대한 논의는 더 복잡해질 수밖에 없다.

하지만 국제 사회가 논의하고 있는 물 인권은 인간의 생존에 필요한 일정량의 깨끗한 물을 공급하는 것을 내용으로 하고 있으므로 물 인권은 기본적으로 생존권적 성격을 가지고 있다고 해석해야 한다.[125]

그럼에도 불구하고, 물 인권은 물에 대한 개인의 권리를 국가가 침해하지 않아야 한다는 자유권적 성격과 깨끗한 물에 대한 권리를 통해 건강하고 쾌적한 환경에서 살 수 있는 환경권적 성격 모두를 포괄하는 기본권인 점도 간과하지 않아야 한다.[126]

물 인권 특히 깨끗할 물을 마실 권리에 대한 우리 대법원 판결은 인간의 존엄과 가치·행복 추구권 및 환경권에 근거하고 있다.[127] 헌법재

125_ 위 주석.
126_ 위 주석.
127_ 대법원 1994. 3. 8. 선고 92누1728. 판결 요지.
아. 인간이 자신이 먹고 싶은 음식이나 마시고 싶은 음료수를 자유롭게 선택할 수 있다고 하는 것은 인간으로서의 행복을 추구하기 위한 가장 기본적인 수단의 하나로서 행복 추구권의 중요한 내용을 이루고 있는바, 수돗물에 대한 국민의 불안감을 방지한다는 공공의 목적과 보존 음료수의 국내 판매를 금지함으로 인하여 국민의 행복 추구권이 제한되는 결과를 비교하여 본다면, 행복 추구권이 제한되거나 침해됨으로 말미암아 국민이 입게 되는 손실이 더 크다고 할 것이므로, 이 점에서도 보존 음료수의 국내 판매를 금지하는 것은 허용될 수 없다.
차. 헌법 제35조 제1항은 모든 국민은 건강하고 쾌적한 환경에서 생활할 권리를 가진다고 규정하고 있으므로(구 헌법 제33조도 거의 같은 취지로 규정하고 있다), 국민이 수돗물의 질을 의심하여 수돗물을 마시기를 꺼린다면 국가로서는 수돗물의 질을 개선하는 등의 필요한 조치를 취함으로써 그와 같은 의심이 제거되도록 노력하여야 하고, 만일 수돗물에 대한 국민의 불안감이나 의심이 단시일 내에 해소되기 어렵다면 국민으로 하여금 다른 음료수를

판소 또한 "자신이 마실 물을 선택할 자유, 수돗물 대신 먹는 샘물을 음용수로 이용할 자유는 헌법 제10조에 규정된 행복 추구권의 내용을 이룬다."고 판시하여 마실 물의 선택권에 대한 근거를 행복 추구권에서 찾고 있다.[128]

하지만 이런 대법원이나 헌법재판소의 판결이 물 인권적 차원에서의 검토가 이루어진 판결인지에 대해서는 의문의 여지가 있다. 왜냐하면 두 판례 모두 음용수 선택의 자유권적 측면을 강조한 판결일 뿐, 인간의 생존에 필요한 일정량의 깨끗한 물을 시민들에게 어떻게 공급할 것인지에 대한 생존권적 차원의 논의가 아니기 때문이다.

3) 물 산업 민영화와 물 인권 보장의 갈등

물 산업의 민영화를 주장하는 학자들에 따르면, 수도 산업을 둘러싼 대외적 환경은 시장화, 개방화, 정보화, 표준화 등으로 집약되며, 이러한 환경 변화 속에 세계 수도 시장은 인적 자원, 기술 및 자본 부문의 경쟁력을 보유한 다국적 기업을 중심으로 재편되고 있는 것으로 정리되고 있다.[129]

또한 세계 수도 시장에서 수도 산업에 경쟁 체제를 도입하고, 시설에 대한 운영 및 소유권을 민간 부문에 이전하는 민영화를 실시하는 등 시장화(marketization)가 급격히 진행되고 있는 점, 수도 산업에 대한

선택하여 마실 수 있게 하는 것이 국가의 당연한 책무이다.
128_ 헌법재판소 1998. 12. 24. 선고 98헌가1 결정.
129_ 이달곤·김철희, "물산업 경쟁력 강화를 위한 법정책적 과제: 공공부문 경쟁모델 도입을 중심으로", 《환경법연구》 제26집 제3호, 2004, 153-154면.

개방화 압력이 거세지고 있다는 점, 1990년 이후 급속히 발전된 정보통신 기술(ICT)이 수도 산업에 적극적으로 도입되어 그동안 수작업에 의해 운영되던 상하수도 시설에 대한 관리가 자동화되고 있으며, 각종 통계 자료를 과학적으로 처리할 수 있게 됨에 따라 생산 설비의 정확성 및 운영 관리의 효율성이 향상되고 있다는 점, 넷째, 상하수도 서비스에 대한 국제적인 표준화 작업이 진행되고 있다는 점 등을 변화의 내용으로 제시하고 있다.[130]

이에 따라 우리 정부는 물 산업의 육성을 목적으로 하는 2008년 물산업지원법(제정안)을 작성하였으나 좋지 않은 여론으로 인해 현실화하지 못하였다. 하지만 녹색성장위원회가 2012년 5월 물 산업 육성 및 해외 진출 활성화 방안에 대한 이행 상태를 점검하는 등 물 산업의 육성에 대한 논의는 지속적으로 이루어지고 있다.

하지만 국내에서는 물론 국외에서 진행되는 물의 산업화는 물 인권에 대한 국제 사회의 인식이 강화됨에 따라 새로운 국면을 맞이하고 있다. 따라서 이런 경향을 반영하는 새로운 물 관리 정책 및 법제에 대한 논의가 진행되어야 하며, 이에 대한 국민적 합의가 이루어져야 한다.

---

[130]_ 위 주석.

제5장 결론

 기존의 하천 부지 소유권의 원칙이나 선점의 원칙에 근거한 수리권 체계는 환경 문제·기후 변화·인권 등의 문제들과 함께 많은 변화가 요구되고 있다. 하천 부지 소유권의 원칙이나 선점의 원칙이 모든 시민들에게 최소한의 생존에 필요한 물을 공급할 의무가 있다는 인권적 차원의 접근과 성격상 조화하기 어렵기 때문이다.
 따라서 하천 부지 소유권의 원칙에 기초하고 있는 우리나라의 민법의 수리권 관련 규정에 대한 전향적인 검토가 필요하게 되었으며, 더불어 물의 소유권 귀속, 수리권의 법적 성질 및 수리권의 구조에 대한 정리, 수자원의 관리 체계 구축, 인권적 차원의 법제 정비 등에 관한 노력이 요구된다.
 또한 물에 대한 인권적 접근이 강화됨에 따라 물에 대한 경제적 가치의 재발견 및 물산업의 육성화에 대한 노력이 상당부분 제약될 수밖에 없는 상황에 처해 있다.
 아직은 불명확한 물 인권의 개념, 법적 성격 및 그 내용에 대한 국제적·국내적 논의가 더욱 진행될 필요가 있으나, 전반적인 흐름은 물에 대한 인권을 인정하는 것으로 보인다. 따라서 물 인권의 실현과 관련한 보편적 서비스의 제공, 물의 소유권, 이를 실현하기 위한 물 관리 체계의 재정립 등에 대한 국내법적 논의가 전개되어야 한다. 동시에 물 인권의 실현과 상충할 수밖에 없는 물의 산업화에 대한 전체적인 재검토 또한 피할 수 없게 되었다.

이 보고서에서는 기존의 수리권 법제의 변화 요인과 물 인권에 의해 요구되는 새로운 시각들에 대해 살펴보았으며, 우리 헌법에서의 물 인권에 대한 논의를 정리했다. 끝으로 이 보고서가 향후 물 관련 정책과 법제도의 수립에서 고려되고 도움이 되기를 바란다.

참고 문헌

고문현, "UN총회 ['10.7.28] 물인권 결의 및 주요국 물인권 입법동향", 《물과 인권》, 제10회 수법연구포럼, 2012.

김성수, "물기본권에 관한 연구", 《물과 인권》, 제10회 수법연구포럼, 2012.

이달곤·김철회, "물산업 경쟁력 강화를 위한 법정책적 과제: 공공부문 경쟁모델 도입을 중심으로", 《환경법연구》 제26집 제3호, 2004.

이상돈, "우리나라 수리권제도 정비를 위한 연구", 《중앙법학》 제5집 제1호, 2003.

이영준, 《새로운 체계에 의한 한국민법론(물권편)》, 박영사, 2004.

Andrew Allan, "A Comparison between the Water Law Reforms in South Africa and Scotland: Can a Generic National Water Law Model be Developed from These Examples?", *Natural Law Resources Journal*, Spring, 2003.

Anthony Scott, "The Evolution of Water Rights", *Natural Resources Journal*, Fall, 1995.

Arlene J. Kwasniak, "Waste not Want not: A Comparative Analysis and Critique of Legal Rights to Use and Re-use Produced Water—Lessons for Alberta", *University of Denver Water Law Review*, Spring, 2007.

Assad Tavakoli, "Nationalization and Efficient Management of Water Resources in Iran", *Journal of Water Resources Planning and Management*, July, 1987.

Bob O'Brien, *Water licences valued at A$2.8 billion traded in Australia's emerging water markets*, VOX, 25 Apr 2010.

Economic and Social Council, *General Comment No. 15 The right to water* (arts. 11 and 12 of the International Covenant on Economic, Social and Cultural Rights), 2002.

Erik B. Bluemel, "The Implications of Formulating a Human Right to Water", *Ecology Law Quarterly*, 2004.

Henri de Bracton, *On the Law and Customs of England* (George E. Woodbine ed., Samuel E. Thorne trans, 1968).

IFRC, *World Disasters Report of the International Federation of the Red Cross/Red Crescent Societies Geneva*, IFRC, 2005.

Janet C. Newman, *Adaptive Management: How Water Law Needs to Change, Environmental Law Reporter*, 2001.

J. B. Moyle, *Justinian, Institutes, Title I of the Different Kinds of Things*, Oxford, 1911.

Laurence Boisson de Chazournes, Christina Leb & Mara Tignino, "Environmental protection and access to water: the challenges ahead", *The right to water and water rights in a changing world*, 2010.

Ling-Yee Huang, "Not Just Another Drop in the Human Rights Bucket: The Legal Significance of a Codified Human Right to Water", *Florida Journal of International Law*, December, 2008.

Luís Artur & Dorothea Hilhorst, "Climate change adaptation in Mozambique", *The right to water and water rights in a changing world*, 2010.

Malgosia Fitzmaurice, "The Human Right to Water", *Fordham Environmental Law Review*, Symposium, 2007.

Melina Williams, "Privatization and the Human Right to Water: Challenges for the New Century", *Michigan Journal of International Law*, Winter, 2007.

Productivity Commission, *Water Rights Arrangements in Australia and Overseas*, 2003.

Roberto Lenton & Albert Wright, *Interim Report of Task Force 7 on Water and Sanitation*, Feburary 1, 2004.

Robyn Stein, "Water Law in a Democratic South Africa: A Country Case Study Examining the Introduction of a Public Right System", *Texas Law Review*, June, 2005.

Stephen C. McCaffrey, "A Human Right to Water: Domestic and International Implications", *Georgetown International Environmental Law Review*, Fall, 1992.

Stephen Hodgson, *Modern Water Rights—Theory and Practice*, 2006.

Tom Le Quesne, Guy Pegram & Constantin Von Der Heyden, *Allocating Scare Water*, April, 2007.

UN, *Water for Life Decade[2005-2015]*, 2005.

William Blackstone, "Chapter 2: Of Real Property and, First, of Corporeal Hereditaments", *Commentaries on the Laws of England*, 1753.

William F. Cloran, "The Ownership of Water in Oregon: Public Property vs. Private Commodity", *Williamette Law Review*, 2011.

World Bank, *Sustaining Water for All in a Changing Climate*, 2010.

World Resources Institute, Piet Klop, Jeff Rodgers, Rabobank, Peter Vos & Susan Hansen, *Watering Scarcity—Private Investment Opportunities in Agricultural Water Use Efficiency*, 2008.

3부. 물 인권 도입의 주요 이슈: 실행

08.
물 인권과 지방자치

조성규

제1장 서론

제2장 수자원의 규범적 성격
　1. 논의의 필요성
　2. 수자원의 법적 성질

제3장 물 인권과 지방자치의 규범적 관련성
　1. 지방자치의 의의 및 본질
　2. 수자원의 지역 관련성
　3. 물 인권의 법적 성격

제4장 물 관련 사무의 법적 성격
　1. 원칙적 자치사무
　2. 헌법과 수자원 관리
　3. 국가사무로의 이전 가능성
　4. 공동사무로서의 가능성

제5장 물 인권 보장을 위한 국가와 지방자치단체의 관계
　1. 국가와 지방자치단체의 기본적 관계
　2. 지방자치단체에 대한 국가의 관여·감독

제6장 지방자치의 관점에서 현행 수자원 관리 법제의 문제점 및 개선 방향
　1. 개괄적 검토
　2. 현행 법제의 구체적 검토

제7장 결론

제1장 서론

나막신 장사를 하는 아들과 우산 장사를 하는 아들을 둔 어머니는 비가 와도 걱정, 안 와도 걱정이라는 옛 우화가 남의 일 같지 않게, 근래 들어서는 비가 오면 홍수 걱정, 비가 안 오면 가뭄 걱정을 하는 것이 우리 사회의 일상이 되어 버렸다. 최근의 이상 기후를 고려하더라도 그만큼 물 관리의 필요성과 중요성이 더욱 커질 수밖에 없다는 것의 방증이다.

전 세계적으로 물 부족과 오염 등 물 문제로 인한 사망자는 전쟁에서 사망하는 사람 수의 10배 이상으로, 매년 5백만 명이 숨지고 약 23억 명이 병에 걸려 고통을 받는다고 한다.[1] 이 정도면 물이 인권의 문제라고 하는 데에 대해 전혀 이론(異論)이 있을 수 없을 것이다. 인구 자체의 증가는 물론 사회 발전과 함께 1인당 물 사용량은 계속 늘어가고 있으며, 특히 우리나라는 물 부족 국가로 분류됨에도 불구하고 물값 자체가 저렴한데다 물에 대한 인식의 부족 탓인지 정말 물을 '물 쓰듯' 쓰고 있는 것이 현실이다.

이러한 상황은 더 이상 물에 대한 관리를 개인의 자유 영역에 방치할 수 없음을 방증하는 것인 반면, 물은 개인의 생존 등의 권리, 특히 기본권적 성격을 가지는 점에서 그에 대한 공법적 규제와 관리의 제도화는 쉽지 않다.

게다가 근래 들어 물 사용 및 배분과 관련하여 지역 간의 이해가 첨

---

[1] 중앙일보, 2012년 8월 25일자, 37면.

예화되면서 지역의 자원으로서 물에 대한 해당 지역의 권리 등과 관련한 다양한 갈등과 분쟁들이 심심치 않게 등장하고 있음에도 불구하고, 물은 지역적으로 산재하는 동시에, 유수의 경우 지역적 이동이 불가피한 점에서 물에 대한 규제와 관리의 권한 주체를 규범적으로 제도화하는 것은 용이하지 않다.

물에 관한 규범적 고찰은 이미 오래 전부터 행해져 왔다. 다만 종래 지방자치가 법 제도적으로 충분히 자리 잡기 이전에는 물에 대한 공법적 규제와 관리의 문제는 그 필요성 및 내용, 특히 수리권의 배분이 중심적 문제였다면, 지방자치가 행정 수행의 기본적 제도이자 원리로서 자리 잡은 오늘날에는 물에 대한 공법적 규제의 문제는 관리의 내용 못지않게 그 주체의 문제 또한 중요한 규범적 과제가 될 수밖에 없다.

그러한 점에서 본고에서는 물에 대한 규제와 관리에 있어 법적 쟁점과 문제들을 지방자치의 측면에서 검토하고, 이를 바탕으로 물 인권의 최대한의 보장 및 물 관리의 실효성 보장을 위한 법리적 방향성 및 그에 대한 구체적 제도화 방안을 모색해 보기로 한다.

제2장 수자원의 규범적 성격

1. 논의의 필요성

물 인권의 보장 및 그 전제로서 수자원의 관리는 규범적 문제인 점에서 수자원의 법적 성격은 논의의 출발로서 의미를 가진다. 특히 지방자치는 공행정의 수행 형태인 점에서 수자원의 공물성, 즉 수자원에 대한 공법적 규율의 필요성 여부에 대한 해명은 본고의 출발점이기도 하다.

오늘날 현대 사회에서 물의 공익적 특성 및 그에 따른 물 문제의 해결을 위한 적절한 규제의 필요성 등에 대해서는 더 이상 이론이 없을 것이다. 문제는 물 문제의 해결을 위한 기본적 목표나 방향성의 설정은 어려운 것이 아닌바, 그 구체적 실천 과제의 제도화에 있다. 이에 대한 실천 전략은 오늘날 세계적으로 두 갈래의 방향으로 진행되고 있다고 할 수 있는데, 그 첫째는 상하수도 분야에서 경영과 기업 운영 방식을 대폭 도입하여 경쟁을 통한 공급 확대를 지향하는 전략으로서, 이른바 신자유주의적 접근 방법이라 할 수 있으며, 그 둘째는 물 인권과 자연 자원에 대한 지속 가능한 보존을 강조하는 입장으로, 물론 민영화의 방식을 전적으로 배제하는 것은 아니지만 기본적으로 국가나 지방자치단체 등 전통적인 행정 주체에 의한 기능을 강조하는 입장이다.[2]

다만 여기서 분명하게 지적하여야 할 것은,—물 관리와 관련하여 민영화의 가능성 및 그 범위 등에 대한 논의의 타당성은 일단 별개의 문제로—민영화의 논의에도 불구하고 물 문제는 전적으로 경제와 시장 논리로 접근하기에는 한계가 있다는 점이며, 이는 결국 물 문제에 있어 공법적 규율의 불가피성을 역설하는 것이다. 이는 오늘날 물의 문제가 인간의 기본권 실현으로서의 본질을 가진다는 점에서 기본권의 보장의 책무를 가지고 있는 행정은 이로부터 자유로울 수 없다는 점

2_ 김성수, "물기본권에 관한 연구", 《환경법연구》 제34권 1호, 236면 참조.

에서도 분명하다.

결국 인간의 생존, 국가의 흥망과 직결되는 물의 문제는 현대 국가 체계에서 단순히 개인의 사적인 영역의 대상일 수는 없으며, 그 자체로서 공공재로서의 성격 및 공익과의 관련성을 가지는 결과, 행정에 의한 공적 규율의 필요성은 불가피하다. 이는 이미 우리나라 현행 법제에 있어서도 마찬가지로서, '하천법', '공유수면 관리법' 등 각종 법제에서 물의 관리를 공법적 규율의 대상으로 하고 있다. 다만 문제는 이제까지는 물에 대한 공법적 규제와 관리의 내용 자체에 대한 논의에 그쳐 왔다면, 현대 사회에서 물의 중요성을 고려할 때, 그 공법적 규제와 관리의 주체를 누구로 하는 것이 제도적 효율성을 극대화하고 현대 사회에서 물의 기능에 적합한 관리인가에 대한 고민이 필요하다는 점이다.

그러한 논의는 기본적으로 수자원의 법적 성격에 대한 탐구로부터 비롯된다.

2. 수자원의 법적 성질

1) 수자원의 공물성(公物性)

공물의 개념은 실정법상의 것이 아니며 학문상의 것이지만, 학문상으로도 공물의 개념이 통일적으로 명확한 것은 아니다. 그럼에도 공물이란 '법령이나 행정 주체에 의하여 직접 공적 목적에 제공된 물건'이라는 것을 본질적 개념으로 하며, 여기에는 유체물은 물론 무체물 및 집합물도 포함될 수 있다고 보는 것이 오늘날의 일반적인 견해인

것으로 보인다.[3]

다만 공물로서의 물건 개념은 민법상의 물건 개념인 "유체물 및 전기 기타 관리할 수 있는 자연력"(제98조)의 개념이 그대로 적용되는 것은 아닌 것으로 보는바,[4] 민법상의 물건이 아닌 경우에도 공물이 될 수 있다. 동시에 공물은 기능적으로 파악되는 개념이지 소유권을 중심으로 한 개념이 아닌 것으로, 공물의 관리 주체와 소유권자가 상이한, 소위 타유 공물(他有公物)도 인정된다.

따라서 수자원은 그 공익 관련성으로부터 법적 규율의 체계에 있어서는 공물의 성격을 가지는바, 기본적으로 공법의 적용을 받는다. 그 결과 공법의 적용을 받는 범위 내에서는 그 수자원에 결합되어 있는 소유자 또는 점유자 등의 사법에 따른 권리는 배제되거나 제한된다.[5]

대표적 수자원인 하천과 관련하여 판례의 입장 역시, 하천은 공물로서 하천수의 사용 관계가 사법상 계약에 의하여 설정되는 경우에도 공익상의 특수성에 기하여 그 사용자는 계약 내용의 설정에 대한 자유가 상당 부분 제한되어, 법령·시설 규칙 등에 의하여 사전에 전형적·획일적으로 설정되어 있는 내용을 수락함에 그치는 것이 일반적이라고 보고 있다.[6] 즉, 하천수의 사용이 사법상 계약의 대상이더라도 하

---

[3] 홍정선, 《행정법원론(하)》, 박영사, 2010, 491면; 박균성, 《행정법론(하)》, 박영사, 2011, 319면 이하 등.

[4] 홍정선, 앞의 책, 491면.

[5] 홍정선, 앞의 책, 492면 참조.

[6] "하천은 국가·지방자치단체 등의 행정 주체에 의하여 직접 행정 목적에 공용된 개개의 유체물을 말하는 공물, 그 중에서도 직접 일반 공중의 공동 사용에 제공된 물건인 공공용물에 해당하고, 하천 유수를 취수하기 위한 하천 점용 허가 또는 용수 계약 등은 공물 관리권에 의하여 일반인에게는 허용되지 아니하는 특별한 공물 사용의 권리를 특정인에게 설정하여 주는 것으로서 공물의 특허 사용에 해당하는 것인데, 이와 같은 공물의 사용 관계가

천의 공물적 특성으로 인하여 순수한 사법의 대상이 아닌 소위 행정사법의 대상이라고 보고 있는바, 이는 수자원인 하천의 공물성에 기인한 것이라 할 것이다.

수자원의 공물성은 공행정의 대상으로서 지방자치와의 관련성을 가지는 필요조건으로 기능하게 된다.

2) 수리권의 법적 성격

(1) 수리권의 본질

종래 물에 관한 규범적 접근 및 그와 관련한 분쟁 해결에 있어서는 기본적으로 수리권의 문제가 중심이 되어 왔다. 그러나 수리권 그 자체에 대해서도 규범적으로 명확한 체계화는 아직 이루어지지 않은 것으로 보이는바, 수리권에 대한 많은 논의들이 행해지고 있다.[7] '수리권'

사법상 계약에 의하여 설정되는 경우 공익상의 특수성에 기하여 그 사용자는 계약 내용의 설정에 대한 자유가 상당 부분 제한되어 법령·시설 규칙 등에 의하여 사전에 전형적, 획일적으로 설정되어 있는 내용을 수락함에 그치는 것이 일반적이라 할 것인바, 이 사건 각 용수 계약과 같이 원·피고 사이의 사법상 계약에 의하여 피고에게 공물인 한강 유수의 취수 등과 관련하여 특별한 사용권을 설정하여 준 경우에도 관계 법령 등이 정한 절차 및 기준에 의하여 용수 계약이 체결되고 갱신되는 이상, 가사 피고 주장과 같이 계약 체결 및 계약 내용 설정 등에 대한 피고의 의사 관여가 상당 부분 제한되는 사정이 있다 하더라도 이는 이 사건 각 용수 계약의 공공적 특수성 등에 비추어 불가피한 제약이라고 봄이 상당하다."(대전지법 2006.10.26. 선고 2005가합7287 판결)고 판시하고 있다. 이는 하급심 판결이기는 하지만, 하천의 법적 성격에 대한 판단과 관련하여서는 항소심(대전고등법원 2009.2.12. 선고 2006나12112 판결) 및 상고심(대법원 2011.1.13. 선고 2009다21058 판결)에서도 마찬가지로 유지되고 있다.

7_ 수리권에 관한 논의로서는, 김성수, "수리권의 법적 근거와 한계", 《토지공법연구》 제43집 제1호, 2009.2; 이재봉·권형준, "수리권의 법적 성질 및 의미", 《저널 물 정책·경제》 제12호, 2009; 김동건, "수리권제도", 《환경법연구》 제26권 2호 등.

의 개념과 관련하여서는 현행 법제상 명문의 규정은 없으나, 일반적으로 수리권에 대해서는 "하천의 유수를 포함하는 공수(公水) 일반을 계속적·배타적으로 사용하는 권리"를 본질적 내용으로 보고 있는 듯 하며, 그 본질은 물을 사용할 수 있는 권리이지 물을 소유할 권리는 아닌 것으로 보고 있다.[8]

권리라는 본질에서 볼 때, 수리권은 법적으로 소유권과 이용권으로 나누어 볼 수 있으나, 입법례적으로도 수자원에 대한 사적인 소유권을 인정하고 있는 국가는 없는 것으로 보이며, 우리나라에서도 현재 헌법상으로는 물론, 하천법, 공유수면관리법 등의 수자원 법제는 수자원에 대한 사유 재산권을 허용하지 않고 있다. 다만 그 소유 여부와 무관하게, 수자원 관리의 적정을 기하며 공공복리의 증진에 기여함을 목적으로 수자원의 관리·이용권은 개별 법규에 의거 일부 공기업이나 개인에게 인정하고 있으며, 지하수의 이용권은 대부분 개발자에게 귀속하고 있다.

그러한 점에서 수리권의 본질을 소유 개념이 아닌 이용의 개념으로 접근하는 것은 기본적으로 타당하나, 반면 그 이용권의 본질에 대해—사법상의 기본적 관점이라고 보이는—개인의 사유 재산권으로서 독립적이고 배타적인 권리라고 보는 데 대해서는 신중한 검토가 필요할 것으로 보인다. 현대 사회에서 수자원이 가지는 공공성 및 적절한 물 사용의 보장이 기본권으로서 요구된다는 점을 고려할 때, 특정 사인에 대한 수자원의 계속적이고 배타적인 사용권과 규범적으로 조화를 이루기 어렵기 때문이다. 물론 수자원의 유형에 따른 구체적이고

8_ 이제봉·권형준, 앞의 글, 76면; 김동건, 앞의 글, 54면 등.

개별적인 검토의 필요성은 있으나, 적어도 수리권에 대한 일반적 이해에 있어 '계속적이고 배타적인 독립적 권리'로서 이해하는 종래의 수리권 관념에 대해 오늘날은 신중하게 접근할 필요성이 있다고 할 것이다.

우리나라 판례도 기본적으로 그러한 입장이라고 보이는 바,

"'먹는 샘물'(생수) 제조에 사용되던 지하수에 대한 이용권이 관계 법령상 물권에 준하는 권리 또는 관습상의 물권이라고 할 수 없고, 구 먹는물 관리법(1997. 12. 13. 법률 제5453호로 개정되기 전의 것) 제9조에 의한 **샘물 개발 허가를 받은 것만으로는 그 토지의 지면 하에 있는 지하수를 계속적, 배타적으로 이용할 수 있는 권리가 생긴다고 볼 수도 없다**(강조는 필자, 이하 동일)는 이유로, 구 토지수용법(현행 '공익사업을 위한 토지등의 취득 및 보상에 관한 법률') 제2조 제2항 제3호에서 **수용 대상으로 규정한 '물의 사용에 관한 권리'에 해당하지 않는다**"(대법원 2005. 7. 29. 선고 2003두2311 판결)고 판시하고 있다. 즉, 허가를 얻어 취득한 지하수 이용권, 즉 수리권이 당해 지하수를 계속적·배타적으로 사용할 권리를 내용으로 하는 것은 아니며, 그 결과 손실 보상의 대상이 되는 재산권에 해당하지 않는 것으로 보고 있다.

(2) 지방자치단체와 수리권

종래 물에 관한 규범적 접근의 기본적 틀이었던 수리권의 문제는—전술한 바와 같이—개념 내용상의 문제와 더불어, 규범 체계상으로도 불명확성을 가지는바, 지방자치단체의 수리권이라는 문제가 특히 그러하다. 수리권에 대해 규범적으로 명확한 논리적·체계적 정리가 전제되지 않은 상태에서 수리권에 근거한 규범적 접근 및 분쟁 해결의 시도

는 오히려 새로운 법적 분쟁과 갈등을 가져오게 되는바, 본고에서와 같이 수자원의 문제를 지방자치의 관점에서 접근하는 경우에는 종래의 수리권 관념, 특히 지방자치단체의 수리권이라는 문제에 대해서 신중한 검토가 필요하다.

전통적으로 수리권은 물에 대한 사용을 본질로 하는 권리로 이해되고 있다. 하지만 그러한 정의 관념은 주로 공물로서의 수자원, 특히 국가의 전권의 대상임을 전제로 사인의 측면에서의 물의 사용에 대한 문제를 대상으로 하는 것인바, 이를 지방자치단체에 대해서도 그대로 적용하기는 곤란하다. 즉 지방자치단체는 행정 주체로서 공물의 관리 주체로서의 지위를 가지는바, 지방자치단체의 물에 대한 권리 내지 권한이라는 문제를—행정 주체로부터 부여받은 물의 사용권이라는—전통적인 수리권의 관점에서 이해하고 적용하는 것은 문제가 있다고 할 것이다.

따라서 지방자치의 관점에서 수리권의 문제는—이용권의 대상으로서 물을 전제로 하는—사인의 수리권과는 그 본질을 달리하는 것으로, 지역 자원으로서 공물인 '물'에 대한 권리와 책임이라는 관점에서의 접근이 기본적으로 필요하며, 그러한 전제에서 지방자치단체가 물에 대해서 가지는 관리권의 구체적인 내용과 범위를—헌법 질서에 부합하게—설정하는 것이 수법(水法)의 규범적 과제인 것이다. 가령 하천의 경우, 일반적으로 보면 공물인 수자원이므로 관련 지방자치단체는 하천의 물에 대한 일정한 지배권을 가지지만, 구체적으로는 당해 지방자치단체가 하천의 상류, 하류 등 어느 지점에 위치하고 있느냐에 따라 물에 대한 권리와 책임은 다를 수밖에 없게 되기 때문이다.

같은 맥락에서 물에 대한 권리 역시 자연 유량인지 인공 유량인지의 여부에 따라 규범적 의미가 상이하게 되는바, 자연 유량과 달리 인공 유량은 그것을 확보하는 데 상당한 비용이 수반되기 때문에 비용을 부담한 주체가 인공 유량에 대한 지배력을 행사하는 것이 당연하며, 따라서 수리권의 인식에 있어서도 그에 대한 고려가 필요하다. 이와 관련하여 흔히 제기되는 문제 중 하나가 수리권의 배타성과 '댐 사용권'의 문제로서, 현행 법제상 '댐 사용권'[9]은 인위적인 물에 대하여 인정되는 법적 권리로서, 인위적인 물을 생산한 생산 주체에게 그 물에 대한 지배력을 인정하는 것으로, 물에 대한 재산권적 소유권을 포함하는 개념인 점에서 재산권적 소유권이 포함되지 않은 물의 이용권을 의미하는 수리권과 구별되는 것으로 보기도 한다.[10]

그러나 적어도 지방자치의 관점에서는 그러한 댐 사용권이 허용됨에도 불구하고, 당해 지역의 지방자치단체는 수자원에 대해 지역성에서 비롯되는 본질적인 권원으로부터 일정한 지배권을 가진다고 할 것인바, 지방자치의 관점에서는 '댐 사용권'에 따른 소유권적 특성에도 불구하고 그에 대한 적절한 권한이 지방자치단체에 인정되어야 한다.

9_ 댐건설 및 주변지역 지원등에 관한 법률 제2조(정의) 이 법에서 사용하는 용어의 뜻은 다음과 같다.
1. "댐"이란 하천의 흐름을 막아 그 저수(貯水)를 생활용수, 공업용수, 농업용수, 환경개선용수, 발전(發電), 홍수 조절, 주운(舟運), 그 밖의 용도(이하 "특정 용도"라 한다)로 이용하기 위한 높이 15미터 이상의 공작물을 말하며, 여수로(餘水路)·보조 댐과 그 밖에 해당 댐과 일체가 되어 그 효용을 다하게 하는 시설이나 공작물을 포함한다.
2. "다목적 댐"이란 국토해양부 장관이 건설하는 댐으로서 특정 용도 중 둘 이상의 용도로 이용하는 것[특정 용도에 전용(專用)되는 시설이나 공작물은 제외한다]을 말한다.
3. "댐 사용권"이란 다목적 댐에 의한 일정량의 저수를 일정한 지역에 확보하고 특정 용도에 사용할 수 있는 권리를 말한다.
10_ 이제봉·권형준, 앞의 글, 77면.

제3장 물 인권과 지방자치의 규범적 관련성

1. 지방자치의 의의 및 본질

일반적으로 지방자치란 일정한 지역적 사무를 지역 주민의 자치적인 의사에 기하여(주민자치) 국가로부터 독립된 지역적 단체가 법인으로서 자주적으로 처리하는(단체자치) 공행정의 수행 형태를 말한다. 지방자치 제도는 자신의 지역의 사무를 자신의 의사와 책임에 의하여 스스로 처리하는 것을 본질로 하는 점에서 민주주의와 불가분의 관련성을 가지는 바, 오늘날 지방자치는 단순한 행정의 일 형태를 넘어서, 민주적 국가 구성의 기초 원리이며, 지방 분권에 의한 수직적 권력 분립 기능을 통하여 주민의 자유 보장, 즉 기본권 보장에 이바지한다.[11]

따라서 지방자치단체는 자신의 지역과 관련되는 지역적 사무에 대하여, 법률의 특별한 규정이 없는 한 자신의 권한과 책임으로 처리할 수 있는 권리를 가지며, 이는 지방자치의 헌법적 보장을 통하여 직접 헌법적으로 규범화된 명령으로 이해된다. 우리나라 지방자치법 역시 헌법적 보장의 취지에 따라 '지방자치단체는 그 관할구역의 자치사무……를 처리한다'고 규정하여, 지역적 사무에 대한 지방자치단체의 원칙적 관할권을 규정하고 있다(제9조 제1항).

따라서 수자원의 관리가 공행정의 대상임을 전제로 할 때, 지역적 사무의 성격을 갖는다면 수자원은 지방자치와 관련성을 가질 수밖에 없

11_ 졸고, "지방자치제의 헌법적 보장의 의미", 《공법연구》 제30집 제2호, 2001.12., 410면; 헌재 1991.3.11. 선고 91헌마21.

으며, 더욱이 수자원의 관리를 통한 물 인권의 보장이라는 측면을 고려할 때, 기본권 보호 주체로서 기본권 보장 기능을 수행하여야 하는 지방자치와의 관련성은 더욱 커진다고 할 것이다.

2. 수자원의 지역 관련성

지방자치단체에 대하여 헌법적으로 보장되는 '지역적 사무'란 일반적으로 "지역 공동체에 뿌리를 두고 있거나 지역 공동체와 특유한 관련을 가지는" 사무를 의미하며, 이에 있어 지방자치단체의 행정력은 중요한 것이 아니라고 본다.[12] '지방분권촉진에 관한 특별법' 또한 이와 유사하게 '지역 주민 생활과 밀접한 관련이 있는 사무'라는 개념을 사용하고 있다(법 제6조 제2항 참조). 지역적 사무에 대해서는 전권한성이 인정되는 결과, 지방자치단체에게는 개별적으로 기술될 수는 없더라도 "광범위하고 풍부한 사무 영역"이 지역적 사무로서 보장되어야 한다.[13]

그러한 관점에서 본다면, 수자원은 각 지역에 산재하여 당해 지역의 주민들에 대해 식수, 농업용수, 공업용수 등의 형태로 주민 생활과 밀접한 관련을 가지는 것으로, 전형적인 지역적 사무에 해당한다고 볼 것이다. 물론 수자원의 유형 및 구체적인 상황에 따라 지역 관련성의 의미와 내용이 상이할 수는 있으나, 국가 행정과 지방자치 행정 간의 사무 배분이라는 일반적인 법제적 원리의 관점에서는 수자원은 지역

12_ BVerfGE 79, 127 (151 f.). 동시에 동 판결은 지역성의 판단에 있어, "지방자치단체 내에서 인간의 공동생활 및 공동 주거와 관련됨으로써, 지방자치단체 주민에게 직접 그 자체로서 공통적인 사무"를 의미한다고 하여, 주민의 참여 가능성을 강조한다(졸고, 앞의 글, 420면).

13_ 졸고, 앞의 글, 420면.

적 산재를 통해 지방자치단체와 우선적이고 직접적인 관련성을 가진다고 보아야 할 것이다.

수자원의 이러한 지역 관련성의 결과, 수자원의 관리에 대한 지방자치권의 확대는 지역의 특유한 사정을 고려한 주민 근거리 행정을 가능하게 함으로써 행정의 효율성의 증대에 기여하는 한편, 수리권과 관련하여 최근 논의되는 배출 거래제, 수리권 거래 제도 등과 관련하여서도 당해 지역의 환경 관련성에 대한 고려가 적절하게 행해질 수 있다는 점에서 지역 이익의 확대는 물론, 이를 통해 궁극적으로는 수자원의 관리에 있어 전 국가적 효율성을 극대화할 수 있게 한다.

다만 물의 경우, 고정적 유체물이 아니며 상당히 광범위한 지역적 관련성을 가지는 점에서 그 관리는 물론, 이해관계자 상호 간의 관련 비용과 편익의 배분이 매우 복잡하기 때문에 수자원의 통일적이고 효율적인 관리를 위해서는 불가피하게 중앙 정부의 일정한 역할이 필요할 수 있다. 따라서 수자원의 지역 관련성에도 불구하고 수자원의—특히 지방자치의 관점에서의—구체적 법제화에 있어서는 통일적 규율의 필요성 및 지방자치단체 상호 간 또는 국가와 지방자치단체 간의 이해관계 조정 등에 대한 고려가 특별히 중요한 의미를 가지게 된다.

3. 물 인권의 법적 성격

1) 물에 관한 권리의 기본권성

물에 대한 권리는 종래 수리권을 중심으로 이해되어 왔으며, 이러한 수리권은 물에 대한 경제적인 이용권, 특히 재산권적 성격을 중심으로 한 것으로, 기본적으로 사권적 성격을 갖는 것으로 이해되었다. 그러나 인간과 물의 관계를 생각할 때, 수리권은 물에 대해 인간이 가지는 극히 부분적인 일부의 것에 지나지 않으며, 그 법적 성격 역시 물의 공물적 성격이 일반적으로 승인되는 오늘날에 물에 대한 권리는 공권의 성격을 가지는 것으로 전화되고 있다.

특히 물에 대한 권리는 공권으로의 전환을 넘어 최근에는 인권 내지 기본권으로서의 논의가 활발하다.[14] 다만 물 인권 내지 물 기본권은 규범적 논의에도 불구하고 아직 그 법적 개념 및 내용은 명확하지 않으나, 우리 헌법이 제5공화국 헌법에 처음으로 환경권 조항을 도입한 이후로 현행 헌법 제35조 제1항은 "모든 국민은 건강하고 쾌적한 환경에서 생활할 권리를 가진다"고 규정하고 있고, 여기서의 건강하고 쾌적한 환경에는 당연히 물에 대한 환경도 포함되는 것으로 본다.[15] 따라서 물 기본권으로서 국민은 적어도 '깨끗한 물을 마실 권리'를 가지는 것으로 보고 있다.

판례 역시 국민의 기본권으로 '깨끗한 물을 마실 권리'를 인정하는 입장으로 보이며, 다만 현행 헌법 규정이 그러한 권리를 명시적으로 규정하고 있지 않은 점에서 그 규범적 근거는 환경권, 행복추구권 등을 통해서 간접적으로 도출하고 있다. 즉 대법원은,

"**인간이 자신이 먹고 싶은 음식이나 마시고 싶은 음료수를 자유롭게 선택할 수 있다고 하는 것은 인간으로서의 행복을 추구하기 위한 가장**

14_ 대표적으로, 김성수, "물기본권에 관한 연구", 《환경법연구》 제34권 1호; 최용전, "깨끗한 물을 먹을 권리'에 대한 헌법적 검토", 《토지공법연구》 제43집 제2호 등.

15_ 김성수, 앞의 글, 233면.

기본적인 수단의 하나로서 행복추구권의 중요한 내용을 이루고 있는바, 수돗물에 대한 국민의 불안감을 방지한다는 공공의 목적과 보존 음료수의 국내 판매를 금지함으로 인하여 국민의 행복추구권이 제한되는 결과를 비교하여 본다면, 행복추구권이 제한되거나 침해됨으로 말미암아 국민이 입게 되는 손실이 더 크다고 할 것이므로, 이 점에서도 보존 음료수의 국내 판매를 금지하는 것은 허용될 수 없다.

헌법 제35조 제1항은 모든 국민은 건강하고 쾌적한 환경에서 생활할 권리를 가진다고 규정하고 있으므로(구 헌법 제33조도 거의 같은 취지로 규정하고 있다), 국민이 수돗물의 질을 의심하여 수돗물을 마시기를 꺼린다면 국가로서는 수돗물의 질을 개선하는 등의 필요한 조치를 취함으로써 그와 같은 의심이 제거되도록 노력하여야 하고, 만일 수돗물에 대한 국민의 불안감이나 의심이 단시일 내에 해소되기 어렵다면 **국민으로 하여금 다른 음료수를 선택하여 마실 수 있게 하는 것이 국가의 당연한 책무이다.**"[16]라고 보고 있으며, 헌법재판소 역시 "자신이 마실 물을 선택할 자유, 수돗물 대신 먹는 샘물을 음용수로 이용할 자유는 헌법 제10조에 규정된 행복추구권의 내용을 이룬다"고 판시하고 있다.[17]

결국 물에 대한 기본권을 명시적으로 규정하고 있지 않은 현행 법제에서 물 기본권이 헌법상 기본권으로 인정되기 위해서는 그 내용과 범위는 헌법의 다른 실체적 규정을 매개로 하거나 헌법 원칙의 해석을 통하여 도출될 수 있는 것이어야 하며, 그러한 관점에서 볼 때 물에 대

16_ 대법원 1994.3.8. 선고 92누1728 판결.
17_ 헌법재판소 1998.12.24. 선고 98헌가1 전원재판부 결정.

한 기본권적 성격을 인정하는 경우, 이는 현행 헌법상 행복추구권(제10조), 인간다운 생활을 할 권리(제34조), 환경권(제35조) 및 보건권(제36조) 등을 근거로 도출될 수 있다.

물 기본권을 "모든 국민이 자신의 생존에 필수적인 최소한도의 위생적인 물을 사용할 수 있도록 국가에 요구하거나 국가 또는 제3자로부터 이에 대한 자유로운 이용을 방해받지 않을 권리"라고 정의하는 입장[18] 역시 그러한 관점이라 할 것이며, 그러한 개념 정의에 의하면 물 기본권은 소극적인 방어권적 성격 외에 적극적인 청구권적 성격을 포함하는 것이 된다. 다만 소극적인 방어권과 달리, 적극적인 청구권으로서의 물 기본권은 물 자원의 공물성으로부터 비롯되는 공공적 특성으로 인해 기본적으로 추상적 권리에 불과할 수밖에 없으며, 그 결과 수자원의 이용에 대한 적극적 청구를 내용으로 하는 기본권은 법률에 의한 구체화를 필요로 하는 점에서 본질적으로 한계를 가질 수밖에 없다.

관점을 달리하여 물 기본권의 추상성의 문제를 그 이면으로 보면, 이는 수자원의 관리에 있어—물론 헌법상의 한계하에서—공공 부문의 재량으로 귀결되며, 법리적 관점에서는 수자원의 적정한 관리에 대한 행정의 의무 및 책임으로 연결될 것이다.

물 기본권의 법적 성격과 관련하여 명시적 규정이나 이에 대한 직접적 판례는 없으나, 하천수의 사용허가는 일반적 건축허가나 영업허가와 같이 기본권에 의해 직접 구속되는 소위 학문상의 '허가'가 아니며, 공익적 고려를 본질로 하는 학문상 '특허'의 개념으로 보고 있는 판례

18_ 김성수, 앞의 글, 237면.

의 입장[19]은 수자원의 공공성 및 이에 따른 물 기본권의 추상적 권리성에 대한 간접적 근거라고 할 것이다. 위와 같은 개념 정의에 따르는 경우, 물 기본권에 있어서는 이를 보장하는 국가의 책임과 의무가 중요한 의미를 가지기 때문에 물 기본권은 전통적인 주관적 권리로서의 의미보다는 객관적인 권리로서의 성격이 강조되며, 객관적인 권리로서의 기본권의 성격은 헌법상 국가의 기본권 보호 의무와 연결된다는 입장[20] 역시 같은 맥락에서 이해될 수 있다.

2) 물 기본권의 보장과 지방자치

본고는 물 인권 내지 물 기본권 자체에 대한 실체법적 논의를 목적으로 하는 것은 아닌바, 그에 대한 상세한 논의는 생략하고 물 기본권의 인정을 전제로, 지방자치 법제의 관점에서 물 기본권과 지방자치와의 관련성을 논하고자 한다.

물에 대한 기본권적 성격의 권리를 인정하는 경우, 국가는 이에 상응하여 기본권 보장 의무가 존재한다. 다만 여기서의 '국가'는 기본권의 향유 주체로서 '사인'에 대응하는 기본권 보장 의무의 주체, 즉 행정주체를 총칭하는 개념이며, '지방자치단체'에 대응하는 의미의 국가를

19_ "하천 부지 점용 허가 여부는 관리청의 재량에 속하고 재량 행위에 있어서는 법령상의 근거가 없어도 부관을 붙일 것인가의 여부는 당해 행정청의 재량에 속하며, 또한 구 하천법(2004. 1. 20. 법률 제7101호로 개정되기 전의 것) 제33조 단서가 하천의 점용 허가에는 하천의 오염으로 인한 공해 기타 보건 위생상 위해를 방지함에 필요한 부관을 붙이도록 규정하고 있으므로, 하천 부지 점용 허가의 성질의 면으로 보나 법 규정으로 보나 부관을 붙일 수 있음은 명백하다."(대법원 2008.7.24. 선고 2007두25930,25947,25954 판결); 동지의 판례로, 대법원 1991.10.11. 선고 90누8688 판결.

20_ 김성수, 앞의 글, 237면.

말하는 것은 아니라고 할 것이다. 따라서 물 인권 내지 물 기본권의 보장에 있어서는 그에 관한 행정 주체 간 사무 배분의 문제가 제기되는 바, 이는 기본권을 최대한 보장하여야 한다는 내용상의 규범적 과제와는 별개로 기본권 보장 사무의 주체에 관한 또 다른 규범적 문제이며, 이는 지방자치 법제와 관련하여 이해되어야 한다.

특히 물 기본권을 인정하는 경우에도 적극적 청구권으로서의 기본권은 추상적 권리라고 이해되는바, 법률에 의한 구체화가 불가피하다. 문제는 물 기본권을 구체화하는 법률은 기본적으로 입법상 형성의 자유를 갖지만 이는 무제한의 자유는 아니며 헌법 자체로부터 입법 형성상의 본질적인 한계가 존재하는 것으로, 그러한 헌법상의 본질적 한계에는 우선적으로 기본권 자체로부터 규범적 한계가 존재한다. 그 결과 물 기본권의 구체화에 있어서는 국가가 가지는 기본권 보호의 의무로부터 일정한 규범적 한계가 존재하는바, 가령 상하수도 등 물 관리의 민영화의 문제에 있어서도 그 허용성 자체에서부터, 민영화가 허용되는 경우라고 하더라도 기본권 보장의 의무로부터 물과 관련한 인간의 존엄과 가치, 생존의 최소한 보장 등 생명권, 환경권 등과 관련된 규범적 한계가 존재한다.

동시에 또 다른 한편으로 입법을 통한 물 기본권의 구체화에 있어서는 지방자치의 본질 및 취지에 따른 규범적 한계가 존재한다. 지방자치는 그 자체로 직접 헌법에 의해 보장되는 헌법적 명령이기 때문이다. 따라서 물 관리 사무의 지역 관련성, 지방자치를 통한 주민의 참여 및 기본권의 보장에 대한 지방자치단체의 권한과 책임에 대한 충분한 고려가 필요한 바, 지역적 사무에 대한 본질적이고 과도한 제한과 침해는 법률상의 근거를 통해서도 허용되지 않는다.

현대 사회에서 물은 경제적 이용의 문제를 넘어 생존의 문제이며, 이 역시도 생존을 위한 필수재라는 소극적 의미를 넘어 인간의 존엄과 가치의 실현, 인간다운 생활을 위한 필수적 조건으로서 적극적 의미를 가지는바, 현대 복지 국가에 있어 물 인권의 적극적이고 적절한 실현을 위해서는 기본권 보장 주체로서 공적 부문의 역할이 필수적이다. 그러한 점에서 물 인권의 실현과 관련하여 물 관리의 민영화 문제 역시 중요한 규범적 문제이나, 여기서는 이에 대한 논의는 논외로, 전통적인 입장에서 행정에 의한 기본권 보장 의무를 전제로 하는 경우에도, 현대 민주 국가에 있어 국가 구성의 기본 원리로 자리 잡고 있는 지방자치 제도의 결과, 물 인권의 실현에 있어서 지방자치의 보장 문제 역시 회피할 수 없는 규범적 과제이다. 특히 지방자치 제도가 가지는 기본권 보장 기능을 고려할 때, 물 인권의 실현에 있어 지방자치의 문제는 단순히 행정의 분권화의 의미를 넘어 물 인권의 실효적이고 충실한 보장을 위한 제도적 수단이라는 점에서 지방자치 법제의 문제만이 아닌 기본권 법제 자체의 문제이기도 하다는 점을 간과할 수 없다.

따라서 물 기본권의 실효적 보장을 위해서는 지방자치의 역할과 기능이 중요하다고 할 것이다. 물론 지방자치단체만이 기본권 보호의 주체가 되는 것은 아니며, 국가나 기타 공법인 역시 기본권의 보호 주체인 것은 분명하나,[21] 기본권의 최대한 보호라는 규범적 과제를 위해서

21_ "기본권 보장에 관한 각 헌법 규정의 해석상 국민 또는 국민과 유사한 지위에 있는 외국인과 사법인만이 기본권의 주체라 할 것이고, 국가나 국가 기관 또는 국가 조직의 일부나 공법인은 기본권의 '수범자(Adressat)'이지 기본권의 주체로서 그 '소지자(Trager)'가 아니고 오히려 국민의 기본권을 보호 내지 실현해야 할 '책임'과 '의무'를 지니고 있는 지위에 있을 뿐이다."(헌법재판소 1994.12.29. 선고 93헌마120 전원재판부).

는 가장 적절한 보호 주체에게 일차적인 기본권 보호 기능을 부여하는 것이 타당한바, 물의 지역적 편재성을 고려할 때 주민 근거리 행정을 수행할 수 있는 지방자치단체에 물 기본권의 보장에 대한 일차적 권한과 책임을 부여하는 것이 합목적적이라 할 것이다.

다만 수자원의 영역별 구체적 특성에 따라 지방자치에 대한 고려 및 법제화의 방향이 동일할 수는 없으나, 특히 상·하수도의 문제는 사무의 본질상으로는 물론 실정법제상으로도 지방자치단체의 자치사무로서 이해되고 있으며(지방자치법 제9조 제2항 제4호 자목), 물 기본권의 내용으로서 이미 실체적 권리로서 인정되고 있는 '깨끗한 물을 마실 권리'와 직결되는 문제인 점에서 물 인권의 실현에 있어 국가와 지방자치단체의 관계에 대한 규범적 연구의 필요성이 매우 큰 영역이라고 할 것이다.

제4장 물 관련 사무의 법적 성격

1. 원칙적 자치사무

지방자치의 본질상으로는 물론, 규범적 관점에서도 지방자치의 헌법적 보장은 원칙적으로 지역적 사무는 지방자치단체의 자치사무로 하여야 한다는 것을 규범적으로 요청하고 있다. 지역적 사무가 존재하는 한, 지방자치의 헌법적 보장에 의해서 그 사무는 원칙적으로 지방자치단체의 자치적인 사무 영역에 해당하며 지방자치단체의 관할권이 인정된다.

즉 지방자치의 헌법적 보장은 내용상으로 지방자치단체의 전권한성(全權限性, Allzuständigkeit) 내지는 활동 영역의 보편성(普遍性, Universalität)을 의미한다. 이로부터 주요한 본원적 권리가 도출되는데, 지방자치단체는 법률에 특별한 규정이 없는 한, 모든 지역적 사무를 특별한 권한 명의 없이도 자신의 것으로 삼을 수 있는 권리를 가진다.[22] 즉 전권한성의 원칙에는 규범적으로 국가의 관할권에 대해 지방자치단체가 우위에 있다는 추정이 포함된다.[23] 지방자치법 제9조 제2항이 지방자치단체의 사무를 열거적 규정이 아닌 예시적으로 규정하는 것은 지역적 사무에 대한 전권한성의 반영이라 할 수 있으며, 우리나라 판례 역시 그러한 입장이라고 할 것이다.[24]

이렇게 본다면—개별법상 특별한 규정이 없는 한—지역적 관련성을 가지는 수자원의 관리는 지방자치단체의 자치사무로서 지방자치단체가 관할권을 가지는 것이 원칙이라 할 것이다. 특히 수자원 관리 및 개발 등은 당해 지역에 대한 개발 계획 등과도 밀접한 관련을 가질 수밖에 없는바,—지방자치의 헌법적 보장을 통하여 보장되는—자치 고권으

---

[22] Sachs, *Grundgesetz Kommentar*, 2. Aufl., 1999, Art. 28 Rn. 42 (S. 956). 독일 연방헌법재판소 역시 지방자치의 본질적 내용에는 대상적으로 특정되거나 혹은 확립된 표지에 의해서 특정될 수 있는 사무 목록이 열거될 수는 없지만, 특별한 권한 명의 없이도 지역 공동체의 모든 사무를 처리할 수 있는 권한이 포함된다고 하고 있다(BVerfGE 79, 127 (146 ff.)).

[23] Schmidt-Bleibtreu & Klein, *Kommentar zum Grundgesetz*, 9. Aufl., 1999, Rn. 10 (S. 640).

[24] "법령상의 위임 근거가 없는 한 지방자치단체는 널리 지방 주민의 공공 이익을 위한 사무를 고유사무로서 행할 수 있다"(대판 1973. 10. 23, 73다1212).

로서 계획 고권의 보장 차원에서도 수자원에 대한 지방자치권의 보장 필요성은 더욱 크다.

비교법적으로 보더라도 독일의 경우, 수자원의 관리를 위한 수법(水法)의 체계는 적어도 19세기까지는 대부분 수리권을 중심으로 사법적으로 파악된 관습법으로서 존재하였으며 본질적으로 이웃 간의 물의 이용을 규제하는 데 국한되었으나, 그 이후로는 기본적으로 수자원의 공물성을 전제로 한 공법적 체계에 의하여 규율되어 왔는바, 물의 보전과 관리의 실질적인 주체는—우리나라의 기초 지방자치단체에 해당하는—지방자치체인 게마인데(Gemeinde)이며, 지표수, 해안수 및 지하수의 사용은 원칙적으로 관할 행정청의 인·허가를 받아야 하는 것을 기본적 법제로 하고 있다.[25]

독일의 수법 체계가 공법적 규율을 기본으로 한다는 것은 수자원의 이용에 있어 인·허가제의 원칙(동법 제5조 이하)을 채택하고 있는 등의 개별 제도 외에도, '수자원의 관리상 중요한 공익'(wasserwirtschaftlich bedeutsame öffentliche Interessen)을 규정하고 있는 수법(Wasserrechtsgesetz, WRG) 제105조가 동법의 중심 규범으로 이해된다는 점[26]에서도 분명하며, 동법 제61조는 현

25_ 강원발전연구원, 《지방자치단체에의 수리권 배분을 위한 연구》, 2002. 7. 관련 부분 참조. 이에 의하면, 독일의 수법 체계는 가용 수자원의 예측, 생활용수로서의 지표수 및 지하수의 확보, 물 이용자의 감독, 음용수의 위생 검사, 전체 유역에서의 장기적 용수 공급 계획, 상하수도 체계에 대한 재정 지원, 초지역적 배수 처리 계획의 수립, 배수 과징금의 징수 등을 포함하는 수자원의 유지·관리 의무를 주 정부의 책임으로 하고 있으며, 지표수, 해안수 및 지하수의 사용 등 물의 이용은 원칙적으로 관할 행정청의 허가나 인가를 받도록 하되, 그러한 '물의 이용'에는 물을 오염시키는 행위도 포함한다고 한다. 상세한 내용은 같은 책 관련 부분 참조.

26_ Baumgartner, "Wasserrecht", in: Bachmann, Baumgartner, Feik, Giese, Jahnel &

저한 공익상 필요가 있는 경우에는 수법상 사용수(私用水, Privat-gewässer)에 대해서도 공용화(公用化) 선언이 가능하게 하고 있는 바,[27] 이를 통해 그 사용수는 공물이 되며 공익을 위한 공용 사용이 가능하게 된다는 점에서도 그러하다.

2. 헌법과 수자원 관리

헌법 제120조는 제1항에서 "광물 기타 중요한 지하자원·수산자원·수력과 경제상 이용할 수 있는 자연력은 법률이 정하는 바에 의하여 일정한 기간 그 채취·개발 또는 이용을 특허할 수 있다"고 규정하여, 수자원은 기본적으로 국가적 관할의 대상임을 천명하고 있고, 동조 제2항은 "국토와 자원은 국가의 보호를 받으며, 국가는 그 균형 있는 개발과 이용을 위하여 필요한 계획을 수립한다"고 하여, 국토와 자원에 대한 국가의 보호 및 관리 의무를 규정하고 있다.

동 조항은 국토와 그 구성 부분으로서의 자원은 국민 생활의 기초가 되는 공간인 동시에 국민의 경제 활동의 기초 요소가 되는 것으로, 국가 공동체와 국민의 경제 생활에서 차지하는 중요성을 고려하여 국가의 특별한 보호 의무를 규범적으로 선언한 것이다.[28] 이는 국토와 그 구성 부분으로서 자연 자원에 대한 국가의 규제·조정 권한을 규정한 수권 규범이자 그에 대한 국가의 보호 의무를 규정한 명령 규범으로

Lienbacher(Hrsg.), *Besonderes Verwaltungsrecht*, 2008, S. 200.
27_ Baumgartner, a.a.O., S. 216.
28_ 김종철, "헌법 제120조", 《헌법주석서 Ⅳ》, 법제처, 2010, 494면.

서의 성격을 갖는다.[29]

동 조항에 대한 내용적 의미의 문제는 여기서는 별론으로 하되, 동 조항이 수자원 등의 관리 의무 주체를 '국가'로 규정하고 있는 것이 수자원의 관리 사무를 지방자치단체의 자치사무로 이해하는 데 대한 규범적 한계인가가 본고와 관련하여 문제될 수 있다.

이와 관련하여 동 조항을 문리적으로 해석하여 수자원의 관리 사무는 지방자치단체의 사무가 아닌 국가의 사무라고 이해하는 입장도 없지 않은 것으로 보이나, 그러나 동 조항이 의미하는 '국가'는 사적 부문에 대비되는 공적 부문을 대표하는 의미로서의 국가이지, 행정 주체의 종류로서 국가와 지방자치단체의 구별을 전제로, 국가로 한정하는 의미의 것은 아니라고 할 것이다. 즉 시원적 행정 주체인 '국가'로 대표되는 공행정의 영역에서 그 이상의 구체적인 사무의 배분은 헌법이 직접 규정하고 있는 것이 아니며, 그와 관련하여 헌법은 단지 제117조 및 제118조를 통하여 지방자치의 기본적 원리만을 규정하고 있을 뿐이다.

따라서 헌법 제120조는 수자원을 포함하여 국가 영역에서의 자원 보호·관리 의무를 규정한 것으로 보아야 하며, 그 보호·관리의 구체적인 주체는 헌법이 보장하는 지방자치의 취지 및 본질에 따라 판단되어야 할 문제이다. 특히 오늘날의 지방자치 법제는 국가와 지방자치단체

---

[29] 김성수, 앞의 글, 244면. 헌법재판소도 그러한 입장인바, "헌법 제120조는 제1항에서 '광물 기타 중요한 지하자원·수산자원·수력과 경제상 이용할 수 있는 자연력은 법률이 정하는 바에 의하여 일정한 기간 그 채취·개발 또는 이용을 특허할 수 있다'고 하고, 제2항에서 '국토와 자원은 국가의 보호를 받으며, 국가는 그 균형 있는 개발과 이용을 위하여 필요한 계획을 수립한다'고 규정하고 있다. 이 헌법 조항에 따라 국가는 자연 자원에 관한 강력한 규제 권한을 가지는 한편 자연 자원에 대한 보호 의무를 지게 되었다."고 판시하고 있다(헌법재판소 1998.12.24. 선고 98헌가1 전원재판부).

의 이원적·대립적 관계를 전제로 하는 고유권설의 관점은 타당하지 않으며, 지방자치단체는 국가의 구성 부분으로서 지방자치권 역시 헌법으로부터 전래된 것으로 이해되는바, 국가 권력에 있어 국가가 본래적이고 시원적 주체인 점을 고려한다면, 헌법의 문리적 규정만으로 지방자치권이 배제된다고 보는 것은 지나친 해석이라 할 것이다.

3. 국가사무로의 이전 가능성

지방자치의 본질 및 지방자치의 헌법적 보장의 취지에 따라 지역적 사무의 성격을 가지는 수자원 관리 사무는 원칙적으로 지방자치단체의 자치사무로 이해되어야 한다. 그럼에도 지방자치단체에 대해 보장되는 지역적 사무에 대한 전권한성의 원칙이 수자원 관리 사무를 국가사무화하는 것을 금지하는 것은 아니다.

헌법상 보장되는 지방자치 제도의 본질은 제도적 보장에 해당하는 것으로 이해되며, 이는 제도적 보장의 본질상 법률에 의한 구체화에 의존하는 것으로 법률 유보 하에서 존재한다. 따라서 지방자치는 헌법적 보장에도 불구하고 실제로는 "법률의 범위 내에서" 보장되며, 이는 헌법의 명문의 규정을 통해서도 분명한바(헌법 제117·118조), 이러한 법률 유보는 전권한성과 자기 책임성 양 요소에 모두 관련되는 것으로, 입법자는 지방자치의 보장 내용을 구체적으로 형태화하고, 그 한계를 설정할 수 있다.

그에 따라 지방자치법은 사무 배분의 구체화와 관련하여, 지방자치법제의 원리상 지방자치단체의 사무로 예시되어 있는 것이라고 하더라도 법률상 근거를 통해 지방자치단체로부터 사무를 박탈할 수 있음을 명시하고 있고(법 제9조 제2항 단서), 제11조는 지방자치단체의 관할권이 배제되는 국가사무를 직접 규정하고 있는바, 동조 제4호는 국가하천의 관리 사무를 국가사무로 예정하고 있다.

그 결과 수자원의 관리와 관련하여서도 원칙적인 자치사무성에도 불구하고 개별법의 규정을 통하여 국가하천으로 규정하거나, 수자원의 관리 사무 자체를 직접 국가사무로 규정하는 경우에는 당연히 국가사무로 전환된다.

실제적으로 수자원은―유형별 구분의 필요성은 존재하지만―그 유수성 내지 이동성으로 인하여 특정 지역에만 국한하여 존재하는 것이 아니며, 특정 지역에 존재하는 수자원이라고 하더라도 그 사용 목적·형태에 따라 당해 지역 이외의 지역에 대해서도 이해관계를 가지는 경우가 많다. 동시에 수자원의 지역적 관련성을 가지는 경우에도 현대 사회에서의 물 문제에 대처하기 위해서는 각 지역의 특유한 이해관계가 아닌, 국가 전체적 차원에서 종합적이고 통일적인 관리를 하는 것이 필요하고 적절할 수 있는 것이 사실이다. 그러한 측면에서 보면 지방자치 법제상의 규범적 원리에도 불구하고 수자원의 관리를 국가적 사무로 하여야 할 현실적 필요성이 있으며, 이를 통해 수자원의 관리가 더욱 효율적으로 이루어져 물 기본권에 대한 충실한 보호와 보장이 이루어지는 경우, 이는 단순히 현실적 필요성을 넘어 규범적 필요성으로까지 나타날 수 있다.

다만 개별 법률에 의한 국가사무화에 한계가 설정되지 않는다면, 법률에 의한 사무의 선취를 통해 지방자치는 형해화될 수 있으며, 그러한 경우 지방자치의 헌법적 보장은 무의미한 것이 될 것인바, 지방자치의 법률 유보에 대한 규범적 한계의 설정이 필요하다. 이와 관련하여 지방자치의 본질적 영역은 침해할 수 없다는 핵심영역의 보장과 더불어, 보충성으로부터 비롯되는 지방자치단체 우위의 원칙이 실체적 사무배분원칙으로서 규범적 한계로 기능한다. 즉 사무 배분에 있어 보충성에 따른 지방자치단체의 우위의 결과, 입법자는 지방자치단체에 의해서는 정상적인 사무 수행이 보장될 수 없는 경우에 헌법상 원칙-예외 관계의 존중 하에서 단지 공익을 이유로 하여서만 지역적 관련성을 가지는 사무를 지방자치단체로부터 박탈할 수 있다. 따라서 사무 박탈의 근거는 헌법상의 사무배분원칙에 비하여 우월하여야 한다는 형량원칙을 통해 입법자에게는 일정한 차단벽이 주어지는바, 그에 대한 입증책임을 부담한다. 따라서 단순히 행정 간소화 또는 권한 집중이라는 목적은 사무 박탈을 정당화할 수 없으며, 비합리적인 비용의 증가 등의 특별한 사정이 없는 한 공행정상의 일반적인 경제성 및 절약의 원칙 그 자체만으로는 사무의 박탈을 정당화시키기에 충분하지 않다.[30]

수자원의 유형별 특성을 고려하여야 한다는 점에서 일반론에는 한계가 있지만, 결론적으로 수자원이라는 특성만으로 그에 대한 관리를 국가사무화하는 것은 그 현실적 필요성에도 불구하고 무제한적으로 허용될 수 없다는 것은 분명하다. 따라서 공익상의 필요성이 현저하게 존재하는 경우에는 개별적 법적 근거를 통하여 국가사무화하는 것이 가능하겠지만, 한편 지역적 사무성이 인정되는 수자원의 관리에 대해 국가적 규율의 필요성이 현실적으로 존재하는 경우라면, 자치사무의 박탈

30_ 졸고, 앞의 글, 422-423면.

보다는 공동사무로서의 가능성을 모색하는 것이 지방자치 법제와의 조화라는 관점에서 좀 더 바람직하고 현실적인 대안이 될 수 있을 것이다.

물에 관한 법제를 총칭하여 수법(Water Law)이라 할 때, 수법의 규율 범위를 어떻게 할 것인지는 입법례적으로는 다양한 바, 수문적(水文的) 순환 과정에 있는 모든 물을 그 대상으로 하여야 한다는 입장도 있다. 가령 이스라엘 수법은 모든 수자원, 즉 자연수, 인공수, 지표수, 지하수 및 배수, 하수도 모두 포함된다는 법제로서, 이는 수자원이 부족한 지역의 특성을 반영한 것이기 때문이라고 본다.[31] 그러나 우리나라는 그러한 현실적 필연성이 존재하는 것은 아닌 점에서 수법상의 규율의 다양화 가능성이 존재한다고 할 것으로, 수자원의 관리 문제를 지방자치법의 관점에서 획일적으로 이해하는 것은 곤란하더라도, 적어도 수자원에 대한 법적 규율에 있어 지방자치법적 관점의 고려가 불가피하다는 점에 대해서는 다른 주장이 없을 것인바, 그러한 관점에서 수자원 관리 사무의 법적 성격의 다양화 역시 모색이 가능할 수 있을 것이다.

4. 공동사무로서의 가능성:
지방자치단체의 자치권과 국가적 규율의 조화

1) 사무이원론의 극복

주지하다시피 우리나라 지방자치 법제는 사무 구분에 있어 자치사

31_ 예종덕, "수자원의 관리와 수법의 과제", 《법학논총》제20집, 단국대학교 법학연구소, 1995, 82면.

무와 위임사무를 구별하는 입장으로, 지방자치법 역시 제9조 제1항에 의하면 '지방자치단체는 그 관할 구역의 자치사무와 법령에 의하여 지방자치단체에 속하는 사무를 처리한다'고 규정하여 자치사무와 위임사무를 구별하고 있다. 여기서 '법령에 의하여 지방자치단체에 속하는 사무'는 위임사무를 말하는 것으로, 위임사무는 그 본질상 국가사무로서, 이는 형식상 지방자치단체 자체에 위임되는 단체위임사무와 지방자치단체의 장에게 위임되는 기관위임사무를 포함한다. 그러나 지방자치법 제9조 제1항이 의미하는 지방자치단체의 사무로서 '법령에 의한 위임사무'는 단체위임사무만을 의미하고, 이른바 기관위임사무는 포함되지 않는 것으로 보는 것이 일반적이다.[32]

지방자치단체의 사무와 관련하여 자치사무와 위임사무를 구별하는 입장은 사무의 성질상 국가사무와 지방사무의 본질적 구분을 전제로 하는, 소위 사무이원론(Aufgabendualismus)에 근거하는 것이라 할 수 있는바, 이에 의하면 자치사무에 대한 국가의 관여는 본질적으로 제한된다.

문제는 우리나라의 기본적 법제인 사무이원론의 관점에서는 수자원의 관리는 원칙적으로 자치사무로 이해되어야 하는바, 자치사무의 법적 특성인 전권한성 및 자기 책임성의 결과 국가의 관여는 제한되며, 국가적 규율이 필요한 경우에는 법률의 근거를 통해 사무를 박탈할 수밖에 없는 구조가 된다는 점이다. 그러나 통상적인 사무와 달리, 수자원의 관리 사무에 있어서는 수자원의 특성에 따라 지역적 관련성에 따른 자율권과 국가적 관련성에 따른 지시권의 적절한 조화가 필요한 것

---

[32]_ 졸고, "행정구역개편을 통한 통합형 지방자치단체의 사무개편을 위한 법적 과제", 《지방자치법연구》 제10권 제1호, 2010. 3., 10면.

으로, 이는 결국 수자원의 특성에 따른 차별적 법제화를 필요로 한다.

가령 하천의 경우, 그 유수성으로 인하여 다수의 지방자치단체가 관련될 수밖에 없으며, 그 관련성 역시 상류·하류의 위치한 지역에 따라 상이하게 되는 동시에, 국가적 관련성 역시 부정할 수 없게 되는 점에서,―지방자치의 관점에서 보더라도―특정 지방자치단체의 독점적이고 배타적 권리를 인정하는 것은 곤란하다. 반면 관련 지방자치단체의 권리를 전혀 인정하지 않는 것도 지방자치의 관점에서는 규범적으로 문제가 있는바, 따라서 수자원의 구체적 상황에 따라 지방자치단체의 자치권과 국가적 규율을 적절하게 조화시킬 수 있는 법제의 마련이 필요하며, 이러한 상황은 소위 사무일원론의 전형적 유형에 해당할 것으로 보인다.

2) 사무일원론과 수자원 관리

전통적인 사무이원론은 대립적 존재로서 국가와 지방자치단체의 본질적 구분을 전제로 하는 것인바, 오늘날 현대 민주 국가에서 지방자치단체는 국가와의 대립을 전제로 하는―국가와 분리된―독립적 존재가 될 수 없는 것으로, 국가법에 의하여 창설된 국가로부터 전래된 존재이며, 지방자치권 또한 국가 권력에 의하여 전래된 것으로 이해되기 때문에 고유사무와 위임사무의 구별은 그 이념적 근거를 상실하였다 할 수 있다.[33]

이러한 원리적 측면에서의 문제 외에도 사무이원론은 기본적으로 지

33_ 졸고, 앞의 글, 11면.

방자치단체의 고유한 사무 영역과 본질적 국가의 사무 영역의 구분을 전제로 하는바, 수자원은 그 특성상 지역적 경계가 모호할 수밖에 없는 점에서 전통적 사무이원론에 의한 사무 구분을 어렵게 한다.

이에 비하여 소위 사무일원론은 국가의 사무와 지방자치단체의 고유사무를 구분하는 것 대신에, 공적 사무라는 단일한 개념을 전제하는 것으로, 사무의 본질이 아닌 단지 사무의 수행 주체의 문제만이 발생한다. 이에 의하면 법률에 특별한 규정이 없는 한, 지방자치단체 영역의 모든 공적 사무의 수행은 원칙적으로 지방자치단체에 자기 책임으로서 독자적으로 맡겨져 있다. 따라서 사무일원론에 의하면, 지방자치단체는 자신의 구역의 모든 공행정 사무를 수행할 권한을 가지는바, 즉 지방자치단체는 고유한 지방사무의 주체일 뿐만 아니라, 지방자치단체 영역에서의 모든 국가사무의 주체이기도 하다.[34] 이를 사무의 성격이라는 측면에서 보면, 지방자치단체가 수행하는 사무는 더 이상 고유사무와 위임사무의 구별이 존재하지 않으며, 단지 지시사무와 지시로부터 자유로운 사무의 구별이 문제될 뿐인바,[35] 국가는 국가적 관련성에 따라 지방자치단체의 사무 수행에 대한 지시권을 가질 수 있다.

국가적 관련성과 지역적 관련성이 필연적으로 중첩될 수밖에 없는 수자원의 관리에 있어서는 특히 국가사무이자 지역의 사무라는 공동성이 노정되는 결과, 사무 수행에 있어 국가와 지방자치단체의 협력이 불가피하다. 따라서 사무일원론의 관점에서 법제화를 모색하는 것이 바람직할 것인바, 다만 그 공동성의 여부는 지시권의 형태로 구체화될

34_ 졸고, 앞의 글, 16면.
35_ Gern, *Deutsches Kommunalrecht*, 1. Aufl., 1994, S. 137 f.

것으로, 지시권의 내용과 범위는 수자원의 구체성 유형 및 사무의 내용에 따라 상이할 수 있다.

3) 지시사무의 법적 성격

사무일원론은 지방자치단체의 구역은 지방자치단체의 영역인 동시에 국가의 영역이며, 지방자치단체의 주민은 주민인 동시에 국가의 국민이라는 중첩성을 기본적 전제로 한다. 따라서 특정 지역에서 지방자치단체가 수행하는 사무는 국가 전체의 차원에서는 당연히 국가의 사무가 되는 점에서, 지방자치단체의 자율권과 국가의 지시권의 적절한 조화를 통해 양자 간의 이해관계의 조정을 가능하게 한다.

사무일원론은 사무의 본질이 아닌, 사무 수행의 자율성 여부를 본질로 하는 점에서, 지시에 의한 사무를 사무이원론에 의한 자치사무로 분류할 수는 없다. 이는 실질적으로는 위임된 국가사무로서 지방자치단체의 사무를 의미하는바, 헌법상 보장되는 지방자치의 보장은 사무 구분에 의한 자치의 보장이 아닌, 사무 수행 방식에 대한 기능적인 측면에서 자치의 보장이 중요하게 된다. 즉 지방자치단체가 처리하는 사무에 대한 국가 등 외부 주체의 관여와 통제의 적절한 제한이 중요한 법적 과제로 나타나게 된다.

물론 지시사무라도 개별적인 경우에서 국가의 지시권이 포기된 경우에는 실질적으로 지방자치단체의 '자치사무'로 되며, 역으로 필요한 경우에는 직접 국가에 의한 사무의 규율을 방해하는 것도 아니라고 할 것이다.

결론적으로 지시사무는 자치사무와 위임사무의 중간적인 형태에서 상대적으로 구별되는 것인바, 이는 결국 사무 배분의 근거인 법률의 구체적 내용을 통하여, 특히 법률에 규정된 지시권의 한계를 통해서 그 법적 성질을 추론하여야 한다. 즉 법률이 국가 행정청에 대하여 무제한의 지시권을 승인하는 경우에는 위임사무로서 취급될 수 있는 반면, 지시권이 제한되어 있는 경우에는 지시사무는 자치사무에 가깝게 될 것이다.[36]

제5장 물 인권 보장을 위한 국가와 지방자치단체의 관계

1. 국가와 지방자치단체의 기본적 관계

1) 대등·협력 관계

국가와 지방자치단체의 관계를 어떻게 이해할 것인가는 사무 배분을 포함하여 지방자치의 구체적 법제화에 있어 출발점이다. 국가와 지방자치단체의 관계를 종속적이고 수직적인 관계로 이해하는 경우, 명목상 자치권의 부여에도 불구하고 지방자치단체는 국가에 대해 피동적인 지위에 설 수밖에 없게 되는 반면, 양자의 관계를 협력적이고 대등

36_ 졸고, 앞의 글, 20-21면.

한 수평적 관계로 이해하는 경우 지방자치권은 국가의 은혜적 부여가 아닌, 지방자치단체의 고유한 권한의 회복으로서 국가에 대해 능동적이고 적극적인 지위를 가지게 될 것이다.

지방자치의 규범적 의의와 기능, 특히 지방자치는 아래로부터 위로의 민주적 국가 요소의 핵심적 부분이라는 점을 고려할 때, 지방자치권의 전래적 성격과는 무관하게, 오늘날 국가와 지방자치단체의 기본적 관계는 대등한 행정 주체로서 각각의 입장에서 행정 기능과 행정 책임을 분담하면서 주민의 복리 증진이라는 하나의 목적을 지향하여 협력하는 협동 관계에 있다고 보는 것이 타당하다.

물 인권의 보장을 위한, 수자원의 관리 사무와 관련하여 국가와 지방자치단체의 관계에 관한 문제는 대등·협력 관계를 기본으로 하는 지방자치 법제 일반에 있어 양자의 관계에 비하여 크게 다를 바 없다. 다만 국가와 지방자치단체의 관계는 기본적으로 사무의 성격에 의존하는 경향이 큰 바, 수자원의 관리 사무는 원칙적 자치사무성에도 불구하고 특히 국가적 규율과의 조화가 필요하다는 점에서 국가와 지방자치단체의 협력 관계가 특히 중요한 영역이라 할 수 있다.

비교법적으로 보더라도,[37] 수자원의 개발과 관리에 있어서는 국가와 지방자치단체 간의 협력 및 공동 관리자의 역할에 대한 필요성이 강조되는바, 미국의 경우 중앙 정부와 지방 정부가 갈등할 때마다 정부 간 협의체(Advisory Commission on Intergovernmental Relations)를 만들어 서로 간의 '적절한' 관계를 끊임없이 모색해 왔으며, 그러한 과정 속에서 수자원의 개발 및 관리 등과 관련된 연방 정부와 지방 정부

---

[37] 비교법적 내용에 관한 것은, 강원개발연구원, 《수자원관리와 지방자치단체—수리권 제도의 개념정립을 위한 기초연구—》, 2000. 12. 의 관련 부분을 참조한 것임.

간의 역할 분담 및 사업 결정 참여 체계는 미국의 균형적인 연방제 발전에 큰 도움을 주었다고 평가되고 있다. 독일의 경우에도 수자원 관리의 책임은 연방과 각 주 그리고 지방자치단체에 배분되어 있으며, 연방 수준에서 수자원 관리 책임을 지는 것은 연방 환경, 자연 보호 및 원자로 안전 정도이고, 그 외의 수자원 관리 업무는 기본적으로 각 주와 지방자치단체의 책임에 맡겨져 있는데, 용수 공급 및 하수 처리는 전통적으로 지방자치의 핵심영역으로 간주되어 왔다고 한다.

이에 비해 우리나라의 수자원 관리는 지방 상·하수도 사업만 지방자치단체가 관장해 왔을 뿐 그 외는 거의 중앙 정부의 독점에 의존해 왔다. 그러한 원인으로는 전통적인 중앙집권적 행정 체제와 더불어 지방자치의 현실적 상황상 지방자치단체가 수자원 관리를 한다는 것은 재정적으로나 인력적으로 가능하지 않았다는 점을 지적할 수 있다. 그러나 오늘날 현대 사회에서 수자원의 관리에 대한 지방자치단체의 권한은 규범적 관점에서는 물론, 행정 현실적 측면에서도 요구되는바, 수자원의 관리의 분권화, 즉 수자원 정책의 기본 방향은 중앙 정부가 종합적이고 통일적인 관점에서 총괄적으로 정립하되, 정책의 구체화 및 집행은 각 관련 지방 정부의 자치적 역량을 통해 구현될 수 있도록 제도화할 필요성이 더해지고 있다.

수자원의 관리와 관련하여 이제는 중앙 정부와 지방 정부가 윈윈(win-win) 전략을 수립해서 양자가 함께 승리하는 파트너십(partnership)의 구축이 필요하며, 특히 수자원 정책과 관련해서 중앙 정부와 광역 지방자치단체 및 기초 지방자치단체는 선별적 분권화(selective decentralization)를 통해 공동의 관리자, 협력의 파트너가 되어야 하며, 수량, 수질, 이수, 치수와 관련된 공동의 그리고 최선의 관리 체제를 만들어 나가야 할 것이다.[38]

2) 지방자치단체 우호적 행동의 원칙

지방자치는 헌법에 의해 직접 보장된 제도인 점에서, 국가는 지방자치단체에 대한 보호 의무를 가진다. 같은 맥락에서 지방자치의 헌법적 보장으로부터 국가는 지방자치단체와의 관계에서 지방자치단체에 대하여 우호적으로 행동하여야 할 의무를 가진다고 보는바, 이러한 지방자치단체에 대한 우호적 행동의 원칙(Grundsatz des gemeindefreundlichen Verhaltens)은 지방자치단체의 이해에 대한 국가 등 다른 고권 주체의 일반적인 고려 의무를 말한다.[39]

전술한 바와 같이, 수자원 관련 사무의 특성 및 지방자치단체는 물 기본권 보장의 실현을 위한 직접적 행정 주체이자 최근거리의 행정 주체임을 고려한다면, 특히 수자원의 관리에 있어 가능한 한 지방자치권에 대한 우선적 고려의 필요성은 자명하다 할 것이다.

3) 지방자치단체의 참여권

국가와 지방자치단체의 협력 관계는 실체법적 협력뿐만 아니라 절차법적으로도 의미를 갖는바, 지방자치단체는 자신의 이해와 관련되는

38_ 강원개발연구원, 위의 책 참조.
39_ Sachs, a.a.O., Rn. 59.

사안에 대해서는 당연히 참여할 권리를 가진다고 이해된다. 이러한 지방자치단체의 참여권은 지방자치의 헌법적 보장을 통하여 규범화되는 것으로 이해되는바, 지방자치의 헌법적 보장은 지방자치단체에 대하여 소극적 방어권 외에 적극적인 청구권도 허용하고 있는 점에서, 참여권은 지방자치단체의 주관적 권리이며, 그 형태는 사안의 성격이나 이해관련성의 정도에 따라 청문권이나 제안권·자문권부터 공동결정권의 모습까지 다양한 형태로 나타날 수 있다.[40]

특히 수자원 관리 사무는 통상 국가와 지방자치단체의 이해 관련성이 중첩되어 나타나게 되는 점에서 국가사무로서 국가가 주도적으로 규율하는 경우라고 하더라도 적어도 지역 관련성을 가지는 지방자치단체에 대한 절차적 참여의 보장은 필요하다고 할 것이다.

2. 지방자치단체에 대한 국가의 관여·감독

1) 국가 관여 법정주의

지방자치단체는 국가와 독립된 법인격을 가지며, 대등한 협력적 관계임에도 불구하고 지방자치단체는 국가 행정 구조의 일부인 동시에 국가적 법질서의 통일성이라는 측면에서 지방자치단체에 대한 국가의 관여 및 감독의 필요성은 불가피하다. 반면 지방자치는 국가와는 독립된 법인격을 가지는 지방자치단체를 통한 지방 행정의 자율적 수행이 헌법적으로 보장되어 있는 것이라는 점에서 국가의 관여는 가능한

40_ 졸고, "지방자치제의 헌법적 보장의 의미", 《공법연구》 제30집 제2호, 2001.12., 426면.

한 배제하는 것이 바람직하다는 것도 규범적 요청이다. 지방자치단체에 보장되는 자기 책임성은 국가의 합목적성에 대한 지시로부터의 자유를 의미하며, 고유한 정책적 구상에 따라 결정할 수 있는 능력을 말하기 때문이다.

따라서 지방자치단체에 대한 국가의 관여·감독의 문제는 결국 그 허용성에 대한 문제가 아니라, 그 관여의 정도와 방법이라고 할 것이다. 오늘날 국가와 지방자치단체의 기본적 관계는 각각의 독립된 지위에서 행정 기능과 책임을 분담하면서 주민의 복리 증진이라는 하나의 목적을 지향하여 협력하는 관계라 할 것이며, 그 결과 지방자치단체에 대한 국가의 관여 역시 비권력적 지도·협력을 원칙으로 하며, 권력적 관여·감독은 공익상 필요한 경우에 법적 근거하에서만 가능한 것으로 보는 것이 타당하다.

이러한 결론은 수자원의 관리 사무를 자치사무로 보는 경우에는 물론 당연하며, 수자원의 특성을 고려하여 공동사무 내지 지시사무의 성격을 가지는 것으로 보는 경우에도 마찬가지라고 할 것이다.

2) 수도 요금의 문제

전형적인 자치사무로 들어지는 상·하수도 사업의 경우를 실례로 살펴보면, 우리나라의 상수도 요금은 다른 나라에 비교하여 현저히 낮은 것으로 조사되고 있는바, 우리나라 가정용 수도 요금은 2010년 9월 현재 1천 리터에 610원으로, 프랑스 3,459원이나 독일 3,555원에 비해 약 6분의 1 수준이라고 한다.[41] 그 이유는 여러 가지가 있을 수 있으나, 가장 주된 이유는 정부가 물가 정책을 통해 공공요금 인상을 억제하기 때문이라고 보고 있는바, 적절한 원가를 반영하지 못함으로써 사회적 공공재인 물에 대한 수익자 부담의 원칙이 제대로 적용되지 못하고 있다.

물론 그 자체로 기본권적 속성을 가지며, 인간의 생존 및 공익 실현에 기여하는 물을 저렴하게 공급하는 것도 일면 법리적 측면에서는 물론, 현실적으로도 타당성이 주장될 수 있다. 그러나 그럼에도 불구하고 수돗물을 생산 원가에도 미치지 못하는 가격으로 공급하는 것은, 우선 수돗물을 필요 이상으로 소비하게 만듦으로써 물 부족을 심화시키고 하천 수질을 악화시키는 등의 악순환의 원인이 된다는 현실적 문제에서는 물론, 수돗물 공급의 양적 확대 및 질적 개선을 위한 투자 재원의 확보를 어렵게 하며, 이는 불가피하게 소외 지역에 대한 수돗물 공급을 어렵게 함으로써 물 공급의 사회적 형평성을 붕괴시키는 원인이 되는바, 이는 현실적 차원을 넘어 물 인권의 침해라는 법리적 문제까지 야기하게 된다.

그러한 점에서 물 인권의 보장이라는 기본권적 측면에서는 물론, 지방자치의 관점에서 볼 때, 수도 요금의 전국적 획일화를 위한 국가적 관여의 필요성에 대해서는 검토의 여지가 있다고 보인다. 물의 관리는 원칙적으로 지방의 자치사무이며, 지방자치는 각 지역의 특유한 상황에 따른 차등적 대처 및 이를 통한 경쟁적 발전을 통하여 궁극적인 국가의 발전을 도모하는 제도임을 고려할 때, 이용 요금 등에 대한 직접

41_ 중앙일보, 2012. 8. 25., 37면.

적인 국가적 규제의 방식보다는 물 관리에 대한 자율권의 보장을 전제로 한 종합적 관리 차원에서의 국가적 규율의 가능성을 법 제도화 하는 것이 더욱 바람직하다고 할 것이다.

제6장 지방자치의 관점에서 현행 수자원 관리 법제의 문제점 및 개선 방향

1. 개괄적 검토

이상에서 고찰한 물 인권의 보장 및 수자원의 관리에 관한 지방자치법의 관점을 전제로 현행 수자원 관리 법제의 문제점을 살펴보면, 물론 수자원의 유형별 특성의 차이로 인해 획일적인 고찰이 불가능하고 타당하지 않다는 점을 고려하더라도, 원론적으로 볼 때 현행의 수자원 관리 법제는 국가 주도적인 권한 구조를 기본으로 하고 있는 점에서 지방자치법적 관점의 고려가 매우 부족하다고 할 수 있다.

1) 국가 중심의 국가 주도적 관리 법제

구체적으로는 우선 국가 중심의 중앙집권적 관리 법제의 문제점을 지적할 수 있는데, 수자원의 국가적 규율의 필요성에도 불구하고 우리나라 수자원 관리 법제는 지나치게 국가 중심의 국가 주도적인 관리 체계로 구조화되어 있다. 물론 연혁적 관점에서 볼 때, 과거와 같이 국가 전체의 경제 규모가 작고 중앙집권적인 권력 구조 하에서는 국가 중심의 독점적인 수자원의 개발 및 관리가 더욱 효율적이고 국민의 권익을 보호하는 데도 적절한 것일 수 있으며, 특히 지방과 중앙 정부 간의 갈등이라는 것도 규범적으로는 물론 현실적으로 큰 문제가 될 것이 없었다. 그러나 현재와 같이 국가 경제 규모의 비약적 증대와 더불어 지방자치 제도도 활성화되고 있는 상황에서까지, 수자원과 직접적 관련성을 가지는 지방자치단체 및 지역 주민들은 배제한 채, 중앙 정부가 모든 수자원의 개발과 이용을 독점적으로 운용하고 있는 상황은 지방자치법적 관점을 떠나서도 결코 바람직하다고 할 수 없을 것이다.

게다가 현재의 수자원에 대한 중앙집권적 관리 구조와 관련하여서는, 중앙 정부의 물 관리 조직과 권한 자체가 횡적으로, 종적으로 모두 철저히 분산되어 있는 복잡한 체계를 이루고 있는 결과, 우리나라의 물 관리 업무를 매우 복잡·다난하게 만들 수밖에 없으며, 동시에 물 관리 정책의 수립 및 집행도 다단계적으로, 비효율적으로 이루어질 수밖에 없게 되었다는 비판이 일반적임을 고려할 때,[42] 중앙집권적 권한 구조의 장점으로 꼽히는 효율성의 면에서도 이미 그 타당성을 상실하고 있다고 할 것이다.

2) 지방자치단체의 참여의 부재

두 번째로, 중앙집권적 권한 구조 하에 지방자치단체의 관여 가능성

42_ 강원개발연구원, 《수자원관리와 지방자치단체―수리권 제도의 개념정립을 위한 기초연구―》, 2000. 12. 참조.

마저 봉쇄함으로써 지방자치단체의 참여권을 보장하지 못하는 문제를 지적할 수 있다. 법 원리적으로 수자원의 관리는 자치사무의 성격을 가지는 점에서 전권한성 및 자기 책임성을 내용으로 하는 자치권이 부여되는 것이 바람직함에도 현행 법제는 자치권은커녕 지역적 관련성을 가지는 지방자치단체의 관여 가능성 자체가 봉쇄된 경우가 허다하다는 점에서 문제가 있다. 현행 법제상 수자원의 관리·이용에 관한 법적 구조를 살펴보면, 다목적 댐 및 상수원수 전용 댐은 한국수자원공사법에 의해 한국수자원공사가, 발전용 댐은 전기사업법에 의해 한국전력공사 및 전기 사업자가, 농업용수는 농업기반공사법에 의해 농업기반공사가, 지하수·온천은 각 지하수법·온천법에 의해 토지 소유자 및 개발자가 향유하는 구조를 취하고 있는바, 결국 수자원의 관리·이용권은 각 관련 법령에 의하면 물 관련 공기업과 개인들이 이를 향유하며, 지역적 관련성을 가지는 지방자치단체에 대한 고려는 보이지 않는다.

따라서 수자원의 직접적인 관리 및 이용에 있어서는 물론, 그에 관련한 정책적 결정이나 집행에 있어 적절한 참여도 보장되지 않고 있는 현행의 수자원 관리 법제는 지방자치의 관점에서는 상당한 규범적 문제가 있다고 할 것이다. 특히 수자원의 관리를 국가사무로 전환하는 경우에도 지역적 관련성의 고려를 통해 적어도 관련 지방자치단체에 대한 참여권의 보장은 규범적으로 불가피하다 할 것이다.

3) 이해관계 조정의 부재

현행의 수자원 관리법제는 지방자치에 대한 고려가 없는 결과, 수자원과 관련한 지역 분쟁의 원인이 됨으로써[43] 사회적 갈등과 사회적 비용을 초래하는 문제점을 지적할 수 있다. 지역 분쟁의 구체적 유형 및 상황은 다르지만 이들은 기본적으로 수자원과 지역적 관련성을 가지는 지방자치단체들에 대한 자치권 보장 내지 이해관계에 대한 고려가 불충분한 데서 비롯되는 것이라 할 것인바, 수자원을 둘러싼 갈등 구조의 해소를 위한 협력 체제의 모색이 불가결하며, 이는 제도적으로 자치사무, 공동사무, 절차적 참여 등의 다양한 형태로 구체화될 수 있다.

같은 맥락에서 지방자치 법제와 직접적으로 관련성을 가지는 것은 아니지만, 이해관계 조정의 부재와 관련하여 원인자책임원칙의 법제화에 관한 문제가 제기될 수 있다. 수자원은 그 특성상 특정 지방자치단체에 국한하여 관련되는 것이 아니며 통상 다수의 지방자치단체들의 이해관계와 관련되는바, 이들 간의 분쟁 및 갈등 해결을 위한 원리로서 원인자책임원칙의 법제화를 모색할 필요가 있다. 특히 현행 법제의

43_ 수자원과 관련한 지역 분쟁의 유형 및 현황으로는, 첫 번째 유형으로 수계 수질 개선 및 상수원 보호 구역의 지정과 관련하여 발생된 분쟁 사례로서, 청도군의 운문댐과 수자원공사, 팔당댐 하류의 구리·하남시와 서울시, 경남 창원시와 진해시, 그 외에 경기도 고양시와 양주군, 충남 태안군과 서산시, 전북 전주시와 완주군 등의 분쟁이 대표적으로 지적된다. 두 번째 유형은 하천의 생태 환경 등을 고려한 하천 유지 유량 결정 및 지역 간 수리권 문제로서, 대표적인 분쟁 사례는 소양정수장 건설 및 기득 수리권과 관련한 춘천시와 수자원공사간의 분쟁, 장곡취수장 건설과 관련한 강원도의 영월군과 충북의 제천시간의 분쟁. 그 외에도 황강취수장 건설과 관련한 부산시와 경남 합천군의 갈등, 용담댐 건설 및 용수 배분과 관련한 전라북도와 충청남도의 갈등, 길안보 설치와 관련한 안동시, 대구시, 영천시, 포항시 등의 갈등이 들어지고 있다. 그 외에도 내린천댐, 동강댐, 지리산댐, 용담다목적댐, 대곡댐, 경남지역의 식수 전용 댐 등 댐 건설과 관련된 지역 주민 및 환경 단체와 건설교통부(수자원공사) 간의 갈등 문제 역시 끊임없이 소모적인 분쟁 상황을 연출하고 있으며, 광역 시설물, 즉 광역 상 수도 및 광역 홍수 방지 시설(고덕펌프장) 등과 관련해서도 시설 비용 분담 등과 관련해서 지역 간의 갈등이 빚어지고 있다(강원개발연구원, 《수자원관리와 지방자치단체―수리권 제도의 개념정립을 위한 기초연구―》, 2000. 12. 참조).

문제점으로 지적되는 수량 및 수질 통합 관리 원칙의 부재, 수리권의 배분 및 조정 원칙의 미비, 물 부족 시의 물 배분 우선권, 환경 비용 분담 원칙의 혼란 등 물 관리 원칙의 미확립은 지역 간 물 분쟁을 가속화하고 있는바, 이에 대한 적절한 대응의 필요성이 크다.

4) 수자원의 관리에 관한 통합적 기본법 제정의 필요성

마지막으로, 수자원 관리 법제에 대한 궁극적인 입법적 해결로서 가칭 수자원기본법 내지는 물관리기본법의 제정의 필요성을 언급하고자 한다. 수자원의 관리에 있어서는 하천, 지하수 등 그 규율 대상의 다양성 및 상이성은 물론, 수자원에 대한 수리권의 인정, 공법적 규율 등 그 이용 및 규제 형태의 다양성으로부터 현재 다양한 법 체계가 구성되어 있다. 물론 개별 법 체계를 통해 각 규율 대상 및 영역에 대한 구체적이고 적절한 규율 가능성이 존재하는 것은 장점이지만, 문제는 수자원에 대한 체계적이고 종합적인 보호와 관리를 어렵게 한다는 점이다. 현대 사회에 있어 수자원은 단순히 수리권의 대상일 수는 없으며, 그 자체로 인간의 생존 및 환경의 본질적 요소라 할 것인 점에서 미래 지향적인 종합적이고 체계적인 규율이 불가피하며, 그러한 점에서 지방자치법적 고려를 포함하여 수자원 관리 법제의 기본적인 방향과 틀을 제시하는 통합적인 기본법의 제정 필요성은 당연한 방향이라 할 것이다.

통합적 기본법 제정의 필요성과 관련하여, 이는 수자원의 관리를 국가사무로 이해하여야 하는 중요한 논거라고 보기도 하며, 그러한 논거

는 일응 타당성을 가진다. 다만 문제는 국가적 관리의 필요성이 지방자치적 차원의 자율성과 반드시 양단간의 선택의 문제는 아니라는 것이며, 지방자치 역시 환경법적 관점과 더불어 중요한 규범적 요소와 가치인 동시에, 물 인권의 최적의 적절한 보장을 위한 장치인 점을 고려할 때, 지방자치적 요소의 필요성 역시 부인할 수 없다. 따라서 수자원기본법의 제정에 있어서는 수자원의 개발과 이용 및 그 관리에 대한 기본 원칙과 방향을 천명하고, 그에 따라 개별 법제의 규율 방향을 제시하는 것이 필요한바, 지방자치에 대한 고려 역시 당연히 중요하게 요구된다. 물론 그 실체적 내용이라는 문제에 있어서는—수자원 유형의 다양성의 결과—획일적인 방향이 제시될 수는 없는바, 자치사무의 형태에서부터 당해 지역의 수자원의 관리에 대한 국가적 정책에 대한 참여권의 형태 등 다양한 규범적 제도화가 고려될 수 있을 것이다.

2. 현행 법제의 구체적 검토

1) 국가 주도적 규율 구조의 문제점

지방자치적 관점에서 볼 때, 수자원의 관리는 자치사무의 성격 내지 적어도 공동사무로서 절차적 참여가 보장되어야 함에도 불구하고 현행 법제의 대다수는 기본적으로 국가 주도적인 권한 구조를 원칙으로 하고 있는 점에서 지방자치법적 관점의 고려가 매우 부족하다.
가령 하천법의 경우, 하천에 대한 관리에 있어 국가 중심의 권한 구조를 통하여 지방자치의 본질과 취지를 충분히 고려하고 있지 못한 문제는 하천법 다수의 규정에서 지적할 수 있는바, 하천법은 동법의 적용대상인 '하천'에 국가하천과 지방자치의 대상인 지방하천을 같이 포함하면서(제2조 제1호), 지방자치단체는 하천에 대한 국가의 계획 및 시책에 따라 필요한 조치를 하여야 할 의무를 부과하고 있는바, 하천의 관리에 있어 지방자치단체를 국가에 대한 종속적 지위로 규정하고 있는 점에서(제3조),[44] 기본적 접근 관점에 문제가 있다고 할 수 있다.

한편 하천법은 하천을 국가하천과 지방하천으로 구분하면서, 국가사무에 해당하는 국가하천에 대한 선취권을 국토해양부 장관에게 부여하는 동시에(제7조 제2항), 국토해양부 장관이 지방하천을 국가하천으로 지정한 때에는 지방하천의 지정은 그 효력을 잃도록 하고 있는바[45]

44_ 하천법 제3조(국가 등의 책무) ① 국가는 하천에 대한 효율적인 보전·관리를 위하여 하천에 관한 종합적인 계획을 수립하고 합리적인 시책을 마련할 책무를 진다.
②지방자치단체는 국가의 시책에 따라 필요한 조치를 하고 그 관할 구역의 특성에 맞는 계획을 수립·시행하여야 한다.
45_ 하천법 제7조(하천의 구분 및 지정) ① 하천은 국가하천과 지방하천으로 구분한다.
②국가하천은 국토 보전상 또는 국민 경제상 중요한 하천으로서 다음 각 호의 어느 하나에 해당하여 국토해양부 장관이 그 명칭과 구간을 지정하는 하천을 말한다. <개정 2009.4.1>
1. 유역 면적 합계가 200제곱킬로미터 이상인 하천
2. 다목적 댐의 하류 및 댐 저수지로 인한 배수 영향이 미치는 상류의 하천
3. 유역 면적 합계가 50제곱킬로미터 이상이면서 200제곱킬로미터 미만인 하천으로서 다음 각 목의 어느 하나에 해당하는 하천
가. 인구 20만 명 이상의 도시를 관류(貫流)하거나 범람 구역 안의 인구가 1만 명 이상인 지역을 지나는 하천
나. 다목적 댐, 하구 둑 등 저수량 500만세제곱미터 이상의 저류지를 갖추고 국가적 물 이용이 이루어지는 하천
다. 상수원 보호 구역, 국립공원, 유네스코 생물권 보전 지역, 문화재 보호 구역, 생태·습지 보호 지역을 관류하는 하천
라. 그 밖에 범람으로 피해가 일어나는 지역으로서 대통령령으로 정하는 하천
③지방하천은 지방의 공공 이해와 밀접한 관계가 있는 하천으로서 시·도지사가 그 명칭과 구간을 지정하는 하천을 말한다.

(동조 제5항), 하천에 대한 국가의 선점권 및 국가하천의 규범적 우위성을 허용하고 있다.

그 외에도 하천수의 사용과 관련하여, 하천수의 사용 및 배분의 원칙을 대통령령에 의하도록 함으로써 국가 입법에 의한 규율을 원칙으로 하고 있으며(동법 제49조), 하천수의 사용허가(동법 제50조) 및 사용의 조정(동법 제53조)에 관한 권한을 국토해양부 장관에게 부여하는 동시에, 지방자치단체에 대한 일방적 비용 부담권을 인정하고 있는 점(동법 제61조) 등 국가 중심의 국가 주도적 규율 구조인 점에서 문제가 있다.[46]

지하수법도 기본적으로 국가 중심의 국가 주도적 규율 구조를 가지고 있는 점은 하천법과 마찬가지이다. 지하수법 역시 지하수에 대한

---

⑤국토해양부 장관이 지방하천을 국가하천으로 지정한 때에는 지방하천의 지정은 그 효력을 잃는다.

46_ 하천법 제49조(하천수 사용 및 배분의 원칙) ① 하천수는 타인의 권리와 공공의 이익을 침해하지 아니하고 물 관리에 지장이 없는 범위 안에서 사용되어야 하며, 모든 국민이 그 혜택을 고루 향유할 수 있도록 배분되어야 한다.
②제53조 제1항 제2호에 해당하는 때의 용수 배분의 우선순위는 대통령령으로 정한다.
제50조(하천수의 사용허가 등) ① 생활·공업·농업·환경개선·발전·주운(舟運) 등의 용도로 하천수를 사용하려는 자는 대통령령으로 정하는 바에 따라 국토해양부 장관의 허가를 받아야 한다. 허가받은 사항 중 대통령령으로 정하는 중요한 사항을 변경하려는 경우에도 또한 같다.
제53조(하천수 사용의 조정) ① 국토해양부 장관은 하천수의 상태가 다음 각 호의 어느 하나에 해당하여 하천수의 적정 관리에 지장을 줄 경우에는 하천수 사용자의 사용을 제한하거나 제50조에 따른 허가 수량을 조정하는 등 필요한 조치를 할 수 있다.
제61조(지방자치단체의 비용 부담) ① 국토해양부 장관은 국가가 부담하여야 하는 하천에 관한 비용의 일부를 대통령령으로 정하는 바에 따라 해당 하천공사나 하천의 유지·보수로 이익을 받는 시·도에 부담시킬 수 있다.
②국토해양부 장관은 시·도지사가 시행하는 하천공사나 하천의 유지·보수로 다른 시·도가 이익을 받는 경우에는 대통령령으로 정하는 바에 따라 해당 하천공사 또는 하천의 유지·보수에 필요한 비용의 일부를 그 이익을 받는 다른 시·도에 부담시킬 수 있다.

기본적 규율 권한을 국가에 부여하고 있으며(제3조),[47] 지하수관리기본계획의 수립권을 국토해양부 장관에게 부여하고 있다(동법 제6조). 다만 지하수관리기본계획의 수립 시에 미리 시·도지사의 의견을 듣도록 하여 일부 절차적 참여를 보장하고 있으며(동조 제5항), 지역지하수관리계획의 수립·집행은 시·도지사의 권한으로(동법 제6조의2), 지하수 개발·이용의 허가에 대해 권한은 시장·군수·구청장에게 부여함으로써(제7조) 외형상으로는 상대적으로 지방자치권에 대한 고려가 행해지고 있다. 그럼에도 현행 법제 및 실무상 지방자치단체장이 수행하는 사무는 기관위임사무로 취급될 여지가 많은 점에서 실질적인 지방자치의 고려인지는 의문이다.

현행 법제의 기본적 방향을 굳이 선해하는 경우, 수자원이 가지는 국가적 중요성에 따른 통일적이고 종합적인 관리 필요성에 대한 고려라고 볼 수 있을 수도 있으나, 그러한 합목적성의 요청만으로 헌법적으로 보장되는 지방자치에 대한 규범적 명령을 능가하는 공익이 존재한다고 보기는 어려운바, 합목적성의 요청에도 불구하고 지방자치 법제의 관점에서는 규범적으로 문제가 있다. 특히 국가 중심의 국가 주도적인 규율 구조는 아래서 살펴보듯이, 사무 배분의 원리의 기본적 출발인 점에서 문제의 소지가 더욱 크다고 할 것이다.

47_ 지하수법 제3조(국가 등의 책무) ① 국가는 공적 자원인 지하수를 효율적으로 보전·관리함으로써 모든 국민이 양질의 지하수를 이용할 수 있도록 지하수에 관한 종합적인 계획을 수립하고 합리적인 시책을 마련할 책무를 진다.
② 국민은 국가의 지하수 보전·관리 시책에 협력하고, 지하수 보전과 오염 방지를 위하여 노력하여야 한다.

2) 사무 배분 방식의 문제점

　지방자치에 있어 사무 구분의 문제는 자치권의 실제적 구현을 위한 중요한 전제로서, 현행 법제상 사무 구분은 사무이원론을 전제로 자치사무와 위임사무로, 후자는 다시 단체위임사무와 기관위임사무로 구분되는 바, 자치사무와 단체위임사무는 지방자치단체의 사무로서 취급되는 데 비해 기관위임사무는 자치권이 극도로 제약되는 점에서 지방자치의 본질상 문제가 있는 것으로 평가되고 있음은 주지의 사실이다.

　따라서 자치사무인지 기관위임사무인지의 구별은 자치권의 관점에서는 매우 중요한 문제가 되는바, 우리나라 판례는 사무 구분에 있어서는, 실정법제와 더불어 사무의 성질 등을 종합적으로 고려하여 구체적으로 판단하여야 한다는 입장으로,[48] 원론적으로는 타당하다.

　그러나 사무 구분의 기준에 관한 원론적 입장의 타당성에도 불구하고, 개별적 사안에 있어서 판례는 사무의 성질 등에 대한 종합적 판단보다는 당해 관련 법규의 문언에만 의존하는 경향이 있는바, 지방자치의 본질에 대한 고려 없이 문리적 해석에 그치고 있다. 가령, 4대강 살리기 사업에 관한 사무와 관련하여 헌법재판소는,

　"낙동강의 유지·보수 범위에 해당하는 부분을 따로 떼어내서 그에 대한 권한의 존부를 독자적으로 따질 수 있다 하더라도, **'국가하천**

---

[48]_ "법령상 지방자치단체의 장이 처리하도록 규정하고 있는 사무가 자치사무인지 기관위임사무에 해당하는지 여부를 판단함에 있어서는 그에 관한 법령의 규정 형식과 취지를 우선 고려하여야 할 것이지만 그 외에도 그 사무의 성질이 전국적으로 통일적인 처리가 요구되는 사무인지 여부나 그에 관한 경비 부담과 최종적인 책임 귀속의 주체 등도 아울러 고려하여 판단하여야 한다."(대법원 2001. 11. 27. 선고 2001추57 판결).

의 유지·보수' 역시 하천법 제27조 제5항 단서에 의거하면 국토해양부 장관이 시행 관리 책임을 맡고 있는 '국가사무'로서 각 시·도지사에게 기관위임되어 있는 사무에 불과하므로 '청구인의 권한'이라고 할 수 없어, 이 사건 처분으로 인하여 '청구인의 낙동강 유지·보수에 관한 권한이 침해될 가능성'은 없다."(헌법재판소 2011.08.30. 선고 2011헌라1 전원재판부)[49]고 보고 있으며, 하천부속물 관리 사무와 관련하여 대법원은,

"지방자치법 제5조 제1항 소정의 '구역 변경으로 새로 그 지역을

---

[49] 헌법재판소 결정의 이유는 다음과 같다. "위 법 규정 및 판례의 입장을 종합하여 살피건대, 4대강 사업 및 낙동강 사업은 국토해양부 장관이 관리하는 국가하천에 관한 하천공사이므로 일단 지방자치법 제11조 제4호 소정의 '국가하천에 관한 전국적 규모의 사무'로서, 법령에 특별한 규정이 없는 한 지방자치단체가 처리할 수 있는 아무런 권한이 없는 '국가사무'에 해당한다 할 것이다. 또한 지방자치단체가 자율적으로 처리하는 자치사무로서 지역 개발 사업, 지방 토목·건설사업의 시행, 지방하천 및 소하천의 관리, 지역 경제의 육성 및 지원 등이 예시되어 있긴 하나(지방자치법 제9조 제4호 가. 나. 아. 거. 목), 4대강 사업은 국토 전역에 걸쳐 전국적 규모로 시행되고, 정부에 의하여 일괄적으로 하나의 마스터플랜으로 확정되어 있으며, 그 사업 내용도 하천공사, 하천의 유지·보수공사, 하천 주변의 기타 부대 공사 등을 포괄하고 있어 국가하천을 둘러싼 복합적, 불가분적 공사 구조를 취하고 있는 사업이므로, 비록 해당 지방자치단체의 지리적 범위 내에서 진행되는 개발 사업이긴 하지만 공사 전체를 하나의 포괄적인 국가사업으로 보아야 할 것이다.
다만, 하천법 제27조 제5항에서 "하천공사와 하천의 유지·보수는 이 법에 특별한 규정이 있는 경우를 제외하고는 하천관리청이 시행한다. 다만, 국가하천의 유지·보수는 시·도지사가 시행한다."고 규정하고 있어, 국토해양부 장관이 시행책임을 지는 '국가하천'에 관한 '하천공사'와 '유지·보수' 중 '유지·보수'에 관한 사무가 해당 지방자치단체의 시·도지사에게 시행 권한이 위임되어 있긴 하나, 이 또한 기관위임사무에 불과하여(대법원 2008. 4. 24. 선고 2007다64600 판결 등 참조) 여전히 '국가사무'임에는 변함이 없다.
따라서, 4대강 사업 및 낙동강 사업은 단순히 하천의 점검·정비를 의미하는 '유지·보수' 차원을 넘어 하천의 신설·증설·개량 및 보수를 의미하는 '하천공사'뿐만 아니라 하천 주변의 기타 부대 공사 등을 포함하는, 국가하천을 둘러싼 종합 개발 사업으로서 '전체적으로 하나의 국가사무'라 할 것이지, 그 사업 중에 포함된 하천의 '유지·보수' 부분, 해당 지방자치단체 지역 내에서 진행되는 토목·건설 사업 부분만을 따로 떼어 낼 수 있음을 전제로 하여 그 부분의 성질을 독자적으로 규명할 수는 없다고 할 것이다."

관할하게 된 지방자치단체가 승계하게 되는 사무와 재산'은 당해 지방자치단체 고유의 재산이나 사무를 지칭하는 것이라 할 것이고, **하천부속물 관리 사무와 같이 하천법 등 별개의 법률 규정에 의하여 국가로부터 관할 지방자치단체의 장에게 기관위임된 국가사무까지** 관할 구역의 변경에 따라 당연히 이전된다고 볼 수 없다."(대법원 1991.10.22. 선고 91다5594 판결)

고 하여, 국가사무로 보고 있다.

한편 수자원의 관리와 직접 관련되는 것은 아니지만 '발전소주변지역지원에 관한 법률'에 따른 지원 사업과 관련하여 대법원 역시,

"발전소주변지역지원에 관한 법률은 지역 개발 외에 전원 개발의 촉진과 발전소 및 방사성 폐기물 관리 시설의 원활한 운영 도모를 그 목적에 포함시키고 있고(제1조), 위 법상 발전소 주변 지역에 대한 지원 사업은 한국전력공사가 전국의 각 주변 지역에 대한 장기 계획을 각각 수립하여야 하며(제9조), 지원 사업은 지방자치단체의 장 외에 위 공사도 그 시행 주체가 되어(제11조), 지원 사업의 내용에 따라 각각 나누어 시행하게 되어 있고(같은 법 시행령 제19조 내지 제25조), 사업 시행에 필요한 경비는 기본적으로 위 공사가 출연하여 운용·관리하는 기금에 의하여 충당하게 되어 있는 점을 고려할 때(제4조 내지 제7조), **위 법상 발전소 주변 지역에 대한 지원 사업은 지방자치단체별로 재정 능력에 따른 차등이 없이 통일적으로 시행하여야 할 국가사무에 해당하나 다만 당해 지역의 사정과 지방자치단체가 시행하는 다른 복지 시책과 밀접한 관련 하에서 시행할 필요가 있는 점을 고려하여 당해 지방자치단체의 장에게 시행을 위임한 기관위임사무에 해당한다.**"(대

법원 1999.09.17. 선고 99추30 판결)고 보고 있는바, 유사한 법 구조를 가지고 있는 '댐주변지역지원에 관한 법률'에도 그대로 적용될 여지가 크다.

이러한 판례의 입장을 전제로 할 때, 수자원 관리 법제의 대다수가 원칙적인 사무의 주체를 국가 기관으로 하고, 이를 지방자치단체의 장에게 위임하는 구조를 취하고 있음을 고려하면, 결국 수자원 관리 사무는 대부분 기관위임사무에 해당할 수밖에 없으며, 결과적으로 지방자치권에 대한 고려는 사실상 불가능한 것이 될 수밖에 없다. 따라서 지방자치의 본질을 고려한다면, 단순히 법령의 문언상 단체장에게 위임되어 있다는 형식 논리로서 기관위임사무로 판단할 것은 아니며, 자치사무는 아니라 하더라도 적어도 단체위임사무로 이해하여 지방자치단체에 대한 자율권의 확대를 모색하는 것이 바람직하다 할 것이다.

앞서 살펴본 바와 같이, 현행 하천법 및 지하수법 역시 하천수 및 지하수의 관리를 기본적으로 국토해양부 장관의 소관 사무로 하고 있는바, 실제적으로 지방자치단체의 의해 사무가 수행되는 경우에도 기관위임사무로 취급될 여지가 많은 점에서, 지방자치권의 실질적 구현의 가능성은 크지 않다고 할 것이다.

사무 권한이 없는 자치라는 것은 있을 수 없는바, 지방자치단체에 대한 사무 배분, 특히 자치사무의 보장은 지방자치의 실질적 보장을 위한 본질적 문제라 할 것이다. 그러한 점에서 수자원의 관리에 관한 지방자치단체의 자치권의 보장에 대한 충실한 고려가 필요한바, 사무 배분의 기준을 관련 법령의 문언에 의존하는 판례의 경향을 고려할 때, 수자원의 관리 권한을 법령의 의해 국가 기관이 선취하고 있는 현행의 법제들은 지방자치의 관점에서는 개선의 여지가 있다고 할 것이다.

3) 지방자치단체 및 주민의 참여의 문제점

(1) 국가적 규율에 대한 지방자치단체의 절차적 참여 제한

현행 수자원 관리 법제는 수자원의 관리를 기본적으로 국가 중심의 국가사무로 규율하고 있으면서도, 지역적 관련성을 가지는 지방자치단체에 대한 절차적 참여의 고려마저 없다는 점에서 지방자치 법제상으로는 문제가 있다. 물론 계획 법제를 취하고 있는 법제의 경우에 있어서는 계획 수립에 대한 일정한 참여 절차를 규정하고 있으나, 수자원 관리의 지역적 중요성을 고려할 때, 헌법상 보장된 지방자치의 취지에는 매우 미흡한 것으로 보인다.

가령, 하천법은 하천을 국가하천과 지방하천으로 구분하여 각각 국토해양부 장관과 관할 시·도지사를 관할 행정청으로 하면서도(제8조), 하천 중 국가사무에 해당하는 국가하천에 대한 선취권을 국토해양부 장관에게 부여하는 한편(제7조 제2항), 국토해양부 장관이 지방하천을 국가하천으로 지정한 때에는 지방하천의 지정은 그 효력을 잃도록 함으로써(동조 제5항), 하천에 대한 국가의 선점권 및 국가하천의 규범적 우위성을 허용하고 있다. 그럼에도 이와 관련하여 관련 지방자치단체에 대한 최소한의 절차적 참여도 인정하고 있지 않은 점에서 지방자치권에 대한 침해의 소지가 있다고 할 것이다. 같은 맥락에서, 하천 관리의 기본적 방향성을 제시하는 수자원장기종합계획(동법 제23조), 유역종합치수계획(동법 제24조)과 관련하여 조사 및 계

획 수립 권한을 국토해양부 장관이 부여하면서, 그와 관련하여 지방자치단체의 참여권의 보장을 규정하고 있지 않은 점 역시 문제가 있다.

지하수법 역시 계획 법제를 취하고 있는바, 지하수관리기본계획의 수립권을 국토해양부 장관에게 부여하여 국가 주도적 권한을 인정하고 있다(동법 제6조). 다만 지하수관리기본계획의 수립 시에 미리 시·도지사의 의견을 듣도록 하여 일부 절차적 참여를 보장하고 있으며(동조 제5항), 지역지하수관리계획의 수립·집행은 시·도지사의 권한으로 함으로써(동법 제6조의2), 상대적으로 지방자치권에 대한 고려를 행하고 있으나, 외형상 참여에 비하여 실질적인 지방자치권의 보장이 될 수 있는지는 의문이다.

특히 판례상으로도 참여를 통한 지방자치권의 보장은 소홀한 것으로 보이는바, 지방자치단체에 상수도 정수 시설 비용을 부담하도록 한 법률 규정에 대하여 지방자치단체의 주민이 제기한 헌법 소원과 관련하여 헌법재판소는,

"충주 댐 광역 상수도의 정수 시설 설치 비용을 부담하는 자는 위 상수도의 물을 공급받는 수도 사업자인 충주시 등 10여 개 지방자치단체이며, 밀양 댐 광역 상수도의 경우는 밀양시 등의 지방자치단체임이 명백하고, 따라서 **위 충주시, 밀양시에 거주하는 주민들에 불과한 청구인들이 위 법률 조항에 의한 비용 부담을 하는 것이 아니며**, 달리 위 법률 조항이 청구인들에게 직접 적용된다고 볼 자료도 없다. 뿐만 아니라 위 법률 조항으로 청구인들에게 영향이 있다 하더라도 이는 모두 **위 충주시나 밀양시가 위 정수 시설 설치 비용을 부담하게 됨으로써 발생하는 시 재정 악화에 따라 그 지역 주민들에게 끼쳐지는 간**

접적, 사실적 또는 경제적 불이익에 불과한 것이어서 이러한 사정만으로는 청구인들의 기본권이 현재, 그리고 직접적으로 침해당한 경우라고 할 수 없다."[50]고 판시하고 있으나, 지방자치의 본질을 고려한다면 지방자치단체의 비용 부담과 주민의 비용 부담이 별개의 문제인지는 의문이며, 그러한 점에서는 오히려 소수 의견인 반대 의견[51]이 더 타당하다고 보인다.

(2) 기관위임 형식으로 인한 지방 의회의 관여 제한

앞서 살펴본 바와 같이, 수자원의 관리에 있어 국가 중심의 규율 법제는 지방자치단체의 의한 사무 수행이라도 기관위임사무로 이해하게 되는 바, 기관위임사무에 대해서는 지방 의회의 조례 제정이 허용되지 않으며,[52] 감사도 제한된다. 따라서 현행 법제에서는 수자원에 대한 국가적 규율 자체에 대해서도 지방자치단체의 관여는 허용되지 않으며, 지방자치단체가 실제적으로 사무를 수행하는 단계에 있어서도 지방자

50_ 헌법재판소 2000.11.30. 선고 2000헌마79·158(병합) 전원재판부.
51_ 재판관 이영모의 반대의견 "위 법률 조항은 상수도의 물을 공급받는 수도 사업자(이 사건의 경우, 지방자치단체인 충주시, 밀양시)를 규율 상대방(수규자)으로 삼고 있으나, 그 설치 비용은 수도 요금으로 주민들에게 전가(轉嫁)하게 되므로, 실질적인 면에서 보면 그 주민들(청구인들)이 위 법률 조항의 규율 상대방이다. 또한 위 법률 조항은 그 자체에서 설치 비용 부담의 법적 의무가 현재·직접적으로 지방자치단체에게 있음을 명시하고 있고, 그 지방자치단체가 위 법률 조항에 대한 위헌 여부를 다툴 수 있는지 분명하지 아니하므로, 현재성과 직접성 또한 있다고 보는 것이 합리적인 해석이다. 국회에서 만든 법률이 국민의 권리를 제한하거나 의무를 부담하게 하는 등 기본권을 침해하는 경우 이의 위헌 여부를 심사한다는 것은 헌법의 명령이므로, 위 법률 조항을 다수 의견처럼 자기 관련성, 현재성, 직접성을 부정하여 헌법재판소의 통제 범위 외에 둘 것이 아니라 마땅히 본안에 들어가서 그 당부를 판단해 주는 것이 옳다."
52_ 대법원 1999. 9. 17. 선고 99추30 판결.

치단체의 관여가 허용되지 않는 결과가 되는바, 지방자치단체의 지역적 관련성의 고려가 원천적으로 봉쇄되는 문제점이 있게 된다.

(3) 주민의 실질적 참여의 제한

물에 관한 권리의 기본권성을 전제로 할 때, 기본권의 최대한 보호는 헌법상의 규범적 명령이다. 특히 침해에 앞선 청문 명령은 법치 국가의 원리로부터 당연한 명령이라 할 것인바, 그럼에도 불구하고 수자원에 대한 이해 당사자이자 기본권 주체인 주민에 대해 의사 결정 과정에 대한 참여를 보장하지 않는 것은 법치주의에서는 물론 기본권의 충실한 보호라는 관점에서 규범적으로 문제가 있다.

물론 물 기본권의 기본권성 자체가 모호하며, 기본권성을 인정하는 경우에도 그 자체로 구체적인 권리는 아니며, 법률에 의한 구체화가 필요한 추상적 권리인 점에서 참여의 한계가 있을 수 있으나, 추상적 권리 역시 헌법 재판에 있어 국가 기관의 행위의 합헌성을 심사하는 통제 기준이 되는 동시에,[53] 상황에 따라서는 최소한의 내용을 요구할 수 있는 구체적인 권리가 직접 도출될 수 있다는 점에서[54] 물 인권 내지 물 기본권의 최대한 보호를 위해서는 주민에 대한 참여의 보장에 대한 입법적 고려의 필요성이 크다.

이러한 요청은 규범적으로 볼 때 기본권의 관점에서뿐 아니라, 지방자치가 참여를 본질로 하는 민주주의적 요청에 기반한 제도인 점에서

53_ 헌법재판소 1997. 5. 29, 94헌마33 전원재판부.
54_ "인간다운 생활을 할 권리로부터는 인간의 존엄에 상응하는 생활에 필요한 '최소한의 물질적인 생활'의 유지에 필요한 급부를 요구할 수 있는 구체적인 권리가 상황에 따라서는 직접 도출될 수 있다."(헌법재판소 1995.07.21. 선고 93헌가14 전원재판부).

주민의 직접 참여의 확대는 지방자치 법제상으로도 당연한 방향성이라 할 것이다.

제7장 결론

《강대국의 흥망》이라는 책의 저자 폴 케네디 예일대 석좌 교수는 최근의 한 포럼에서 "지금은 물 문제에 따른 인류의 흥망을 고민하고 대책을 세울 때"라고 전제하면서 "오늘날의 강대국의 조건은 담수를 얼마나 잘 관리할 수 있느냐에 있다"고 강조했다고 한다.[55]

폴 교수의 지적이 아니더라도 현대 사회에서 물 문제의 중요성은 더 이상 재론의 여지가 없다고 할 것이다. 180년 전 10억 명이던 세계 인구는 현재 70억 명을 넘어섰고, 그에 따라 물 수요는 인구 증가보다 더 빠르게 증가할 것이라고 예상되고 있다. 각종 산업화에 따른 인구 증가와 도시화 등으로 물, 특히 담수의 사용은 빠르게 증가해 통제 불능 상태에 이르고 있는바, 물의 수요와 공급이 균형을 잃으면 강대국이든 약소국이든 국가 존립이 불가능하다는 예상이 더 이상 공허한 낯선 얘기로 들리지는 않는다.

특히 우리나라는 물 부족 국가로 분류되고 있으면서도 아직은 국민의 일상생활에 있어 현실적인 물 문제의 등장이 없었다는 점에서 사회적 인식은 매우 무딘 것으로 보이는바, 근래 들어 반복되는 홍수와 가

---

[55]_ 동아일보, 2012년 9월 21일자, A13면.

품의 피해 등은 이에 대한 사전의 적절한 관리와 대비의 필요성을 여실하게 보여주는 것이라 할 것이다.

현대 사회에 있어 물의 문제는 물을 필요로 하는 생명체들에 있어 절대적인 물 부족에 직면하고 있다는 양적인 측면의 문제와 더불어 인간의 생존을 위하여 필수적인 깨끗한 물이 필요하다는 질적인 측면의 문제가 공존한다. 유엔의 보고서에 의하면 전 지구상에서 약 12억의 인구가 물 자체의 부족을 호소하고 있으며, 약 24억은 마실 물이 존재하기는 하지만 수질이 좋지 않은 물을 공급받고 있는 것으로 확인되고 있다고 한다.[56] 현재 인류가 당면하고 있는 물 위기는 생태적 자원 보호, 지속 가능하며 통합적인 물 관리에 대한 필요성은 물론, 물에 대한 접근권과 배분적 정의 특히 이른바 물 인권에 대한 법적 논의를 촉발시키고 있다.

그러나 물 인권에 대한 규범적 논의는 물 인권 자체에 그쳐서는 안 되며, 물 인권을 구체화하고 이를 최대한 보장할 수 있는 법제화에 대한 논의를 포함할 때 규범적으로 완성된다고 할 것이다. 그러한 점에서 볼 때, 결국 인간의 생존, 국가의 흥망과 직결되는 물의 문제는 현대 국가 체계에서 단순히 개인의 사적인 영역의 대상일 수는 없으며, 그 자체로서 공공재로서의 성격 및 공익과의 관련성에서 행정에 의한 공적 규율의 필요성은 불가피하다. 거기에 한 걸음 더 나아가 그러한 행정의 배분의 방향에 있어 지방자치의 고려는 당연한 규범적 명령인 바, 국가적 규율의 필요성을 법제화하는 경우에도 지방자치단체의 원칙적 자율성에 대한 고려 역시 당연히 필요하다.

56_ 김성수, "물기본권에 관한 연구", 《환경법연구》 제34권 1호, 235면.

따라서 수자원의 관리 법제에 있어서도 물 인권에 대한 기본권 보호 주체로서 일차적이고 근거리 책임을 담당하는 지방자치단체에 대해 최대한의 자율권을 보장하는 방향으로의 법제 개선이 필요하며, 그것이 기본권의 최대한 보장이라는 헌법상의 규범적 명령에 충실하는 것인 동시에 또 다른 헌법적 명령인 수자원 관리 영역에서 지방자치의 실현을 도모하는 것이라 할 것이다.

참고 문헌

김동희, 《행정법 Ⅱ》, 박영사, 2011.
박균성, 《행정법론(하)》, 박영사, 2011.
법제처, 《헌법주석서Ⅳ》, 2010. 2.
홍정선, 《신지방자치법》, 박영사, 2009.
_____, 《행정법원론(하)》, 박영사, 2010.
강일신, "수자원의 법적 성격에 관한 고찰", 《저널 물 정책·경제》 제19호, 2012.
강정혜, "물환경 선진화를 위한 법적 과제", 《환경법연구》 제26권 2호.
김동건, "수리권제도―하천의 수리권을 중심으로―", 《환경법연구》 제26권 2호.
_____, "지역주민의 수리권보장방안―댐 및 하천용수를 중심으로―", 《강원법학》 제24권, 2007.
김병기, "수도사업의 효율화 방안과 관련 법·제도 정비", 《환경법연구》 제26권 2호.
김성수, "물기본권에 관한 연구", 《환경법연구》 제34권 1호.
_____, "수리권의 법적 근거와 한계", 《토지공법연구》 제43집 제1호.
소병천, "물관리기본법의 제정 필요성과 그 방향 및 내용", 《환경법연구》 제25권 2호.
예종덕, "수자원의 관리와 수법의 과제", 《법학논총》 단국대학교 법학연구소 제20집, 1995.
이상헌, "국가주의적 수리권에서 민주주의적 수리권으로", 《환경과 생명》 56, 2008. 6.

이제봉·권형준, "수리권의 법적 성질 및 의미", 《저널 물 정책·경제》 제12호, 2009.

전재경, "합리적 물 관리와 유역별 협력체계 구축을 위한 법적 과제", 《환경법연구》 제26권 2호.

조성규, "지방자치제의 헌법적 보장의 의미", 《공법연구》 제30집 제2호, 2001. 12.

_____, "지방자치의 보장과 헌법개정", 《공법연구》 제34집 제1호, 2005. 11.

_____, "행정구역개편을 통한 통합형 지방자치단체의 사무개편을 위한 법적 과제", 《지방자치법연구》 제10권 제1호, 2010. 3.

조태제, "하천관리조직의 제도적 정비방안", 《환경법연구》 제25권 2호.

최용전, "'깨끗한 물을 먹을 권리'에 대한 헌법적 검토", 《토지공법연구》 제43집 제2호.

함태성, "지하수의 체계적 보전·관리를 위한 입법적 검토", 《환경법연구》 제32권 1호.

Burgi, *Kommunalrecht*, 2. Aufl., 2008.

Baumgartner, "Wasserrecht", in: Bachmann, Baumgartner, Feik, Giese, Jahnel & Lienbacher(Hrsg.), *Besonderes Verwaltungsrecht*, 2008.

Sachs, *Grundgesetz Kommentar*, 2. Aufl., 1999.

Schmidt-Bleibtreu & Klein, *Kommentar zum Grundgesetz*, 9. Aufl., 1999.

Schmidt-Aßmann, "Kommunalrecht", in: ders.(Hrsg.), *Besonderes Verwaltungsrecht*, 11. Aufl.

Tettinger, Erbguth & Mann, *Besonderes Verwaltungsrecht*, 10. Auflage, 2009.

09.
물 인권과 물 관리 거버넌스

김창수

제1장 서론

제2장 이론적 배경
1. 선행 연구의 검토
2. 물 인권 보장을 위한 물 관리 거버넌스 논의
3. 분석 틀

제3장 우리나라 물 관리 거버넌스의 분석
1. 과도하고 다양한 행위자의 참여와 높은 거래 비용
2. 행위자의 과잉·과소 자율성과 분절적 연계망
3. 낮은 수준의 자원 의존성과 신뢰로 인한 상호 부적응
4. 제도의 정당성과 수용성 미흡

제4장 물 관리 거버넌스 구축을 위한 구조 조정 방안
1. 벤치마킹 포인트
2. 조직 개편과 구조 조정의 이론적 근거
3. 구조 조정과 기능 조정의 단계적 시나리오
4. 평가와 논의

제5장 결론

제1장 서론

2010년 7월 28일 유엔총회의 물 인권 결의 이후 각국 정부는 자국 또는 개도국 국민의 물 인권을 보장하기 위한 차원에서 물 관리 거버넌스 개편에 대한 논의를 진행하고 있다.[1] 각 국가에서 헌법적으로 물 인권을 구현할 경우 생성되는 물 기본권이란 모든 국민이 자신의 생존에 필수적인 최소한도의 위생적인 물을 사용할 수 있도록 국가에 요구하거나 국가 또는 제3자로부터 이에 대한 자유로운 이용을 방해받지 않을 권리를 의미한다.[2] 이는 기후 변화로 인해 빈국과 저소득층이 안정적으로 위생적인 물을 충분하게 공급받기 어렵게 된 현실을 배경으로 한다.

물에 관한 권리는 다른 인권의 실현을 위한 선행 요건이며, 모든 국민은 충분한 양의 안전한 음용수에 차별받지 않고 평등하게 접근할 수 있어야 한다. 이때 국가는 개인적이고 가정적인 용도를 다른 용도보다 우선하여야 하며, 충분한 양의 물이 양질의 상태에 있게 하고 모든 이들에게 공급될 수 있도록 하며, 한 개인의 집으로부터 합리적 거리 내에서 획득할 수 있도록 조치를 취해야 한다.[3] 물 인권(human right to water)에 대한 논의는 비록 충분하지는 않지만, 세계 도시들의 물

1_ 고문현, "물과 관련한 국제적 논의의 동향 및 UN총회(2010.7.28) 물인권 결의", 《법제 (2012. 6)》, 2012.
2_ 김성수, "물기본권에 관한 연구", 《환경법연구》, 34(1), 2012.
3_ Office of the UN Commissioner for Human Rights, *The Right to Water*, September 2007.

위기를 해결할 수 있는 필수적인 전략으로 이해한다. 왜냐하면 강압적인 방법에 비해 비록 유연하기는 하지만 물 인권 보장을 위해 정부든 민간 기업이든 모든 물 공급 행위자들은 물 공급에 대한 책임감과 의무를 지게 되기 때문이다.[4] 가령 영국에서 물 산업이 민영화되어 있을지라도 물 기업들은 정부로부터 각종 규제를 받게 되는데, 이처럼 민간 기업 역시 물 공급 책임에서 자유로울 수 없는 이유는 물의 인권적인 요소 때문이라고 할 수 있다. 이처럼 물 인권이 모든 국민에게 현실적으로 적용되기 위해서는 좋은 물 공급 전달 체계와 거버넌스가 요구되기 때문에 본 연구에서는 물 인권을 실현할 좋은 거버넌스를 모색하고자 하는 것이다.

현재 우리나라 물 관리 업무를 담당하는 중앙 부처로는 수질 관리를 총괄하는 환경부, 수량 관리를 총괄하는 국토해양부, 농업용수를 관리하는 농림수산식품부, 재난과 소하천을 관리하는 행정안전부, 발전용 댐을 관리하는 지식경제부 등 5개 부처가 있으며, 기타 기획재정부, 교육과학기술부 등은 간접적으로 지원 기능을 담당하고 있다. 1997년 탄생한 물 관리 정책 총괄 조정 기관인 물관리정책조정위원회와 이를 실무적으로 뒷받침하고 사무국의 기능을 수행하던 수질개선기획단이 2005년 폐지되면서 정책 조정 기능 역시 불완전한 상태이다.[5]

그런데 우리나라의 현행 물 관리 체계는 중앙의 5개 부처로 다원화

---

[4] Bakker, Karen, *Privatizing Water: Governance Failure and the World's Urban Water Crisis*, Ithaca and London: Cornell University Press, 2010, pp. 135-161; 김성수, "물기본권에 관한 연구",《환경법연구》, 34(1), 2012.

[5] 물론 기후 변화를 고려하면 '먹는 물'뿐만 아니라 홍수 피해에 대한 치수 문제 역시 물 인권 문제에 포함해야 한다. 만약 물 문제를 심각한 위기로 인식할 경우 주관 부서와 촉진자가 명확한 수직적인 물 관리 체계가 더 효율적일 수 있다.

되어 있어 정책의 연계성이 미흡하고, 부처 간 업무 한계가 불분명하여 중복이 발생하고 있기 때문에 이를 어떻게 통합하고 연계할 것인가는 매우 화급한 과제이다. 그러나 물 관리 체계의 통합에 대한 기본 전제에는 모든 부처와 전문가들이 동의하지만, 어떤 체계로 혹은 어느 부처가 중심이 되어 이를 실현할지에 대해서는 입장 차이가 큰 것으로 판단된다. 더불어 각 부처가 고유 업무를 수행하면서 고착화된 이해관계로 인한 관성(inertia) 혹은 경로 의존성(path dependence)뿐만 아니라 오랜 기간 내재된 정책 프레임이 견고하기 때문에 국가 차원의 합의 형성이 어려운 것으로 평가된다.

따라서 본 연구에서는 관련 5개 중앙 부처와 소속 기관 및 산하 기관의 관계자들과 관련 전문가들을 대상으로 심층 면담을 실시하여 우리나라 현행 물 관리 체계의 문제점을 분석하고, 바람직한 물 관리 거버넌스 구축 방안을 제시하고자 한다. 본 연구를 통해 먼저 다원화된 물 관리 체계를 유지하고 있는 미국과 일본의 장단점을 분석하고, 프랑스, 독일, 영국 등과 같이 환경 부처를 중심으로 통합된 물 관리 시스템을 유지하고 있는 국가들의 장단점을 분석하고자 한다. 그리고 '정부조직법'상 물 관리 기능을 누가 담당할 것인가는 물론 관련 조직을 가능한 한 통합할 것인지 아니면 분권적 협력 체제로 갈 것인지에 대한 구조 조정과 기능 조정 방안을 제시하고자 한다.

제2장 이론적 배경

1. 선행 연구의 검토

첫째, 물 인권에 관한 다양한 연구를 들 수 있다. 글레이크는 개발도상국의 10억 명의 인구가 안전한 식수를 공급받지 못하고 있고, 30억 명은 위생적인 물 공급 시스템이 없어 수인성 질병에 시달리고 있는데, 이는 국제 원조 기구와 각국 정부 그리고 지방 조직들이 제대로 기능을 하지 못하고 있기 때문이라고 한다. 따라서 정부, 국제 원조 기구, 비정부 기구(NGO), 지역 공동체가 국제법이 지지하는 기본권인 물 인권을 보장할 책임을 져야 한다고 주장한다.[6] 랑포드는 극빈자의 물 접근권을 염두에 두면서 물을 상품으로 보기보다는 공공 접근이나 사회적 접근을 통해 누구나 접근이 가능해야 한다고 한다. 그는 유엔의 '물 인권에 관한 일반논평(General Comment on the Right to Water)'을 논의하면서, 각국은 정책 결정과 집행을 통해 차별 없이 물 인권을 존중하고 보호하고 완수해야 할 국제법적 책무를 가진다고 주장한다.[7] 김성수는 현재 인류가 겪고 있는 물 위기는 생태적 자원 보호, 지속 가능하며 통합적인 물 관리, 물에 대한 접근권과 배분적 정의, 그리고 특히 이른바 물 기본권의 법적 내용에 대해서 환경법적, 인권적 측면의 논의를 촉발시키고 있다고 한다. 그리고 이러한 국제적 논

6_ Gleick, Peter, "The Human Right to Water", *Water Policy*, Volume 5, 1999.
7_ Langford, Malcolm, "The United Nations Concept of Water as a Human Right: A New Paradigm for Old Problems?", *Water Resources Development*, 21(2), 2005.

의는 경제, 사회, 문화적 권리에 대한 국제협약(유엔 사회협약) 제11조와 제12조에 그 토대를 가지게 되었다면서, 일반논평 제15호에서 이를 위한 국제 사회의 구체적인 법적 의무를 명시하였다고 한다.[8] 그러면서 그는 헌법적으로 물 기본권이란 모든 국민이 자신의 생존에 필수적인 최소한도의 위생적인 물(1인당 하루 깨끗한 물 20리터)을 사용할 수 있도록 국가에 요구하거나 국가 또는 제3자로부터 이에 대한 자유로운 이용을 방해받지 않을 권리라고 그 개념을 정의한다. 그러므로 인간 존엄과 최저 생존권 보장을 위한 기본권 보호 의무를 근거로 국가는 (지방) 상하수도의 민영화 또는 시장 자유화가 이루어지는 경우에 물을 대상으로 하는 국민과 민간 사업자 간의 사법상 법률관계를 형성함에 있어서도 인간 존엄, 인간다운 생활을 할 수 있는 최저 생존권이 보장될 수 있도록 입법적인 배려 의무를 부담한다고 한다.[9] 김정인은 세계적으로 약 10억 명의 인구가 상수도 서비스를 받지 못하고, 약 30억 명의 인구가 하수도 서비스를 받지 못하고 있는 실정이며, 약 9억 명이 깨끗한 물에 대한 접근권이 없으며, 26억 명 이상이 기본적인 위생에도 접근 못한다고 한다. 그리고 물 및 위생과 관련된 질병으로 매년 약 150만 명에 달하는 5세 미만 어린이가 죽어가는 실정이라고 한다.[10] 한편 국제연합아동기금(UNICEF)과 세계보건기구(WHO)의 2011년 보고서[11]에 의하면, 1990년에서 2008년 동안 전 세계 인구

8_ United Nations, "General Comment 15", *The Right to Water*, The Economic and Social Council, E/C.12/2002/11, 2003.
9_ 김성수, "물기본권에 관한 연구", 《환경법연구》, 34(1), 2012.
10_ 김정인, "물 인권의 국제적 현황", 《2012 춘천 국제 물 포럼 논문집》, 2012.
11_ UNICEF & WHO, *Drinking Water Equity, Safety and Sustainability*, 2011.

의 음용수 이용 가능 인구가 77%에서 87%로 증가했다. 개도국의 경우 1990년에서 2008년 동안 음용수 이용 불가율이 29%에서 16%로 하락하였다. 현재 속도로 진행 시 6억7천2백만 명의 인구만이 2015년까지 음용수 이용 접근이 불가능할 것으로 예측하였다.

둘째, 많은 학자들은 물 관리 거버넌스의 실패 때문에 물 인권의 보장이 제대로 이루어지지 않고 있다고 평가하고 있다.[12] 물 인권에 관한 논의의 핵심이 물 공급 시스템이 제대로 갖추어져 모든 사람에게 제대로 물이 공급되어야 한다는 점이기 때문이다. 1980년대 이후 신자유주의 바람이 불면서 물 공급은 정부뿐만 아니라 민간 기업도 함께 담당해야 한다는 민영화의 흐름이 지속되었다. 우리나라에서는 물 산업 육성의 관점에서 정부와 민간 기업의 역할을 논의하고 있다. 김창수는 우리나라 물 산업의 발전을 위한 협력 체계로서 어떠한 거버넌스가 합리적인지를 분석하고자 하였다. 그는 현재 우리나라 물 산업의 성과가 다소 미진한 이유는 물 산업 발전을 위한 거버넌스의 합리성 수준이 구조와 운영 측면에서 모두 비교적 낮았기 때문이라는 진단을 하였다. 즉, 아직까지는 물 산업에 민간 기업이 제한적으로 참여하고 있고, 각 정부 부처는 과잉된 자율성 때문에 강한 연계망을 형성하지 못하고 있고, 소속 공공 기관 역시 단절된 연계망으로 인해 물 산업 발전이라는 큰 그림에 완전한 부분으로 자리 잡지 못하고 있는 것으로 평가했다. 따라서 미래 잠재력이 높은 반면 세계 경쟁이 치열한 물 산업을 육성하기 위해서는 범부처 차원의 협력이 필요한 동시에 여러 부처에 산재된 기능을 주관 부처를 중심으로 조정하면서 정부와 민간과의 협력 거

12_ Bakker, Karen, *Privatizing Water: Governance Failure and the World's Urban Water Crisis*, Ithaca and London: Cornell University Press, 2010.

버넌스를 구축하여 그 역량을 집중적으로 확충할 것을 제안했다. 그리고 그는 정부의 합동 계획을 실현시킬 '물산업육성법(안)'이 제정되어 신뢰와 협력의 기반을 제공할 것을 제안하고 있다.[13]

셋째, 개발 부처와 보전 부처의 기능과 물 관리 체계에 관한 다양한 국내 연구를 들 수 있다.[14] 김창수는 우리나라가 아직 1인당 국민 소득 2만 달러에 이르지 못한 것을 전제로 노무현 정부 당시 건설교통부와 환경부의 관계에 초점을 맞추어 먼저 구조적인 측면에서 개발과 보전 부처가 균형 잡힌 힘을 바탕으로 상호 견제와 비판 기능을 유지하는 것이 오차 제거와 합의 도달에 유리하며, 정책 집행 이후 정부와 시민 사회의 갈등을 최소화하는 방안이라고 평가하였다. 그리고 시간의 관점에서 건교부는 통합이 완성되어 성숙기에 이르렀기 때문에 추가적인 기능 조정을 원하지 않고, 환경부의 경우 1994년 환경부로 승격한 이후에도 아직 수자원 관리 기능과 국토 관리 기능을 통합하지 못하여 성장기에 머물러 있기 때문에 기능 조정을 요구하는 것으로 분석했다. 마지막으로 프레임 관점에서 건교부와 환경부는 문화적 지향에서 차이가 많이 나기 때문에 고유한 문화를 인정하고 의미를 공유하기 위한 인사 교류 활성화 방안을 제안하였다.[15] 박용성은 포스트 4대강 사업을 고려한 물 관리 체계 개선 방안을 환경부와 국토해

13_ 김창수, "물산업의 합리적 거버넌스 구축방안", 《물 정책·경제》, 제18호, 2011.

14_ 박창근, 《기후변화 대응과 녹색성장을 위한 새로운 환경거버넌스 구축방향》, 한국환경정책·평가연구원, 2009; 최동진, "물값 갈등과 물관리 체계", 《물은 누구의 것인가?》, 서울환경운동연합 주최 토론회, 2012.

15_ 김창수, "개발과 보전을 둘러싼 정책갈등과 정책조정: 건설교통부와 환경부의 관계를 중심으로", 《행정논총》, 45(3), 2007.

양부의 물 관리 기능의 조정과 통합적 수자원 관리·유역 관리의 관점에서 제시하고 있다.[16]

2. 물 인권 보장을 위한 물 관리 거버넌스 논의

코피 아난(Kofi Annan) 당시 유엔 사무총장은 안전한 물에 대한 접근은 인간의 기본적인 욕구이며 기본적인 인권(Access to safe water is a fundamental human need and therefore a basic human right)이라고 선언한다. '물과 위생에 관한 인권'이라는 표제로 2010년 7월 28일 유엔총회에서 채택한 결의(resolution)에서는 물 인권의 문제가 더욱 부각된다. 이러한 물 인권의 보장을 위해서는 안전한 물이 모든 국민들에게 효율적이고 안전하게 공급되어야 하며, 정부와 민간 기업 그리고 공동체의 협력과 역할 분담 등을 통해 물 공급 구조와 과정이 합리적이어야 한다. 물 인권의 보장을 위한 중요한 수단으로서 물 관리 거버넌스를 논의하는 이유가 여기에 있다. 그러면 좋은 거버넌스(good governance)란 무엇일까?

첫째, 좋은 거버넌스는 정치적·사회적·경제적 우선순위의 결정이 사회의 폭넓은 합의(broad consensus)에 기초하고, 가장 가난하고 취약한 계층의 목소리가 자원 배분에 관한 정책 결정 과정에 반영되도록 참여를 허용하고, 투명하고 책임감이 있어야 한다. 좋은 거버넌스를 이렇게 정의하게 되면, 그것은 형평성은 물론 빈곤과 삶의 질에 관한 주된 함의를 가지게 된다. 정치적 거버넌스는 정책 결정 과정이며, 행정

16_ 박용성, "포스트 4대강 정비사업: 물관리 행정의 역량 제고를 중심으로", 《녹색성장과 한국 환경정책의 뉴 비전 토론회》, 2011.

적 거버넌스는 정책 집행 체계이다. 결국 좋은 거버넌스는 정치적·사회적·경제적 관계를 안내하는 과정과 구조(process and structures)라고 정의할 수 있다.[17] 그러면서 아게레는 좋은 거버넌스의 핵심 요소로서 책임감(accountability), 투명성(transparency), 부패 척결(combatting corruption), 이해관계자의 참여(stakeholder participation), 법의 지배와 사법 제도의 완비(legal and judiciary framework) 등을 들면서 이는 민주주의(democracy)의 본질적 요소라고 한다. 따라서 그는 좋은 거버넌스는 평화적인 갈등 관리뿐만 아니라 시민 사회에 대해 개방적이고 인권과 재산권을 존중하는 참여로서 민주주의를 포괄할 것을 강조한다.[18] 좋은 거버넌스는 민주주의와 마찬가지로 정책 결정과 집행 그리고 평가 권한의 분권화(decentralization)를 촉진하며, 시민 사회와 민간 기업 그리고 핵심 이해관계자에게 힘(empowerment)을 부여한다.

둘째, 거버넌스는 정책이 결정되고 집행되는 과정이기 때문에, 거버넌스 분석의 초점은 정책 결정과 집행에 참여하는 공식·비공식 행위자들과 구조에 맞추어져야 한다.[19] 좋은 거버넌스(good governance)는

17_ Agere, Sam, *Promoting Good Governance: Principles, Practices and Perspectives*, Commonwealth Secretariat, 2000, pp. 1–7.

18_ *Ibid.*, pp. 7–10.

19_ 배응환, "거버넌스의 실험: 네트워크조직의 이론과 실제", 《한국행정학보》, 37(3), 2003; 유재원·소순창, "정부인가 거버넌스인가? 계층제인가 네트워크인가?", 《한국행정학보》, 39(3), 2005; Peters, B. Guy, *The Future of Governing*, The University Press of Kansas, 1997; Kettle, Donald F., *The Transformation of Governance: Public Administration for Twenty-First Century America*, Baltimore: The Johns Hopkins University Press, 2002; Min, Kyung-Jin, "The Role of State and the Market in Korean Water Sector", A Thesis for the degree of Doctor of Philosophy, School of Management at University of Bath, 2011.

8가지 주요한 특징을 가지고 있다.[20] 그것은 (1) 결사와 표현의 자유가 보장되고 시민 사회의 활동이 보장되어 참여적이며(participatory), (2) 한 사회의 역사·문화·사회적 맥락을 바탕으로 다양한 관점과 이해관계를 가진 행위자들의 폭넓은 합의를 이끌어가는 합의 지향성을 가지고(consensus oriented), (3) 정부와 민간 부분 그리고 시민 사회 모두 대중과 이해관계자들에게 충실해야 하며 투명성과 법의 지배에 의해 확보되는 책임감이 있으며(accountable), (4) 규정에 따라 정책이 결정되고 집행되며 언론을 통해 충분한 정보가 공개되어 투명하고(transparent), (5) 제도와 과정이 납득할 수 있는 시간 내에 이해관계자에게 봉사하여 반응적이며(responsive), (6) 자원을 최대한 잘 이용하여 그 사회의 요구를 충족하고 자연 자원을 지속적으로 사용하고 보전하여 효과적이고 능률적이며(effective and efficient), (7) 사회적으로 가장 취약한 집단이 복지 향상에서 배제되지 않아 공평하고 포용적이며(equitable and inclusive), (8) 사회적 약자의 인권이 보장되고 독립적인 사법 제도와 공정한 경찰을 통해 법의 지배(rule of law)를 받는다. 그것은 정책 결정 과정에서 부패를 최소화하고 사회적 약자의 견해가 고려되고 사회의 최대 취약 계층의 목소리가 경청되는 것을 보증한다. 그것은 또한 사회의 현재 요구는 물론 미래의 요구까지 반영한다. 결국 좋은 거버넌스는 효율성과 민주성 그리고 지속 가능성을 강조하는 관리 체계임을 알 수 있다. 그러나 본 연구에서 관심을 가지는 물 관리 거버넌스는 국가 수준보다 좀 더 낮은 수준에서 중앙 정부 부처 간뿐만 아니라 지방 정부 간 그리고 기업과 시민 사회 간의

20_ http://www.unescap.org/pdd/prs/ProjectActivities/Ongoing/gg/governance.asp.

파트너십을 전제로 하는 협력적 거버넌스이다.

셋째, 고문현은 물 문제를 이제 물에만 국한된 시각으로 볼 것이 아니라 다각적이고 복합적인 관점에서 접근해야 한다고 한다.[21] 이는 매우 국지적인 문제인 동시에 세계적인 물 순환과 정치 경제적 변동, 그리고 기후 변화라는 거시적 맥락에서 발생하는 구조적 문제라면서, 이와 같은 구조적인 문제를 해결하기 위해서는 다양한 이해관계자가 참여하며 통합되는 효율적인 물 거버넌스가 필요하다고 한다. 2000년 네덜란드 헤이그에서 열린 '제2차 세계물포럼(World Water Forum)'에서는, "우리는 물 위기가 아니라 물 거버넌스의 위기(water governance crisis)에 직면해 있다"면서, 물 거버넌스를 실효성 있게 만드는 것이 무엇보다 시급하다고 강조하고 있다. 2003년 일본 교토에서 열린 '제3차 세계물포럼'에서도 이 점을 강조하면서 통합 수자원 관리와 유역 관리의 필요성을 역설하고 있다.[22] 2003년 유엔이 발간한 《유엔 세계 물 보고서》에서는 현대의 물 문제는 "잘못된 거버넌스"에서 비롯된다고 지적한 바 있다.[23] 물 거버넌스(water governance)는 여러 단계의 사회 구조에서 수자원을 개발하고 관리하며, 물 서비스를 제공하는 데 필요한 정치적·경제적·행정적 체계들의 영역을 일컫는다. 바람직한 물 거버넌스를 위해서는 통합적 수자원 관리를 도입하는 효율적인 정치·사회·행정 시스템, 명확한 법적 틀, 다양한 사람들의 참여, 정보 공

21_ 고문현, "물과 관련한 국제적 논의의 동향 및 UN총회(2010.7.28) 물인권 결의", 《법제 (2012. 6)》, 2012, 83-84면.

22_ Hooper, B., *Integrated River Basin Governance: Learning from International Experience*, London and Seattle: IWA Publishing, 2005.

23_ Bakker, Karen, *Privatizing Water: Governance Failure and the World's Urban Water Crisis*, Ithaca and London: Cornell University Press, 2010.

개, 평가 시스템, 소비자 및 오염자 부담 원칙에 의한 재정 시스템, 그리고 여러 국가 간에 걸쳐 있는 유역의 관리를 위해 해당 지역 간 협력이 필요하다. 특히 물 문제는 복수의 이해관계자와 관련 있는 문제이므로 모든 이해관계자 및 영향을 받는 당사자들의 파트너십이야말로 물 거버넌스를 실천하는 데 매우 중요한 메커니즘이다.[24] 경제협력개발기구(OECD) 역시 다양한 정책 영역 간의 상호 의존성과 다양한 수준의 정부 기관들 간의 상호 의존성을 관리할 물 거버넌스 구조와 메커니즘의 결핍은 물 정책의 결정과 집행에 장애 요인이 된다고 한다.[25] 나아가 물 관련 이슈는 다양한 이해관계자의 참여로 점점 복잡하고 다차원적으로 변하기 때문에 수요에 기초한 참여적이고 협력적인 물 관리 접근을 요구하고 있다.[26]

넷째, 일반적으로 거버넌스란 관련 행위자들의 상호 의존 구조가 교환과 상호 협력, 공통의 이해관계, 공유된 신념과 전문 지식을 바탕으로 이루어진 공식·비공식 연계망을 갖춘 협력 체계를 의미한다.[27] 정정길은 공공 서비스 연계망에 초점을 두어 서비스 연계망의 활동이 바람직스럽게 이루어지도록 정부가 책임을 지고 관리하는 행위나 과정을

24_ 김덕주, "물문제에 관한 국제적 논의 동향 및 우리의 대응", 《주요 국제 문제 분석》, 외교안보연구원, 2010, No. 2010-03, 19-20면.

25_ OECD, *Meeting the Water Reform Challenge*, OECD Studies on Water, 2012.

26_ Rogers, P. & A. Hall, *Effective Water Governance*, Global Water Partnership Technical Committee (TEC) Background Papers No. 7, 2003; UNDP Water Governance Facility, *Anti-Corruption in the Water Sector*, UNDP Water Governance Facility Issue Sheets No. 2, 2008.

27_ Rhodes, R. W., "The New Governance: Governing Without Government", *Political Studies*, 44(3), 1996, pp. 658-659; 김준기·이민호, "한국의 네트워크 거버넌스에 관한 연구: 사회복지관의 네트워크와 조직 효과성", 《행정논총》, 44(1), 2006, 92-95면.

신국정 관리(new governance)라고 하면서 다음 세 가지 구성 요소를 제시하고 있다.[28] 먼저 다양한 정부 및 비정부 조직의 참여(participation)에 의한 공공 서비스 공급이다. 그리고 계층제적 위계가 없고 상당한 자율성(autonomy)을 가진 참여자들의 연계망(network)을 통해 서비스의 공급을 담당한다. 무엇보다도 참여자들의 상호 의존적인 교환 관계에서 협력의 중요한 기반과 조건은 신뢰(trust)라는 점을 강조한다. 따라서 본 연구에서 물 관리 거버넌스(water governance)란, 물 인권과 물 관리를 위한, 좀 더 효율적이고 민주적이며 지속 가능성을 확보할 뿐만 아니라, 경험에 의해 학습되는, 중앙 정부 부처 내부 관계 및 중앙 정부와 지방 정부 그리고 시민 사회와 민간 기업 간의 관계가 신뢰와 파트너십을 기반으로 하는 협력 체제를 의미한다.

3. 분석 틀

본 연구에서는 물 인권의 확보에 성공할 수 있는 물 관리 거버넌스 구축 방안에 관심을 가지고 있다. 본 연구의 분석 변수는 크게 4가지인데 적정하고 다양한 행위자의 참여, 행위자의 자율성과 연계망 형성, 자원 의존성과 신뢰를 기반으로 하는 상호 적응, 그리고 액셀로드,[29] 오스트롬,[30] 로즈[31] 등이 관심을 가졌고, 이들 조건들이 성공적으로 작

28_ 정정길, 《행정학의 새로운 이해》, 서울: 대명출판사, 2003, 530-537면.
29_ Axelord, Robert M., *The Evolution of Cooperation*, Basic Books, 1984.
30_ Ostrom, Elinor, *Governing the Commons: The Evolution of Institutions for Collective Action*, Cambridge University Press, 1990.
31_ Rhodes, R. W., "The New Governance: Governing Without Government", *Political Studies*, 44(3), 1996.

동하게 하는 상호 합의된 규칙의 정당성과 수용성 등을 들 수 있다. 한편 정지범과 김근세는 거버넌스를 실제 협력적 거버넌스에 참여하는 조직 및 구성원들과 그들의 상호 작용과 패턴을 의미하는 구조적 측면과 이러한 구조가 실행되는 운영·과정적 측면으로 나누고 있다.[32] 본 연구에서는 물 관리와 관련한 게임 규칙에 따른 다양한 행위자들의 상호 작용 구조와 실제 상호 적응하는 과정을 살펴보고, 바람직한 물 관리 체계를 제시해 보고자 한다.

1) 적정하고 다양한 행위자의 참여

물 관리를 위해서 다양한 행위자의 참여가 바람직한 것일까? 먼저 정부 부처 내에서 하나의 부처가 물 관리를 전담하는 것이 타당할 것인가, 아니면 다양한 부처들이 목적에 맞게 역할을 분담하는 것이 더 타당할 것인가? 일반적으로 문제 해결 과정에 단일의 행위자가 참여하는 구조하에서는 창의성이 발휘되지 못한다. 다양한 행위자의 참여는 반응성(responsiveness)을 제고하고 힘을 합할 수 있는 중요한 조건이다. 다양한 행위자의 참여는 열린 사회를 전제 조건으로 한다.[33] 반대 의견의 개진을 강조하는 개방성(openness)이 전제되지 않으면 진정한 협력은 이루어질 수 없다.[34]

32_ 정지범·김근세,《위기관리의 협력적 거버넌스 구축》, 서울: 법문사, 2009.
33_ Popper, K. R., *The Open Society and Its Enemies, Volume I: The Spell of Plato*, London: George Routledge & Sons, Ltd., 1945.
34_ Stoker, Gerry, "Redefining Local Democracy", in L. Pratchett & D. Wilson, *Local Democracy and Local Government*, Macmillan Press, Ltd., 1997.

그런데 참여자의 수가 증가할 때 성공적 협력의 가능성은 낮아질 수 있다.[35] 따라서 이는 물 관리를 위한 관련 행위자의 적정 참여 범위를 어떻게 해야 할지에 대해 시사점을 제공하고 있다. 물 관리에 있어서 환경부와 국토해양부 등 중앙 정부 기관의 소속 기관 그리고 공기업과 물 기업들 등 행위자들의 다양한 참여가 거버넌스를 통한 물 관리와 물 인권의 확보에 어떠한 영향을 미칠 것인가?

2) 행위자의 자율성과 연계망의 형성

다양한 행위자들의 협력의 중요한 조건은 위계적 명령 복종 관계가 아니라 비교적 수평적인 관계이다. 물 관리 5개 부처는 비교적 수평적인 협력 관계를 유지하고 있다. 각 행위자들의 고유 영역과 자율성을 피차 침범하지 않은 상태에서 상호 작용을 하며 느슨한 연결망을 형성하는 것이 중요하다. 그런데 자율적이고 다양한 행위자들의 존재는 다양한 거부점(veto points)의 존재를 의미하기 때문에 협력에 장애 요인이 될 수도 있다.[36] 그러나 민주 시민 사회에서 협력의 외양을 갖춘 강압은 지속성을 확보하기 어렵다. 진정한 협력은 상호 자율성

35_ Buchanan, J & G. Tullock, *The Calculus of Consent*, Ann Arbor: the University of Michigan Press, 1962; Ostrom, Elinor, *Governing the Commons: The Evolution of Institutions for Collective Action*, Cambridge University Press, 1990, p. 188; Olson, M., *The Logic of Collective Action: Public Goods and the Theory of Groups*, Cambridge, Mass.: Harvard University Press, 1965, pp. 53-60; Conyers, Diana, *An Introduction to Social Planning in the Third World*, New York: John Wiley & Sons, Ltd., 1982, pp. 102-139.

36_ Pressman & Wildavsky, *Implementation*, 3rd ed., Berkeley: University of California Press, 1983.

을 존중하면서 연계망을 형성하는 것이다. 물론 공적 네트워크는 상황에 따라 적응적 유형이 나타날 수 있는데, 수직적·집권형 네트워크(vertical and centralized network)는 상·하층부 행위자들 간의 행위를 조정하는 허브 기관에 의존하는 특징을 지니며, 수평적·분권형 네트워크(horizontal and decentralized network)는 자원을 공유하고 의사 결정을 함께 할 수 있는 동등한 참여자들을 더 많이 필요로 하는 특징을 지닌다.[37]

올손[38]과 하딘[39]은 특별한 인센티브 메커니즘이 없이는 행위자들이 정책에 순응하지 않을 것이라고 장담했다. 이때 협력을 주도할 촉진자가 요구되기도 한다.[40] 정부 부처들의 자율성이 과도하여 수평적 협력이 어려울 경우 행정 위원회 혹은 조정 위원회 등 촉진자가 허브 기관의 역할을 맡아 거버넌스의 행위자들의 상호 자율성을 인정하면서 연계망 형성을 유도할 수도 있다. 우리나라 물 관리 정책에서 중앙 정부 기관과 소속 기관 그리고 산하 공기업과 물 관련 기업들 등 다양한 참여자들에게 상호 자율성이 인정되고 연계망(network)을 형성하였는가?

37_ 오재록, 《관료제의 권력구조》, 서울: 대영문화사, 2012, 69-76면; Kim, Junki, "Networks, Network Governance, and Networked Networks", *International Review of Public Administration*, 11(1), 2006.

38_ Olson, M., *The Logic of Collective Action: Public Goods and the Theory of Groups*, Cambridge, Mass.: Harvard University Press, 1965.

39_ Hardin, G., "The Tragedy of the Commons", *Science*, 162, 1968.

40_ Wilson, James Q., *American Government*, 3rd ed., Lexington, MA.: D. C. Heath and Company, 1986.

3) 자원 의존성과 신뢰를 기반으로 하는 상호 적응

참여자들이 연계망에 참여함으로써 교환의 이득을 챙기려고 하면서 상호 의존 관계가 형성된다. 그런데 각 부처들이 국지적 합리성(local rationality)으로 인해 부처 이기주의에 빠질 경우 신뢰 기반은 무너질 가능성이 높다. 5개 물 관리 정부 부처들이 서로 자원 의존성(resource dependency)이 높고 보완적인 관계인 경우 상호 협력 가능성이 높지만, 서로 경쟁 관계에서 부처 이익만 추구한다면 상호 협력 가능성은 낮아질 것이다.

나아가 정부 부처의 좋은 평판과 사회적 유인 수단이 신뢰의 기반이 되며, 협력 가능성을 제고할 수 있다. 액셀로드는 효과적인 정책 집행을 위해서는 강압적 규제로 인해 규제 회피 유인을 제공하기보다는 자발적 순응을 이끌어낼 것을 강조하고 있다. 이때 그는 정부가 좋은 평판(reputation)을 유지할 것을 강조하고 있다.[41] 그런데 개인들의 합리적 행위를 이끌어내는 제도 설계에서 경제적 유인(economic incentives)뿐만 아니라 사회적 유인(social incentives)에 관심을 가진 학자가 있다.[42] 그는 위신, 존경, 그리고 우정 등의 사회적 유인 수단이 집단의 이익을 실현하는 데 매우 중요하다고 보고 있다. 오재록은 수평적 네트워크에서 행위자의 명성(prestige)을 다른 행위자들의

---

[41] Axelord, Robert M., *The Evolution of Cooperation*, Basic Books, 1984, pp. 155-158.

[42] Olson, M., *The Logic of Collective Action: Public Goods and the Theory of Groups*, Cambridge, Mass.: Harvard University Press, 1965, pp. 60-65.

관계 욕구를 자극하는 내향 중심성의 핵심 요소로 보고 있다.[43] 우리의 경우 물 관리 5개 부처 중에서 어느 한 부처의 명예와 내향 중심성(prestige centrality)이 높을 경우 네트워크가 견고할 수 있지만, 그렇지 않을 경우 상위의 행정 위원회 혹은 조정 위원회가 촉진자로 나설 수도 있게 된다.

행위자들 간의 신뢰가 무너지면 연계망은 지속 가능성을 확보하기 어려울 것이다. 브레서스와 오툴은 네트워크의 속성인 목표의 공유 정도(cohesion)와 연계의 강도(interconnectedness)에 따라 정부의 정책 수단 선택이 달라진다고 한다.[44] 정정길은 이들의 모형을 발전시켜 네 가지 유형의 정책 연계망을 제시하였다.[45] 이때 목표의 공유도가 낮고 연계의 강도가 약할 때, 규칙을 합의하고 실행하는 데 있어서 무임승차자(free-rider)가 많아져서 신뢰와 협력의 네트워크는 느슨하고 힘이 없어진다. 행위자들이 이질감을 느끼고 심리적으로 해변의 모래알처럼 흩어져 있으면, 협력 네트워크가 형성되기 어렵고 정책 목표와 정책 수단에 대한 합의와 실행도 용이하지 않다. 신뢰와 협력의 네트워크가 작동하기 위해서는 연계망 구성원들의 무임승차 유인(incentive to free-ride)을 극복해야 한다. 우리나라 물 관리 관련 정부 부처와 소속 기관들의 네트워크는 상호 의존 관계와 신뢰를 기반으로 하고 있는가?

43_ 오재록, 《관료제의 권력구조》, 서울: 대영문화사, 2012, 74면.
44_ Bressers, Hans Th. A. & L. J. O'Toole Jr., "The Selection of Policy Instruments: A Network-based Perspective", *Journal of Public Policy*, 18(3), 1998, pp. 213-239.
45_ 정정길, 《행정학의 새로운 이해》, 서울: 대명출판사, 2003, 521면.

4) 제도의 정당성과 수용성의 확보

하딘은 정당성이 부여된 제도를 수용하고 순응하는 것은 사회적 협정의 산물이라고 한다. 자발적 협력 역시 양심에 호소했기 때문이라기보다는 상호 합의한 규칙 때문이다. 협력의 정당성은 정책에 영향을 받는 구성원들의 '사회적 합의' 여부에 달려 있는 것이다. 그는 정책의 영향을 받는 대부분의 사람들이 상호 동의하는 상호 강제(mutual coercion)만이 자신이 추천하는 유일한 강제력이라고 한다.[46]

합리적 선택의 신제도주의(Rational Choice Institutionalism)에서 상정하는 제도란 사회 구성원들이 서로 편익을 증진시킬 수 있는 방향으로 교환과 협력을 하도록 강제하는 장치를 의미한다.[47] 따라서 개인의 행동은 이러한 게임의 규칙에 의해서 구조화된다. 나아가 제도란 단지 합의를 이끌어 내는 데 그치지 않고 정해진 목적을 달성하기 위한 장치이다.[48] 특히 공식 제도(formal institution)는 기회주의적 행동(opportunism)을 극복하고 계약 이행을 감시하고 통제하는 데 드는 거래 비용을 감소시켜 효율적인 대응을 가능하게 한다. 그런데 노스는 헌법과 법률 등 공식적 규칙뿐만 아니라 금기, 관습, 행동 규범, 전통, 상벌 제재 등 비공식적 규칙에도 관심을 가졌다. 그에게 있어 제도는 사람들의 상호 작용을 구조화시킴으로써 서로에 대한 안정적이고 예측 가능한 기대를 형성할 수 있게 하여, 그들 간의 상호 작용을 원활

---

[46] Hardin, G., "The Tragedy of the Commons", *Science*, 162, 1968, pp. 1246-1247.
[47] 하연섭, 《제도분석: 이론과 쟁점》, 서울: 다산출판사, 2003, 85-86면.
[48] Putnam, Robert. D., *Making Democracy Work: Civic Traditions in Modern Italy*, N. J.: Princeton University Press, 1994.

하게 통합 조정할 수 있게 해주는 것이다.[49]

본 연구에서의 제도 역시 행위자들의 게임을 규율하는 규칙으로 본다. 다양한 행위자들이 물 관리 게임에 참여하여 상호 자율성을 존중하며 연계망을 형성하여 신뢰를 바탕으로 협력을 지속시키는 힘은 상호 합의한 규칙에서 나온다. 우리나라 물 관리 거버넌스 구조에서 환경부와 국토해양부 등 정부 부처의 소관 법령과 법정 계획 등 공식·비공식 규칙은 행위자들이 자발적으로 수용할 수 있는 정당성과 수용성을 확보하고 있는가?

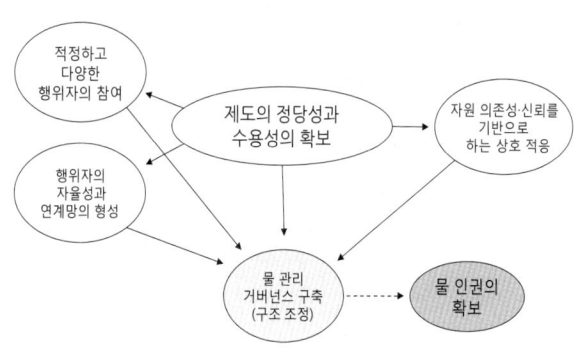

<그림 1> 분석 틀의 구성

이상의 네 가지 원인 변수들과 물 관리 거버넌스의 성공이라는 결과 변수의 관계를 그림으로 제시하면 <그림 1>과 같다. 여기서 물 인권의 확보라는 결과는 거버넌스의 성공을 통해 궁극적으로 달성하고자 하는 목표이다. 다만 논의의 구조상 간접적인 인과 관계를 형성하기 때문에 점선으로 표시하였다. 본 연구에서는 구성원들이 합의하고

49_ North, Douglass C., *Institutions, Institutional Change and Economic Performance*, Cambridge University Press, 1990.

정당성을 부여한 공식·비공식 규범의 지속성을 중심으로 자율성을 가진 다양한 행위자들이 참여하여 연계망을 형성하고 신뢰와 협력을 통해 물 관리 발전을 이루어 내는 과정을 분석하고 문제점의 개선 방안을 제시하고자 한다.

제3장 우리나라 물 관리 거버넌스의 분석

1. 과도하고 다양한 행위자의 참여와 높은 거래 비용

적정하고 다양한 행위자의 참여는 개방성(openness)을 전제 조건으로 한다. 먼저 정부 부처 내부에서의 열린 구조와 협력을 선결 요건으로 한다. 그리고 정부는 소속 기관과 산하 기관 그리고 기업과 시민 사회에 대해 열린 구조와 협력 체계를 구축하여 구성원의 다양성을 보장하는 것이 문제 해결의 역량을 강화하는 데 매우 중요하다. 이처럼 물 관리 관련 중앙 행정 기관이 적정하게 참여하여 역할 분담이 이루어지는 것은 좋은 거버넌스 형성의 첫 번째 조건이다. 중앙 행정 기관이 경쟁성보다는 상호 보완성을 바탕으로 협력할 경우 더 많은 성과 확보를 통해 물 인권의 향상에 기여할 것이기 때문이다. 그러나 부처 이기주의와 제국 형성의 경향을 지속할 경우 부처 간에 높은 거래 비용을 지불해야 하기 때문에 강력한 구조 조정의 요구를 받게 될 가능성이 높다.

본 연구에서는 정부 부처의 경우 어떠한 거버넌스 구조를 통해 물 관리 기능을 하고 있는지를 분석하고자 한다. 일견 다양한 행위자가 참여하기 때문에 좋은 거버넌스의 조건을 갖추고 있는 듯하지만, 부처 간에 상호 신뢰와 협력의 구조가 약할 경우 높은 거래 비용을 초래할 수 있다. <표 1>은 이러한 정부 부처별 물 관련 조직과 업무 현황을 소개하고 있는데, 국토해양부와 환경부 간의 수량 관리와 수질 관리의 중첩적 이원화의 문제점을 드러내고 있다. 정부의 다원화된 조직 편제에 따른 수자원의 부처별 분산 관리와 행정 구역별 관리로 인해 종합적이고 체계적인 관리가 어렵고, 관련 부처 간 업무 혼선 및 충돌, 중복 투자 등 많은 문제점이 발생하고 있다.[50] 이로 인해 소모적인 물 관리 일원화 논쟁이 지속되어 부처 간 갈등이 심화되고, 새로운 정책 과제 발굴·추진에도 지장을 초래한다. 특히 기후 변화로 물 관리의 복잡성과 불확실성이 갈수록 커지는 상황에 능동적으로 대처하기 어려운 측면이 있다.

현재 우리나라의 경우 여러 부처가 각자 고유 기능에 따라 물 관련 업무를 수행하고 있는데, 이러한 물 관리 업무의 다원화는 세계적으로 일반적인 형태라고 볼 수 있다.[51] (1) 국토해양부는 하천 관리, 홍수 통제, 댐 건설·관리, 광역·공업용 수도 건설·관리, 지하수 관리, 친수 구역 활용, 소속 및 산하 기관인 홍수통제소, 지방국토관리청, 한국수자원공사 등의 관리 업무를 담당한다. (2) 환경부는 환경·수질 규제, 수질 기준, 환경·수질 관리, 상·하수도(오폐수 포함) 사업 기능을 담당한다.

50_ 국토해양부, 《(제4차)수자원장기종합계획 제2차 수정계획(2011-2020)》, 2011, 232-233면.
51_ 한국수자원공사 K-water연구원 정책경제연구소, 《물관리 체계 현황 및 발전방향》, 2012.

<표 1> 중앙 행정 기관의 물 관련 업무 분담 현황

구 분	물 관리 업무		규제 업무
	수량 관리	수질 관리	
국토해양부 수자원정책관 (수자원정책과, 수자원개발과, 하천계획과, 하천운영과, 친수공간과) 물포럼기획팀	▸수자원 정책 ▸지하수 개발·이용 ▸댐 건설 및 관리 ▸광역상수도·공업용수도 ▸하천 지정·폐지 등 조정 ▸하천 정비 및 유지관리 ▸하천수 배분 및 사용허가 (생활·공업·농업·발전) ▸홍수·갈수 통제 및 예보 ▸친수구역 지정 및 개발 ▸국제협력 및 물포럼 준비	▸지하수 보전·관리 (지하 수보전구역) ▸댐내 탁수예방 ▸댐 주변지역 정비 ▸하천 유지(하천유지유량 고시, 용수확보, 댐 방류) ▸하천환경 보전·관리(보전 지구, 복원지구) ▸자연친화적인 하천공사 공법 개발·보급	▸하천점용 허가 (공유수면 점용·사용 허가) ▸하천내 금지행위 ▸하천사용 금지 및 제한 ▸하천수 사용 조정 ▸하천수 분쟁 조정
환경부 물환경정책국 (물환경정책과, 수생태보전과, 유역총량과) 상하수도정책관 (수도정책과, 생활하수과, 토양지하수과)	▸상수도 정책 및 시설 ▸하수도 정책 및 시설 ▸물 재이용 및 빗물이용 시설, 중수도	▸수질보전정책 수립 ▸습지·생물다양성 보전 ▸하수·오수·산업폐수·분뇨· 가축분뇨 등 처리시설 ▸비점오염원·초기우수 ▸자연형 하천정화사업 ▸수변녹지 조성	▸수질·수생태계 환경기준 (하천·호소·지하수·먹는물 및 먹는샘물·공업용수·농업용수) ▸수질오염물질 지정 및 배출 허용기준 ▸방류수 수질기준(하수·오수·산 업폐수·분뇨 및 가축분뇨) ▸수돗물·먹는샘물 수질기준 ▸상수원보호구역,수변구역, 특 별대책지역 등 지정 ▸환경영향평가 ▸오염총량 관리 ▸공공수역 수질오염행위 규제 ▸낚시 금지 및 제한
기상청	▸단기·중기·장기예보, 특보 ▸기후변화 관측 및 분석 ▸태풍 감시·분석 및 예보 ▸위험기상·특이기상 분석 ▸방재 및 재해기상 대응		
농림수산식품부 (농업기반과)	▸농업용수 개발 ▸농지 배수		▸내수면어업 관리 (자연환경과)
행정안전부 (재난대책과)	▸풍수해 대책 ▸온천 관리	▸공중화장실 (생활공감정책과)	
소방방재청	▸소하천 정비 ▸수해복구, 풍수해 보험 ▸우수유출 저감시설		▸저수지·댐의 안전관리 ▸물놀이 안전관리
지식경제부 (전력산업과)	▸수력발전 (대수력, 소수력, 양수)		

자료: 한국수자원공사 K-water연구원 정책경제연구소, 2012.

(3) 농림수산식품부는 농업용수 개발, 농지 배수 업무를 수행하고, (4) 행정안전부와 소방방재청은 소하천 정비, 수해 복구 사업, 댐 안전 관리 업무를 담당하며, (5) 지식경제부는 수력 발전 업무를 담당한다. 그러나 세계적으로 유례가 없는 수량 관리·수질 관리의 중첩적 이원화 체계가 고착되어 수량·수질 문제뿐만 아니라 토지 이용·도시 계획 등 국토 관리와 정책적으로 긴밀히 연계해 관리하는 통합 수자원 관리(Integrated Water Resources Management, IWRM)에 역행하고 있다.[52]

<그림 2>는 현재 우리나라 물 관리의 협력적 거버넌스(cooperative governance) 구조를 그려본 것이다. 우리나라의 물 관리 업무를 담당하고 있는 조직 체계는 크게 물 관리 정책 총괄 조정 기관(폐지), 물 관리 정책 형성 기관인 중앙 부처, 최종 집행 기관인 지방자치단체 등 3개 유형으로 구분할 수 있다. 물 관리 정책 총괄 조정 기관으로 1997년 국무총리실에 물관리정책조정위원회와 이를 실무적으로 뒷받침하고 사무국의 기능을 수행하는 수질개선기획단이 있었으나, 2005년 폐지되어 물 관리 정책 총괄 조정 기관이 부재한 실정이다.

따라서 물 관리 업무를 담당하는 현행 중앙 부처로는 수질 관리를 총괄하는 환경부, 수량 관리를 총괄하는 국토해양부, 농업용수를 관

---

[52]_ 1991년 3월 발생한 낙동강 페놀 유출 사건 후속 조치로 그 해 12월 건설부의 하수 종말 처리장 설치 인가, 공사 시행 허가, 국고 보조, 유지 관리 업무와 상수원 보호 구역 지정 및 관리 업무가 환경처로 이관되었다. 그리고 1994년 5월 낙동강 수돗물 악취 발생에 따른 후속 조치로 건설부 상하수도국의 일반 상수도(광역 상수도 제외) 및 하수도 관리 업무와 보건사회부 음용수관리과의 수돗물 수질 기준 설정 및 감시 업무가 환경처로 이관되면서 수질과 수량 관리 기능 이원화가 고착되게 된다. 이후 환경부, 국회 환경노동위원회, 환경 단체는 물 관리 기능의 환경부 일원화를 지속적으로 주장하고 있지만 결실은 맺지 못하고 있는 실정이다.

<그림 2> 우리나라 물 관리 거버넌스 구조

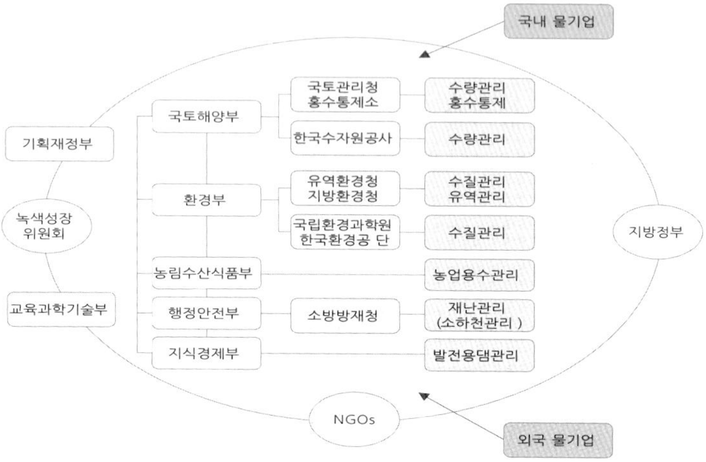

[거버넌스 구조도: 기획재정부, 녹색성장위원회, 교육과학기술부 / 국토해양부(국토관리청 홍수통제소-수량관리 홍수통제, 한국수자원공사-수량관리), 환경부(유역환경청 지방환경청-수질관리 유역관리, 국립환경과학원 한국환경공단-수질관리), 농림수산식품부-농업용수관리, 행정안전부(소방방재청-재난관리(소하천관리)), 지식경제부-발전용댐관리 / 국내 물기업, 지방정부, 외국 물기업, NGOs]

리하는 농림수산식품부, 재난과 소하천을 관리하는 행정안전부, 발전용 댐을 관리하는 지식경제부 등 5개 부처가 있으며, 기타 기획재정부, 교육과학기술부, 녹색성장위원회 등은 간접적으로 지원 기능을 담당하고 있다.[53] 그리고 최종 집행 기관인 지방자치단체는 인천, 울산, 대구, 광주 등과 같이 상수도, 하수도, 지하수, 하천과 같은 물 관리 업무를 포괄적으로 관리하고 있으나, 대부분 중앙 부처와 같이 기능에 따라 여러 부서로 분산되어 있다. <표 6>의 외국의 경우를 보더라도 농업용수와 재난 관리 그리고 수력 발전 등은 담당 부처에서 현지성과 적응성 그리고 전문성을 발휘하면서 물 관리 주관 부처와 네트워킹을 잘 하면 협력적 거버넌스가 제대로 구축될 수 있을 것으로 판단된다.

53_ 박용성, "포스트 4대강 정비사업: 물관리 행정의 역량 제고를 중심으로", 《녹색성장과 한국 환경정책의 뉴 비전 토론회》, 2011.

<표 2> 물 관리 중앙 행정 기관과 산하 기관별 조직 및 기능

구분		환경부	국토해양부
조직	본부	○ 2국 6개과 - 물환경정책국(3개과, 1개팀) - 상하수도정책관실(3개과)	○ 1실 4개과 - 수자원정책관실(4개과, 1개팀)
	지방	○ 4개 유역환경청, 3개 지방환경청 ○ 4대강별 수계관리위원회 운영 - 국토해양부, 광역지자체, 수공 등 참여	○ 5개 국토관리청 ○ 4대강 홍수통제소
	연구 산하 기관	○ 국립환경과학원 ○ 한국환경공단 ○ 한국환경산업기술원	○ 한국수자원공사
기능	수질	○ 수질 및 수생태계 등 물환경 정책 수립 ○ 먹는 물, 하천·호소수, 지하수 등 수질 관리 ○ 하·폐수처리장 건설 등 생활오수, 산업폐수, 축산폐수 관리	○ 지하수 보전·관리 (지하수보전구역)
	수량	○ 지방상수도, 농어촌 간이상수도 개발·관리 ○ 대체수자원 개발 ○ 먹는 샘물(생수) 개발·관리 ○ 수요관리	○ 수자원 개발정책 수립 ○ 다목적댐 건설 및 관리 ○ 광역상수도 개발·관리 ○ 하천공사 및 홍수통제 ○ 지하수 수량 관리
	유역 관리	○ 유역별 통합 수계관리 ○ 생태하천 복원사업	○ 하천정비 및 치수사업

주. 기타 조직(기능): 농림수산식품부(농업용수), 행정안전부(소하천·재해), 지식경제부(발전용 댐).

그런데 <표 1>과 <표 2>에서 보는 바와 같이 환경부와 국토해양부의 경우 수량과 수질 관리는 물론 규제 업무에 이르기까지 지나친 업무 중복으로 인한 비효율이 나타나고 있다.[54] 물론 상수도 수요량과 관련하여 2008년 10월 국토해양부와 환경부가 공동으로 합의 제

54_ 박용성, 앞의 글.

정한 '상수도 수요량 예측 업무편람'을 적용하여 객관성과 국가 계획의 일관성을 확보하는 사례에서 보듯이 협력적 관리가 전혀 이루어지지 않고 있는 것은 아니다.[55]

2. 행위자의 과잉·과소 자율성과 분절적 연계망

1) 과잉된 정부 부처의 자율성과 분절적 수평적 연계망

2012년 9월 11일부터 시행되고 있는 대통령령인 '환경부와 그 소속기관 직제'에 따르면, 제3조(직무)에서 환경부는 자연환경 및 생활환경의 보전과 환경오염 방지에 관한 사무를 관장한다고 규정하고 있다. 그리고 2012년 7월 4일부터 시행되고 있는 '국토해양부와 그 소속기관 직제'에 따르면 제3조(직무)에서 국토해양부는 국토종합계획의 수립 및 조정, 국토 및 수자원의 보전·이용·개발, 도시·도로 및 주택의 건설, 해안·하천·항만 및 간척, 육운·해운·철도 및 항공, 해양 환경, 해양 조사, 해양 자원 개발, 해양 과학 기술 연구·개발 및 해양 안전 심판에 관한 사무를 관장한다. <그림 3>에 나타난 바와 같이 우리나라 물 관리 거버넌스 구조의 가장 큰 특징은 5개 개별 정부 부처의 과잉 자율성(over-autonomy) 때문에 주관 부서가 뚜렷하지 않은 분절적 수평적 협력 구조(disjointed horizontal cooperative network)를 형성하고 있다는 점이다. 오재록은 정부 부처들 간의 관계 구조는 수평

---

[55] 국토해양부, 《(제4차)수자원장기종합계획 제2차 수정계획(2011-2020)》, 2011, 43-54면.

적 네트워크가 일반적이라고 한다.56 만약 5개 부처의 행위자들이 서로 협력하는 구조라면 굳이 물 관리 체계를 통합하지 않더라도 낮은 거래 비용을 유지하면서 높은 수준의 성과를 낼 수도 있기 때문이다.

<그림 3> 물 관리 중앙 행정 기관의 수평적 네트워크

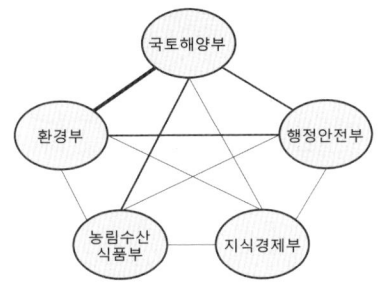

<그림 3>에 나타난 바와 같이 물 관리 정부 부처들 중에서 농림수산식품부와 행정안전부 그리고 지식경제부의 경우 느슨하고 약한 강도의 연결망을 통해 역할 분담을 하고 있지만, 환경부와 국토해양부의 경우 상대적으로 연결의 강도가 높기는 하지만 상호 경쟁 관계에 있기 때문에 상호 보완적인 끈끈한 연결망을 확인하기는 쉽지 않다. 즉, 강한 부처 할거주의와 제국 형성(empire building) 경향은 환경부와 국토해양부의 수량과 수질 관리 업무를 놓고 이루어지고 있다. 셀즈닉(Selznick)의 비판은 관료제 내부의 협력 가능성의 빈약함에 초점을 맞추고 있는데,57 관료제에서 권한의 위임은 구성원의 전문성의 증대와 문제 해결 능력의 신장을 가져오지만, 조직의 하위 단위 간의 칸막

56_ 오재록, 《관료제의 권력구조》, 서울: 대영문화사, 2012, 69-76면.
57_ March & Simon, *Organization*, New York: John Wiley & Sons, Inc., 1958.

이 현상(sectionalism)을 초래할 수 있다는 것이다. 칸막이 현상은 부처 간의 제국 형성 경향과 의사 전달의 왜곡을 가져오는 원인으로 작동한다. 따라서 물 관리 중앙 행정 기관의 과잉 자율성으로 인해 분절적인 수평적 연계망이 형성되었기 때문에, 수질 관리와 수량 관리로 이원화된 환경부와 국토해양부의 관련 기능을 중심으로 물 관리 일원화를 하거나, 연계망을 연결시켜 줄 상위의 조정 위원회가 요구되는 것으로 나타났다.

2) 정부 부처 소속 기관과 산하 공공 기관의 과소 자율성과 단절된 연계망

첫째, <그림 4>에 나타난 바와 같이 수질 관리 기관인 환경부와 소속 기관들은 4대강별 수계관리위원회를 통해 일정 부분 국토해양부와 연계되는 것을 제외하고는 중앙 행정 기관을 중심으로만 의존성이 높은 과소 자율성(under-autonomy)을 바탕으로 수직적 네트워크를 형성하고 있기 때문에 연계망은 극도로 단절되어 있다고 볼 수 있다.[58] 이러한 부처 할거주의(sectionalism)로 인해서 유사한 대상을 놓고 업무를 수행하는 소속 기관들은 혼란에 빠지는 경우가 많고, 따라서 지속적으로 물 관리 체계의 일원화를 요구하고 있는 것이다.

58_ '한강수계관리위원회'의 경우 '한강수계 상수원 수질개선 및 주민지원 등에 관한 법률' 제24조의 규정에 의거 환경부 차관을 위원장으로 국토해양부의 고위 공무원단에 속하는 일반직 공무원 중 하천 관리를 담당하는 자로서 국토해양부 장관이 지명하는 자, 서울특별시·인천광역시·경기도·강원도·충청북도의 부시장 또는 부지사, '한국수자원공사법'에 따른 한국수자원공사 사장, '전원개발촉진법' 제3조에 따른 전원 개발 사업자로서 발전용 댐을 운영하는 자로 구성된다. 4대강별 수계관리위원회는 일종의 연결 장치(liaison) 역할을 하고 있다.

<그림 4> 환경부와 국토해양부의 수직적 네트워크와 부처 할거주의

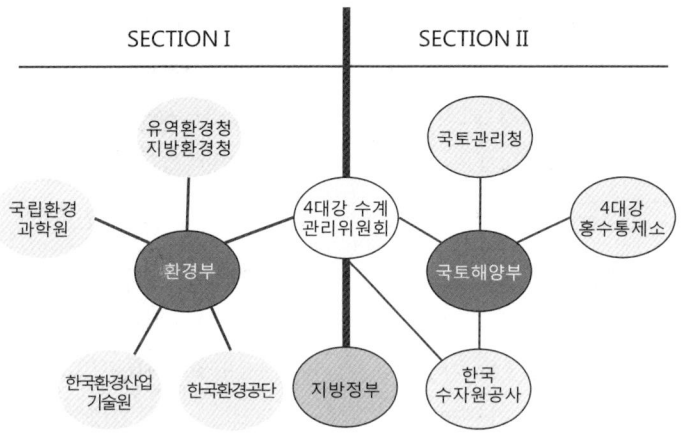

둘째, 이러한 연계망의 단절로 인한 제국 형성과 업무 중복 현상은 우리나라 하천 관리에서도 부분적으로 나타난다. 물론 국토해양부를 중심으로 하천 관리 계획 단계에서 협의 방식이 적용되고 있다.[59] 우리나라의 하천은 하천법에 따라 국가 하천(61개소, 3,001km)과 지방 하천(3,771개소, 26,781km)으로 분류된다. 하천법 제7조와 제8조에 따라 국가 하천은 국토해양부 장관, 지방 하천은 관할 시·도지사가 지정하고 관리한다.[60] 국토해양부 장관은 권한의 일부를 시·도지사 또는 소속 기관의 장에게 위임할 수 있고, 시·도지사는 위임받은 권한의 일부를 시장·군수·구청장에게 재위임할 수 있는 구조로 되어 있다. 그러나 실질

59_ 국토해양부, 《(제4차)수자원장기종합계획 제2차 수정계획(2011-2020)》, 2011, 157-176면.
60_ 한편 소하천(22,664개소, 35,815km)은 소하천정비법 제3조에 따라 특별자치도지사·시장·군수 또는 구청장이 지정하고 관리한다.

적으로는 중앙 행정 기관과 지방자치단체 간의 연계망 단절로 인해서 유사한 중복 사업을 수행하면서 낭비와 비효율을 초래하고 있는 것이 현실이다. 그리고 <표 3>에 나타난 바와 같이 환경부, 국토해양부, 행정안전부(소방방재청)에서 추진되고 있는 하천 사업은 당초 목적이 달랐으나 생태·자연 하천 사업 등 유사한 사업으로 중복·전환되고 있으며, 지방자치단체에서도 중앙 부처와 유사하게 자체적인 하천 사업을 추진하고 있다.[61] 시민 사회에서는 국토해양부가 추진하고 있는 '고향의 강' 사업과 환경부가 추진하고 있는 '청계천+20' 사업에 대해서도 동일한 문제점을 지적하고 있다(《주간경향》, 2010. 10. 26). 따라서 중앙 행정 기관 간뿐만 아니라 중앙 행정 기관과 지방자치단체 간에도 신뢰와 협력을 기반으로 하는 연계망을 회복하는 것이 시급한 것을 알 수 있다. 2012년 10월 면담한 한국수자원공사 관계자에 의하면,

<표 3> 부처별 하천 관련 사업의 중복성과 부처 할거주의

구분	생태하천복원사업	하천정비사업	소하천 정비사업
추진 부처	환경부	국토해양부	행정안전부(소방방재청)
초기 목적	하천정화	이수치수	홍수 방재
근거 법령	수질 및 수생태계 보전에 관한 법률	하천법	소하천정비법
(확장된) 사업 내용	최적오니 준설, 오염하천 정화, **생태**계 복원 등	수해방지, **자연**형호안, **생태**공원, 습지조성 등	제방과 교량 정비, **자연**형하천 정비, 사방댐 설치 등

---

[61]_ 박용성, "포스트 4대강 정비사업: 물관리 행정의 역량 제고를 중심으로", 《녹색성장과 한국 환경정책의 뉴 비전 토론회》, 2011.

전통적으로 물 관리의 핵심은 하천 관리인데, 최근 들어 도시화와 산업화로 인한 불투수층의 증가 등 물 순환의 왜곡 현상이 심해지고 기후 변화로 물 순환 패턴이 달라짐에 따라, 이러한 왜곡 현상을 줄이기 위해 그 동안의 선적인 물 관리 및 국토 관리를 면적인 또는 입체적인 그것들로 바꾸어야 하는 과제가 등장하고 있기 때문에 연계망의 회복은 더욱 화급한 과제로 분석된다.

3. 낮은 수준의 자원 의존성과 신뢰로 인한 상호 부적응

1) 낮은 수준의 자원 의존성과 상호 부적응

전문가들은 통합적 수자원 관리·유역 관리를 위해 수량과 수질 관리 기능을 통합하는 것이 타당하다는 의견을 지속적으로 제기하고 있지만, 국토해양부와 환경부 모두 자신의 부처로 기능을 집중시킬 것을 요구하는 부처 할거주의에 빠져있기 때문에 문제 해결이 쉽지 않다. 특히 환경부는 전체 예산의 60%와 전체 인력의 20% 가량을 물 관리에 투입하지만,[62] 국토해양부는 국토 전반을 관리하면서 전체 예산의 9%와 전체 인력의 4% 정도만을 물 관리에 투입하기 때문에 환경부로 일원화하는 것이 현실적으로 타당하다는 강력한 논거를 제시한다.[63] 정부 안팎의 이해관계자들과의 면담 결과에 의하면, 환경부와 국토해양부는 서로 자원 의존성이 낮기 때문에 교환의 이득이 별로 존재하지

62_ 환경부, 《환경백서》, 2011.
63_ 박용성, "포스트 4대강 정비사업: 물관리 행정의 역량 제고를 중심으로", 《녹색성장과 한국 환경정책의 뉴 비전 토론회》, 2011.

않는 경쟁 관계로 이해한다. 양 부처 중에서 어느 쪽으로도 내향 중심성이 작용하지 않기 때문에 수질 관리와 수량 관리의 이원화가 고착될 수 있고, 이 때문에 구조 조정을 통한 물 관리 일원화 주장이 설득력을 얻고 있는 것이다.

2) 낮은 수준의 신뢰와 상호 부적응

정부 부처가 좋은 평판(reputation)을 유지해야만 소속 기관은 물론 다른 부처들 나아가 민간 기업과 시민 사회의 협력과 순응을 이끌어 낼 수 있다. 그러나 수량 관리와 수질 관리를 중심으로 국토해양부와 환경부의 부처 이기주의(sectionalism)의 극복이 쉽지 않은 상황이다. 기후 변화가 심각한 상황에서 4대강 살리기 사업이 완료되면서 국민들은 환경부와 국토해양부가 수질 관리와 치수 관리 측면에서 많은 성과를 나타내기를 기대하기 때문에 물 순환의 변화를 고려한 물 관리 정책의 전환이 요구된다. 무엇보다 행위자들 간의 목표 공유도와 연계 강도가 낮으면 연계망은 지속 가능성을 확보하기 어렵다. <그림 5>에 나타난 바와 같이 정부 부처 간의 표면적인 협력 관계와는 달리 실제 수자원공사와 국립환경과학원 등 실무 기관에 이르게 되면, 물 관리를 위한 목표와 전략에서 이질적인 모습이 나타나게 되고, 서로 업무 협조와 연계를 통한 상호 적응이 거의 이루어지지 않게 될 수 있다. 결국 물 관리 거버넌스의 성공 요인은 관계 기관의 수가 중요한 것이 아니라 상호 신뢰를 바탕으로 하는 연계망의 형성임을 알 수 있다.

<그림 5> 목표의 공유도와 연계 강도 분석

		연계 강도(interconnectedness)	
		강함	약함
목표 공유도 (cohesion)	강함		
	약함		물 관리 거버넌스

4. 제도의 정당성과 수용성 미흡: 개별 부처 소관 법령과 계획의 국지적 합리성

 구성원들이 합의하고 정당성을 부여한 공식·비공식 규범의 정당성과 수용성은 자율성을 가진 다양한 행위자들이 참여하여 연계망을 형성하고 신뢰와 협력을 통해 물 관리를 성공적으로 할 수 있는 기반이 된다. 우원식은 물 관리 체계 개편의 방향과 방안을 도출하기 위해 2006년 입법 예고되었던 '물관리기본법(안)'을 둘러싼 논점들을 분석하고, 기구와 기능의 통합만이 아니라 물 관련 법령과 계획의 통합이 이루어져야 하며, 물 관리의 모든 단계에서 거버넌스의 관점이 반영되어야 한다고 주장한다.[64]

 첫째, 우리나라 물 관리 법 제도 현황은 <표 4>와 같다.[65] 우리나라의 수자원 법령은 통일된 수자원 관리에 관한 법률 없이 각 분야별 개

64_ 우원식, 《거버넌스 관점에서의 물관리체계 개선방안에 대한 연구》, 연세대학교 공학대학원 석사학위논문, 2009.
65_ 박용성, "포스트 4대강 정비사업: 물관리 행정의 역량 제고를 중심으로", 《녹색성장과 한국 환경정책의 뉴 비전 토론회》, 2011.

별법 체제로 구성되어 있다. 이는 1961년 12월 30일에 '하천법'을 처음으로 제정한 이래 사회적 필요에 따라 담당 부처별로 수자원 관련 법령들을 제·개정하여 왔기 때문이다.[66] 물 관리와 관련된 사업 계획은 치수, 이수, 수질 개선 사업, 환경 친화 사업 등으로 크게 구분할 수 있으며, 계획의 수립은 각 부처별 근거법에 의해 추진되고 있다. 물 관리 관련 법률들을 분석해 보면, 환경부가 '환경정책기본법', '수질 및 수생태계 보전에 관한 법률' 등 11개 법률을 운영하고, 국토해양부는 '하천법', '댐건설 및 주변지역 지원 등에 관한 법률' 등 4개 법률을 운영하고 있다.[67]

<표 4> 물 관리 관련 법률의 국지적 합리성

분야	환경부	국토해양부
수질	○ 환경정책기본법 ○ 수질 및 수생태계보전에 관한 법률 ○ 오수·분뇨 및 축산폐수의 처리에 관한 법률 ○ 하수도법 ○ 4대강수계특별법 ○ 먹는 물 관리법	
수량	○ 수도법 ○ 먹는 물 관리법 ○ 하수도법(처리수재이용) ○ 4대강수계특별법 ○ 지하수법(양 부처 공동)	○ 하천법 ○ 하천구역편입토지보상에 관한 특별조치법 ○ 댐건설 및 주변지역지원 등에 관한 법률 ○ 지하수법(양 부처 공동)
유역관리	○ 4대강수계 특별법	○ 친수구역 활용에 관한 특별법

주. 기타 조직(법률): 농림수산식품부(농어촌정비법, 농어업재해대책법), 행정안전부(소하천정비법, 자연재해대책법, 온천법), 지식경제부(전원개발촉진법)

66_ 국토해양부, 《(제4차)수자원장기종합계획 제2차 수정계획(2011-2020)》, 2011, 231-232면.

67_ 박용성, "포스트 4대강 정비사업: 물관리 행정의 역량 제고를 중심으로", 《녹색성장과 한국 환경정책의 뉴 비전 토론회》, 2011.

그런데 부처별 및 기능별 개별법이 수평적인 법 체계를 구성하고 있어 수자원 계획 및 정책을 통합적으로 관리하기 곤란한 문제점을 안고 있다. 현재 하천법이 물 관리의 기본법적인 역할을 수행하고 있으나, 개별법이라는 한계로 통합 수자원 관리 체계 구축에는 미흡하여 이를 통합적으로 관리할 수 있는 법률 제정 필요성이 대두되고 있다.[68] 정부 안팎의 관계자들과의 면담 결과를 종합하면, 이러한 소관 법령의 개별성과 분절성 때문에 소속 기관과 산하 기관은 물론 지방자치단체 역시 집행 과정에서 심각한 혼란에 빠지면서 높은 거래 비용을 지불하고 있는 것으로 나타났다. 특히 수질 관리와 수량 관리 관련 법령의 이원화로 인해서 중복 현상이 심화되기 때문에 환경부와 국토해양부의 조직 개편과 기능 조정이 선행된 후에 관련 법령의 체계화 작업을 수행하는 것이 요구된다. 그리하여 물 관리 주관 부처가 탄생하고 나면, 나머지 물 관리 부처들과의 협력적 거버넌스 구축과 관련 법령의 정비는 더욱 용이해질 것으로 판단된다. 이러한 가운데 18대 국회에서 의원 입법으로 추진되다가 무산되었지만, 19대 국회에서 정당성과 수용성이 가장 높은 형태로 (가칭)물관리기본법(안)이 통합 법안으로 탄생해야 하는 과제를 안고 있다.

둘째, 각 부처별 근거법에 의한 물 관리 관련 주요 계획을 분석해 보면, <표 5>에 나타난 바와 같이 환경부는 '수질 및 수생태계 보전계획', 국토해양부는 '수자원종합계획', 행정안전부는 '소하천정비종합계획', 농림수산식품부는 '농어촌용수이용합리화계획' 등을 소관 계획

68_ 국토해양부, 《(제4차)수자원장기종합계획 제2차 수정계획(2011-2020)》, 2011, 232-233면.

<표 5> 부처별 물 관련 주요 법률과 법정 계획의 국지적 합리성

	법률	관련 계획	주요 내용
환경부	수질 및 수생태계 보전에 관한 법률	○ 수질 및 수생태계 보전계획(10년)	○ 수질 및 수생태계 보호
	4대강수계특별법	○ 오염총량관리 기본계획	○ 4대강 유역통합관리 및 주민지원
	하수도법	○ 국가하수도종합계획(10년) ○ 유역하수도정비기본계획(20년)	○ 수질 및 하수도 관리
국토부	하천법	○ 수자원장기종합계획(20년) ○ 유역종합치수계획(10년) ○ 하천기본계획(10년)	○ 이수·치수·하천관리 ○ 수질오염의 측정(환경부)
	지하수법	○ 지하수관리 기본계획(10년)	○ 지하수의 이용 및 관리
	댐건설 및 주변지역 지원 등에 관한 법	○ 댐건설 장기계획(10년)	○ 이수·치수, 댐건설 및 주민지원
행안부	소하천정비법	○ 소하천정비 종합계획(10년)	○ 소하천 관리
농림부	농어촌정비법	○ 농어촌용수이용합리화계획	○ 농어촌용수의 효율적인 개발·이용 및 보전

으로 관리하고 있다.[69] 국내 물 관련 장기 계획은 부문별(수량 관리, 수질 관리, 재해 관리), 용도별(생·공용수, 농업용수) 또는 관리 대상별(지하수, 지표수, 해수)로 수립되고 있어, 각 기관의 정책을 효율적으로 조정하기 곤란하다.[70] 전문가들은 이러한 물 관리 계획들이 상호

69_ 박용성, "포스트 4대강 정비사업: 물관리 행정의 역량 제고를 중심으로", 《녹색성장과 한국 환경정책의 뉴 비전 토론회》, 2011.
70_ 국토해양부, 《(제4차)수자원장기종합계획 제2차 수정계획(2011-2020)》, 2011, 232-233면.

합의된 구조적 연계성(structural connectivity)을 갖지 못하고 별개로 운영되고 있다는 점을 지적한다. 특히 계획의 작성 주기는 물론 용어와 주된 관심 영역이 서로 다르기 때문에 관련 계획 간에도 커다란 벽이 존재하고 있다. 그런데 이러한 계획의 조정은 단순히 업무 협조로 해결될 수 있는 부분이 아니기 때문에 조직 개편과 기능 조정이 선행되어야 한다고 본다. 따라서 국토해양부와 환경부의 물 관리 관련 조직의 개편과 기능의 조정·통합이 먼저 이루어지고, 나아가 소관 법령의 통합과 소관 계획까지 통합이 이루어지는 것이 바람직하다. 전문가들은 조직 통합 이전에도 (가칭)물관리위원회를 설립할 경우 통합 계획으로서 20년 단위의 (가칭)물관리기본계획이 요구된다고 주장한다.

제4장 물 관리 거버넌스 구축을 위한 구조 조정 방안

1. 벤치마킹 포인트

환경부는 1994년 부처 승격 이후 수질 관리 담당 기관으로서 수질 오염 규제 기능과 더불어 환경 기초 시설의 확충 그리고 지방 상수도 관리라는 이질적인 기능을 효율적으로 수행해왔다. 국토해양부는 댐 건설과 관리는 물론 광역 상수도와 공업용 수도 관리에 치중하고 있다. 각 부처는 최선을 다하여 국지적 합리성(local rationality)을 발휘하지만, 국토 이용과 수자원 관리라는 통합적 시각에서 접근할 경우 혼란과 비효율이 심각한 상태라는 지적을 받고 있다. 그러면 외국의 경우는 어떠할까?

첫째, 물 관리 다원화 시스템을 유지하고 있는 국가로는 우리와 비슷한 체계를 가지고 있는 미국과 일본을 들 수 있다.[71] (1) 미국은 연방 정부 차원의 매우 분화된 물 관리 기구를 설립했지만, 주 정부 또는 지방 정부 차원의 물 관리는 지역의 여건에 따라 관련 기관의 업무 조정 또는 업무 통합의 형태로 추진되고 있다. 수질 규제 업무는 연방환경보호청(EPA), 수자원 개발과 공급은 주로 주 정부가 관할하고 있으며, 주 정부 내에 수자원관리국이 있어 수량과 수질을 일원적으로 관리하고 있다. 연방 정부는 미육군공병단(US Army Corps of Engineers, USACE)과 내무부의 개척국(US Bureau of Reclamation, USBR)을 통해서 수량 관리와 수질 관리 지원 업무를 담당하고 있다. (2) 일본의 경우 수질 규제 업무는 환경성이 관할하고, 댐 건설과 홍수 관리 등은 국토교통성에서, 상수도는 후생노동성에서 담당하고 있다. 지방 정부는 강화된 규제 기준 설정 및 오염 규제·지도 단속 등을 수행한다. 2011년 7월 1일 국토교통성 내에 산재하던 물 관련 조직을 '물관리·국토보전국'으로 통합하여 물 관리와 국토 관리 기능을 통합하고, 기후변화에 따른 하천 관리 문제에 대응하고 있기 때문에 우리나라에도 중요한 정책적 시사점을 제공하고 있다. 그리고 경제산업성은 공업용수와 수력 발전, 농림수산성은 농업용수를 담당하고 있기 때문에 표면적으로는 우리나라와 가장 가까운 물 관리 체계를 형성하고 있다.

71_ 박용성, "포스트 4대강 정비사업: 물관리 행정의 역량 제고를 중심으로", 《녹색성장과 한국 환경정책의 뉴 비전 토론회》, 2011.

그러나 미국과 일본의 경우에도 수질 관리와 수량 관리 업무를 극단적으로 이원화하여 관리하고 있지는 않기 때문에, 우리나라의 경우도 환경부와 국토해양부의 물 관리 기능은 어떤 형태로든 조정이 필요하다는 정책적 시사점을 얻을 수 있다.

둘째, 물 관리 통합시스템을 유지하고 있는 국가로는 영국, 프랑스, 독일을 들 수 있다.[72] (1) 영국은 기존 왕립환경오염감시단 및 국가하천청 등에 분산되었던 수자원 관리 업무를 1993년 이후 환경청(Environ-mental Agency)에 통합하여 수행하고 있는데, 환경청은 규제 업무와 집행 업무를 담당하고 있다. 영국은 2011년 통합 부처로 탄생한 환경식품농무부가 물 관리 정책 전반을 관할하며, 수자원 사업은 민영화되어 있고 정부는 감독과 규제에 치중하는 편이다. (2) 프랑스는 1964년 수법(Water Act) 제정에 따라 환경부 산하에 6개 유역위원회(Water Board)를 두고 수량과 수질을 통합 관리하는 오랜 역사를 유지하고 있다.[73] 1976년 치수와 수문을 담당하던 건설성이 환경부에 흡수 통합되고, 2007년에는 생태지속가능발전에너지부로 확대 개편하여 정부 부처 중에서 최상위 부처로 격상시켰고, 유럽연합의 새로운 물 관리지침에 대한 대응 및 기후 변화, 유역 관리 기술 개발 등을 위해 소속 기관을 설치하는 등 물 관리 조직을 집중화시키는 경향이 있다. (3) 연방제 국가인 독일은 환경자연보호원자력안전부에서 연방수자원관리법을 관장하면서 수량과 수질 관리 업무를 담당하고, 연방환경청이 수질 규제 업무를 담당한다. 물론 수량과 수질 관리의 최종 책임은 주 정부에 있다.

72_ 박용성, 앞의 글.
73_ 김정인, "물 인권의 국제적 현황", 《2012 춘천 국제 물 포럼 논문집》, 2012.

<표 6>에 나타난 바와 같이 영국, 프랑스, 독일 등이 통합 물 관리 시스템을 유지하고 있지만, 이 경우에도 하나의 부처에 물 관리 업무 전체를 일원화한 사례는 거의 없다.[74] 그리고 이들 국가에서 물 관리 기능을 수행하는 중앙 정부는 주로 장기 전략·정책 지침 수립에 집중하고 있고, 대부처로서 다양한 업무를 관할하며, 대부분의 물 관리 업무(정책·사업·규제)를 독립된 집행 기관에 이양한다. 한편 미국이나 일본같이 물 관리가 다원화된 나라의 경우 국가 차원의 물 관리 주도 부처가 있으며, 모두 이들 단일 부처에서 수량과 수질을 통합적으로 관리하며, 환경 부처는 수질 기준 설정 및 규제 기능만 담당하는 것을 알 수 있다. 따라서 우리나라의 경우 완전 통합 관리 시스템으로 가기에는 사회적 합의를 위한 시간이 요구되겠지만, 우선 국토해양부와 환경부로 기형적으로 이원화되어 있는 수량 관리와 수질 관리 기능은 반드시 통합이 요구되는 것을 알 수 있다.

---

[74] _ 2012년 9월 유럽 물파트너쉽(European Water Partnership, EWP) 등 유럽 물 관리 전문가들과 면담한 한국수자원공사 관계자에 의하면, 유럽에서 환경부가 물 관리 기능을 전담하는 경우는 없으며, 가령 상수도의 경우 보건 담당 부처가 주로 관리 기능을 담당하고 있다고 한다. 그리고 일선의 집행 기관들이 실제 물 관리에서 중요한 역할을 담당한다고 한다. 흥미로운 사실은 네덜란드가 2010년 국토부와 환경부를 통합하여 인프라환경부(Ministry of Infrastructure and the Environment)를 신설하였는데, 이는 정권 교체와 함께 부처의 수를 줄이는 과정에서 나타난 산물이라고 한다. 따라서 우리나라에서 조직 개편의 벤치마킹 포인트를 찾을 때 외국의 사례를 타산지석(他山之石)으로 삼아야지 전적으로 수용하는 것은 소망스럽지 않다는 교훈을 얻을 수 있다.

<표 6> 주요 국가의 물 관리 체계 현황

구분	물 관리 정책·사업		수질 규제		비고
	수량 관리	수질 관리	지표·지하수	음용수	
미국	연방기관 (USACE, USBR 등) 주정부	연방기관 (USACE, USBR 등) 주정부	환경보호청 (EPA)	환경보호청 (EPA)	▶ 국무성: 국제협력(USWP) ▶ 정책·집행 분리(주정부 중심) ▶ 연방기관은 지원기능 담당
일본	국토교통성 (물 관리· 국토 보전국)	국토교통성 (물 관리· 국토 보전국) ※ 댐·하천· 하수도	환경성	후생노동성	▶ 후생노동성: 상수도 ▶ 경제산업성: 공업용수, 수력 발전 ▶ 농림수산성: 농업용수
영국	환경·식품· 농무부 환경청(EA)	환경·식품· 농촌부 환경청(EA)	환경청(EA)	환경·식품· 농무부 (음용수감시 과: DWI)	▶ 정책·집행 분리(환경청 중심) ▶ 경제적 규제기관 독립 (OFWAT)
프랑스	생태지속 가능발전 에너지부 6개 유역청	생태지속 가능발전 에너지부 6개 유역청	생태지속 가능발전 에너지부 (수영: 사회·보 건부)	보건·체육부	▶ 내무부: 상하수도 재정지원 ▶ 농업부: 농업용수, 관개 ▶ 경제통상부: 지하수 ▶ 교통부: 내륙주운 ▶ 정책·집행 분리(6개 유역청 중심)
독일	환경· 자연보호· 원자력안전부 주정부	환경· 자연보호· 원자력안전부 주정부	연방환경청	보건부	▶ 내무부: 상하수도 재정지원 ▶ 농업부: 농업용수 개발지원 ▶ 경제협력부: 국제협력 ▶ 교통건설부: 내륙주운 ▶ 경제기술부: 요금·부담금 규제 ▶ 정책·집행 분리(주정부 중심)

자료: 한국수자원공사 K-water연구원 정책경제연구소, 2012.

2. 조직 개편과 구조 조정의 이론적 근거

1) 구조적 접근의 효용과 한계

구조적 접근은 다음과 같은 가정을 전제하고 있다.[75] 조직은 목적을 가진 존재이다. 이러한 목적을 달성하는 데 가장 중요한 변수는 조직의 구조이다. 조직이 제대로 기능을 수행하지 못하는 것은 구조가 잘못되어 있기 때문이며, 따라서 조직 문제는 적절한 조직 구조를 설계하면 해결될 수 있다. 예를 들면, 수자원 관리 조직이 수질과 수량 기능으로 이원화되어 초래되는 낭비와 비효율을 구조와 기능을 일원화하여 하나의 부처에 통합하면 해결된다는 논리를 들 수 있다.

구조적 관점에서 접근할 때는 부처 편성 이론과 정책 갈등의 관계에 대한 오해를 풀어야 한다. 일반적으로 조직 갈등의 원인으로는 부처 간의 목표의 차이, 부처 간의 상호 의존성, 한정된 자원의 공유 등이 거론된다. 따라서 부처 간의 공동 교육 훈련이나 교차 훈련, 상호 의존성을 약화시키는 완충 조직, 자원의 양을 증가시키는 방안 등이 갈등 해소 방안으로서 논리적으로 도출된다.[76] 이러한 조직 갈등에 대한 해부의 뿌리는 부처 편성 이론에서 찾을 수 있다.

부처 편성 이론은 정부의 기능을 가장 능률적으로 달성하기 위하여 어떠한 기준에 입각하여 부처를 편성할 것인가에 관한 이론이다.[77] 부

75_ 김병섭·박광국·조경호,《조직의 이해와 관리》, 서울: 대영문화사, 2000, 59~82면.
76_ 문태훈, "보전과 개발을 둘러싼 중앙부서간의 환경갈등 원인 및 저감방안에 관한 연구",《한국행정학보》, 35(1), 2001, 3~4면.
77_ 강신택·김광웅,《행정조직의 개혁: 새 정부의 개편방안》, 서울: 한국행정연구소, 1993,

처 편성의 이론 및 기준의 현대적 형태는 굴릭(Gulick)의 연구에서 비롯되었는데, 이는 부처 조직의 합리적 편성 및 행정 효율성 증진을 위한 일반적 편성 기준이다. 그는 업무 목적과 기능, 과정, 고객 집단, 장소를 기준으로 부처를 편성했을 때 행정 효율성이 증진될 수 있다고 주장했다.[78]

이러한 부처 편성의 원리(principle of departmentalization) 혹은 동질성의 원리(principle of homogeneity)는 조직 구성의 여러 원리와 더불어 고전적 조직 이론의 핵심이 되고 있다. 그러나 실제로 부처 편성에서 어느 하나의 기준만이 유일하게 적용되는 경우는 없고 언제나 혼합적으로 적용된다. 그리고 이러한 네 가지 기준 이외에도 부처 편성은 그 사회의 정치 문화와 행정적 환경에도 영향을 받게 된다. 국토해양부와 환경부는 기능별 부처 편성의 원리에 따라 편제된 조직으로 볼 수 있다. 기능별 부처 편성이란 부처 조직의 편성을 그 조직이 달성하고자 하는 주요 목적 및 기능에 따라 편성하는 방법을 의미하며, 가장 전통적·일반적인 방법이다.

이와 같이 목적 혹은 기능을 기준으로 부처를 조직화하면 조직의 목적과 활동이 뚜렷이 명시되기 때문에 조직 구성원의 노력을 목적 수행에 집중시킬 수 있다. 국민들이 행정 부처의 목적과 기능을 이해하는 데 도움을 주고, 부처 조직 간의 목적과 책임의 한계가 확정되므로 부처 간 업무 중복과 갈등을 방지할 수 있다. 반면에 어떤 정부의 업무든지 몇 개의 목표로 나누어서 부처를 편성한다는 것은 불가

1-8면.
78_ 유민봉, 《한국행정학》, 서울: 박영사, 2006, 369-394면.

능한데, 즉 무수한 정부 활동의 전 분야를 중복 없이 소수의 주요 목적과 기능에 따라 명백히 구분하는 것은 어렵다는 것이다. 그리고 자신의 부처의 목적과 기능의 완수에만 지나치게 관심을 집중하기 때문에 나머지 부처와의 상호 협조가 결여될 수 있고, 할거주의 현상(sectionalism)이 나타날 수 있다. 나아가 중복되는 기능에 대해서는 자기 조직의 세력 확장을 위해 기능과 조직을 흡수하려는 행태를 보일 수도 있다. <표 1>과 <표 3>에서 확인하였듯이, 환경부와 국토해양부의 수량 관리와 수질 관리 업무의 혼재와 중복 현상은 양 부처의 제국 형성 경향 때문이라고 볼 수 있다.

2) 부처 할거주의에 대한 오해

각 부처는 고유의 기능을 수행하기 위하여 나름대로의 구조를 형성하고 상황 변화에 맞추어 점진적으로 진화한다. 그리고 사회 변화에 따라 관련 기능이 필요 없어지거나 새로운 기능이 요구될 때 조직이 폐지되거나 새로운 조직 구조로 탄생하게 된다. 건설교통부 역시 해방과 6·25 이후 교통과 건설 기능을 담당하다가 1994년 12월 통합 체제로 출범하였고, 2008년 이명박 정부에서는 해양 기능까지 포괄하여 국토해양부로 탄생하였다. 환경부는 1994년 12월 발족하기까지 환경 관리 기능을 통합하며 진화해 왔다. 그런데 1994년 당시 재무부와 경제기획원을 물리적으로 통합하면 비효율과 갈등을 제거하고 효율적인 경제 정책 기능을 수행할 것으로 기대했지만, 오히려 견제와 균형의 기능을 상실하면서 미흡한 성과를 보였기 때문에 해체의 수순을 밟은 사례를 반면교사로 삼아야 한다. 즉, 부처 편성의 논리는 효율성만이 아니라 오차를 걸러줄 수 있는 가외성의 장치(redundant functions)도 필요하기 때문이다.[79] 개발 부처로 인식되는 국토해양부와 보전 부처로 인식되는 환경부의 통합 논의는 이러한 측면에서 위험성을 내포한 것으로 지적되고 있다. 물리적 관점에서 부처 통합을 주장하는 논거는 기능별 부처 편성의 한계로서 거론되는 부처 할거주의이다.

부처 할거주의(parochialism)란 정부 부처들이 자신들의 중요성을 강조하고 타 부처에 대항하려는 성향을 말한다.[80] 특히 부처 간의 정책 지향의 차이, 서로 대표하는 고객 및 수혜 집단의 차이, 너무나 당연하지만 자신의 업무가 국가적으로 가장 중요한 것으로 인식하는 국지적 합리성 때문에 부처 간의 갈등은 필연적이다. 어쩌면 민주 행정 체제에서 서로 다른 기능 혹은 대립적인 기능을 수행하는 부처 간 갈등은 필연적이고 당연한 현상이다. 예를 들면, 국토해양부의 개발 기능은 환경부의 보전 기능의 견제를 받지 않으면 지속 가능한 개발로 이어지기 어렵다. 다만 이러한 부처 간 갈등이 합리적이고 민주적으로 조정되지 못하여 정책 추진이 지연되면 국민에게 부담으로 작용하는데, 이 경우의 부처 할거주의는 경계의 대상이 되어야 한다. 이창길은 중앙 부처의 수평적 네트워크 구조 분석 결과, 환경부와 건교부는 구조적 등위성(structural equivalence)이 높은 경쟁적 관계로 나타났

---

[79] Landau, Martin, "Redundancy, Rationality, and the Problem of Duplication and Overlap", *Public Administration Review*, 29(4), 1969, pp. 346-358.
[80] 유광호, 《관료제도론: 이론, 역사, 실제》, 서울: 대영문화사, 1999, 80-81면.

다고 분석했다. 특히 수질과 수량 등 수자원 관리 문제를 놓고는 심각한 경쟁 관계를 보이고 있다.[81]

3. 구조 조정과 기능 조정의 단계적 시나리오

1) 국토해양부와 환경부의 통합 방안과 (가칭)물류교통부 신설 방안

시민 단체에서는 국토해양부와 환경부를 통합하여 부처 규모를 줄이고 주택이나 물류 교통 기능은 독립된 청으로 신설하는 방안을 제시하기도 한다. 즉, 국토해양부와 환경부의 통합방안은 가장 강력한 대안으로 국토해양부와 환경부의 모든 부서를 기능의 연관성을 감안하여 통합하는 방안이다. 그러나 이는 정부 부처 간 갈등 구조는 완화시킬 수 있지만, 공룡 부서의 출현에 따른 문제점과 통합 부처의 주도권을 국토해양부가 쥐게 될 경우 개발 논리에 환경 논리가 잠식될 수 있다는 문제점을 지니고 있다. 무엇보다 부처 간의 갈등을 허용하고 내버려두는 것이 정책 결정 과정에서 오차 예방과 오차 수정을 원활하게 하는 하나의 제도적 장치라는 견해를 경청할 필요가 있다.[82] 최근까지 상당수의 학자들이 재정경제원과 행정자치부, 그리고 해양수산부를 포함한 통합 체제의 문화적 갈등을 연구하고 대안을 고민하였다.[83] 즉,

---

81_ 이창길, "중앙부처의 수평적 정책네트워크 구조 분석: 협력과 경쟁 그리고 권위의 관계를 중심으로", 《한국행정학보》, 41(1), 2007, 21-47면.
82_ 김영평, 《불확실성과 정책의 정당성》, 서울: 고려대학교 출판부, 1995, 152-155면.
83_ 정진우, 《부처통합의 영향요인에 관한 연구: 재정경제원을 중심으로》, 서울대 대학원 행정학박사학위논문, 2000; 최성욱, "조직문화를 통해서 본 통합관료조직: 스키마 중심의 인지해석적 접근", 《한국행정학보》, 35(3), 2001; 장지원·김석은, "조직혁신의 영향요인에

새로운 문화의 다른 조직들이 물리적으로 통합할 경우 화학적 융합에 이르기까지는 많은 마찰 비용과 시간 비용을 지불해야 하기 때문에 가능한 한 대규모 조직 개편은 바람직하지 않다는 것이다.

그래서 국토해양부의 국토 관리, 수자원, 도로·주택 건설 등 사회 간접 자본(SOC) 관련 기능을 환경부와 통합하면서 여기서 제외된 교통·물류 기능을 바탕으로 (가칭)물류교통부를 신설하는 방안을 검토할 수 있다.[84] 이 경우 국토 계획 및 사회 간접 자본 건설의 친환경적 추진 가능성을 제고한다. 현재 국토 계획은 환경 용량에 바탕을 둔 지속 가능한 국토 이용 개념이 부족하고, 환경 계획은 토지 이용과 공간 관리 계획과 연계가 부족하다는 점을 보완할 수 있다는 강력한 논거가 된다. 그러나 이러한 구조 조정 방안 역시 개발 논리가 보전 논리를 압도하여 오히려 환경의 지속 가능성을 해칠 우려가 있다.

2) 국토해양부의 국토 관리 기능과 수자원 관리 기능을 환경부와 통합하는 방안

국토해양부의 국토 관리와 수자원 관리 기능 등 자원 관리 기능의 연관성을 고려하여 환경부 기능과 통합하여 (가칭)국토환경부를 신설하고, 국토해양부의 도로·주택 건설 등 사회 간접 자본 관련 기능과 교통·물류 기능은 국토해양부에 존치시키는 방안이다. 물론 차기 정부에서 해양수산부가 독립될 경우 해양 관련 기능은 국토해양부에서 신설

관한 연구: 통합부처를 중심으로", 《한국사회와 행정연구》, 17(4), 2007.
84_ 김창수, "개발과 보전을 둘러싼 정책갈등과 정책조정: 건설교통부와 환경부의 관계를 중심으로", 《행정논총》, 45(3), 2007.

부처로 이관될 가능성이 높을 것이다.

여하튼 이는 그 동안 수질과 수량 기능으로 분립되어 혼란을 초래하던 물 관리 기능을 통합하여 거래 비용을 줄일 수 있고, 환경성을 사전에 충분히 검토하고 국토 계획이 환경 친화적으로 이루어질 수 있다는 장점이 있다. 무엇보다 유사한 기능이 하나의 부처에 통합되어 정책 추진 과정에서 낭비와 갈등 유발 요인을 제거할 수 있다는 강력한 논거를 제시한다. 그러나 국토해양부의 도로와 주택 등 다른 기능들도 국토 계획과 밀접한 연관성이 있기 때문에, 파생될 수 있는 문제점에 대한 면밀한 분석이 요구된다.

3) 국토해양부의 수자원 관리 기능을 환경부와 통합하는 방안

최소한의 기능 조정 방안으로 <표 1>과 같이 국토해양부의 수자원정책관이 담당하는 물 관리 기능을 환경부로 통합하고, 국토해양부의 홍수통제소 기능을 포함하여 지방국토관리청 하천국의 하천 계획과 하천 공사 기능을 환경부의 4대강 유역환경청으로 이관하는 방안이다.

첫째, 상수도 분야에서 국토해양부 관할의 광역 상수도와 환경부 관할의 지방 상수도의 시설 중복과 가동률 저하 문제는 해묵은 과제이다. 현재 광역 상수도의 평균 가동률이 50%를 밑돌고 있는 것으로 알려져 있는데, 지방정부는 관로 비용 등 시설 부담금이 포함된 광역 상수도에 비해 가격 경쟁력이 있는 지방상수도를 별도로 설치하여 운영하기 때문에 전체 상수도 평균 가동률이 60%를 넘지 못하고 있다. 따

라서 최대 물 사용량을 감안하더라도 30%가량의 과잉 투자로 판단되기 때문에 상수도 행정의 통합이 요구된다. 광역 상수도 건설 시 수자원공사와 지자체 간의 배분 계획량 결정이 법적 구속력이 없어 지자체의 국지적 합리성(local rationality) 추구와 도덕적 해이(moral hazard)를 초래하여 전국적인 비효율을 발생하는 메커니즘이다. 나아가 <표 7>과 같이 상수도 관리 체계가 다원화되어 있기 때문에 나타나는 비효율적인 기능의 진단과 통합 조정 나아가 조직 개편 역시 요구된다는 주장이 설득력을 얻고 있는 것이다.

<표 7> 일반 수도의 중복적 관리 체계

구분	광역 상수도	지방 상수도	공업용 수도
설치	국가(국토해양부) 지방자치단체(2 이상)	지방자치단체	국가(국토해양부) 지방자치단체
운영 체제	한국수자원공사	지방자치단체	한국수자원공사 지방자치단체
사업 인가	국토해양부장관, 환경부장관(정수 시설)	환경부장관	국토해양부장관

둘째, 앞서 <표 3>에서 논의한 바와 같이 국토해양부에서 치수 중심의 하천 정비 사업을 추진하고, 환경부에서 수생태 복원을 위한 자연형 하천 사업을 시행하여 업무 중복과 예산 낭비를 초래하고 있는 사실도 익히 알려져 있다. 따라서 국토 계획 전문가들도 환경부를 중심으로 하천 관리 기능을 일원화하면 오히려 재해 예방에도 도움이 될 것으로 분석한다. 즉, 구조 조정을 통한 물 관리 일원화 방안은 물 관

리 체계 정상화 방안으로 긍정적으로 검토할 수 있다.[85] 따라서 국토해양부와 환경부로 나뉘어 있는 수량 관리·수질 관리 업무를 단일 부처로 통합하여 총괄 기능을 강화하자는 것이다. 더구나 하천 유량도 양 부처가 각각 측정하고 지하수도 수량·수질로 이원화되어 있어 낭비 요소가 매우 큰 것으로 지적되어 왔다.

그러므로 하천 관리 기능을 포함하여 수자원 관리 기능을 환경부로 통합하는 방안이 설득력을 얻고 있다. 그러나 수자원 관리 기능을 국토해양부로 통합해야 한다는 주장 역시 강력한 논거를 지니고 있다. 이때 환경부는 미국의 연방환경보호청(EPA)과 같이 본연의 수질 기준·규제 업무에 집중할 수 있는데, 환경부의 기존 규제 업무는 독립 기관화하여 견제와 균형(check and balance)의 원리를 견지하여야 한다고 한다. 이 경우 수질 오염의 심각성은 낮아지는 반면, 기후 변화로 인한 수량 관리(치수, 이수)의 중요성에도 대비할 수 있다는 것이다. 그럼에도 불구하고, 환경부의 대부분의 인력과 예산을 차지하고 있는 수자원 관리 기능을 국토해양부로 떼어줄 경우 부처의 존립이 위태로울 수 있기 때문에 실현 가능성이 높지 않은 대안으로 평가된다.

4) 행정 위원회 혹은 조정 위원회 설립 방안

<그림 6>과 같이 양 부처가 이미 성숙 단계에 이르렀기 때문에 구

85_ 현재 수질 문제는 환경 기초 시설 확충, 수처리 기술 발전 등으로 원수 수질의 심각성은 많이 완화되었다. 치수 문제는 불투수층 확대와 범람원 개발뿐만 아니라 기후 변화에 따른 강우 강도 증가 등으로 홍수 피해가 증가하였으며, 이수 문제는 기후 변화로 인한 공급 능력 저하, 용도 간 갈등 심화(생활, 공업, 농업, 하천 유지 등) 등으로 매우 심각한 상태이다.

조와 기능의 조정이 더 많은 문제점을 야기한다고 판단될 경우 별도의 (가칭)물관리위원회를 구성하고, 유역관리위원회를 통해 지역으로 거버넌스를 확장하는 방안을 검토해볼 수 있다.

<그림 6> 행정 위원회 혹은 조정 위원회를 통한 수직적·수평적 네트워크 구조

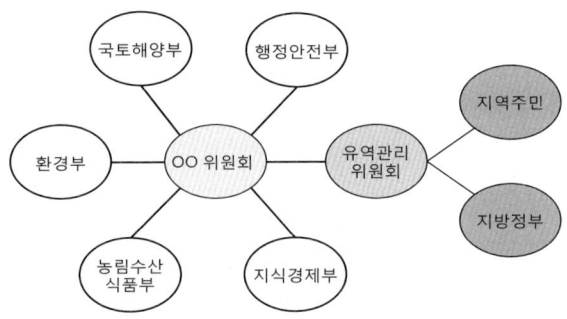

첫째, 대통령 소속의 국토·환경 종합 계획 수립 기관으로서 금융감독위원회 혹은 공정거래위원회와 같은 부처 형태의 상설 행정 위원회를 설립하여 공간 계획과 환경 계획을 합리적으로 조정하는 방안이다. 환경부와 국토해양부는 위원회의 사전적인 구속적 결정에 따라 집행 업무를 담당하게 된다. 이때 작은 정부의 취지에 부합하려면 대통령 직속 녹색성장위원회와 국토정책위원회의 구조와 기능을 통합하고, 사무국 역시 환경부와 국토해양부의 일정한 관리 인력을 행정 위원회로 이관하여 통합하는 것이 바람직하다. 이는 지속 가능한 수자원 관리와 국토 개발이 정말 중요한 국정 현안이기 때문에 개발과 보전의 갈등으로 인해 초래되는 사회적 비용을 감안하면 충분히 검토할 가치가 있다는 것이다. 그러나 이는 계획과 집행이 분리되기 어려운 현실을 감

안하면 계획 수립과 집행의 이원화를 초래할 수 있고, 국무조정실 등 계층제적 조정기능과 충돌이 예상되며, 무엇보다 권위주의적 정책 조정으로 흐를 우려가 있다. 합리적 정책 조정을 통해 일견 깔끔하게 정리될 것으로 낙관하기 쉬우나, 민주적 행정 과정에서는 관련 부처와 이해관계 집단들 간의 민주적 타협과 경쟁을 통한 조정이 더욱 소망스러울 수도 있기 때문이다.

둘째, 이것도 여의치 않을 경우 국토해양부와 환경부 그리고 농림수산식품부를 중심으로 5개 부처가 민간 위원을 포함하는 조정 위원회를 공동 운영하여 물 관리 주요 계획 및 정책을 사전에 조정하는 방안이 있다. 이때 농림수산식품부와 한국농어촌공사의 농업용수와 관련한 권한과 책임을 함께 공유하는 연결 장치를 만들 수 있게 되는 장점도 있다. 그러나 이는 문제 해결을 하지 못하면서 결정 시간을 지연시키고 책임 소재를 불분명하게 할 우려가 있다. 무엇보다 5개 부처에 추가하여 제3의 기관의 의견까지 개입하여 의사 결정점(decision point)으로 작용하면서 갈등 양상을 매우 복잡하게 만들 우려가 있다.[86] 무엇보다 그 동안의 위원회 조직 운영 경험을 타산지석으로 삼을 필요가 있다. 1997년 발족 후 새만금 간척 사업 관련 갈등 조정 등에서 제대로 조정 기능을 수행하지 못하고 2005년 폐지된 '물관리정책조정위원회'와 국무조정실 소속의 '수질개선기획단'의 운영 경험에서 얻은 교훈을 기억해야 한다.[87] 일본의 경우에는 2009년 1월 28일 내각총리실

---

[86] Pressman & Wildavsky, *Implementation*, 3rd ed., Berkeley: University of California Press, 1983.
[87] 우원식은 기존의 물 관련 법령과 물 관리 계획의 통합을 포함한 '물관리기본법(안)'의 제정을 바탕으로 (가칭)국가물관리위원회와 (가칭)유역관리위원회를 설치할 필요가 있다고 주장한다. 그는 유역관리위원회의 설치는 유역 주민과 지방자치단체가 참여하는 물 거버

에 국토교통성 물관리·국토보전국 수자원부장을 공동 의장으로 하는 '물 문제에 관한 관계성청 연락회'를 설치하여 물 관리 네트워크의 연락소(liaison)로 활용하고 있다.

4. 평가와 논의

국토해양부는 1994년 통합 이후 건설과 교통, 국토 계획과 국가 기간 교통망 계획의 유기적 연계를 형성하고 있기 때문에 이 중 하나의 기능에 손을 대면 수술 후유증을 앓을 가능성이 크다. 따라서 기대 편익이 훨씬 클 것이 명확한 경우에만 기능 조정을 해야 할 것이다. 최성욱은 1994년 말 통합된 재정경제원을 대상으로 문화적으로 이질적인 두 조직이 통합되어 충돌을 빚게 되고 이 과정에서 어느 한 조직의 문화적 속성들이 지배적으로 부각되는 현상을 인지 분야의 총체 개념인 스키마의 관점으로 해석하면서, 결국 문화가 다른 조직은 통합하지 않는 것이 좋다는 결론에 이르고 있다.[88] 문태훈의 설문 조사 결과에 의하면 환경부는 57.1%, 당시 건교부는 51.5%가 국토 개발과 토지 이용 분야에 있어서 갈등이 심하다고 하였다. 그런데 특이한 점은 물 관리 체계 및 수자원 개발 분야에 있어서 환경부는 9.5%, 당시 건교부는

넌스의 실현과 유역 통합 관리를 위해서 필수적인 사항이라면서, 현재 설치되어 있는 '4대강수계특별법'상의 수계관리위원회와 '하천법'상의 하천위원회를 통합하여 유역관리위원회로 재편하는 방안을 제시하고 있어 경청할 필요가 있다고 생각한다. 우원식, 《거버넌스 관점에서의 물관리체계 개선방안에 대한 연구》, 연세대학교 공학대학원 석사학위논문, 2009.
88_ 최성욱, "조직문화를 통해서 본 통합관료조직: 스키마 중심의 인지해석적 접근", 《한국행정학보》, 35(3), 2001, 127-145면.

36.4%가 갈등이 심하다고 답한 것이다.[89] 다만 환경부가 물 관리 일원화 문제를 심각하게 생각하지 않았다기보다는 상대적 중요도에서 밀린 것으로 판단된다. 연구자가 현장의 목소리를 확인한 결과, 국토 계획과 물 관리 계획의 이원화는 소속 기관과 산하 기관에 상당한 혼란과 거래 비용을 지불하게 하는 것으로 나타났다. 가령 국토해양부의 국토종합계획에서 환경적인 측면이 고려되지 않았다가 계획이 뒤틀어지면서 엄청난 비용을 초래하고 있고, 수질 문제와 이수·치수 문제의 분리는 현장에 혼란을 가중시킨다고 한다.

물론 구조와 기능의 조정을 통한 갈등 해결 방안은 기능 중복으로 인한 낭비와 비효율성이 심해서 정말 화급한 경우에 한하는 것이 바람직하다. 즉, 수자원 관리 기능의 조정 등 최소한의 기능 조정에 머물면서 조직 문화와 행태를 협력적인 모습으로 변화시키는 것이 더 소망스러울 수 있다. 다만 국내외 여건을 고려한 구조 조정과 기능 조정의 단계적 시나리오가 있겠지만, 국토해양부의 국토 관리 기능과 수자원 관리 기능을 어느 범위까지 환경부와 통합하느냐가 관건인 것으로 판단되었다. 국토 관리 기능까지 통합하여 (가칭)국토환경부를 신설하는 방안은 토지 이용과 수자원 관리 기능을 연계하기 때문에 소속 기관과 산하 기관에서 수용성이 높은 대안이며, 우리나라가 이제 1인당 GDP가 2만 달러를 넘은 상태이기 때문에 설득력이 높은 대안으로 평가된다. 그러나 대규모의 구조 조정 방안이기 때문에 관료 정치 요인을 고려할 때 실현 가능성이 높지 않은 한계를 지니고 있다. 따라서 수자원 관리 기능만 통합할 경우 기후 변화로 인한 이수와 치수 등 수량

89_ 문태훈, "보전과 개발을 둘러싼 중앙부서간의 환경갈등 원인 및 저감방안에 관한 연구", 《한국행정학보》, 35(1), 2001, 8-9면.

관리의 중요성이 부각된 상황을 고려하면 국토해양부로 통합하는 것이 소망스럽지만, 이때 국토해양부가 너무 비대해지고 환경부의 부처로서 존립 기반이 흔들리기 때문에 실현 가능성에 한계를 안고 있다. 국토해양부와 환경부의 관련 조직 규모와 예산 등을 고려할 때 환경부로 물 관리 구조와 기능을 일원화하는 것이 일견 실현 가능성은 높은 것으로 평가된다. 이를 통해 볼 때, 어떠한 구조 조정 방안도 소망성과 실현 가능성 기준을 모두 충족하지 못하고 있음을 알 수 있다. 그런데 기후 변화로 인해 물 순환 구조가 왜곡되고 불확실성이 높은 상황을 고려하면, 한국형 모델로서 '기후변화부'와 같은 물 관리 총괄 기능을 수행하는 독립 부처를 신설하는 방안이라든지, 농업용수 관리 기능까지 포괄하는 부처 형태의 상설 위원회인 (가칭)물관리위원회를 설치하는 방안을 고려할 수도 있다.[90] 여하튼 이는 정치적 결단이 요구되는 민감한 사안이기 때문에 좀 더 심층적인 분석이 요구된다.[91]

90_ 우리나라 총 수자원 이용량 337억㎥의 용도를 보면, 생활용수 76억㎥(23%), 공업용수 26억㎥(8%), 농업용수 160억㎥(47%), 하천 유지용수 75억㎥(22%)으로 농업용수가 전체 가용수 자원에서 가장 큰 비중을 차지하고 있음에도 불구하고 전혀 대가를 받지 않고 공급하고 있어 수요 관리의 문제점이 지적되고 있다.
91_ 가령 전문가들은 태국의 경우 2002년부터 '자원환경부'를 중심으로 물 관리 거버넌스를 구성하였으나, 2011년 대홍수 경험에서 보듯이 실제 하천 관리를 위한 시스템은 잘 작동하지 않았다는 평가를 하고 있기 때문이다.

제5장 결론

본 연구에서는 물 인권의 확보에 성공할 수 있는 바람직한 물 관리 거버넌스 구축 방안을 모색하였다. 먼저 우리나라 물 관리 체계를 (1) 적정하고 다양한 행위자의 참여, (2) 행위자의 자율성과 연계망 형성, (3) 자원 의존성과 신뢰를 기반으로 하는 상호 적응, 그리고 (4) 이들 조건들이 성공적으로 작동하게 하는 상호 합의된 규칙의 정당성과 수용성 등 4가지 기준으로 분석해 보았다.

첫째, 우리나라 물 관리 거버넌스에는 5개의 중앙 행정 기관을 포함한 다양한 행위자들이 과도하게 참여하면서 높은 거래 비용을 초래하고 있기 때문에 적정한 참여를 위한 구조 조정이 요구되는 것으로 나타났다. 둘째, 물 관리 중앙 행정 기관의 과잉 자율성 때문에 분절적인 수평적 연계망이 형성되고 있고, 소속 기관 역시 혼란에 빠지면서 높은 거래 비용을 지불하고 있기 때문에, 환경부와 국토해양부를 중심으로 물 관리 체계를 일원화를 하거나, 연계망을 연결시켜 줄 상위의 행정 위원회 혹은 조정 위원회가 요구되는 것으로 나타났다. 셋째, 환경부와 국토해양부는 서로 자원 의존성이 낮기 때문에 교환의 이득이 별로 존재하지 않는 경쟁 관계로 나타났고, 양 부처 중에서 어느 쪽으로도 내향 중심성이 작용하지 않기 때문에 수질과 수량 관리의 이원화가 고착될 수 있고, 이 때문에 구조 조정을 통한 물 관리 체계의 일원화가 요구되는 것으로 나타났다. 그리고 산하 기관인 한국수자원공사와 국립환경과학원 등 실무 기관의 수준에서는 물 관리를 위한 목표와 전략에서 이질적인 모습이 확인되고 있고, 서로 업무 협조와 연계를 통한 상호 적응이 거의 이루어지지 않고 있는 것으로 나타났다. 넷째, 국토해양부와 환경부 소관 물 관리 법령과 계획들이 각기 개별성과 분절성을 띠고 있어서 상호 합의를 바탕으로 한 통합 법안과 통합 계획이 탄생하여 구조적 연계성을 확보하는 방안이 요구되는 것으로 나타났다. 따라서 국토해양부와 환경부의 물 관리 조직과 기능의 통합이 먼저 이루어지고, 나아가 소관 법령의 통합과 소관 계획까지 통합이 이루어지는 것이 바람직한 것으로 나타났다.

그리고 바람직한 물 관리 거버넌스의 구축을 위해서 외국의 사례를 벤치마킹하였다. 영국, 프랑스, 독일 등이 통합 물 관리 시스템을 유지하고 있지만, 물 관리 업무 전체를 일원화한 사례는 거의 없었다. 그리고 이들 국가에서 물 관리 기능을 수행하는 중앙 정부는 주로 장기 전략·정책 지침 수립에 집중하고 있고, 대부처로서 다양한 업무를 관할하며, 대부분의 물 관리 업무(정책·사업·규제)를 독립된 집행 기관에 이양한다. 한편 미국과 일본같이 물 관리가 다원화된 나라의 경우 국가 차원의 물 관리 주도 부처가 있으며, 모두 이들 단일 부처에서 수량과 수질을 통합적으로 관리하고 환경 부처는 수질 기준 설정 및 규제 기능만 담당하는 것을 알 수 있다. 따라서 우리나라의 경우 완전 통합 관리 시스템으로 가기에는 사회적 합의를 위한 시간이 요구되겠지만, 우선 국토해양부와 환경부로 기형적으로 이원화되어있는 수량 관리와 수질 관리 기능은 반드시 통합이 요구되는 것을 알 수 있었다.

본 연구에서는 물 관리 거버넌스 구축을 위한 최종 기착점인 구조 조정과 기능 조정 방안을 제시하고자 하였다. 국내외 여건을 고려한 구조 조정과 기능 조정의 단계적 시나리오가 있겠지만, 국토해양부의 국토 관리 기능과 수자원 관리 기능을 어느 범위까지 환경부와 통합하느냐가 관건인 것으로 판단되었다. 국토해양부의 국토 관리 기능을 환경부에 통합하여 (가칭)국토환경부를 신설하는 방안은 토지 이용과 수자원 관리 기능을 연계하기 때문에 소속 기관과 산하 기관에서 수용성이 높은 대안으로 평가된다. 그러나 대규모의 구조 조정 방안이기 때문에 관료 정치 요인을 고려할 때 실현 가능성이 높지 않은 한계를 지니고 있다. 따라서 수자원 관리 기능만 통합할 경우 기후 변화로 인한 이수와 치수 등 수량 관리의 중요성이 부각된 상황을 고려할 때 국토해양부로 통합하는 것이 소망스럽지만, 이때 국토해양부가 너무 비대해지고 환경부의 부처로서 존립 기반이 흔들리기 때문에 실현 가능성에 한계를 안고 있다. 이러한 한계 때문에 국토해양부와 환경부의 관련 조직 규모와 예산 등을 고려할 때 환경부로 물 관리 기능을 일원화하는 것이 일견 실현 가능성은 높은 것으로 평가된다. 결국 어떠한 구조 조정 방안도 소망성과 실현 가능성 기준을 모두 충족하지는 못하고 있다. 그러므로 기후 변화로 인한 높은 불확실성에 대처해나갈 수 있는 한국형 모델로서 '기후변화부'와 같은 물 관리 총괄 독립 부처를 신설하는 방안이라든지, 5개 물 관련 부처의 물 관리 기능을 포괄하는 부처 형태의 상설 위원회인 (가칭)물관리위원회를 설치하는 방안이 더 소망스럽고 실현 가능성이 높을 수 있다. 여하튼 이는 정치적 결단이 요구되는 민감한 사안이기 때문에 좀 더 심층적인 분석이 요구된다.

참고 문헌

강신택·김광웅, 《행정조직의 개혁: 새 정부의 개편방안》, 서울: 한국행정연구소, 1993.

고문현, "물과 관련한 국제적 논의의 동향 및 UN총회(2010.7.28) 물인권 결의", 《법제(2012. 6)》, 2012: 73-101.

국토해양부, 《4대강 살리기 마스터플랜》, 2009.

_____, 《(제4차)수자원장기종합계획 제2차 수정계획(2011-2020)》, 2011. 12.

김덕주, "물문제에 관한 국제적 논의 동향 및 우리의 대응", 《주요 국제 문제 분석》, 외교안보연구원, 2010, No. 2010-03.

김병섭·박광국·조경호, 《조직의 이해와 관리》, 서울: 대영문화사, 2000.

김성수, "물기본권에 관한 연구", 《환경법연구》, 34(1), 2012: 231-258.

김영평, 《불확실성과 정책의 정당성》, 서울: 고려대학교 출판부, 1995.

김영평·최병선, 《행정개혁의 신화와 논리》, 서울: 나남출판, 1994.

김준기·이민호, "한국의 네트워크 거버넌스에 관한 연구: 사회복지관의 네트워크와 조직 효과성", 《행정논총》, 44(1), 2006: 91-126.

김정인, "물 인권의 국제적 현황", 《2012 춘천 국제 물 포럼 논문집》, 2012.

김창수, "물산업의 합리적 거버넌스 구축방안", 《물 정책·경제》, 제18호, 2011.

_____, "개발과 보전을 둘러싼 정책갈등과 정책조정: 건설교통부와 환경부의 관계를 중심으로", 《행정논총》, 45(3), 2007: 285-317.

문태훈, "보전과 개발을 둘러싼 중앙부서간의 환경갈등 원인 및 저감방안에 관한 연구", 《한국행정학보》, 35(1), 2001: 1-18.

박용성, "포스트 4대강 정비사업: 물관리 행정의 역량 제고를 중심으로",

《녹색성장과 한국 환경정책의 뉴 비전 토론회》, 2011.

박창근, 《기후변화 대응과 녹색성장을 위한 새로운 환경거버넌스 구축방향》, 한국환경정책·평가연구원, 2009.

배응환, "거버넌스의 실험: 네트워크조직의 이론과 실제", 《한국행정학보》, 37(3), 2003.

오재록, 《관료제의 권력구조》, 서울: 대영문화사, 2012.

우원식, 《거버넌스 관점에서의 물관리체계 개선방안에 대한 연구》, 연세대학교 공학대학원 석사학위논문, 2009.

유광호, 《관료제도론: 이론, 역사, 실제》, 서울: 대영문화사, 1999.

유민봉, 《한국행정학》, 서울: 박영사, 2006.

유재원·소순창, "정부인가 거버넌스인가? 계층제인가 네트워크인가?", 《한국행정학보》, 39(3), 2005: 41-63.

이창길, "중앙부처의 수평적 정책네트워크 구조 분석: 협력과 경쟁 그리고 권위의 관계를 중심으로", 《한국행정학보》, 41(1), 2007: 21-47.

장지원·김석은, "조직혁신의 영향요인에 관한 연구: 통합부처를 중심으로", 《한국사회와 행정연구》, 17(4), 2007: 17-41.

정정길, 《행정학의 새로운 이해》, 서울: 대명출판사, 2003.

정지범·김근세, 《위기관리의 협력적 거버넌스 구축》, 서울: 법문사, 2009.

정진우, 《부처통합의 영향요인에 관한 연구: 재정경제원을 중심으로》, 서울대 대학원 행정학박사학위논문, 2000.

최동진, "물값 갈등과 물관리 체계", 《물은 누구의 것인가?》, 서울환경운동연합 주최 토론회, 2012.

최성욱, "조직문화를 통해서 본 통합관료조직: 스키마 중심의 인지해석적 접근", 《한국행정학보》, 35(3), 2001: 127-145.

하연섭, 《제도분석: 이론과 쟁점》, 서울: 다산출판사, 2003.

한국수자원공사 K-water연구원 정책경제연구소, 《물관리 일원화 논의 경과》, 2011.

_____, 《물관리 체계 현황 및 발전방향》, 2012.

환경부, 《환경백서》, 2011.

Agere, Sam, *Promoting Good Governance: Principles, Practices and Perspectives*, Commonwealth Secretariat, 2000.

Axelord, Robert M., *The Evolution of Cooperation*, Basic Books, 1984.

_____, "The Emergence of Cooperation Among Egoists", *American Political Science Review*, 75, 1981.

Bakker, Karen, *Privatizing Water: Governance Failure and the World's Urban Water Crisis*, Ithaca and London: Cornell University Press, 2010.

Bressers, Hans Th. A. & L. J. O'Toole Jr., "The Selection of Policy Instruments: A Network-based Perspective", *Journal of Public Policy*, 18(3), 1998.

Buchanan, J & G. Tullock, *The Calculus of Consent*, Ann Arbor: the University of Michigan Press, 1962.

Conyers, Diana, *An Introduction to Social Planning in the Third World*, New York: John Wiley & Sons, Ltd., 1982.

George, Susan, Mthandeki Nhlapo & Peter Waldorff, (April 2011), "The

Politics of Achieving the Right to Water", Transnational Institute, http://www.tni.org/article/politics-achieving-right-water.

Gleick, Peter, "The Human Right to Water", *Water Policy*, Volume 5, 1999: 487-503.

Hardin, G., "The Tragedy of the Commons", *Science*, 162, 1968.

Hooper, B., *Integrated River Basin Governance: Learning from International Experience*, London and Seattle: IWA Publishing, 2005.

Kettle, Donald F., *The Transformation of Governance: Public Administration for Twenty-First Century America*, Baltimore: The Johns Hopkins University Press, 2002.

Kim, Junki, "Networks, Network Governance, and Networked Networks", *International Review of Public Administration*, 11(1), 2006.

Landau, Martin, "Redundancy, Rationality, and the Problem of Duplication and Overlap", *Public Administration Review*, 29(4), 1969: 346-358.

Langford, Malcolm, "The United Nations Concept of Water as a Human Right: A New Paradigm for Old Problems?", *Water Resources Development*, 21(2), 2005: 273-282.

March & Simon, *Organization*, New York: John Wiley & Sons, Inc., 1958.

Min, Kyung-Jin, "The Role of State and the Market in Korean Water Sector", A Thesis for the degree of Doctor of Philosophy, School of Management at University of Bath, 2011.

North, Douglass C., *Institutions, Institutional Change and Economic*

Performance, Cambridge University Press, 1990.

OECD, *Meeting the Water Reform Challenge*, OECD Studies on Water, 2012.

Office of the UN Commissioner for Human Rights, *The Right to Water*, September 2007.

_____, *The Right to Water (Fact Sheet No. 35)*, August 2010.

Olson, M., *The Logic of Collective Action: Public Goods and the Theory of Groups*, Cambridge, Mass.: Harvard University Press, 1965.

Ostrom, Elinor, *Governing the Commons: The Evolution of Institutions for Collective Action*, Cambridge University Press, 1990.

Peters, B. Guy, *The Future of Governing*, The University Press of Kansas, 1997.

Popper, K. R., *The Open Society and Its Enemies, Volume I: The Spell of Plato*, London: George Routledge & Sons, Ltd., 1945.

Pressman & Wildavsky, *Implementation*, 3rd ed., Berkeley: University of California Press, 1983.

Putnam, Robert. D., *Making Democracy Work: Civic Traditions in Modern Italy*, N. J.: Princeton University Press, 1994.

Rhodes, R. W., "The New Governance: Governing Without Government", *Political Studies*, 44(3), 1996: 652-667.

_____, *Understanding Governance: Policy Network, Governance, Reflexivity, and Accountability*, Buckingham, Philadelphia: Open

University Press, 1997.

Rogers, P. & A. Hall, *Effective Water Governance*, Global Water Partnership Technical Committee (TEC) Background Papers No. 7, 2003.

Stoker, Gerry, "Redefining Local Democracy", in L. Pratchett & D. Wilson, *Local Democracy and Local Government*, Macmillan Press, Ltd., 1997.

_____, "The Unintended Costs and Benefits of New Management Reform For British Local Government", in G. Stoker(ed.), *The New Management of British Local Governance*, Macmillan Press, Ltd., 1999.

UNDP Water Governance Facility, *Anti-Corruption in the Water Sector*, UNDP Water Governance Facility Issue Sheets No. 2, 2008.

UNICEF & WHO, *Drinking Water Equity, Safety and Sustainability*, 2011.

United Nations, "General Comment 15", *The Right to Water*, The Economic and Social Council, E/C.12/2002/11, 2003.

Vigoda, Eran, "From Responsiveness to Collaboration: Governance, Citizens, and the Next Generation of Public Administration", *PAR*, 62(5), 2002.

Wilson, James Q., *American Government*, 3rd ed., Lexington, MA.: D. C. Heath and Company, 1986.

Zuker, L. G., "Production of Trust: Institutional Source of Economic Structure", *Research in Organizational Behavior*, 8, 1986.

10.
물 복지와 물 값

김종원

제1장 서론

제2장 우리나라 인구 구조의 변화 추이

제3장 물 값 체계와 물 복지
1. 구간 체증 요금 제도와 총괄 원가주의
2. 지자체별 물 요금 부과 체계 및 문제점
3. 총괄 원가 이하의 물 값에 따른 보조금 정책의 문제점
4. 저소득 계층에 대한 배려 부족

제4장 물과 인권에 관한 국제적 동향
1. 물에 대한 시각
2. 물 인권적 접근에 대한 전형적인 두 가지 모델

제5장 물 복지 실현을 위한 정책 대안
1. 이론적으로 저소득층(소외 계층)을 배려할 수 있는 프로그램
2. 현실적으로 적용 가능한 물 복지 개념의 도입 방안
3. 물 복지 개념을 도입하기 위한 물 값 현실화 방안의 예시

제6장 결론

제1장 서론

최근 전 세계적으로 물 인권(human right to water)에 대한 논의가 많이 진행 중이다. 물을 공공재가 아닌 경제재로 보는 시각이 보편화되어 가는 시점에서 물 인권에 대한 주장이 강하게 제기되고 있다. 이는 물을 공급받는 데 따른 비용이 점점 커짐으로 인하여 빈곤층을 중심으로 물에 대한 접근이 점점 어려워진 데 따른 부작용이 크게 나타나고 있기 때문이다. 인간다운 삶을 영위하는 데 기본적으로 최소한의 물을 사용할 수 있는 권리가 보장되어 함을 의미한다.

우리나라의 경우에 물 인권에 대한 주장이 강하게 제기되는 후진국과는 상당히 다른 상황에 있다. 정부의 지속적인 상수도 보급과 상대적으로 저렴한 가격에 용수를 공급하고 있는 점 때문에 물의 인권적인 보장에 대한 논의가 크게 나타나지 않고 있다. 그러나 우리나라에서도 고령 인구와 저소득층에 대한 물 값 배려가 필요하다고 판단된다. 따라서 우리나라는 물의 인권적 차원보다는 물 복지 차원에서 접근하는 것이 더 적합할 것이다.

우리나라의 경우에 1인 가구 수가 급속히 늘어나고 있고 1인 가구도 소득이 양극화되어 고소득 가구와 저소득 가구 간의 소득 격차가 크게 벌어지고 있다. 이러한 상황에서 우리나라의 물 값이 가구당으로 부과되고 있고, 가구원 수가 급격히 줄어들고 있지만, 물 값 부과 체계는 과거 1980년대의 구조를 그대로 답습하고 있다. 이는 고소득 1인 가구가 상대적으로 저소득층보다 복지 혜택을 더 많이 받는 구조로 왜곡되어 있다.

본 연구에서는 전 세계적으로 논의되는 물 인권과 맥락을 같이 하면서 우리나라의 현실에 맞는 물 복지의 달성을 위한 물 값 체계를 어떻게 정비하는 것이 합리적인가를 고찰하고자 한다. 이를 위하여 제2장에서는 우리나라의 인구 구조 변화 추이, 가구당 가구원 수 추이, 고령화 추세 등 인구 관련 통계를 먼저 살펴보고자 한다. 제3장에서는 우리나라의 물 값 체계를 고찰함으로써, 제2장에서 살펴본 고령화 정도 및 가구 수를 고려한 현재의 지자체별 요금 구조의 현황과 문제점을 물 복지 차원에서 검토한다. 제4장에서는 현재 논의되고 있는 국제 사회의 물 인권적 논의의 출발점과 현재의 진행 상황을 살펴보고자 한다. 제5장에서는 우리나라에서 물 복지의 실현을 위한 다양한 정책적 제안을 담고 있다. 제6장은 결론 부문으로서 지금까지 살펴본 연구의 의의, 정책적 시사점, 그리고 연구의 한계와 향후 연구 과제로 마무리하고자 한다.

제2장 우리나라 인구 구조의 변화 추이

우리나라의 가구 수는 1980년대에 8백만여 가구였으나, 급속한 인구 증가와 핵가구화로 인하여 2010년 현재 1천7백만 가구로 218% 증가하였다. 특별시·광역시와 경기도가 상대적으로 가구 수가 많이 늘어난 반면, 전라남도 및 경상북도는 가구 수가 줄어들고 있다.

<표 1> 시·도별 가구 수(1980-2010)

(단위: 가구)

행정 구역별	1980	1985	1990	1995	2000	2005	2010
전국	7,969,201	9,571,361	11,354,540	12,958,181	14,311,807	15,887,128	17,339,422
서울특별시	1,836,903	2,324,219	2,814,845	2,965,794	3,085,936	3,309,890	3,504,297
부산광역시	687,509	838,929	993,375	1,079,417	1,120,186	1,186,378	1,243,880
대구광역시	-	499,592	597,150	703,464	759,351	814,585	868,327
인천광역시	-	338,978	485,404	658,818	747,297	823,023	918,850
광주광역시	-	-	287,950	354,717	408,527	460,090	515,855
대전광역시	-	-	262,193	357,814	413,758	478,865	532,643
울산광역시	-	-	-	-	306,714	339,095	373,633
경기도	1,082,808	1,164,738	1,619,156	2,168,007	2,668,886	3,329,177	3,831,134
강원도	375,134	403,174	412,918	440,955	487,420	520,628	557,751
충청북도	290,941	321,402	354,064	407,664	461,463	505,203	558,796
충청남도	582,449	654,199	478,579	514,254	589,144	659,871	749,035
전라북도	451,763	489,567	517,181	556,985	601,965	619,958	659,946
전라남도	765,106	834,211	619,767	637,452	664,287	666,319	681,431
경상북도	1,080,146	733,080	788,896	824,891	887,917	938,840	1,005,349
경상남도	711,276	851,128	991,695	1,141,523	951,393	1,056,007	1,151,172
제주도	105,166	118,144	131,367	146,426	157,563	179,199	187,323

자료: 통계청, 《인구총조사》, 각년도.

한편 가구당 가구원 수를 보면, 1980년 전국 평균 가구당 4.7인에서 2010년 현재 2.8인으로 줄어들고 있다. 급격한 핵가족화와 고령 사회로의 진입에 따른 노인 독거 가구의 증가, 젊은 층의 독신 가구의 증가로 인해 전국 평균 가구원 수는 앞으로도 점점 더 줄어들 전망이다.

<표 2> 시·도별 평균 가구원 수(1980-2010)

(단위: 명)

행정 구역별	1980	1985	1990	1995	2000	2005	2010
전국	4.7	4.2	3.8	3.4	3.2	3.0	2.8
서울특별시	4.5	4.1	3.8	3.4	3.2	2.9	2.7
부산광역시	4.6	4.2	3.8	3.5	3.3	3.0	2.7
대구광역시	-	4.1	3.7	3.5	3.3	3.0	2.8
인천광역시	-	4.1	3.7	3.5	3.3	3.1	2.9
광주광역시	-	-	4.0	3.5	3.3	3.1	2.8
대전광역시	-	-	4.0	3.6	3.3	3.0	2.8
울산광역시	-	-	-	-	3.3	3.1	2.9
경기도	4.6	4.1	3.8	3.5	3.3	3.1	2.9
강원도	4.8	4.3	3.8	3.3	3.0	2.8	2.6
충청북도	4.9	4.3	3.9	3.4	3.2	2.9	2.7
충청남도	5.1	4.6	4.2	3.4	3.1	2.8	2.7
전라북도	5.1	4.5	4.0	3.4	3.1	2.9	2.7
전라남도	4.9	4.5	4.0	3.2	3.0	2.7	2.5
경상북도	4.6	4.1	3.6	3.2	3.1	2.8	2.6
경상남도	4.7	4.1	3.7	3.4	3.1	2.9	2.7
제주도	4.4	4.1	3.9	3.4	3.3	3.0	2.8

자료: 통계청, 《인구총조사》, 각년도.

<표 3>에서 보듯이 1인 가구 수가 1990년에 약 38만 가구 수준에서 2010년 현재 약 414만 가구로 급속히 증가하고 있다. 동시에 65세 이상의 고령자 비중도 1995년 5.9%에서 2010년에는 11.3%로 급격히 증가하는 추세를 보이고 있다.

<표 3> 전국 인구 및 가구 현황(1980-2010)

(단위: 명, 가구, %)

구분	1980	1985	1990	1995	2000	2005	2010
인구 수	37,406,815	40,419,652	43,390,374	44,553,710	45,985,289	47,041,434	47,990,761
가구 수	7,969,201	9,571,361	11,354,540	12,958,181	14,311,807	15,887,128	17,339,422
가구당 평균 가구원 수	4.7	4.2	3.8	3.4	3.2	3.0	2.8
1인 가구 수	382,743	660,941	1,021,481	1,642,406	2,224,433	3,170,675	4,142,165
고령자 인구 비중	-	-	-	5.9	7.3	9.3	11.3

자료: 통계청, 《인구총조사》, 각년도.

다음으로 1인 가구 수를 시·도별로 좀 더 구체적으로 살펴보자. 수도권과 부산광역시의 경우 1인 가구 수 증가가 상대적으로 빠르게 나타나고 있다. 이는 젊은 층의 교육 여건과 구직 기회가 많은 도시로의 유입에서 그 이유를 찾을 수 있다.

65세 이상의 고령자 인구 비중을 보면, 1995년 전국 평균은 5.9% 수준이었으나 2010년에는 11.3%로 급속히 고령 인구 수가 늘어나고 있다. 가장 고령 인구 비중이 높은 지역은 인구의 20.4%가 고령자인 전라남도이고, 다음으로 16.7%인 경상북도, 그리고 16.4%인 전라북도 순이다. 전라남도의 경우 5명 중의 1명은 고령자라는 의미로서, 인구 구조가 통상적인 항아리 형태가 아닌 역삼각형 구조로 변화하는 추세에 있음을 알 수 있다.

<표 4> 시·도별 1인 가구 수(1980-2010)

(단위: 가구)

행정 구역별	1980	1985	1990	1995	2000	2005	2010
전국	382,743	660,941	1,021,481	1,642,406	2,224,433	3,170,675	4,142,165
서울특별시	82,477	156,207	257,382	382,024	502,245	675,739	854,606
부산광역시	27,598	49,436	77,230	115,574	154,237	222,515	290,902
대구광역시	-	41,764	59,890	82,766	107,913	148,331	192,472
인천광역시	-	22,071	38,321	67,546	97,127	141,511	190,882
광주광역시	-	-	23,350	43,088	60,207	87,447	122,506
대전광역시	-	-	20,327	41,142	62,742	98,678	134,938
울산광역시	-	-	-	-	42,532	57,923	77,421
경기도	55,362	81,913	131,698	229,800	337,555	562,995	777,360
강원도	17,289	27,523	40,108	66,132	91,545	122,139	155,453
충청북도	11,556	21,772	28,650	53,645	78,780	114,584	150,455
충청남도	18,015	31,642	31,566	66,240	101,097	149,102	201,875
전라북도	18,221	30,806	44,712	78,676	104,780	136,754	175,026
전라남도	35,422	50,317	55,041	103,844	130,679	163,718	197,084
경상북도	67,140	66,284	96,921	130,826	163,919	224,611	289,704
경상남도	37,918	66,234	99,661	157,947	162,923	226,117	286,485
제주도	11,745	14,972	16,624	23,156	26,152	38,511	44,996

자료: 통계청,《인구총조사》, 각년도.

<표 5> 시·도별 65세 이상 인구 수(1996-2010)

(단위: 명, %)

행정 구역별	65세 이상 인구 수				65세 이상 비중			
	1995	2000	2005	2010	1995	2000	2005	2010
전국	44,553,710	45,985,289	47,041,434	47,990,761	5.9	7.3	9.3	11.3
서울특별시	10,217,177	9,853,972	9,762,546	9,631,482	4.2	5.4	7.3	9.6
부산광역시	3,809,618	3,655,437	3,512,547	3,393,191	4.5	6.2	8.7	11.7
대구광역시	2,445,288	2,473,990	2,456,016	2,431,774	4.5	5.9	8.0	10.3
인천광역시	2,304,176	2,466,338	2,517,680	2,632,035	4.5	5.5	7.1	8.8
광주광역시	1,257,063	1,350,948	1,413,644	1,466,143	4.6	5.6	7.2	9.1
대전광역시	1,270,873	1,365,961	1,438,551	1,490,158	4.5	5.5	7.0	8.8
울산광역시	-	1,012,110	1,044,934	1,071,673	-	4.0	5.3	7.0
경기도	7,637,942	8,937,752	10,341,006	11,196,053	4.8	5.8	7.3	8.9
강원도	1,465,279	1,484,536	1,460,770	1,463,650	8.0	9.9	12.9	15.5
충청북도	1,395,460	1,462,621	1,453,872	1,495,984	8.2	9.7	12.1	13.9
충청남도	1,765,021	1,840,410	1,879,417	2,000,473	10	12.1	14.2	15.5
전라북도	1,900,558	1,887,239	1,778,879	1,766,044	9.1	11.2	14.2	16.4
전라남도	2,066,109	1,994,287	1,815,174	1,728,749	10.7	13.6	17.7	20.4
경상북도	2,672,498	2,716,218	2,594,719	2,575,370	9.6	11.6	14.4	16.7
경상남도	3,841,553	2,970,929	3,040,993	3,119,571	6.4	9.0	10.8	12.5
제주도	505,095	512,541	530,686	528,411	6.7	8.4	10.4	12.8

자료: 통계청, 《인구총조사》, 각년도.

통계청에서 예측한 장래 65세 이상 인구 추이를 보면, 2010년 현재 전국 인구의 11% 수준에서 2030년에는 24.3%, 2050년에는 37.4%,

<표 6> 65세 이상 인구 추계(2010-2060)

(단위: 천 명, %)

구분	2010	2015	2020	2025	2030	2035	2040	2045	2050	2055	2060
전체 인구 수	49,410	50,617	51,435	51,972	52,160	51,888	51,091	49,810	48,121	46,124	43,959
65세 이상 인구 수	5,452	6,624	8,084	10,331	12,691	14,750	16,501	17,467	17,991	17,713	17,621
65세 이상 인구 비중	11.0	13.1	15.7	19.9	24.3	28.4	32.3	35.1	37.4	38.4	40.1

주. 이 자료는 2010년 인구주택총조사 결과를 기초로 인구 변동 요인(출생·사망·국제 이동)의 추이를 반영, 인구 성장 중위 시나리오로 향후 50년간 전망한 결과임.
자료: 통계청, 《장래인구추계》.

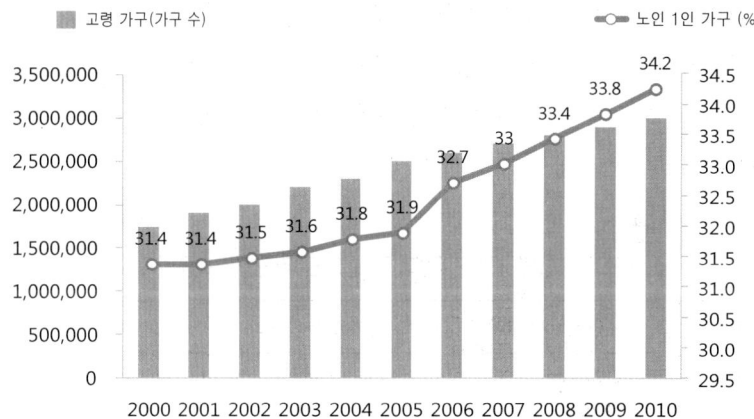

<그림 1> 고령 가구 수와 노인 1인 가구 수 비중 추이

자료: 김정근, "고령화 시대의 노인 1인가구", 《SERI 경제포커스》, 제357호, 2011.

2060년에는 40.1%로 급속히 고령 사회로 진입함을 알 수 있다. 이는 사회·경제적으로 우리 사회가 고령화 사회로 진입하는 데 따른 많은 문제점을 다양한 방면에서 야기할 수 있다. 고령자 가구의 증가로 인한 의료비 증가, 젊은 세대의 조세 부담 가중, 사회 안전망 차원에서의 획기적인 변화가 예상된다.

고령자 인구가 늘어나면서 고령 가구 중에서 1인 독거 노인의 비중이 2010년 현재 34.2%로 지속적으로 늘어나는 추세이다. 1인 고령자 가구의 증가에 비례해 이들 중에서 저소득 계층의 노인들도 지속적으로 늘어나고 있다.

전체 노인 가구의 연 평균 소득이 2009년 현재 1,233만 원/년이고, 노인 1인 가구는 820만 원 수준이다. 특히 노인 1인 가구의 소득 중에서 남성 노인 1인 가구의 소득보다 여성 1인 가구의 소득 수준이 크게 떨어지고 있다. 이는 노인 가구 중에서 남편이 먼저 사망한 경우에 연금 등의 수준이 급격히 떨어지는 데서 그 원인을 찾을 수 있다. 현재 노인 가구의 경우 맞벌이 부부가 매우 적고, 남편의 소득에 의존하는 경우가 대부분인 데도 그 원인이 있다.

<표 7> 노인 1인 가구와 전체 노인 가구의 소득비교

구분	노인 1인 가구(A)			전체 노인 가구(B)			비율(A/B)		
2005	637.7	677.2	631.8	1,059.6	1,207.1	940.8	60.2	56.1	67.2
2007	802.9	1,056.9	760.8	1,141.5	1,209.4	1,089.0	70.3	87.4	70.0
2009	819.8	1,288.2	736.0	1,232.9	1,367.4	1,126.6	66.5	94.2	65.3

자료: 국민연금관리공단, 《국민노후보장패널조사》, 각년도를 토대로 재구성.

제3장 물 값 체계와 물 복지

1. 구간 체증 요금 제도와 총괄 원가주의

모든 지자체가 구간 체증 요금제를 채택하고 있다. 구간 체증 요금제의 목적은 물을 많이 쓸수록 더 많은 요금을 부과하는 제도이다. 더 많은 요금을 부과하는 가장 큰 이유는 물 수요 관리를 위해서이다. 동시에 물 값 부과 원칙은 총괄 원가주의를 바탕으로 하고 있다. 대부분의 공공요금에 적용되는 원칙이다. 아래의 <그림 2>에서 보듯이 이론적으로 총괄 원가는 운영 및 유지 관리비를 포함하는 총공급 비용에 기회비용, 그리고 경제적 외부성, 환경적 외부성을 모두 포함하는 것이 총괄 원가 개념이다. 그러나 우리나라의 총괄 원가는 운영 및 유지 관리에 자본 비용을 합한 총공급 비용에 머물고 있다. 여기에 댐 하류 지자체는 상수원 보호 구역 주민의 보상 차원에서 물 이용 부담금을 부담하는데 이것은 경제적 외부성에 해당된다고 할 수 있다.

이와 같이 총괄 원가가 실질적인 총괄 원가보다 훨씬 저렴한 자본 비용과 유지 관리비 수준으로 책정되어 있다. 실제 전국 평균적으로 부담하는 물 값 수준은 총공급 비용의 80% 수준에 머물고 있다. 이는 물 값의 20%는 일반 예산에서 보조하는 형태로 물 값 체계를 유지하고 있다는 의미이다. 우리나라의 물 값은 각 가구당 사용량만큼 부과하고 있는데, 왜 전국 평균적으로 20%를 일반 예산에서 보조하고 있는 것일까? 우리나라의 물 값이 경제협력개발기구(OECD) 국가 중에서 가장 저렴한 점을 감안하면 이해하기 힘든 부분이다. 물을 공공재 개념으로 보아 국가가 모든 국민에게 복지 차원에서 공급한다는 개념이 강하게 깔려 있다고도 해석할 수 있다. 그러나 한정된 예산으로 고령화 사회의 도래 및 인구 감소 추세를 반전시키기 위한 정부의 다양한 정책, 즉, 무상 교육, 반값 등록금 등등 엄청난 재정 소요가 투입되어야 할 부분이 산적해 있는 현실을 고려하면 납득이 되지 않는 부분이다.

더군다나 가구당 월 평균 물 값으로 만 원 이하를 부담하고 있는 현실에 비추어 볼 때 일반 예산에서의 물 값 지원은 바람직하지 않다. 소외 계층이나 저소득 계층에 국한된 물 값 보조 정책이라면 누구나 수긍할 수 있을 것이다. 상수도를 둘러싼 현실을 보면, 노후관 교체, 맑은 물 공급을 위한 고도 정수 처리, 상수원 보호 구역의 수질 개선 등등 많은 투자가 이루어져야 함에도 불구하고, 저렴한 물 값으로 인하여 이런 부분이 소홀히 다루어지거나 지연된다면, 이것이 오히려 국민의 복지를 저해하는 요인으로 작용할 수도 있음을 명심해야 할 것이다.

<그림 2> 물 총괄 원가의 일반적 원칙

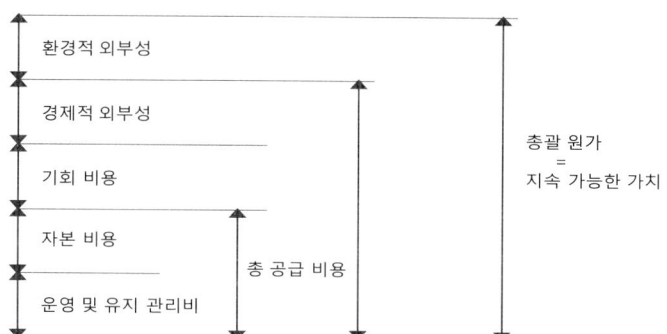

자료: Rogers *et al*. 2002에서 인용.

2. 지자체별 물 요금 부과 체계 및 문제점

좀 더 구체적으로 지자체별로 생산 원가 수준과 실제 부과하는 평균 단가를 비교해 보자. 전국 지자체 중에서 총괄 원가가 가장 높은 지자체는 평창군으로 2,677원/m^3이고 실제 부과하는 요금은 1,260원/m^3으로서 총괄 원가의 50%를 밑도는 수준에서 부과하고 있다.

<표 8> 평균 단가 및 총괄 원가

(단위: 원/m^3)

구분	평균 단가	총괄 원가	비고
정선군	1,356.8	2,465.0	군 중에서 가장 단가가 높음
평창군	1,260.1	2,677.0	군 중에서 두 번째로 단가가 높음
태백시	1,048.2	2,167.1	시 중에서 가장 단가가 높음
여수시	978.4	978.4	시 중에서 두 번째로 단가가 높음
전주시	850.3	698.7	-
울산시	760.5	920.5	광역시 중에서 가장 단가가 높음
청주시	569.0	537.0	-
대구시	539.6	585.0	-
서울시	514.2	587.7	광역시 중에서 가장 단가가 낮음
춘천시	434.0	689.0	-
과천시	430.7	975.7	시 중에서 가장 단가가 낮음
군위군	351.7	1,187.0	군 중에서 가장 단가가 낮음

자료: 환경부, 《상수도통계》, 2010.

상수도 부문의 적자를 지원해 주고 있다는 의미이다. 문제는 평창군은 비록 원가의 50% 수준이지만 대도시인 서울특별시와 비교해 보면 두 배 이상의 비싼 물 값을 부담하고 있음을 알 수 있다. 이는 물 값이 개별 지자체별로 독립적으로 운영되는 데 따른 부작용 중의 하나이다.

다음으로 전국 지자체별 요금 체계 중에서 몇몇 특징적인 지자체의 사례를 살펴보면 다음과 같다. 물 값이 가장 비싼 정선군을 보면, 개별 수용가로 배송되는 관의 구경에 따른 기본요금에 물 사용량에 따른 구간별 누진 요금 체계를 적용하고 있다. 대체로 개별 가정의 경우에는 13mm의 구경으로 월 2,100원 정도의 정액 요금에다 물 사용량에 따른 요금이 책정되는 구조이다. 가정용의 경우 3단계의 구간 요금 체계를 채택하고 있는데 20m^3 미만은 사용량에 m^3당 500원의 단가를 적용받고, 21-40m^3은 850원, 41m^3 이상은 1,400원을 적용하고 있다.

이러한 구간별 요금 체계가 고령화, 가구당 인구 수가 점점 줄어드는 상황에서 적합한지가 문제이다. 정선군의 2010년 현재 월 평균 가구당 물 사용량이 약 11m^3인 점을 감안하면 현행 요율 체계는 개선의 여지가 있다. 평균 물 사용량이 11m^3/월이면 21-40m^3 및 41m^3 이상 구간은 무의미하며, 수요 관리 효과도 거의 없을 것으로 판단된다. 따라서 가구원 수, 장래 인구 추계, 물 수요 관리, 물 요금 현실화 차원에서 요율 체계의 개선이 필요하다.

<표 9> 정선군 상수도 사용 요금 구조

구경/구분	정액 금액	구분	사용량	단가
13m/m	2,100	가정용	1-20	500
20m/m	6,100		21-40	850
25m/m	9,800		41이상	1,400
32m/m	17,400	일반용	1-50	960
40m/m	29,400		51-100	1,230
50m/m	45,100		101-300	1,580
65m/m	80,600		301이상	2,630
75m/m	109,400	욕탕 1종	1-200	1,000
80m/m	124,300		201-300	1,210
100m/m	186,600		301-500	1,540
125m/m	298,700		501이상	2,010
150m/m	406,700	욕탕 2종	1-200	1,520
200m/m	575,700		201-300	2,160
250m/m	778,500		301-500	3,120
300m/m	937,700		501이상	4,650
350m/m	1,181,900	정수 판매	㎥당	전년도 공기업 결산 판매 단가
400m/m	1,286,600			

자료: 정선군 수도사업소.

대구광역시를 보면, 구경별 기본요금에 구간별 체증 요금 제도를 채택하고 있다. 그러나 가정용의 경우에는 구간별 체증 요금이 아닌 정액 요금제를 채택하고 있다. 상수도 재정이 열악한 시·군에서도 구간별 체증 요금 제도를 채택하고 있는 데 반하여, 대구광역시는 상대적으로 물 사용량이 크고 단가도 낮은데 정액 요금 제도를 채택하고 있는 것은 매우 불합리한 요금 구조다. 이는 물 복지 차원에서도 바람직하지 않다. 이는 고소득층보다 저소득층에 더 많은 부담을 초래하는 요금 구조이다.

<표 10> 대구광역시 상수도 요금 구조

구경별 기본 요금			상수도 업종별 사용 요금			
구경별 (mm)	금액(원)		업종별	사용 수량 (m³)	금액(원)	비 고
	냉수용	온수용				
13	970	340	가정용	m³당	460	m³당 금액임
20	1,360	430				
25	1,550	460				
32	2,200	660	일반용	1-100	810	금액은 사용 수량별 매초과 m³당 금액임
40	2,880	940		101-300	920	
50	9,770	1,620		301이상	990	
75	12,590		욕탕용	1-500	600	
100	17,030			501-1000	740	
150	28,500			1001이상	860	
200	52,570		공업용	원인자 부담 (m³당)	220	성서공단
250	92,890					염색공단
300	150,340			원인자 미부담 (m³당)	310	달성공단 서대구공단
350	237,890					
400이상	271,880					

자료: 대구시 상수도사업본부.

서울특별시의 경우를 보면, 규모의 경제로 인하여 요금 단가가 가장 낮은 지자체 중의 하나이지만, 물 사용량은 가장 많은 지자체이다. 그러나 서울특별시의 경우에도 가정용의 단가 구분이 가구당 인구 수에 합당하지 않다고 판단된다. 서울시의 가구당 평균 물 사용량이 15㎥/월인 점을 감안하면, 30㎥ 이하에 모두 동일한 단가인 360원/㎥를 적용하는 것은 비합리적이다. 더군다나 서울시의 가구당 인구 수가 2.7인 수준이고 재정 자립도가 가장 높은 점을 감안하면, 구간 요금 제도를 개선해야 할 것이다.

<표 11> 서울특별시 상수도 요금 구조

구경/구분	정액 금액	구분	사용 구분(㎥)	㎥당 단가(원)
15m/m	2,100	가정용	0-30이하	360
20m/m	6,100		30초과-50이하	550
25m/m	9,800			
32m/m	17,400		50초과	790
40m/m	29,400	욕탕용	0-500이하	360
50m/m	45,100			
65m/m	80,600		500초과-2,000이하	420
75m/m	109,400		2,000초과	560
100m/m	186,300	공공용	0-50이하	570
125m/m	298,700			
150m/m	406,700		50초과-300이하	730
200m/m	575,700		300초과	830
250m/m	778,500	일반용	0-50이하	800
300m/m	937,700		50초과-300이하	950
350m/m	1,181,900		300초과	1,260
400m/m이상	1,286,600			

자료: 서울시 상수도사업본부.

군위군은 농촌형 상수도 공급 구조이다. 타 지자체와 달리 특별한 점은 10㎥ 이하 사용에는 사용량에 관계없이 1,500원의 정액을 부담시키고 있다. 군위군의 가구당 사용량이 9㎥/월인 점을 감안하면, 농촌형 물 공급 구조로 합리적인 측면이 있다. 다만 군위군의 문제점은 원가 1,187원/㎥인데 반하여 실제 가정에 부과하는 단가는 357원/㎥인 점이다. 통상 전국적으로 단가의 80% 수준을 적용하는 데 반하여, 군위군은 너무 낮은 수준에서 책정하고 있다는 것이 문제점이다.

3. 총괄 원가 이하의 물 값에 따른 보조금 정책의 문제점

통상적으로 물과 전기에 대한 정부의 보조금 정책이 저소득 계층에 물과 전기 요금의 부담을 줄여주는 것으로 정당화되고 있다. 그러나 1990년대에 들어서면서 많은 전문가들이 물과 전기 등의 공공 사업에 대해서는 총괄 원가를 100% 회수해야 한다고 주장하고 있다. 물과 전기 등의 경우에 요금을 100% 현실화하여도 요금 인상 영향이 크지 않다는 것이다. 우리나라의 경우 물 값의 현실화율이 80% 수준이고 전국 평균 가구당 월 물 사용료가 7,000원 미만인 점을 감안하면, 물 값을 현실화하여도 가구당 월 1,400원 정도 더 부담하는 수준이다.

보조금 정책에 대한 실증 분석의 결과는 사용량에 기초한 요금을 부과하는 물이나 전기 등은 보조금 정책이 저소득 계층 보다는 오히려 고소득 계층에 더 많은 혜택을 가져온다는 것이다.[1] 이해를 돕기

---

[1] 이 자료는 World Bank 2008년 10월 Issue 20에서 재인용.

<표 12> 군위군 상수도 요금 구조

구경별 정액 요금		업종별		단계별		톤당 요금(원)
계량기 구경 (mm)	구경 금액					
13	370	가정용		기본	0-10	1,500
				초과	11-20	180
20	510				21-30	260
					31-40	340
25	570				41-50	420
					51 이상	520
40	1,080	업무용		기본	0-20	5,200
				초과	21-50	290
50	2,600				51-100	360
					101-300	470
75	3,550				301 이상	550
		영업용		기본	0-30	9,100
				초과	31-50	430
					51-100	520
					101 이상	680
100	4,660	욕탕용	1종	기본	0-200	44,000
				초과	201-300	300
					301-500	390
					501 이상	480
		욕탕용	2종	기본	0-200	57,000
				초과	201-300	400
					301-500	490
					501 이상	570
		전용 공업용		기본	0-200	24,000
				초과	201 이상	600

자료: 군위군 상수도사업소.

위하여 예를 들어 설명해 보자. 저소득 가구는 물 사용량이 10㎥/월, 고소득가구는 물 사용량이 20㎥/월, 총괄 원가는 1,000원/㎥이지만 부과 요금은 800원/㎥이라 하자. 이 경우에 원가의 부족분은 보조금(우리나라의 경우 일반 예산에서 지원 또는 부채로 산입) 200원/㎥으로 지원된다고 하자. 단순히 비교했을 경우에도 저소득 가구는 물 값으로 8,000원을 부담하고 2,000원은 정부의 보조로 충당된다. 반면 고소득층은 물 값으로 16,000원을 부담하고 정부 보조는 4,000원을 받는 셈이다. 물을 많이 사용하는 고소득층이 더 많은 보조를 받는 보조금의 역진적인 결과를 초래하게 된다. 더군다나 고소득층일수록 물 사용량이 더 많다는 점을 감안하면 정부 보조금 정책이 저소득층보다 고소득층을 더욱 배려하는 결과를 초래한다는 것이다. 따라서 우리나라와 같이 물 사용량 기준으로 물 값을 책정하고 현실화율이 낮은 지자체일수록 불합리한 요금 정책을 초래한다는 것을 명확히 보여주고 있다.

4. 저소득 계층에 대한 배려 부족

우리나라의 물 값 구조에 대하여 앞에서 살펴본 바와 같이, 물 값의 결정이 이론적으로는 구간 체증 요금제를 도입하여 물을 많이 쓸수록 더 많은 비용을 부담하는 구조로 되어 있다. 즉, 물 수요 관리를 바탕으로 한 요금 체계이다. 문제는 이러한 요금 체계가 과거 1990년대에 짜인 물 값 구조에 머물고 있어서 가구원 수의 급격한 감소, 1인 가구의 증가 등 사회 구조의 변화를 반영하지 못하고 있는 점이다.

더군다나 전국 평균 물 값 현실화율이 80% 수준을 밑돌고 있어서 앞에서 살펴본 것처럼 저소득층에 불리한 요금 구조이다. 또한 소외 계층 및 빈곤층에 대한 배려가 부족한 요금 구조이다. 물론 지자체마다 이들을 대상으로 한 차별적인 요금 감면 제도를 운영하고 있지만 저소득층에 대한 배려가 부족한 실정이다.

　낮은 물 값임에도 불구하고, 각 지자체마다 요금 인상으로 가계에 부담을 주는 것을 최소한으로 하기 위하여 요금 인상을 할 수 없다고 주장한다. 이는 요금 체계를 조금만 손질하면 해결될 수 있는 부분이 있다. 즉, 물을 복지 또는 인권적 차원에서 바라보아, 저소득 계층의 최소한의 물 사용에 대해서는 무상 공급할 수 있도록 배려하는 동시에, 물 값을 지불할 여력이 있는 가구에 대해서는 100% 총괄 원가를 요금으로 환수한다면, 지자체의 재정적 부담도 줄이고 저소득층을 배려할 수 있을 것이다. 다음으로 단독 주택, 다세대 주택 중에 가구당 인구 수가 많거나 주인 가구와 같이 사는 월세 가구 등에 대해 불합리한 누진 요금제의 피해가 발생하지 않도록 배려하는 정책이 미흡하다. 또한 최근에 두드러진 고령자 가구와 고령자 1인 가구의 타 가구에 비하여 현격히 떨어지는 소득 수준 등에 대한 배려가 부족하고, 상대적으로 오피스텔과 같은 젊은 독신 가구의 경우 소득 수준은 높은 데 반하여 가구당 요금제로 인한 저렴한 물 값 지불의 문제점이 발생하고 있음을 간과해서는 안 될 것이다.

제4장 물과 인권에 관한 국제적 동향

1. 물에 대한 시각

물을 보는 시각은 크게 두 가지로 대별할 수 있다. 하나는 먹는 물의 경우 공공재라기보다는 경제재로 접근하는 시각과, 다른 하나는 공공재의 개념이 강한 물 인권적 접근이다. 먼저 물의 경제적 접근에 대한 공론화는 1992년에 개최된 더블린 물 컨퍼런스(Dublin Water Conference)에서 처음 시작되었다. 여기서 물은 모든 경쟁적 사용에 대하여 경제적 가치를 가지며, 물은 경제재로 인식되어야 한다고 천명하고 있다. 경쟁적 사용에 대하여 공공재적 접근을 할 경우에는 '공공재의 비극'과 같이 수자원의 적정한 사용과 공급을 할 수 없다는 논리에 뿌리를 두고 있다. 이러한 접근의 이면에는 상수도를 비롯한 물 공급에 대한 유럽의 다국적 기업의 물 산업이라는 측면이 많이 작용한 결과로 해석할 수 있다.

이후 제2차 세계물포럼(헤이그, 2000년)에서 세계물비전(World Water Vision)을 채택하여 물은 더 이상 공공재가 아닌 경제재임을 다시 한 번 강조하고 이러한 개념을 확정하였다. 물의 관리를 위하여 총괄 원가(full cost pricing) 제도를 장려하고, 총괄 원가에 투입된 자본 비용을 회수하여 신규 상·하수도 등의 인프라 건설 및 유지 관리 비용으로 충당한다는 것이다. 이러한 시점의 전후에 유럽을 비롯한 많은 국가에서 상수도 부문의 민영화가 많이 이루어졌고, 개도국에는 물 관련 다국적 기업이 막대한 자금력을 바탕으로 상수도 사업에 본격적으로 진입하게 되었다. 후진국에서도 다국적 기업의 상수도 부분의 진입과 동시에 모든 물 사용에 대하여 요금을 부과하는 요금 시스템을 도입하는 방향으로 전환되고 있다.

이러한 경제적 접근이 물 공급 효율성을 높이고 보다 안전한 물의 공급, 공급 대상의 확대라는 긍정적인 측면이 있는 반면에, 민영화에 따른 물 값 부담으로 빈곤층이나 제3세계의 국민들로부터 저항에 직면하는 부정적인 측면이 노출되고 있다. 이러한 흐름에 대한 공식적인 계기는 2010년 유엔 인권위원회 및 총회에서 물과 위생을 인간의 기본 인권으로 선언하면서 본격적으로 시작되었다. 물 분야에서 신자유주의 개혁(물을 경제재로 보는 시각)에 대한 점증하는 불만, 특히 민영화에 대한 불만이 물을 인권으로 주장하는 대중적 저항으로 표출되었다. 인권과 형평성 이슈가 물의 공급을 위한 수자원 개발과 민영화에 따른 물 값의 부과라는 경제적 접근에 대한 중단을 요구하는 중요한 계기가 되었다.

2009년에 카티카와 맥기펜(Kartika Liotard & Steven P. McGiffen)이 쓴 《독이 든 샘: 유럽연합과 물 민영화(*Poisoned Spring: The EU and Water Privatization*)》라는 책에서 과거 30년간 한 지역에서 물 민영화의 성장 과정과 민영화가 초래한 유럽연합(EU) 및 제3세계에 미치는 부정적 영향을 고발하고 있다. 유럽연합에서 물 민영화가 실패한 모델이라고 주장하는 이유로, 민영화로 약속한 물을 위한 공적 인프라 투자 확대 및 수질 개선이라는 목표 달성에 실패했다는 것을 주되게 들고 있다. 더 나아가 유럽과 제3세계에서의 민영화 접근이, 형편없는 수질과 가장 물을 필요로 하는 사람들에게 비싼 물 값으로 인해 물 서비스를 제한하고 있다고 보는 시각이다.

그러나 이러한 물 인권적 접근에 대한 비판적 시각도 등장하게 된다. 물 인권적 접근에 대하여 누가 물을 공급하는가, 어떻게 공급하는가 등에 대한 많은 회의적인 시각도 있다. 아난드는 아프리카의 4개 지역의 물 인권에 대한 공식적인 법적 근거를 갖고 있는 나라를 분석한 결과, 우간다만 물에 대한 접근성이 좋아졌다는 입증이 가능하고 나머지 나라는 그렇지 못하다고 결론짓고 있다. 실질적인 물 접근성이 좋아진 다른 나라들은 물 인권에 대한 공식적인 법적인 근거가 없다는 것이다. 결론적으로 그의 주장은 물 접근성이 좋아진 나라는 선진적 거버넌스(good governance)에 기인한다고 주장하고 있다.[2] 베이커는 물 인권은 진보적 목표를 달성하는 데 한계가 있는 접근이며, 현재 진행되고 있는 물 민영화에는 부적당하다고 보고 있다. 그 이유로 물 인권적 접근과 관련된 분석적 결함이 있다는 것을 강조하고, 물 인권적 접근이 재산권과 서비스 공급 모델을 혼동하고 있다고 주장한다. 동시에 물 인권적 접근이 민영화와 양립될 수 있다고 본다. 즉, 민영화 등을 통하여 물을 경제적 관점에서 접근하는 동시에 물 인권적 차원에서 얼마든지 보완이 가능하다는 입장이다.[3] 현재까지 진행되는 민영화 및 물 인권적 접근에 대한 논쟁을 보면, 물 인권적 접근이나 민영화가 모두 문제점을 안고 있지만, 그렇다고 어느 하나를 포기하는 정책으로 나아갈 수 없다는 점은 분명한 것으로 보인다.

2_ Anand P. B., "Right to Water and Access to Water: An assessment", *Journal of International Development*, Vol. 19, 2007.
3_ Karen Baker, "The Commons versus Commodity", *Antipode*, Vol. 30, 2007.

2. 물 인권적 접근에 대한 전형적인 두 가지 모델

1) 인도와 남아프리카공화국

인도는 헌법에 물에 대하여 명확한 법적 권리 조항을 갖고 있지 않다. 그러나 생명에 대한 광의의 헌법적 권리로부터 물에 대한 인권 조항을 유추하는 법 체계를 가지고 있다. 인도는 차별을 금지하고 기본권을 인정하는 법적 체계를 갖고 있다. 이러한 관점에서 인도에서 물에 대한 법적인 권리는 단지 정책 결정자를 위한 가이드라인이지, 법에 의하여 강제할 수 있는 성격이 아니라는 관점이다.

남아프리카공화국은 세계에서 가장 혁신적인 헌법 중의 하나를 가지고 있다. 헌법과 권리 장전에 광범위하게 경제·사회적 권리들을 명시하고 있다. 정부가 능력 범위 내에서 음식과 물에 대한 충분한 보장을 해야 한다고 명확히 하고 있다. 남아프리카공화국에서 이러한 법을 갖게 된 것은, 과거 흑·백 인종 갈등이 심했기 때문에 넬슨 만델라 대통령 이후에 흑인의 인권을 보장하기 위하여 다양한 방면에서 관련법들이 제정되었기 때문이다.

위의 두 가지 형태의 모델은 각각 장·단점을 갖고 있지만, 개도국의 입장에서는 남아공 모델이 더 선호되고 있다. 즉, 물 인권적 차원에서 최소한의 물에 대한 보장을 받음으로써, 저소득층의 물에 대한 접근을 보장하기 때문이다. 반면 인도 모델은 경직되지 않고 정부에 유연한 접근을 보장한다는 점에서 장점이 있다.

이러한 두 가지 접근이 가지는 의미를 공급 주체, 물 값 부담 주체 등으로 구분하여 살펴보면 다음의 <표 13>과 같다. 공급 주체를 보면, 물 인권적 접근에서는 정부가 주체가 되어 공급해야 하지만, 경제적 접근은 정부, 민간, 공기업 등 다양한 형태가 될 수 있다. 물 인권적 접근의 주요 문제는 실행에 어려움이 따른다는 것이다. 대체로 물 인권적 접근을 선호하는 경우는 소득 수준이 낮은 국가들이 대부분이다. 이 경우에 물 공급을 감당할 수 있는 재정적 여력이 부족하여 필요한 물 공급을 하는데 한계가 있기 때문이다. 경제적 접근의 문제점은 앞서 살펴본 바와 같이 총괄 원가를 이론에 부합하게 해석하여, 자본 비용과 유지·운영비 외에 기회비용, 경제적·환경적 외부 효과를 고려하여 가격을 책정하는 것은 많은 어려움이 따른다는 점이다. 더군다나 물 사용량만큼 비용을 부과한다면, 저소득층을 비롯한 빈곤층의 물 접근을 더욱 어렵게 하는 현실적인 문제점도 내포하고 있다.

<표 13> 물 공급에 관한 패러다임 비교

구분	패러다임	
	물 인권적 접근	경제적 접근
공급 주체	정부	불명확 / 민간 선호
물값 부담	불명확 / 재분배	사용자 지불
가격 책정	지불 능력 고려	경제재로 수요와 공급에 의해 결정
권리 개념	(사용에) 무조건적인 권리	(소유와 거래 가능한) 재산권
공급 원리	기본적 자격	이윤 동기 / 유인책
배제 의미	(법률에 의한) 인권 침해	(경제학적) 시장 실패
주요 문제	실행의 어려움	이론적 한계

제5장 물 복지 실현을 위한 정책 대안

물 복지의 실현을, 본 연구에서는 물에 대한 경제적 접근을 견지하되, 물 복지 차원에서 누구나 물에 접근할 수 있는 권리를 보장하는 방향으로 보완하는 측면에서 정책 대안을 제시하고자 한다. 즉, 물 값을 지불할 능력이 있는 가구에 대해서는 물 값을 100% 현실화하여 공급하고, 저소득 계층(소외 계층)에 대하여는 최소한의 물 공급은 무상으로 한다는 원칙이다.

이러한 측면에서 이론적, 현실적 접근 대안을 살펴보면 다음과 같다.

1. 이론적으로 저소득층(소외 계층)을 배려할 수 있는 프로그램

① 직접 할인
 개별 가구에 사용량에 따라 부과된 물 값에서 직접 할인하는 방법이다. 이는 저소득 가구에 부과된 물 값에서 일정액을 할인하는 방법이다.
② 사용량의 가변적 일부 할인
 사용량에 따른 물 값을 할인하되 물 사용량에 따라서 가변적으로 할인율을 적용하는 방식이다. 이 프로그램은 가구원 수가 많은 저소득층에 적합한 방식이다.
③ 사용량의 고정적 일부 할인
 정해진 일정 사용량 범위 내에서 할인을 해 주는 제도이다. 예

를 들면, 사용량 중에서 생활에 필요하다고 인정되는 최소한의 양만큼은 항상 할인해 주는 방식이다.

④ 소득 수준별 요금제

이는 저소득층을 보호하기 위하여 최저, 차상위 계층의 소득 수준을 고려한 요금 제도이다. 물 사용량과 관계없이 소득 수준에 따라서 요금을 부과하는 방식이다. 이런 방식은 계측 기기의 보급률이 낮거나, 가구당 부과하기에는 가구원 수가 가구마다 크게 달라서 가구당으로 부과하기도 어렵고 개인별로 물 사용량을 부과하기도 어려운 경우에 해당되는 제도이다.

⑤ 물 크레딧(마일리지)

이는 다가구 주택, 또는 계측기가 하나인데 여러 가구가 살 경우에 적합한 방식이다. 예를 들면 단독 주택에 주인 가구 및 세입자 가구가 같이 살 경우에 세입자 보호를 위한 제도로 활용될 수 있다. 또한 저소득 계층에 일정량의 마일리지를 부과하여 마일리지 범위 내에서 물을 무상으로 공급하는 방식도 여기에 해당된다.

이러한 요율들의 장점을 살펴보면 누구에게나 물 복지의 혜택을 줄 수 있고, 물 요금의 공공성을 제고한다는 측면이다. 단점으로는 정부의 물 수요 관리 정책과 괴리가 발생한다는 점, 타 가구나 정부 재정에 부담을 증가시킬 수 있다는 점, 그리고 행정 비용이 크게 증가할 수 있다는 부정적인 측면도 있다. 이러한 저소득층을 배려한다는 바탕에는 저소득 계층에 대한 정의 개념, 그리고 정확한 정보를 정부가 가지고 있다는 가정이 있다.

<표 14> 저소득층을 배려하는 프로그램의 장·단점

장점	단점
누구에게나 물 복지 혜택 부여	물 수요 관리 정책과 불일치
요금 연체, 단수 등의 감소	타 가구에의 요금 전가 또는 정부 재정의 부담 가중
저소득 가구의 경제적 도움	정부 지출 증가
물 요금에 대한 공공성 제고	행정 비용의 증가

2. 현실적으로 적용 가능한 물 복지 개념의 도입 방안

물에 대한 보편적 복지와 최소한의 인간의 존엄을 보장할 수 있는 저소득 계층 배려를 위해 우리나라에 적용할 수 있는 방안은 다음과 같다.

첫째, 물 복지의 실현을 위해서는 현재의 가구당 요금 부과 체계의 전면적인 개편이 전제되어야 한다. 앞서 살펴보았듯이 우리나라의 가구당 가구원 수가 급격히 줄어드는데도 현재의 지자체별 가구당 물 값 부과 체계를 보면 과거의 요율 구간에 그대로 머물고 있다. 전국 평균 가구당 물 사용량이 15㎥/월 수준이지만 각 지자체별 요금 체계를 보면 요율이 가장 낮은 구간이 비현실적이다. 서울특별시는 가구당 30㎥/월까지는 가장 낮은 요율을 적용하고 있고, 대구시는 가정용은 물 사용량과 관계없이 일정한 요율을 부과하는 등 비합리적인 부분이 많이 있다. 따라서 먼저 각 지자체별 가구당 물 사용량의 추이를 반영하여 물 값의 요율 체계를 개편해야 한다.

둘째, 물 값 현실화에 따른 지자체별 물 값 부담 수준의 완화를 위해, 물 공급 권역의 광역화를 통한 물 값 부담 완화가 필요하다. 지자체별로 물 값이 책정됨으로 인하여 인구 수가 적은 지자체일수록 규모의 경제를 실현할 수 없어 물 값 부담이 커지는 문제점을 보완하는 것이 선행되어야 한다. 이를 위해서는 지자체별 물 값 책정이 아니라 물 공급권역의 광역화 등을 통하여 규모의 경제가 작동하여 물 값을 인하할 수 있게 하는 여건 마련이 선행되어야 한다. 이러한 방향으로 물 공급 구조가 개편될 수 있도록 다양한 인센티브가 요구된다. 예를 들면, 통합화에 따른 부담은 중앙 정부에서 지원한다든가, 통합 지자체에 우선적으로 노후관 교체 등의 사업에 대한 지원금을 배정하는 등의 방법이 있을 수 있다.

셋째, 앞의 두 가지 조건이 선결되고 난 후에는 소외 계층, 저소득 계층 등에 최소한의 수량 범위 내에서 무상으로 공급할 수 있는 기반의 마련이 필요하다. 이를 위해서는 이들 저소득 계층에 대한 정보를 공유할 수 있는 거버넌스 체계를 구축하고 정보를 공유할 수 있는 기반을 조성하여야 한다. 여기에는 정부가 보유한 주거 안전망 정보, 기초 생활 수급자 정보, 국세청 소득 자료 등의 공유를 통해 물 값 지원 대상 가구를 선별하는 작업이 포함되어야 한다.

3. 물 복지 개념을 도입하기 위한 물 값 현실화 방안의 예시

여기서는 정확한 저소득 계층에 대하여 무상으로 물을 공급한다는 가정 하에서 면제 대상의 선정 기준을 살펴보고, 전국 및 서울특별시의 평균 물 값 정보를 이용하여 개략적인 효과를 분석하기로 한다. 먼저 저소득층 기준을 정하는 것은 다음과 같은 방법이 있다. 하나는 소득 인정액을 기준으로 최저 생계비의 100% 이하, 120% 이하, 150% 이하로 구분하는 방법이다.

<표 15> 기초 생활 수급, 차상위 계층 및 차차상위 계층 구분

차차상위 계층	소득 인정액이 최저 생계비 150% 이하인 계층
차상위 계층	소득 인정액이 최저 생계비 120% 이하인 계층
기초 생활 수급	소득 인정액이 최저 생계비 100% 이하인 계층

주: 소득 인정액이란 개별 가구의 소득 평가액과 재산의 소득 환산액을 합산한 금액.

또 다른 방법은 상대적 빈곤층과 절대적 빈곤층으로 구분하여 접근하는 방법이다.

<표 16> 상대 빈곤층과 절대 빈곤층 구분

상대 빈곤층	전국 가구 중위 소득 50% 미만
절대 빈공층	최저 생계비 100% 이하인 계층

주: 상대 빈곤층의 '중위 소득 50%' 수준은 '최저 생계비 120%' 수준과 유사.

본 연구에서는 물 값을 면제하는 대상을 기초 생활 수급자로 한정하여 분석하고자 한다. 2010년 현재 전국의 기초 생활 수급자 가구는 전국 가구 수의 5.1%인 878,799가구이고, 서울특별시의 경우 서울시 가구의 3.5%인 122,745가구가 여기에 해당된다.

<표 17> 기초 생활 수급 가구 현황

(단위: 가구 수)

가구 특성별	국민 기초 생활 보장 수급자 가구(2010년)		전체 가구(2010년)	
	전국	서울특별시	전국	서울특별시
합계	878,799(5.1%)	122,745(3.5%)	17,339,422	3,504,297

자료: 통계청, 《인구총조사》, 2010.
자료보건복지부, 국민기초생활보장수급자 현황, 2010.

현재 우리나라의 전국 및 지자체별 생활용수에 대한 개략적인 현황을 보면, 전국적으로 평균 단가가 610원/㎥이고 이 중에서 가정용수의 경우에는 443.1원/㎥ 수준이다. 전국 평균적으로 가구당 물 사용량은 15㎥/월 수준이고, 시급 도시 중에서 물 값이 가장 저렴한 과천시는 19㎥/월이고, 가장 비싼 곳인 영월군은 9.8㎥/월인 것으로 나타나고 있다. 또한 가구당 월평균 물 값은 전국 평균 6630원을 부담하고 있고 이는 가구당 월 소득의 0.17% 수준으로 매우 낮은 수준임을 알 수 있다. 미국의 상수도협회에서는 가구당 물 값의 부담 수준이 월 소득의 3-5% 수준을 넘어서면 부담을 느낀다고 추정하고 있다.

<표 18> 2010년 가구당 가정용수 사용량 및 사용료

구분	전국	정선군	영월군	태백시	과천시	군위군	양구군
평균 단가 (생활 용수)	610.2	1356.8	1082.7	1048.2	430.7	351.7	549.9
평균 단가 (가정 용수)	443.1	710.5	928.4	806.1	238.9	223.7	207
가정 용수 요금 부과량 (천㎥)	3,113,034	2,058	1,710	2,798	4,947	1,016	951

<표 18>의 계속

구분	전국	정선군	영월군	태백시	과천시	군위군	양구군
가구 수 (천 가구)	17,339	14.7	14.6	20.1	21.7	9.34	6.92
가구당 월 평균 물 사용량(m^3)	15	11.6	9.8	11.6	19	9.1	11.5
가구당 월 물 사용료 (원)	6,630	7,913	8,824	8,389	5,686	1,870	2,626
가구당 소득 (천 원)	3,840	3,508	3,508	3,508	3,813	3,785	3,508
물 값의 가구당 비중 (%)	0.17	0.23	0.05	0.24	0.15	0.05	0.07

주: 도시별 가구당 소득은 전국 기준 소득을 고용 노동 통계의 시도별 임금 비중을 이용하여 계산함 (2000년은 2005년 비중 적용). 도시별 가구당 월 물 사용료는 상수도 요금 계산 방법을 이용하여 계산함(구경별 기본료 13mm 적용).
자료: 환경부, 《상수도 통계》, 각년도.
통계청, 《인구총조사》, 2010.
통계청, 《가계동향조사》, 각년도(2000년 4/4분기, 2005년 2010년 기준 활용).
고용노동통감, 《고용노동통계》, 2011(2010년, 2005년 기준활용).

다음으로 물 복지를 위하여 기초 생활 수급 대상자의 물 값을 면제해 줄 경우 현재의 물 값 수준과 비교하여 현실화율, 가구당 부담률 등의 변화를 살펴보고자 한다.[4] 분석 대상은 전국과 서울특별시를 대상으로 하였다.

2010년 전국의 가정용 수도 요금 총부과액은 1조3795억 원으로 가구당 월 요금은 6629원 수준이다. 기초 생활 수급자 가구(전국 가구의 5.1%)의 수도 요금을 면제하는 경우, 해당가구의 사용량 1억5천7백만m^3[5]를 면제함에 따라 부과액이 700억 원 감소한다. 기초 생활 수

4_ 여기서 현실화율은 가정용수의 현실화율에 대한 자료가 없기 때문에 생활용수의 현실화율을 사용하였음.
5_ 실제 해당 가구의 물 사용량을 알 수 없어서 평균 사용량 개념을 적용하여 산출하였음.

급자 가구의 수도 요금을 면제하는 동시에 일반 가구의 수도 요금 평균 단가를 100% 현실화하는 경우, 1억5천7백만㎥를 면제함에도 불구하고 부과액이 기존 현황보다 2,886억 원 증가하며 가구당 월 요금은 8,445원 수준이다.

이를 서울시에 적용해 보면, 2010년 서울시의 가정용 수도 요금 총 부과액은 2천596억 원으로 가구당 월 요금은 6,174원이다. 기초 생활 수급자 가구(서울시 가구의 3.5%)의 수도 요금을 면제하는 경우, 해당 가구의 사용량 2천5백만㎥를 면제함에 따라 부과액이 91억 원 감소한다. 기초 생활 수급자 가구의 수도 요금을 면제하는 동시에 일반 가구의 수도 요금 평균 단가를 100% 현실화하는 시나리오의 경우, 2천5백만㎥를 면제함에도 불구하고 부과액이 기존 현황보다 266억 원 증가하며 가구당 월 요금은 7,056원 수준이다.

<표 19> 가정용 상수도 요금 현황 및 시나리오 적용

(단위: 천 원, ㎥, 원/㎥)

구분		가정용수				가구당 월 요금 (원)
		부과액 (천원)	공급량 (㎥)	평균 단가 (원/㎥)	현실화율 (%)	
기존	전국	1,379,508,745	3,113,034,135	443.1	78.5	6,629
	서울시	259,654,286	728,299,669	356.5	87.5	6,174
기초 수급 대상 가구 면제+ 현실화율100%	전국	1,668,121,301	3,113,034,135	564.5	100.0	8,445
	서울시	286,336,530	728,299,669	407.4	100.0	7,056

자료: 통계청,《인구총조사》, 2010 / 환경부, 상수도통계, 2010.
보건복지부, 《국민기초생활보장수급자 현황》, 2010.

이상의 분석 결과를 보면, 기초 수급 대상 가구의 물 값을 전액 면제하는 경우에 전국 평균 가구당 1,816원/월을 더 부담하는 수준으로 예상된다. 서울특별시의 경우에는 전국 평균보다 적은 882원/월을 더 부담하는 수준으로 추정된다. 따라서 상수도 분야의 물 복지와 물 값 현실화는 개별 가구에 큰 부담 없이 두 마리의 토끼를 동시에 잡을 수 있음을 보여 주고 있다. 물 값 현실화를 통한 투자 재원의 확보를 통하여 노후관 교체, 상수도 관망의 스마트 워터그리드(smart water grid)의 조기 실현, 그리고 고도 정수 처리를 통한 안전한 물의 공급 능력 향상 등을 달성할 수 있을 것으로 판단된다.

제6장 결론

지금까지 본 연구를 통하여 살펴본 몇 가지 중요한 점들을 요약하면, 먼저 우리나라의 물 값 체계가 1인 가구 및 고령 가구의 증가, 그리고 가구당 가구원 수의 감소를 반영한 요율 체계로 개선되는 것이 필요하다는 점이다. 다음으로 저소득 계층, 가구원 수가 많은 가구에 대한 배려가 부족하다는 점이다. 비록 우리나라의 물 값이 저렴하다고 하여도, 통계 자료를 보면 2011년에 물 값을 납부하지 못하여 단수가 된 가구가 26,974가구이고 2012년 6월 말 기준으로 17,207가구가 단수 조치를 당하고 있다는 점은 분명히 저소득 계층에 대한 배려를 통해 물 복지를 달성해야 할 필요성이 절실함을 알 수 있다.

또한 외국의 물과 전기 등에 대한 사용량에 대한 보조금 정책이 결과적으로 저소득층보다는 고소득층에 더 많은 혜택을 주는 부정적인 결과를 초래한다는 점이다. 전 세계적으로 논의되고 있는 물 인권적 접근 차원에서, 우리나라의 현재 물 값 체계에서 물의 경제적 개념을 유지하면서 저소득층의 물 복지를 확보하는 방안에 대하여 살펴보았고, 이를 달성하는 데는 큰 무리 없이 가능하다는 점을 사례 연구를 통하여 보여 주었다.

우리나라의 경제 정책에서 중요한 화두 중 하나가 복지이다. 대학 등록금 인하, 유치원 무상 교육, 영유아 무상 보육, 고령 사회 진입에 따른 고령 가구에 대한 복지 예산의 증대로 예산의 압박을 지속적으로 받을 수밖에 없는 구조로 정책이 이행될 것이다. 이러한 점들을 감안한다면, 저소득층에 대한 물 값은 최소한의 보장 수준까지는 무상으로 공급하고, 물 값을 부담할 수 있는 가구에는 100% 요금을 현실화하여 상수도 부분의 적자를 줄이고, 일반 예산의 다른 복지 재원으로 쓸 수 있는 여지를 더욱 넓히는 것이 바람직한 방향으로 판단된다.

본 연구의 한계로는, 자료의 부족으로 실제 가구당 물 소비 분포를 통한 보다 구체적이고 정확한 분석을 하지 못한 점이다. 또한 본 연구에서 제시한 다양한 저소득층의 배려 방안에 대해서 실질적인 적용을 통한 각 방안의 장·단점을 구체적으로 살펴보지 못했다는 점이다. 향후의 연구 과제로는 고령화 사회로의 진입에 따른 물 값 구조 분석, 1인 가구의 증가와 양극화 문제를 고려한 요금 체계에 대한 분석이 필요하다. 이러한 연구를 통하여 물 값 현실화와 물 복지를 달성할 수 있는 연구가 계속되기를 기대한다.

참고 문헌

고용노동부, 《고용노동통계》, 2011.
국민연금관리공단, 《국민노후보장패널조사》, 각연도.
보건복지부, 《국민기초생활보장수급자 현황》, 2010.
통계청, 《인구총조사》, 각년도.
환경부, 《상수도 통계》, 각년도.
김정근, "고령화 시대의 노인 1인가구", 《SERI 경제포커스》, 제357호, 2011.
Anand P. B., "Right to Water and Access to Water: An assessment", *Journal of International Development*, Vol. 19, 2007.
Andrea K. Gerlak, "Human Rights and Privatization of Water in the EU and Beyond", *Internationa Studies Review*, Vol. 13, 2011.
Janice A. Beecher & Shanaghan, "Sustainable Water Pricing", http://www.uwin.siu.edu/ucowr/updates/pdf/V114_A4.pdf (undated).
Karen Baker, "The Commons versus Commodity", *Antipode*, Vol. 30, 2007.
Karita Liotard & McGiffen P. Steven, *Poisoned Spring: EU and Water Privatization*, 2009.
Odeh Al Jayyousi, "Water as a Human Right: Towards Civil Society Globalization", *Water Resources Development*, Vol. 23, No. 2, 2007.
Orial Morisa & Harris Leila M., "Human Right to Water: Contemporary Challenges and Contours of a Global Debate", *Antipode*, Vol. 44, 2011.

Peter Rogers, Radhika de Silva & Ramesh Bhatia, "Waters as Social and Economic Good: How to Put Principles into Practice", *Water Policy*, Vol. 4, No. 1, 2002.

Phil Mader, *Water Paradigms: Full Cost Recovery versus Human Rights*, Harvard Kennedy School, 2009.

11.
물 인권과 인프라 투자

민경진·최한주

제1장 서론

제2장 물 복지와 투자
　1. 물의 재해와 투자
　2. 수도 서비스와 투자

제3장 물 인프라 투자와 소득 분배
　1. 방법론
　2. 사회계정행렬의 설계와 작성
　3. 소득 분배에 미치는 효과

제4장 물 인권을 위한 실현 과제
　1. 취약 지역에 안전한 물 공급
　2. 노후 수도 시설의 개선
　3. 물 재해 예방 투자

제1장 서론

물과 분리된 삶은 존재하지 않는다. 너무 많은 물도 극히 적은 물도 삶에 위협이다. 2012년 지구정상회담에서 논의된 것처럼 물은 식량, 에너지와 더불어 인류가 마주하고 있는 가장 어렵고 시급한 과제이다. 물 인권은 물 문제 해결의 방향을 제시하는 기저를 형성하고 있다. 물 인권의 중요성은 2010년 유엔총회의 의결과 유엔인권이사회의 승인을 통해 확인할 수 있다. 유엔총회에서는 표결을 통해 "깨끗한 물과 위생에 대한 접근권"을 인간다운 삶의 향유와 모든 인권에 필수적인 요소로 채택하였다.

유엔인권이사회가 승인한 물 인권의 개념은 충분하고 지속적인 공급을 보장하는 이용 가능성(availability), 보건·위생상 안전을 보장하는 품질(quality), 이용 시 프라이버시, 존엄성 등을 보장하는 용인성(acceptability), 어디서나 쉽고 안전한 접근을 보장하는 접근성(accessibility), 모든 사람이 지불 가능한 가격을 보장하는 지불 가능성(affordability)으로 구성되어 있다. 깨끗한 마실 물과 위생에 대한 권리가 기본권으로 인식됨에 따라 지방자치단체가 책임지고 있던 상하수도 서비스에 국가의 역할이 한층 강조되고 있다.

여러 국가에서 물 인권을 법과 제도에 반영하고 국가 예산을 투입하고 있다. 국제 사회에서 물 인권 논의를 주도했던 프랑스는 2006년 개정된 수법(水法)의 제1조에 모든 국민이 경제적으로 감당할 수 있는 수준의 수돗물 이용 권리 보장을 규정하였다. 프랑스 정부는 100% 요금 현실화를 유지하면서 저소득층의 물 인권을 보장하기 위한 지원 프로그램 도입을 확대하고 있다. 영국에서는 국민의 물 인권 보장을 위해 수도 요금이 높은 지역이나 주요 시설 사업에 대하여 국고를 보조하는 등 상하수도 사업에 재정을 지원하고 있다. 또한 물 인권 보장의 대표적인 국가인 남아프리카공화국에서는 2001년 6월부터 중앙 정부와 지방 정부가 별도의 예산을 확보하여 가구당 월 6㎥의 수돗물을 무상으로 공급하고 있다.

우리나라의 경우 물 인권을 명시적으로 법률에 규정하고 있지 않지만, 2010년 5월 25일 개정된 수도법에서 모든 국민에 대한 보편적 수돗물 공급 책무(제2조 제6항) 조항을 신설하였다. 《2010년 상수도 통계》에 의하면 2010년 기준으로 우리나라의 상수도 보급률은 97%를 넘고 있으며, 요금 수준도 경제협력개발기구(OECD) 국가 중 상당히 낮은 편에 속한다. 높은 서비스 보급률과 낮은 요금은 물 이용에 대한 국민의 권리가 잘 보장되어 있는 것으로 비추어질 수 있다.

그러나 162개 지방자치단체 간 상수도 요금의 차이가 최대 3.9배에 달하며, 농어촌 지역의 급수 보급률은 55.9%에 불과하다. 더욱 심각한 문제는 원가에 크게 미치지 못하는 요금[1]은 품질을 유지하기 위한 투자의 부족을 일으키고, 서비스의 질을 떨어뜨려, 수돗물에 더 많이 의존하는 취약 계층의 복지를 감소시키는 것이다. 예를 들어, 녹슨 수도관 등 노후된 시설로 인해 수돗물 공급이 중단되는 사례가 많아지고, 녹물 등으로 어려움을 겪는 경우가 빈번하다. 심한 가뭄이 들어 제한 급수를 받는 경우도 종종 발생하는데 대부분 산간, 도서 지역이나

---

[1] 전국의 평균 수도 요금은 평균 생산 원가의 78.5%에 불과하다.

농어촌 지역으로 사회·경제적으로 보다 많은 정책적 배려가 필요한 지역이다. 홍수로 인한 재산 피해도 크게 늘고 있는데 1974년부터 2003년까지 10년마다 약 3배씩 증가하고 있다.

물 인권의 보장을 위해서는 수도 요금의 현실화를 통해 서비스의 지속성을 확보하여야 하며, 취약 지역과 계층에 대해서는 저렴한 요금의 적용, 일정량의 무상 공급 등 다양한 복지 정책을 병행할 필요가 있다.

본 연구는 이러한 논의를 위해, 제2장에서 물 인프라 투자와 물 복지 현황에 대해 검토한다. 제3장에서는 물 인프라 투자가 소득 분배에 어떠한 영향을 미치는지 실증 분석한다. 제4장에서는 물 인권 실현을 위한 다양한 정책에 대하여 제안하고자 한다.

제2장 물 복지와 투자

기후 변화로 인해 물 부족 및 지역별·계절별 분포의 불균형이 심화될 것으로 예상됨에 따라 국민의 생존과 직결되는 물 이용의 필수 수단으로서 물 인프라 투자의 중요성이 더욱 부각되고 있다. 본 장에서는 우리나라의 물 공급 안정성과 현재 인프라 현황에 대해서 검토해 보고자 한다.

1. 물의 재해와 투자

우리나라는 연도별 및 시기별 강수량의 변동이 심해 매년 홍수와 물 부족 발생이 상존하고, 수자원 이용 가능량은 753억㎥이나 극한 가뭄 시에는 45%인 337억㎥으로 총이용량[2]에 근접하는 수준으로 감소한다. 이마저도 강우가 홍수기에 70% 이상 집중되고 산악 지형 특성상 급격히 유출되어 매년 홍수와 물 부족의 어려움이 반복되고 있다.

최근 들어 큰 강우와 계획 빈도 이상의 홍수가 자주 발생하는 데다 도시화와 산업화 등으로 홍수 위험에 대한 취약성이 증가함에 따라 홍수 피해가 커지고 있다. 홍수로 인한 인적·물적 피해는 국가 및 지방자치단체의 치수 방재 노력에도 불구하고 매년 발생하고 있다.

또한 과거에 비하여 유역의 건조 현상(봄 가뭄 또는 겨울 가뭄)이나 국지성 호우에 의한 재난 발생이 증가 추세에 있다. 연 평균 강수량이 점차 증가하고 있지만 한편으로 6-7년 주기로 극심한 가뭄이 발생하고 있다.[3]

《수자원 장기 종합 계획》에 의하면 기후 변화의 영향으로 우리나라도 연 평균 기온이 상승하고, 강수량 및 강우 패턴 변화 등으로 물 부족 및 홍수 피해가 증가할 전망이다. 미래(2061-2090년)에는 평년(1971-2000년)에 대비 기온이 3.6℃ 상승하고, 연 강수량은 168㎜ 증가되며, 지속적인 수요 증가와 가뭄 등으로 2020년에는 과거 최대 가뭄 발생 시 약 4.3억㎥의 물 부족이 전망된다. 또한 과거 30년(1977-2006년) 대비, 미래(2061-2090년)에는 가뭄 발생 기간이 최대 3.4배 증가하고, 향후 100년 동안은 지점별 현재 100년 빈도 1일 최대 강수량이 약 60년 빈도로 낮아져 홍수 위험성이 높아질 전망이다.

2_ 국토해양부,《수자원 장기 종합 계획(2011-2020)》, 2011.
3_ 기획재정부,《국가 중장기 발전 전략 수립을 위한 종합 연구―수자원 분야》, 2012.

가뭄이나 홍수 등 극한 기후가 빈번하게 발생하는 기후 변화의 영향으로 현재와 같은 적응 능력하에서는 수자원 인프라 시설의 극심한 피해가 예상되며 이에 따라 안정적인 물 공급에도 문제가 발생할 것으로 예상된다.

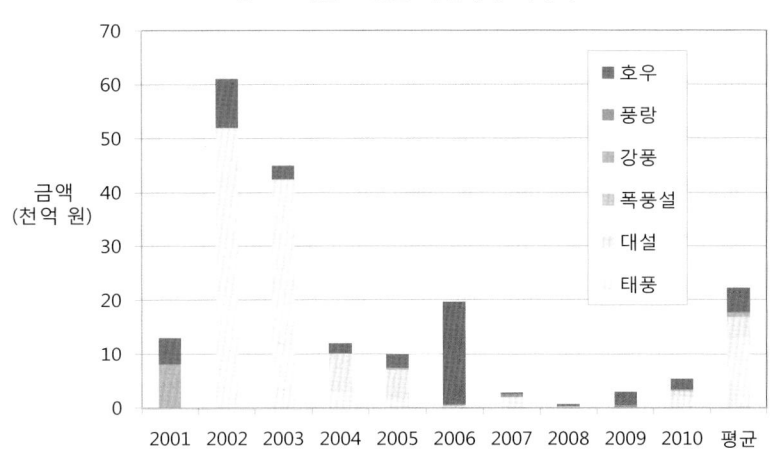

<그림 1> 최근 10년간 자연재해 피해액

주: 2002년 태풍 '루사'로 인해 5조 1,479억 원의 피해 발생.
자료: 소방방재청, 《2010년 재해연보》, 2011.

2. 수도 서비스와 투자

1) 요금과 투자의 관계

지방 상수도 평균 요금[4]은 2010년을 기준으로 610.2원/㎥이며 생산

---

[4] 지방 상수도는 지방자치단체가 원수 또는 정수 등을 관할 지역 주민이나 인근 지방자치단체의 주민에게 공급하는 것을 말하며 2012년 현재 162개의 지방 상수도가 존재한다.

원가 777.2원/㎥의 78.5% 수준이다. 2003년까지 상수도 시설 확충, 노후 시설 교체 재원 마련을 위해 연 평균 9% 요금 인상이 되어 왔으나, 2004년 이후 연 평균 2% 인상 수준에 그쳤으며 2009년과 2010년에는 동결되었다. 이에 따라 2003년 89.3%까지 상승하였던 현실화율은 2010년에 78.5%로 크게 낮아졌다.

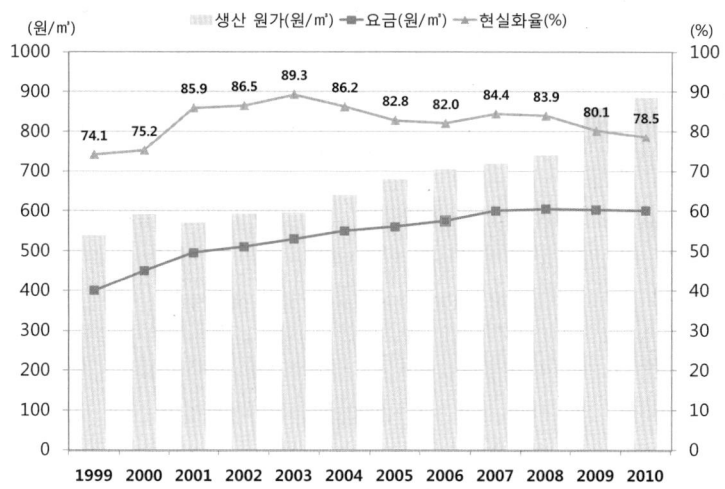

<그림 2> 지방 상수도 요금 및 요금 현실화율 현황

자료: 환경부, 《2010년 상수도 통계》, 2011.

이에 따라 지난 4년간(2007-2010년) 발생한 적자 누적액이 21,180억 원에 달하고 있다. 지역별로는 서울시 2,414억 원, 부산시 2,381억 원, 대구시 1,128억 원, 광주광역시 480억 원, 대전시 200억 원, 울산시 333억 원이다. 누적된 적자로 인해 노후 상수도 교체, 고도 정수 처리 시설 설치 등과 같은 투자에 차질이 빚어지고 있다. 이는 수돗물 공급과 수돗물 수질의 안전성 등 서비스의 질을 유지하고 향상시키는 데에 장애 요인으로 작용하고 있다.

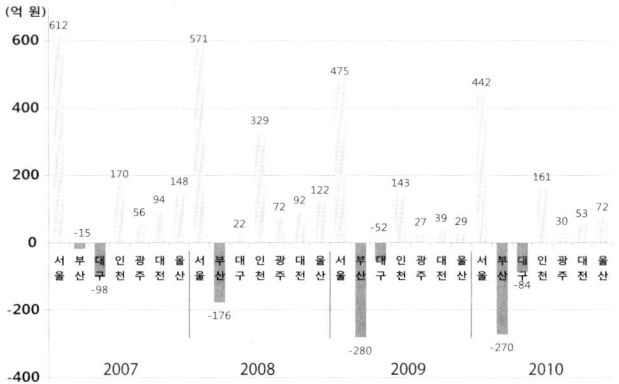
<그림 3> 지방 상수도 연도별 손익 현황

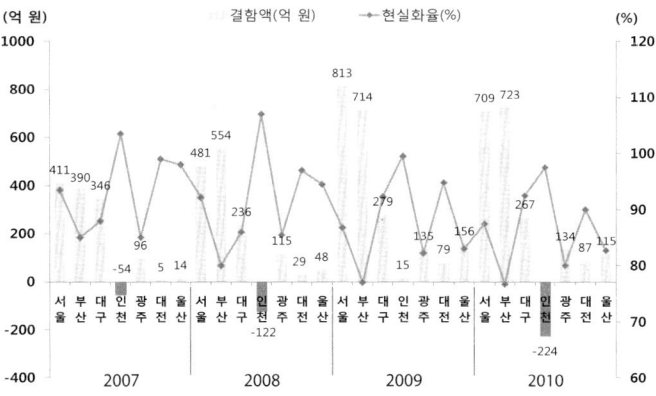
<그림 4> 지방 상수도 총괄 원가 적자 현황

자료: 환경부, 《2010년 상수도 통계》, 2011.
재인용: 정영래, "광역상수도 물 값 현실화를 통한 공공성 제고", 《저널 물 정책·경제》 19호, 2012.

광역 상수도[5]의 요금 현실화율도 81%[6]에 불과하다. 이 중에서 특히 정수는 79.7%, 침전수는 63.7%이다. 원가에 현저히 미치지 못하는 요금은 수도 서비스 공급에 필요한 노후 설비 교체와 신규 설비 건설에 지장을 주게 되어 결국 물 공급 시스템에 문제를 발생시킨다. 수도 시설의 노후화로 인하여 발생한 용수 공급 중단 사고는 2010년 104건으로 2005년보다 2배 이상 증가하였으며 전체 수도 사고의 96%가 관로 이상에서 발생하고 있다.

2) 노후 시설과 서비스 안정성

우리나라 수도관의 총연장 중 21년 이상 경과된 관은 35,704km (21.5%)이며, 16-20년은 32,814km(19.8%), 11-15년은 27,238km (16.4%), 6-10년은 31,000km(18.7%), 5년 이내는 39,114km(23.6%) 로 시설 개선이 필요한 노후관 비중이 매년 빠르게 증가하고 있다.

<표 1> 경과 연도별 수도관 연장 현황

구 분	총계	5년 이내	6-10년	11-15년	16-20년	21년 이상
총계(km)	165,870 (100%)	39,114 (23.6%)	31,000 (18.7%)	27,238 (16.4%)	32,814 (19.8%)	35,704 (21.5%)
지방 상수도(km)	160,913 (100%)	38,538 (23.9%)	29,362 (18.2%)	25,963 (16.1%)	32,296 (20.1%)	34,754 (21.6%)
광역 상수도(km)	4,957 (100%)	576 (11.6%)	1,638 (33.1%)	1,275 (25.7%)	518 (10.4%)	950 (19.2%)

자료: 환경부, 《2010년 상수도 통계》, 2011.
한국수자원공사, 《수도 시설 운영 관리 편람》, 2011.

5_ 광역 상수도는 둘 이상의 지방자치단체에 원수 또는 정수 등을 공급하는 역할을 한다.
6_ 광역 상수도의 2011년 생산 원가는 1㎥당 351.4원, 요금은 284.5원이다.

지방 상수도의 경우 1990년대부터 2000년대까지 집중 설치되어 20년이 경과되는 2010년을 기점으로 노후화가 가속화되고 있다. 유수율 저하의 주요 원인이 되는 노후 수도관으로 인하여 연간 4,961억 원의 수돗물 생산 비용이 낭비[7]되고 있고, 관 내부 부식에 따른 수돗물 신뢰도 저하와 사고 발생 시 대규모 단수를 유발하는 등의 문제를 야기하고 있다.

<표 2> 지방 상수도 설치 연도별 수도 시설 현황 (전국 정수장 시설 현황)

구 분	1970	1980	1990	2000	2009
시설 용량(천㎥/년)	2,166	6,756	16,274	26,980	28,885
순 구성비	7.5%	15.9%	33.0%	37.1%	6.5%

주. 순 구성비: 당 설치년도 시설 용량/총 시설용량.
자료: 정영래, "광역상수도 물 값 현실화를 통한 공공성 제고", 《저널 물 정책·경제》 19호, 2012.

광역 상수도의 경우 대부분 수도관이 1970-80년대에 설치되어 20년 이상 경과된 노후관이 전체 4,957㎞ 가운데 989㎞로 20%, 30년 이상 경과된 노후관은 363㎞로 7.3%를 차지하고 있다. 한국수자원공사의 《수도시설운영관리편람》에 의하면 수도 시설의 노후화로 인하여 발생한 용수 공급 중단 사고는 2005년 51건에서 2010년 104건으로 2배 이상 증가하였다. 최근 5년간 총 388건의 수도 사고의 96%가 관로 이상에서 발생하였다.

7_ 환경부, 《2010년 상수도 통계》, 2011.

<표 3> 광역 및 공업용 수도 노후관 현황

총 연장	30년 이상	25-29년	20-24년	15-19년	10-14년	5-9년	5년 미만
4,957km (100%)	363 (7.3%)	151 (3.1%)	475 (9.6%)	696 (14.0%)	1,497 (30.2%)	1,339 (27.0%)	436 (8.8%)

자료: 한국수자원공사, 《수도시설운영관리편람》, 2011.

3) 수도 서비스의 지역간 불평등

우리나라에서 근대적인 수돗물 생산이 최초로 이루어지기 시작한 시기는 뚝도 정수장이 창설되면서부터이다. 이후 1970년대 급속한 도시화와 산업화가 진행되면서 상수도 보급이 본격적으로 확대되었고, 그 결과 1965년 20.9%에 불과하던 급수 보급률이 97.7%에 이르고 있다. 이에 따라 국가 전체적으로 보면, 일부 인구를 제외하고는 깨끗하고 안전한 물을 공급받고 있다고 볼 수 있다.

《2010년 상수도 통계》에 의하면 특·광역시 및 시 지역의 상수도 보급률은 99%에 달하고 있는 반면, 읍·면 지역 특히 면 지역의 상수도 보급률은 마을 상수도 및 소규모 급수 시설을 제외할 경우 55.9%에 그치고 있어 지역별로 상당한 편차가 있다. 또한 1일 1인당 급수량도 읍·면 지역은 도시 지역의 60% 수준인 180리터에 그치고 있어 지역 간 물 공급에 있어 불평등이 존재하고 있음을 확인할 수 있다.

특히 마을 상수도나 소규모 급수 시설은 음용수로서의 안전성이 떨어지기 때문에 일부 도서 지역은 도시와 비교하여 안전하고 깨끗한 물을 안정적으로 공급받는 데 한계가 있다.

또한 도서·해안 및 산간 지역은 기존 용수 공급 체계의 한계로 상습적인 물 부족이 발생하고 있으며, 특히 도서 지역은 소규모 저수지, 지하수 관정, 해수 담수화 시설을 건설·운영하고 있으나, 강우 상황에 따라 가뭄에 민감한 상황이고, 해안 및 산간 지역은 가뭄 발생 시 임시방편적인 지하수 개발과 부실한 사후 관리로 인해 가뭄 재발 시 효과적인 대처가 현실적으로 곤란한 실정이다.

이에 따라 1990년대 이후 가뭄으로 3회 이상 물 부족을 경험한 상습 가뭄 지역은 48개 시·군으로, 마을 상수도 등의 공급 지역은 3개월 이상 가뭄 시 수원 고갈 등 물 이용에 어려움을 겪고 있다. 수도 서비스의 지역간 불균형을 해소하기 위해서는 정부의 재정 지원과 더불어 요금의 현실화를 통한 투자 재원의 확보가 절실하다.

<표 4> 상수도 보급률 현황

공급 지역	공급 시설	물 공급 안전도	상수도 보급률
시 지역	다목적 댐, 광역 및 지방 상수도	20-30년 가뭄	98.7%
읍 지역	하천, 용수 전용 댐 및 지방 상수도	10년 가뭄	89.8%
면(농어촌)	소하천, 지하수, 마을 상수도 등	10년 이하 가뭄	55.9%

주. 물 공급 안전도: 시설물별 목표 물 공급 안전도.
자료: 환경부, 《2010년 상수도 통계》, 2011.

제3장 물 인프라 투자와 소득 분배[8]

본 장에서는 물 인프라 투자가 우리 경제에 미치는 소득 분배 효과를 분석하기 위해 사회계정행렬 기법을 이용한다. 전술한 바와 같이 수도 인프라 현황이 지역별로 격차가 심하고 아직까지는 저소득층에 대한 사회적 배려가 부족하다. 80% 내외의 요금 현실화율도 저소득층이나 빈곤층에 불리한 요금 구조이다.

통계청의 《2011년 가계 동향 조사》에 의하면 소득 불평등도를 측정하는 지니 계수가 1990년 초반만 해도 0.2 수준을 유지하였으나 외환 위기 직후인 1998년 0.295로 급격히 상승하였다. 2011년 현재 지니 계수는 0.311로 소득 분배의 불평등도가 외환 위기 이후 악화되고 있다. 따라서 수도 등 공공 분야의 인프라 투자가 경제 주체별로 소득 재분배에 어떤 영향을 미치는지에 대한 연구를 통해 경제 주체 간 소득 격차 해소를 위한 정책 개발이 필요한 시점이다.

1. 방법론

사회계정행렬은 어느 특정 국가 혹은 지역에서 발생한 특정 연도의 정태적 경제 상태로 수입과 지출의 관점에서 경제 주체 간의 상호 흐름을 나타낸다. 즉, 사회계정행렬은 기본적으로 생산, 분배, 지출이라는 경제의 순환적 흐름에 초점을 맞추어 계정들 간의 거래를 행렬 회계의

---

[8] 본 연구의 분석 결과는 K-water연구원에서 수행중인 수자원 정책 변화에 따른 경제적 파급 효과 연구 결과의 일부임.

<그림 5> 일반적인 사회계정행렬의 형태

구분		생산활동	상품	생산 요소		제도 부문				자본축적	오차 및 조정항	합계
				노동	자본	가계	기업	정부	국외			
생산 활동			총산출-수출						수출			총산출
상품		중간수요				가계소비		정부지출		투자수요		총수요
생산요소	노동	피용자보수							국외수취 임금			노동소득
	자본	영업잉여							국외수취 재산소득			자본소득
제도부문	가계			임금소득	가계귀속 영업잉여 (분배이윤)		이전거래	이전거래	해외-가계 경상이전			가계수입
	기업				기업귀속 영업잉여 (비분배이윤)	이전거래		이전거래	해외-기업 경상이전			기업수입
	정부	생산세	수입세			소득세	법인세		해외-정부 경상이전			정부수입
	국외		수입	국외지급임금	국외지급재산소득	민간해외이전지출	기업해외이전지출	정부해외이전지출		해외저축투자차액		외환유출
자본 축적		감가상각				가계저축	기업저축	정부저축	해외순자본이전			총저축
오차 및 조정항												오차합
합계		총투입	총공급	노동소득	자본소득	가계지출	기업지출	정부지출	외환유입	총투자	오차합	

형태로 정리한 표이다. 따라서 각 행과 해당 열이 동일한 계정인 정방 행렬의 형태를 지닌다.[9]

일반적인 사회계정행렬의 형태는 <그림 5>와 같이 생산 활동, 상품 거래, 생산 요소, 제도 부문과 자본 축적 계정으로 구성된다.

사회계정행렬이 작성되면 승수 분석을 통하여 정책 변화가 우리 경제에 미치는 효과를 분석할 수 있다. 예를 들어 물 인프라 투자가 소득 분배에 미치는 효과를 분석하는 것도 가능하다. 이를 위해 우선 작성된 사회계정행렬의 계정 형태를 내생 계정과 외생 계정으로 구분하고, 외생 계정의 변화가 내생 계정에 어떤 영향을 미치는지 파악해야 한다.

사회계정거래표를 내생 계정과 외생 계정으로 구분하여 사회계정행렬을 재구성하면 <그림 6>과 같다.

<그림 6> 내생 계정와 외생 계정으로 구분된 사회계정행렬

구분		지출 계정				총계
		내생 계정	합계	외생 계정	합계	
수입 계정	내생 계정	$T_{nn} = A_n y_n$	n	T_{nx}	x	y_n
	외생 계정	$T_{nn} = A_n y_n$	l	T_{xx}	t	y_x
총계		y'_n		y'_x		

T_{nn}: 내생 계정 간의 거래를 나타내주는 행렬.
T_{xn}: 내생 계정에서 외생 계정으로의 누출(leakages)을 나타내주는 행렬.
y'_n: 각 계정의 지출 총액을 나타냄.

---

[9] Pyatt, G. & Thorbeke, E., *Planning Techniques for a Better Future*, International Labor Office, 1976; 신동천, 《CGE 모형 구축을 위한 사회회계행렬(SAM)의 작성방법 연구》, 한국은행 경제통계국 연구보고서, 2000.

$A_n (=T_{nn}\hat{y}'^{-1}_n)$: 내생 계정과 내생 계정 간의 평균 지출 성향을 나타내는 행렬.
$A_l (=T_{nn}\hat{y}'^{-1}_n)$: 내생 계정으로부터 외생 계정으로 누출되는 평균 누출 성향을 나타내는 행렬.
T_{nx}: 외생 계정에서 내생 계정으로 흘러 들어오는 주입(injections)을 의미하는 행렬.
T_{xx}: 외생 계정 간의 거래 관계를 나타내 주는 행렬.

각 내생 계정의 수입 총계를 간단히 y_n이라고 하면, 이 수입 총계는 식 (1)과 같이 내생 계정의 합계와 외생 계정의 합계로 구분된다.

$$y_n = n + x = A_n y_n + x \quad (1)$$

각 외생 계정의 수입 총계도 같은 논리로 식 (2)와 같이 나타낼 수 있다.

$$y_n = l + t = A_l y_n + t \quad (2)$$

내생 계정의 총소득을 나타내는 식 (1)을 y_n에 대하여 풀면 식 (3)과 같다.

$$y_n = (I - A_n)^{-1} x = AMx \quad (3)$$

I는 항등 행렬, M은 사회 계정 승수 행렬(Social Accounting Multiplier Matrix)이라고 한다.

따라서 사회 계정 승수 행렬 M은 외생 계정 1단위 변화가 내생 계정의 '절대 소득 변화에 직·간접적으로 미치는 '총소득 효과(gross income effect)'를 의미한다.

본 연구에서는 각 내생 계정의 상대 소득 수준 변화를 분석하기 위해 롤랜드-홀스트[10]와 로프 및 만레사[11], 노용환·남상호[12]의 방법론을 따라 행렬을 분해하여 소득 재분배 효과를 구할 수 있다. 식 (3)의 양변을 $e'y_n$(단, $e'=1,\cdots,1$)으로 나누고 정리하면 $y_n/e'y_n = Mx/e'y_n$가 된다. 따라서 외생적 주입 변화에 의해 유발된 내생 계정의 '상대 소득의 변화' 결과는 다음 식과 같다.

$$dy_n = \frac{1}{e'y_n}[I - \frac{y_n}{e'y_n}e']Mx = Rdx \qquad (4)$$

여기서 R을 '소득 재분배 행렬(redistribution matrix)'이라 하며, R은 외생 계정 1단위 변화(dx)가 내생 계정의 '상대 소득 변화'(dy_n)에 미치는 효과를 의미한다. 소득 재분배 행렬 R의 개별 요소 r_{ij}는 계정 j의 외생적 소득 1단위 주입의 결과로 발생한 계정 i의 상대 소득의 변화 비율을 결정한다.

이러한 소득 재분배 과정의 계산 값을 통해 "한 계정이 다른 계정의 상대 소득 변화에 어떠한 영향을 미치는가" 하는 내생 계정 사이의 상호 연관 관계를 파악할 수 있다. 여기서 한 가지 주목할 점은 내생 계정의 종류에 관계없이 소득 재분배 행렬의 열 합이 항상 0이 된다는 사실인데, 이러한 수학적인 특성은 외생적 소득 주입의 결과로 발생한

---

[10] Roland-Holst, David W., "Relative Income Determination in the United States: A Social Accounting Perspective", *Review of Income and Wealth*, Series 38, No. 3, pp. 311-327, 1992.

[11] Llop, M. & Manresa, A., "Income Distribution in a Regional Economy: A SAM Model", *Journal of Policy Modeling*, No. 26, pp. 689-702, 2004.

[12] 노용환·남상호, 앞의 글.

총소득이 상대적으로 어떻게 내생 계정 상호 간에 덜 혹은 더 분배되는가를 보여준다.[13]

2. 사회계정행렬의 설계와 작성

본 연구에서 작성한 사회계정행렬의 계정 형태는 크게 생산 활동, 생산 요소, 제도 부문, 자본 축적 계정으로 구분된다. 사회계정행렬의 작성에 주로 이용되는 통계인 산업연관표와 국민 계정, 가계 동향 조사 간 작성 기준과 추계 기준이 서로 달라 수입과 지출의 균형이 일치하지 않는 문제가 발생한다. 따라서 본 연구에서는 수입과 지출의 균형을 일치시키기 위해 노용환·남상호[14], 옥성수[15]의 방법론을 이용하여 별도의 오차 및 조정항을 설정하였다.

소득 분위별로 물 인프라 투자의 정책 효과를 분석하기 위해 제도 부문 가운데 가계 계정을 소득 10분위별로 구분하고 물 산업은 생수 및 얼음, 상하수도 정화 장비, 정수기, 수력, 수도(광역 상수도 및 댐 용수), 증기 및 온수 공급업(지방 상수도 포함), 하천 사업, 상하수도 시설, 하수 및 폐수 등 9개로 구분하였다. 또한 에너지 부문은 전력(수력 제외), 도시 가스, 석탄 제품, 휘발유, 경유, 기타 석유 제품을 최종 에너지를 중심으로 재분류하였다. 나머지 산업은 물 산업 9개 부문, 전력 및 에너지 산업에 해당하는 6개 부문을 제외한 26개 산업으로 구분하여 총 41개 산업으로 대별하였다.

13_ 노용환·남상호, 앞의 글.
14_ 노용환·남상호, 앞의 글.
15_ 옥성수, 《문화산업 지원정책 평가모형 연구》, 한국문화관광연구원, 2008.

최종적으로 작성된 사회계정행렬의 형태는 <표 5>와 같다.[16]

<표 5> 2009년 사회계정행렬

(단위: 조 원)

수입＼지출		생산 활동	상품	생산 요소		제도 부문			자본 계정	해외	조정항	합계
				노동	자본	가계	기업	정부				
생산 활동		0.0	2,240.9	0.0	0.0	0.0	0.0	0.0	0.0	534.1	0.0	2,775.0
상품		1,727.1	0.0	0.0	0.0	576.0	0.0	170.3	279.3	0.0	0.0	2,752.7
생산 요소	노동	493.7	0.0	0.0	0.0	0.0	0.0	0.0	0.0	0.9	0.0	494.6
	자본	310.6	0.0	0.0	0.0	0.0	0.0	0.0	0.0	20.1	0.0	330.7
제도 부문	가계	0.0	0.0	493.0	108.5	0.0	42.8	40.6	0.0	15.9	-8.8	692.0
	기업	0.0	0.0	0.0	207.5	14.7	0.0	0.0	0.0	0.0	0.0	222.2
	정부	101.5	17.1	0.0	0.0	59.5	35.8	0.0	0.0	0.2	47.1	261.3
자본 계정		142.1	0.0	0.0	0.0	27.8	104.6	48.4	0.0	-0.4	0.9	323.3
해외		0.0	494.6	1.5	14.7	14.1	0.7	1.9	44.0	0.0	0.0	571.6
조정항		0.0	0.0	0.0	0.0	0.0	38.4	0.0	0.0	0.9	0.0	39.3
합		2,775.0	2,752.7	494.6	330.7	692.0	222.2	261.3	323.3	571.6	39.3	8,462.6

16_ 각 계정별 작성 방법은 생략한다. 자세한 작성 과정은 최한주 외 4인, 《수자원 정책변화에 따른 경제적 파급효과 분석》, K-water연구원 연구보고서(미발표), 2012.

3. 소득 분배에 미치는 효과

식 (4)에서 도출된 소득 재분배 효과는 외생적 소득 변화에 따른 내생 부문의 항목의 소득이 1단위 증가했을 때 증가된 소득이 해당 항목에서 상대 소득에 미치는 효과를 의미한다. 즉, 어느 한 부문에서 소득이 창출될 때 상대적으로 많이 배분되는 부문과 적게 배분되는 부문이 있는데, 경제 전체적으로는 이를 '제로섬(zero sum)'으로 재분배되는 것으로 파악할 수가 있다.[17]

<표 6>에서 보는 바와 같이 물 산업의 생산 활동이 가계 전체에 미

<표 6> 물 산업의 생산 활동으로 인한 소득 재분배 효과

	물 산업					
	생수 및 얼음	상하수도 정화 장비	정수기	수력	수도	증기 및 온수
소득 1분위	-0.013	-0.016	-0.016	-0.009	-0.010	-0.010
소득 2분위	-0.006	-0.011	-0.011	-0.001	-0.003	-0.004
소득 3분위	-0.008	-0.015	-0.015	-0.001	-0.005	-0.007
소득 4분위	-0.007	-0.015	-0.015	0.002	-0.004	-0.006
소득 5분위	0.000	-0.011	-0.011	0.008	0.003	-0.001
소득 6분위	-0.003	-0.014	-0.014	0.009	0.000	-0.004
소득 7분위	0.004	-0.015	-0.015	0.011	-0.001	-0.006
소득 8분위	0.008	-0.007	-0.007	0.023	0.011	0.004
소득 9분위	0.012	-0.005	-0.005	0.031	0.016	0.007
소득 10분위	0.040	0.013	0.013	0.062	0.044	0.029

17_ 노용환·남상호, 앞의 글.

치는 상대적 소득 분배는 평균적으로 정(+)의 효과를 나타냈다. 다시 말하면, 다른 경제 주체의 소득 증가 크기와 비교했을 때 가계 부문의 소득 증가의 효과가 상대적으로 크다는 것이다. 반면 도시 가스나 전력(수력 제외) 부문은 생산 활동으로 인하여 전 가계 부문의 소득 분배가 다른 경제 주체와 비교하여 상대적으로 악화되었다. 최근 기업과 가계 간의 소득 양극화가 장기적 내수 부진을 초래하고 있다는 연구 결과[18]를 볼 때 물 산업 인프라에 대한 투자는 기업과 가계 간의 소득 양극화 해소와 내수 활성화를 위한 복지 정책으로도 유용할 것이다.

<표 6>의 계속

물 산업				전력	도시 가스	
하천 사업	상하수도 시설	하수 및 폐수	물 산업 평균			
-0.012	-0.013	-0.013	-0.012	-0.011	-0.008	소득 1분위
-0.004	-0.006	0.000	-0.005	-0.009	-0.009	소득 2분위
-0.005	-0.008	0.001	-0.007	-0.012	-0.011	소득 3분위
-0.004	-0.007	0.006	-0.006	-0.012	-0.013	소득 4분위
0.004	0.000	0.015	0.001	-0.011	-0.014	소득 5분위
0.002	-0.003	0.018	-0.001	-0.013	-0.015	소득 6분위
0.001	-0.004	0.022	-0.000	-0.014	-0.016	소득 7분위
0.015	0.009	0.041	0.011	-0.010	-0.017	소득 8분위
0.021	0.014	0.054	0.016	-0.010	-0.019	소득 9분위
0.054	0.044	0.103	0.045	-0.002	-0.025	소득 10분위

18_ 강두용·이상호, 《한국 경제의 장기 내수부진 현상의 원인과 시사점》, 산업연구원, 2012.

그러나 물 산업 분야에서 인프라 투자 등으로 생산 활동 부문의 수요 증가에도 불구하고 최하위 소득 계층(소득 1분위-3분위)은 상대 소득 분배에서 손실을 보였다. 따라서 최하위 소득 계층의 상대적 박탈감을 완화하고 물 인권의 보장을 위해서는 정부로부터 민간 저소득 가계로의 직접적 소득 이전을 확대하는 정책이 필요하다. 특히 중앙 정부나 지방 정부 차원에서 취약 계층에 대한 물 이용에 대한 바우처 제도를 도입하는 수돗물 복지 정책 도입 검토가 필요하다.

제4장 물 인권을 위한 실현 과제

이 논문에서는 물 인권과 투자와의 관계를 복지적 측면과 소득 분배적 측면에서 살펴보았다. 물 공급의 안정성 측면에서 원가보다 현저히 낮은 요금은 물 인프라의 확대와 서비스 품질 확보에 부정적인 영향을 미치게 된다. 취약 지역 및 계층의 주민은 높은 수질이나 단수의 사고에 노출될 가능성이 높고, 물 인권의 실현에도 부정적인 영향을 미치게 될 것이다. 또한 기후 변화로 인한 극한 홍수와 가뭄, 이로 인한 피해 규모는 재해 예방 투자의 중요성을 일깨워 주고 있다.

물 인프라 투자는 소득 분배적 관점에서 긍정적인 영향을 미치고 있다. 인프라 투자에 따른 소득 증가가 가스, 전력 부분은 기업이 가계보다 높으므로 기업-가계간 소득 격차를 심화시키고 있다. 반면 물 산업 부문은 가계의 소득 증가가 기업의 소득 증가보다 높음으로 인해 소득 양극화를 해소시키는 효과가 있는 것으로 분석되었다.

이번 장에서는 이러한 분석을 토대로 우리나라가 처한 환경에서 물 인권 확보를 위해 시급히 해결해야 할 과제에 대해 논의한다.

1. 취약 지역에 안전한 물 공급

우리나라 국민의 97%는 상수도를 공급받고 있다. 따라서 상당히 안전한 수돗물 공급 서비스를 누리고 있다고 할 수 있다. 그러나 일부 농어촌 및 도서 지역은 아직도 수질 오염에 취약한 지하수나 계곡수를 수원으로 사용하는 마을 상수도의 물을 이용하고 있다. 이들 지역은 시설 노후화에 따른 빈번한 고장과 겨울철 동파에 의한 운영 중단, 갈수기의 수량 부족에 따른 급수 중단 등의 어려움을 겪고 있다. 또한 비위생적인 수원의 이용과 염소 소독의 불이행 등으로 인해 수인성 질병의 위험 등에도 노출되어 있는 실정이다. 산업 폐수, 축산 폐수, 자연 행락객에 의한 오염물의 배출, 농약에 의한 수질 오염 등이 수질 안정성을 저해하는 요인으로 작용하고 있다.

마을 상수도는 대부분 정수 장치 없이 원수를 물탱크에 저장한 후 소독만 하여 생활용수로 공급하고 있어 먹는 물 수질 안정성 확보 측면에도 문제가 있다. 마을 상수도 가운데 43%가 소독 시설이 없거나 소독 시설이 있는 경우에도 자동 염소 투입기 등이 설치된 곳은 극히 일부에 불과하고, 마을 이장 등이 간헐적으로 소독 약품을 물탱크에 투입하고 있다.

현재 마을 상수도와 소규모 급수 시설의 관리는 시·군·구청장에게 법직인 시설 관리의 책임이 있다. 국가와 지방자치단체는 마을 상수도의 위생 관리를 위하여 필요한 기술 및 재정 지원을 할 의무가 있으며, 시·군·구청장은 그 지방자치단체의 조례로 정하는 바에 따라 관할 구역의 마을 상수도 및 소규모 급수 시설을 운영·관리할 의무가 있다. 마을 상수도 및 소규모 급수 시설의 운영에 소요되는 비용은 사용자가 부담하여야 하며, 다만 지방자치단체장은 예산 범위 내에서 소요 비용의 일부를 지원할 수 있도록 하고 있다.

그러나 실제로는 전문성이 없는 마을 대표 등이 운영과 관리를 수행하고 있는 실정이며 해당 시·군에서는 수질 검사, 관리인 교육, 소독 약품 지급만을 실시하고 있다. 마을 상수도의 개량과 대체에 소요되는 비용과 운영 관리비 등에 대한 지방자치단체의 지원은 열악한 재정 자립도를 고려해 볼 때 곤란한 실정이다.

따라서 농어촌 물 문제의 해소를 위해서는 국가 재정으로 투자 재원의 일부를 지원하되 요금 현실화 등을 통해서 지방자치단체별로 자체 투자 재원을 확보하는 것이 중요하다.

2. 노후 수도 시설의 개선

　광역 상수도와 지방 상수도 모두 발생 원가를 보전해 주는 총괄 원가 방식으로 수도 요금을 산정하고 있으며, 총괄 원가는 운영 관리 비용 등을 충당하는 적정 원가와 자본에 대한 기회비용을 보전하는 적정 투자 보수로 구성되어 있다.

　총괄 원가 방식은 집행한 비용만큼 요금에 반영되는 구조로 되어 있어 피규제 기업의 비용 절감이나 생산성 향상 노력을 유도하지 못하고 있으며, 이미 발생한 역사적 원가를 토대로 산정하고 있기 때문에 현재 가치를 고려한 재화 및 서비스의 공급 비용에 근거한 요금 산정이라고 보기 어렵다.

　현재의 원가 회수 방식은 과거 20-30년 전 투자비를 회수하는 자본 비용 산정 방식으로 원가 수준이 낮아 향후 수자원 시설 개보수 및 재투자비의 적정 확보에 어려움이 있는 것이 현실이다. 특히 지자체의 열악한 재정 여건과 운영 적자는 신규 시설 확충과 기존 시설 개·보수를 어렵게 하고 있다.

　물과 물 관련 서비스에 올바른 가격을 부과하는 것이 사람들에게 낭비와 수질 오염을 줄이고, 물 관련 인프라에 더 많이 투자하도록 유도하는 방법 중 하나이다. 경제협력개발기구(OECD)는, 낮은 물 값은 빈곤층에게 가장 피해를 주는데, 낮은 물 값이 상수도 설비를 확장할 재원을 빼앗아 빈곤층이 낮은 질의 물을 구매하도록 강제하기 때문이라고 《2050 환경전망》에서 밝힌 바 있다.

　우리나라도 원가 산정 구조를 수자원 시설 재구축비 확보 방식으로 전환하고, 피규제 기관의 자율적인 효율 개선을 유도하는 경제적 규제 체계로 개선해 나가며, 취약 계층에 대한 바우처 제도 도입과 같이 요금 현실화에 대한 서민 가계의 영향을 최소화하는 방안을 마련하는 등 국가와 지자체가 부담하는 수돗물 복지 정책의 도입 검토가 필요하다.

3. 물 재해 예방 투자

기후 변화에 따른 빈번한 가뭄이나 극한 기후의 영향으로 현재와 같은 인프라 체계에서는 안정적인 용수 공급이 어려워질 가능성이 크다. 자연재해와 같은 극한 사상에 의한 수자원 인프라 등 기반 시설의 피해도 기후 변화로 인하여 확대될 것으로 예상된다. 따라서 기후 변화에 따른 수자원 기반 시설의 적응 역량을 강화할 필요성이 있다.

첫째, 기후 변화에 대비한 수자원 기반 시설의 설계 기준의 상향 조정이 요구된다. 예를 들어 우리나라 하천 시설의 대부분이 100년 빈도의 홍수량에 준하여 설계되어 있는데 이것을 200년 빈도 혹은 그 이상의 기준으로 설계하도록 하는 것이다.

둘째, 기후 변화에 대비한 수원의 다원화와 더불어 안정적인 수원의 비율을 높여 가는 전략이 필요하다. 또한 물 공급의 안정성을 확보하기 위해 전국적으로 설치된 광역 상수도 시설의 활용도를 높여 가는 전략이 동시에 요구된다. 특히 일부 안정적 수원 확보가 어려운 지역을 중심으로 안정적인 물 공급을 위한 시범 사업도 추진할 필요가 있다.

참고 문헌

강두용·이상호, 《한국 경제의 장기 내수부진 현상의 원인과 시사점》, 산업연구원, 2012.

국토해양부, 《수자원 장기 종합 계획(2011-2020)》, 2012.

권형준, "물 복지 향상을 위한 광역상수도 재원 운용방안", 《한국정책학회 추계학술대회 발표자료》, 2012.

기획재정부, 《국가 중장기 발전전략 수립을 위한 종합연구—수자원 분야》, 2012.

노용환·남상호, "한국경제의 소득 재분재 효과 분석: 사회 회계행렬을 이용한 접근", 한국은행 금융경제연구원, 2006.

소방방재청, 《2010년 재해연보》, 2011.

신동천, 《CGE 모형 구축을 위한 사회회계행렬(SAM)의 작성방법 연구》, 한국은행 경제통계국 연구보고서, 2000.

옥성수, 《문화산업 지원정책 평가모형 연구》, 한국문화관광연구원, 2008.

정영래, "광역상수도 물 값 현실화를 통한 공공성 제고", 《저널 물 정책·경제》 19호, 2012.

최한주 외 4인, 《수자원 정책변화에 따른 경제적 파급효과 분석》, K-water 연구원 연구보고서(미발표), 2012.

통계청, 《2009년 가계동향조사》, 2010.

통계청, 《사회계정행렬(SAM) 도입 방안 연구》, 2007.

한국수자원공사, 《2009년 재무제표》, 2010.

_____, 《수도시설운영관리편람》, 2011.

한국은행, 《2009년 국민계정》, 2011.
_____, 《2009년 산업연관표》, 2011.
환경부, 《2010 상수도통계》, 2011.
Llop, M. & Manresa, A., "Income Distribution in a Regional Economy: A SAM Model", *Journal of Policy Modeling*, No. 26, pp. 689-702, 2004.
OECD, 《2050 환경전망》, 2012.
Pyatt, G. & Round, J., "Accounting and Fixed Price Multipliers in a Social Accounting Framework", *Economic Journal*, Vol. 9, 1979.
Pyatt, G. & Thorbeke, E., *Planning Techniques for a Better Future*, International Labor Office, Geneva, 1976.
Roland-Holst, David W., "Relative Income Determination in the United States: A Social Accounting Perspective", *Review of Income and Wealth*, Series 38, No. 3, pp. 311-327, 1992.

필자 약력

(* 글이 실린 순서)

권형둔 공주대 법학과 교수

최종 학력. 독일 빌레펠트대학교 Universität Bielefeld 법학 박사

학위 논문. 정보화 사회에서 인터넷과 방송의 자유

최근 논문. 사회국가적 생존배려와 물 산업 민영화의 헌법적 한계(《중앙법학》, 2011)

고문현 숭실대 법학과 교수

최종 학력. 서울대학교 법학 박사

학위 논문. 헌법상 환경 조항에 관한 연구: 기본권 조항과 국가 목표 조항의 비교를 중심으로

최근 논문. 환경헌법의 모델연구(대윤, 2011)

최근 현황. 2011년 한국환경법학회 학술상 수상

서철원 숭실대 법학과 교수

최종 학력. 서울대학교 법학 박사

학위 논문. 환경보호를 이유로 한 무역제한조치에 관한 연구

최근 논문. 투자보장협정상 투자자보호와 경제위기에 대응하는 조치와의 관계에 관한 연구: 아르헨티나의 가스 산업 사건들을 중심으로(《서울국제법연구》 통권 34호, 2011. 6.)

김정인 중앙대 경제학과 교수

최종 학력. 미국 미네소타대학교 University of Minnesota 환경경제학 박사

학위 논문. Environmental Accounting in a Social Accounting Matrix Framework: The Case of Mexico

최근 논문. CEG모형을 이용한 자연재해의 경제적 파급효과 분석(류문현, 조승국 공저)(《환경정책》 제20권 제1호, 2012. 3.)

김성수 연세대 법학전문대학원 교수

최종 학력. 독일 튀빙겐대학교 Eberhard Karls Universität Tübingen 법학 박사

학위 논문. 특별 부담금

최근 논문. 온실가스 배출권의 법적 성격(《토지공법연구》, 2011)

김홍균 한양대 법학전문대학원 교수

최종 학력. 미국 위스콘신대학교 University of Wisconsin Law School 법학 박사

학위 논문. Stopping Environmental Injustice: Hazardous Waste Trade

최근 논문. 수질보전 및 개선을 위한 배출권거래제도: 점오염원과 비점오염원 간의 거래를 중심으로(《저스티스》, 2011. 6.)

류권홍 원광대 법학과 교수

최종 학력. 호주 멜버른대학교 University of Melbourne in Australia LL.M.

최근 논문. 에너지 안보와 에너지 법제 현황(《환경법연구》, 2012. 8.),

영유권 분쟁 지역 내 자원개발 사례분석(공저)(《에너지포커스》, 2012년 여름호)

조성규 전북대 법학전문대학원 교수
최종 학력. 서울대학교 법학 박사
학위 논문. 지방자치단체의 공법상 지위에 관한 연구
최근 논문. 지방자치 법제에 있어 분권 개헌의 의의 및 과제(《지방자치법연구》, 2012. 9.)

김창수 부경대 행정학과 교수
최종 학력. 서울대학교 행정학 박사
학위 논문. 환경정책집행 영향요인의 분석
최근 논문. 도시창조를 위한 그린전략: 부산광역시 하천 살리기 전략의 평가와 과제(《지방정부연구》 제14권 제4호, 2011.)

김종원 국토연구원 국토환경·수자원연구본부 본부장
최종 학력. 미국 웨스트버지니아대학교 West Virginia University 경제학 박사
학위 논문. Measuring the Benefits of Air Quality Improvement: A Spatial Hedonic Approach.
최근 논문. 광역상수도 요금결정에 대한 게임이론적 접근(《국토연구》 제64권, 2010. 3.)

민경진 한국수자원공사연구원 정책·경제연구소 소장

최종 학력. 영국 바스대학교 University of Bath 경제학 박사

학위 논문. The Role of the State and the Market in the Korean Water Sector Strategic Decision Making Approach for Good Governance

최근 활동. 한국(국토부, K-water)과 세계물위원회(World Water Council) 간 국제 공동연구 '물과 녹색성장(Water and Green Growth)' 수행 중(2012년부터)

최한주 한국수자원공사연구원 정책·경제연구소 선임연구원

최종 학력. 충남대학교 경제학 박사

학위 논문. 우리나라 산업의 에너지 소비 및 이산화탄소 배출 구조 분석

최근 논문. 물산업 정책 평가 모형 연구(《저널 물 정책·경제 20호》, 2012.)